FINANZTHEORETISCHE UNTERSUCHUNGEN

Nebst Darstellung und Kritik des Steuerwesens Schwedens

Knut Wicksell

THOEMMES PRESS

Published in 1992 by
THOEMMES PRESS
85 Park Street
Bristol BS1 5PJ

ISBN 1 855 06157 0

This is a reprint of the 1896 Edition

Publisher's Note

These reprints are taken from original copies of each book. In many cases the condition of those originals is not perfect, pages having suffered from such things as inconsistent printing pressures, show-through from one side of a leaf to the other, the filling in of some letters and characters, unstable, often handmade, paper and the break up of type. The publisher has gone to great lengths to ensure the quality of these reprints but points out that certain characteristics of the original copies will, of necessity, be apparent in reprints thereof.

Finanztheoretische Untersuchungen

nebst

Darstellung und Kritik

des

Steuerwesens Schwedens

von

Dr. Knut Wicksell.

Jena,
Verlag von Gustav Fischer
1896.

Vorwort.

Die vorliegende Arbeit zerfällt in drei Teile, von denen jeder für sich ein selbständiges Ganzes bildet, und die nur durch die Gemeinsamkeit des Stoffes miteinander verbunden sind, so wie sie auch unmittelbar nacheinander niedergeschrieben wurden.

Die zwei ersten Abhandlungen, welche zusammen nicht ganz die Hälfte des Buches ausmachen, sind beide überwiegend theoretischen Inhalts.

Die erstere derselben will einige Beiträge zur Lehre von der Steuerincidenz liefern und kann gewissermassen als eine Fortsetzung meiner vor zwei Jahren veröffentlichten Arbeit: Ueber Wert, Kapital und Rente gelten.

Ich hatte es dort nach dem Vorgange Walras', aber unter Beihilfe der von Jevons und v. Böhm-Bawerk eingeführten tieferen Auffassung des Kapitalbegriffes versucht, die sämtlichen ökonomischen Grössen, nämlich einerseits den Tauschwert der Waren, andererseits die Vergütung der produktiven Faktoren, also vor allem den Arbeitslohn, die Bodenrente und den Kapitalzins, in einem einzigen logischen Zusammenhange und zwar in der mathematischen Form eines Systems von Gleichungen darzustellen. Die Frage nach der Incidenz einer beliebigen Steuer oder des Gesamtsystems von Steuern erscheint nun in ihrer allgemeinsten Fassung als einfaches Korollarium der so gewonnenen Sätze; es gilt dabei nur, die neue Gleichgewichtslage zu suchen, welche unter den neu hinzugetretenen Bedingungen durch das freie Spiel der schon vorher wirksamen ökonomischen Kräfte hervorgerufen wird[1]). Dies ist das Thema des III. und IV., sowie auch noch zum Teil des V. Abschnittes, welche zusammen den Kern der betreffenden Abhandlung bilden. Allerdings hat die dort angestellte Untersuchung durchgehend einen hypothetischen Charakter und mag zunächst als Uebung in der reinen Theorie der Nationalökonomik gelten. Dennoch glaube ich, dass dieselbe auch für die Beantwortung der praktischen Steuerüberwälzungsfragen nicht gänzlich ohne Bedeutung sein wird, oder vielleicht richtiger gesprochen, dass die schwierigeren dieser Fragen, wenn sie jemals zu einer wirklichen Lösung gebracht werden sollen, auf irgend einem, dem hier eingeschlagenen analogen Wege gelöst werden müssen.

Zugleich war ich hierbei in der Lage, die Böhm-Bawerksche Kapitaltheorie, auf die sich alles stützt, gegen einige neuere Angriffe zu verteidigen, sowie auch meine eigene frühere Darstellung bezw. Erweiterung dieser Theorie in einem nicht unwesentlichen Punkte zu verbessern.

Durch die m. E. wenig befriedigende Behandlung der Besteuerung des Monopolgewinns und deren Ueberwälzungsverhältnisse in Seligmans sonst so verdienstvoller Arbeit: Shifting and Incidence of taxation wurde ich veranlasst, diesem Gegenstande einen besonderen Abschnitt (den II.) zu widmen. Derselbe steht etwas ausserhalb des Rahmens der Hauptuntersuchung[2]) und kann unbeschadet des Zusammenhanges überschlagen werden. Sonst wird man ihn, wie

---

1) Vgl. Enrico Barone, Sul trattamento di quistioni dynamiche (Giornale degli economisti, Nov. 1894.)

2) Ich erkenne dies als einen Mangel meiner Darstellung an. Die Monopolrente, welche ja, streng genommen, gar kein vereinzeltes Phänomen ist, sondern mehr oder weniger in jedem Geschäfte vorkommt, sollte eigentlich in unmittelbarem Zusammenhang mit den übrigen Einkommensquellen, Kapitalzins, Bodenrente u. s. f. behandelt werden. Die trefflichen (teilweise von Marshall benutzten) Untersuchungen Cournots über das Monopol könnten hier als Ausgangspunkt dienen. Leider wurde mir Cournots Hauptwerk erst nach der Drucklegung dieses Teils meiner Arbeit zugänglich, da ich von der Existenz einer italienischen Uebersetzung derselben früher nichts wusste.

ich hoffe, nicht ohne Gewinn lesen. Die Ergebnisse sind zwar grösstenteils nicht neu, sie finden sich schon zumeist bei **Cournot** und wurden teilweise auch von **Pantaleoni** selbständig gewonnen; dass sie indes noch nicht Gemeingut der Gelehrten geworden sind, bezeugen eben die erwähnten Irrtümer Seligmans.

Das wichtigste jener Ergebnisse ist die übrigens sehr leicht zu beweisende Thatsache, dass die Erhöhung der Monopolpreise, welche durch irgend eine Steuer auf die betreffenden Erzeugnisse hervorgerufen wird, niemals eine wirkliche Steuerüberwälzung, sondern lediglich eine Abwälzung oder sozusagen ein Ersparnis an Steuer bezeichnet. Der Monopolist trägt nach wie vor der Preiserhöhung den ganzen Betrag der in die Staatskasse fliessenden Steuer. Das Opfer der Konsumenten, und zwar nicht nur die Einbusse an Gebrauchsnutzen, welche sie erleiden, insofern sich ihre Nachfrage nach den betreffenden Gütern vermindern muss, um sich teilweise anderen, weniger begehrten Gütern zuzuwenden, sondern ebenso gut der in der Preiserhöhung der noch weiter konsumierten Monopolgüter enthaltene Geldverlust geschieht volkswirtschaftlich wie finanzwirtschaftlich ganz umsonst, ohne jeden Nutzen für irgend eine Partei.

Wie paradox dies auch klingen mag, so kann die Richtigkeit des Satzes nicht wohl angezweifelt werden, sobald man das Wesen des Monopolgewinns richtig erfasst hat. Die diesbezüglichen Betrachtungen haben übrigens eine viel grössere Tragweite als auf das alleinige Problem der Steuerincidenz, wie ich später im V. Abschnitte der zweiten Abhandlung zu zeigen versuche, und wie **Marshall** in seinen Principles sehr schön hervorgehoben hat.

Am Schlusse der ersten Abhandlung werden wiederum mehr praktische Probleme behandelt. Im Zusammenhang mit der Frage nach der Incidenz von Steuern auf fremde Erzeugnisse versuche ich, einen wunden Punkt der Freihandelsdoktrin blosszulegen, der im wohlverstandenen Interesse dieser Lehre nicht verhehlt werden sollte. Der letzte Abschnitt handelt von der angeblichen Ueberwälzbarkeit der (direkten oder indirekten) Besteuerung des Arbeitslohnes. Auch dieser Abschnitt bietet wenig Neues; wegen der Wichtigkeit des Gegenstandes und da die Ansichten, welchen hier entgegengetreten werden muss, teilweise von den Altmeistern der Wissenschaft wie

Ricardo und Mill, herrühren, mag eine nochmalige Revision der von diesen vorgebrachten Gründe gestattet sein.

Die mathematischen Entwickelungen habe ich diesmal sämtlich (dem freundlichen Rate des Herrn Professor v. Böhm-Bawerk gehorchend) mit kleineren Lettern drucken lassen oder habe sie in besondere Anhänge verwiesen. Ganz vermeiden liessen sie sich freilich nicht; ich bin mir aber bewusst, niemals zu x und y oder zu dx und dy meine Zuflucht genommen zu haben, ehe mir dies wegen der sonst eintretenden Verwickelung des Raisonnements unerlässlich erschien. Die Zahl der mit genügenden mathematischen Kenntnissen ausgerüsteten Leser volkswirtschaftlicher Schriften ist übrigens heutzutage bereits so gross, dass eine diesbezügliche Entschuldigung schon beinahe überflüssig erscheint.

Wenn die erste Abhandlung sich überwiegend mit den Subtilitäten der volkswirtschaftlichen Theorie beschäftigt und sich dementsprechend mehr dem Kreis der Fachmänner zuwendet, verfolgt die zweite im Grunde weit mehr einen praktischen Zweck und wird von Jedermann, der sich überhaupt für Steuerfragen interessiert, ohne die geringste Schwierigkeit gelesen werden können.

Ich habe derselben geflissentlich einen etwas herausfordernden Titel gegeben, um meinen, den herrschenden Doktrinen gegenüber ziemlich „ketzerischen“ Standpunkt schon von Anfang an hervorzuheben. Uebrigens enthält der Aufsatz weniger ein neues Prinzip der gerechten Besteuerung, als eine Methode, um das Mass von Gerechtigkeit, welches sich überhaupt in Sachen der Besteuerung erreichen lässt, auch effektiv zu sichern.

Das Prinzip an sich ist in Wirklichkeit nichts als das Interessenprinzip, das bekannte Prinzip von Gleichheit zwischen Leistung und Gegenleistung, dessen Geltungsbereich und Verwendbarkeit ich aber nach zwei Seiten hin auszudehnen versuche: einmal, indem ich nach dem Beispiele Sax' und seiner Nachfolger den modernen Begriff des Grenznutzens und des subjektiven Werts auch auf die öffentlichen Leistungen und die Gegenleistungen der Privaten anwende, wodurch meines Erachtens (aber allerdings nicht nach der Meinung Sax') den wichtigsten Einwänden gegen das erwähnte Prinzip schon im voraus die Spitze abgebrochen wird; dann — und hierin wüsste ich in der That keinen Vorgänger zu nennen —, indem ich das Steuerprinzip selbst mit der Form, welche die Steuergewalt in der Jetztzeit angenommen hat und in der Zukunft voraussichtlich noch allgemeiner erhalten wird, nämlich der parlamentarischen Steuerbewilligung, in Zusammenhang zu bringen und die Bedingungen aufzustellen mich bemühe, unter welchen das Leistungs- und Gegenleistungsprinzip — in allen den Fällen, wo es überhaupt verwendbar ist — bei der parlamentarischen Steuergesetzgebung so zu sagen zu automatischer Wirksamkeit gebracht werden könnte.

Damit wäre m. E. auch gewonnen, dass viele Thätigkeiten, welche heute entweder der Privatiniative überlassen bleiben oder vom Staate lediglich in „privatwirtschaftlicher" Weise (unter Anwendung des Taxen- oder Gebührenprinzips) betrieben werden, ohne Bedenken und zum Vorteil aller in öffentliche Thätigkeiten i. e. S. verwandelt werden könnten.

Ich verkenne aber keineswegs, dass es auch Gebiete der öffentlichen Wirksamkeit giebt, wo das Interessenprinzip unanwendbar bleibt, wo vielmehr die organische Staatsauffassung und die darauf fussende apriorische, nach Leistungsvermögen und Verhältnismässigkeit des Opfers eingerichtete Steuerverteilung allein berechtigt ist.

Nur ziehe ich hier die Demarkationslinie etwas enger, als dies gewöhnlich geschieht, indem ich jene Gebiete hauptsächlich auf die Fälle einschränke, wo die Gesamtheit selbst und folglich auch ihre Mitglieder durch Verpflichtungen gegen Dritte (z. B. gegen die Staatsgläubiger) gebunden sind, und wo auch demzufolge der betreffende Ausgabenbetrag meist schon im voraus feststeht. Auch hier (und zwar um so energischer) wäre übrigens nach meiner Meinung das Selbstbesteuerungsrecht der Unterthanen bei den Gelegenheiten aufrecht zu erhalten und zu schützen, wo es sich darum handelt, solche Verpflichtungen — welchen sich der Staat (oder eine Gemeinde) wegen der Identität seines Wesens in der Zukunft nicht mehr wird entziehen können — zu übernehmen.

Schliesslich wende ich mich in Kürze der schwierigen Frage zu, inwiefern die Steuergewalt nicht nur den Anforderungen der politischen, sondern auch der sozialen Gerechtigkeit Genüge thun sollte, inwiefern sie von dem bewussten Zweck ausgehen sollte, die bestehende Einkommenverteilung, welche im vorigen als anerkannt und unantastbar vorausgesetzt wurde, selbst zu modifizieren. —

Ich bin darauf gefasst, dass man geneigt sein wird, viele meiner Erörterungen als „Stubenspekulationen" zu bezeichnen. Ich nehme die Benennung gern hin, sie sind es in der That, insofern es mir vor allem daran lag, ein in sich geschlossenes, in sich selbst widerspruchsloses System aufzubauen, und ich mich deshalb niemals scheute, meine Theorie bis in ihre äussersten Konsequenzen zu verfolgen.

Wie viel davon — oder ob irgend etwas — sich für die nächste Zukunft praktisch verwenden lässt, darüber mögen Männer der Praxis entscheiden. Ich werde sowohl ihre, wie überhaupt jede sachliche Kritik dankbar entgegennehmen.

Meinerseits konnte ich nicht umhin, den Ansichten mehrerer hochverdienter Männer der Wissenschaft kritisch entgegenzutreten. Hoffentlich wird man finden, dass meine Kritik eine rein sachliche ist und lediglich im Interesse der Förderung der Wissenschaft erfolgt. Jedoch fühle ich mich verpflichtet, den von mir angegriffenen Verfassern meinen aufrichtigen Dank auszusprechen für die reiche Belehrung, welche ich eben vorzugsweise aus ihren Werken geschöpft habe. Gegenüber einem Manne von dem anerkannten und wohlverdienten Ruf eines Adolf Wagner scheint eine solche Versicherung sogar überflüssig; Emil Sax gegenüber möchte ich noch einmal hervorheben, dass ihm nach meiner Meinung auf diesem Gebiete das Hauptverdienst gebührt, die Bahn gebrochen zu haben. Es gereicht ihm, wie mir scheint, eher zum Ruhm, wenn diejenigen, welche nach ihm jene Bahn betreten, dieselbe gar zu verheissend finden, um an dem Punkte stehen zu bleiben, wo er selbst vorläufig Halt gemacht hat.

Die letztere und grössere Hälfte meines Buches ist einem Stück spezieller Finanzwissenschaft, einer Darstellung und Kritik des Steuerwesens Schwedens, wie es sich während der zwei letzten Jahrhunderte entwickelt hat, gewidmet. Der Zusammenhang zwischen diesem Teile meiner Arbeit und den übrigen, besonders dem nächst vorangehenden, ist nicht ganz so lose, wie dies auf den ersten Blick scheinen könnte. Von der Ueberzeugung durchdrungen, dass das von mir verteidigte Steuerprinzip in Wirklichkeit dasjenige ist, welches bei aller thatsächlichen Steuergesetzgebung — freilich innerhalb der Grenzen der jeweiligen politischen Entwickelung — zum Ausdruck gekommen ist, m. a. W.: dass das Mass von Gerechtigkeit in der Besteuerung stets von dem jeweiligen Umfange und der relativen Vielseitigkeit der Interessenvertretung abhängig war, fühlte ich das Bedürfnis, diese meine Ansicht an der Hand der aktuellen Steuergeschichte zu rechtfertigen, und ich wählte dazu diejenige meines Heimatlandes, mit der ich verhältnismässig am meisten vertraut bin.

Bei dem regen Interesse für vergleichende Finanzwissenschaft, welches sich zur Zeit in Deutschland kund giebt, zweifelte ich nicht daran, dass eine etwas ausführliche Skizze über den Entwickelungsgang des schwedischen Steuerwesens, zumal derselbe in vieler Hinsicht eigenartig und lehrreich ist, eine freundliche Aufnahme finden werde.

Die Aufgabe gehört jedoch zu denen, welche in eminentem Grade die Kräfte eines Historikers und Rechtsgelehrten erfordern. Ich bin leider keins von beiden, und ich lege Gewicht darauf, dies offen zu gestehen, damit besonders der fremde Leser nicht etwa mehr von mir erwartet, als ich geben kann. Es würde meinem Zweck ebensogut gedient haben, wenn ich mich hier mit der bescheideneren Rolle eines Uebersetzers oder einfachen Kompilators hätte begnügen können; dies war aber nicht möglich. Ein leicht lesbares, übersichtliches, Wichtiges vom Unwichtigen scheidendes Werk über die schwedischen Finanzen, und besonders ein solches, welches dieselben im Zusammenhang mit den politischen, sozialen und wirtschaftlichen Verhältnissen des Landes abhandelt, giebt es auch in schwedischer Sprache nicht. Die überhaupt nicht reichhaltige einschlägige Litteratur besteht teils aus Monographien, teils aus wenig bearbeiteten Materialsammlungen. Letzteres gilt auch einigermassen von dem übrigens sehr verdienstvollen Werke H. L. Rydins[1]), welches ich, so weit es reicht, durchgehend als Hauptquelle benutzt habe und dessen allgemeiner Disposition ich gleichfalls gefolgt bin. Was ich darin nicht vorfand, habe ich aus den verschiedensten Quellen zusammensuchen müssen, oft aber überhaupt nicht finden können. Auf eigentliche Archivstudien konnte ich mich nur ausnahmsweise einlassen, weil mir dafür u. a. die nötige Zeit fehlte.

Ein ausführliches Litteraturverzeichnis mitzuteilen habe ich unterlassen, da ein solches wegen der Länge des behandelten Zeitraumes zu umfangreich werden müsste; ich begnüge mich vielmehr damit, auf die in der hiesigen Reichstagsbibliothek enthaltene und in deren Bücherverzeichnis (Stockholm 1890, Anhang 1894) berücksichtigte Sammlung von Schriften über das schwedische Finanzwesen hinzuweisen.

Eine systematische Uebersicht des Gegenstandes giebt Linde, Sveriges Finansrätt (schwedisches Finanzrecht, Stockholm 1887) sowie das ältere Werk von Rathsman, Und. Betänkande jemte tabeller till kgl. m:t (Gutachten mit Tabellen an den König, Stockholm 1855). Für die ältere Zeit sind selbstverständlich die einschlägigen Geschichtswerke von Geijer, Fryxell (fortgesetzt von Sjögren), Odhner, Carlson, Axelson (Karl XII.), Malmström (die Freiheitszeit, von ihm sehr ausführlich und zuverlässig behandelt), auch das treffliche, leider unvollendet gebliebene Werk Arnbergs über die politische Oekonomie der Freiheitszeit u. s. w. nachzuschlagen. Die allerdings mit grösster Vorsicht zu behandelnden Parteischriften dieser Zeit, wie diejenigen von Nordencrantz, enthalten zuweilen wertvolle statistische Angaben. Die Geschichte der Finanzen unter Gustav III. und seinem Nachfolger ist leider bis jetzt sehr wenig bearbeitet worden. Sonst hat man über diese Zeit u. a. die sog. Bergman-Schinkelsche Sammlung, sowie ein noch nicht vollendetes Werk Odhners. Auch die (älteren) Bankschriften von Schwerin und Skogman, sowie das staatsökonomisch-statistische Werk von Agardh-Ljungberg sind hier zu erwähnen. Die Geschichte der Reichstage von 1809—65 (diejenige der älteren unter ihnen jedoch sehr kurz gefasst) behandelte W. F. Dahlmann. — Sehr schätzbares Material über gewisse Teile der Besteuerung liefern ferner die verschiedenen Kommissionsberichte, wie diejenige der Bewilligungskommission von 1859, der Steuerregulierungskommisson von 1881/82 (Kommentar dazu von Hellstenius, Stockholm 1885/86), der Zollkommissionen von 1865, 1882 und 1891, der Branntweinkommission von 1878/79, der Wegeunterhaltskommission von 1881 u. s. w.

---

1) P. M. angående det svenska skatteväsendets utveckling (die Entwicklung des schwed. Steuerwesens), als Beilage seiner Reservation zum Gutachten der Steuerregulierungskommission gedruckt.

Für die moderne Zeit ist schliesslich auf das jährlich veröffentlichte Kapitalkonto zum Reichshauptbuche, den Generalauszug der Bewilligung, die Reichshaushaltsetats, die Regierungsberichte, gewisse Teile der öffentlichen Statistik, wie diejenigen über den auswärtigen Handel, über Branntwein- und Rübenzuckererzeugung, über „die Armenpflege und die Finanzen der Gemeinden“ (und Provinzialvertretungen) u. s. w., sowie endlich auf die gedruckten Verhandlungen des Reichstags zu verweisen.

Für deutsche Leser ist noch an den Aufsatz Fahlbecks in Schanz' Finanzarchiv (XI. Jahrg., S. 196 ff.) zu erinnern, welcher für die neuere Zeit das Ziffernmaterial ziemlich ausführlich giebt — und dem ich meinerseits die Zusammenstellungen auf den S. 252—254 entlehnt habe — sowie an den Abschnitt über Schweden in J. Wolfs: Die Branntweinsteuer.

Der Abschnitt über die Gemeindebesteuerung (S. 331) giebt hauptsächlich nur einen Auszug aus der öffentlichen Statistik für das Jahr 1890 (welches ich der besseren Uebereinstimmung mit dem vorigen wegen erwählte). Auf eine ausführliche Behandlung dieses wenig bearbeiteten Gegenstandes habe ich verzichten müssen, um nicht die Herausgebung meiner Arbeit zu sehr zu verspäten.

Für deutsche Leser würde es sich empfehlen, zur Veranschaulichung die für die neuere Zeit angegebenen Geldposten des schwedischen Einnahme- und Ausgabeetats etc. im Kopfe etwa mit 11 zu multiplizieren, um die Zahlen zu erhalten, welche der Bevölkerungsziffer und Münzeinheit des deutschen Reichs entsprechen.

Wegen einiger zu wörtlichen Wiederholungen, die freilich teilweise sich nicht vermeiden liessen, muss ich um Nachsicht bitten.

Das von mir im folgenden gezeichnete Bild der Steuerverhältnisse meines Vaterlandes wird nicht eben als schmeichelhaft erscheinen; immerhin war es mein Bemühen, die Thatsachen ganz getreu und ohne tendenziöse Färbung wiederzugeben. Kritik bleibt aber Kritik, und wenn die meinige zuweilen etwas scharf ausfallen sollte, bin ich mir doch bewusst, mich in meinen Urteilen und Ansprüchen noch innerhalb des Rahmens der von der modernen Finanztheorie allgemein anerkannten und in den fortgeschrittendsten Ländern grossenteils schon verwirklichten steuerpolitischen Forderungen zu bewegen. Personen zu nennen oder anzudeuten habe ich thunlichst vermieden; wo es geschehen musste, steht die Person immer da als Repräsentant einer Richtung oder

Partei. Aber auch die Parteien greife ich eigentlich nicht an, sondern suche nur den oben erwähnten, an sich sehr wahrscheinlichen psychologischen Satz, dass jede Einseitigkeit in der Zusammensetzung der Steuergewalt zu einer entsprechenden Einseitigkeit im Ausmasse der Steuern führt und führen muss, an der Hand der Thatsachen zu begründen.

Einer unserer Kameralisten von Fach hat die Güte gehabt, die Korrekturbogen durchzusehen; ich habe seine Ratschläge welche sich allerdings überwiegend auf die Behandlung der rein kameralistischen Fragen, wie Grundsteuern, Einteilung u. dgl. richteten, fast überall befolgt.

Das Manuskript wurde von Herrn Otto Gutsche in Breslau mit grösster Sorgfalt durchgesehen, was freilich nicht wird verhindern können, dass die Sprache des Buches deutschen Ohren manchmal arm und ungelenk klingen dürfte.

Der Loréschen Stiftung, welche durch eine freigebige Unterstützung die Veröffentlichung meiner Arbeit ermöglichte, habe ich auch diesmal meinen herzlichen Dank auszusprechen.

Djursholm bei Stockholm, November 1895.

Der Verfasser.

Inhalt.

Finanztheoretische Untersuchungen.

Zur Lehre von der Steuerincidenz.

Ueber ein neues Prinzip der gerechten Besteuerung.

Das Steuerwesen Schwedens.

Finanztheoretische

Untersuchungen.

Zur Lehre von der Steuerincidenz.

I. Einleitung.

Die Lehre von der Steuerincidenz oder, wie es bei den deutschen Schriftstellern gewöhnlich heisst, der Ueberwälzung der Steuern, gehört nicht zu denjenigen, welche sich von seiten der neueren Finanztheoretiker einer besonderen Pflege erfreuen. Bei den älteren Nationalökonomen, vor allem bei den Engländern, Smith, Ricardo und Mill, bildeten Untersuchungen über die Steuerincidenz noch einen Hauptteil (bei Ricardo sogar den Hauptteil) der Finanzlehre. Bei den neueren Volkswirtschaftslehrern hingegen wird jener ebenso wichtige wie schwierige Gegenstand meistens in aller Kürze und mit einer Oberflächlichkeit behandelt, die mit der Breite und Sorgfalt, welche anderen, oft wohl viel weniger wichtigen Detailfragen der Steuertechnik zu teil werden, in grellem Widerspruch steht.

Auch bei Ad. Wagner, der jedoch die Wichtigkeit jener Fragen voll erkennt, war ihre Behandlung wohl allzu kurz gefasst, wenigstens in der ersten Auflage seiner „Finanzwissenschaft". Noch mehr ist dies der Fall bei Leroy-Beaulieu, bei Cohn, bei Schäffle und gar bei von Stein, der die ganze Ueberwälzungslehre auf drei oder vier Seiten abfertigt und dabei noch eine gründliche Reform der auf diesem Gebiete herrschenden Ansichten erzielen zu können meint.

In einem der neuesten deutschen Werke über Finanzwissenschaft, den „Grundzügen der Finanzwissenschaft“ von W. Vocke, wird sogar (S. 210) die Behauptung aufgestellt, die Ueberwälzung sei „eigentlich gar kein Gegenstand, der in die Lehre von der Besteuerung hineingehört“, wobei allerdings Vocke unter Steuern i. e. S. nur die direkten Steuern einbegreifen will. „Hätte man“, fährt er fort, „die Verbrauchsauflage nicht als indirekte Steuer angesehen, so wäre die Ueberwälzung beim Steuerwesen nie zur Sprache gekommen.“ Dies ist gewiss eine grosse Uebertreibung. Auch bei den direkten Steuern, ja sogar bei der Einkommensteuer ist die Möglichkeit einer Ueberwälzung nicht ohne weiteres ausgeschlossen, oder jedenfalls wird dieselbe mehrfach behauptet. So lange aber der bedeutendste Teil der Staatseinnahmen auf dem indirekten Wege gewonnen wird, kann es wohl, eben aus dem Gesichtspunkte der Gerechtigkeit der Besteuerung, niemals gleichgültig sein, wer denn in letzter Instanz die Bürde jener Auflagen — mag man sie Steuer nennen oder nicht — zu tragen hat. Es ist sehr anerkennenswert, wenn Vocke die Gesetzgeber davor warnt, immer auf Ueberwälzung zu rechnen, d. h. „sich darauf zu verlassen, der Verkehr werde wieder gut machen, was die Gesetzgebung sündigt.“ Thatsächlich sind doch die indirekten Abgaben da und können nicht so leicht wieder aus der Welt geschafft werden; die Frage von ihrer Incidenz wird demnach bis auf weiteres geradezu einer der wichtigsten Gegenstände der Finanzlehre verbleiben. Dass sie zugleich zu den schwierigsten Gegenständen der ganzen Volkswirtschaftslehre gehört, wird schwer zu bestreiten sein; dies ist aber wahrlich kein Grund, weshalb die Untersuchungen auf diesem Gebiete nicht weiter getrieben werden sollten. Freilich wird man sich in vielen Fällen vielleicht für immer mit dem rein negativen Ergebnisse begnügen müssen, dass es unmöglich ist, mit irgend einer Genauigkeit zu berechnen, in welchem Verhältnisse die bezügliche Auflage oder Steuer sich auf die beteiligten Personen verteilen wird. Allein auch ein solches negatives Resultat ist wichtig und wertvoll. Eine Steuer von unbekannter oder unsicherer Incidenz gehört offenbar schon deshalb zu den schlechten Steuern und sollte womöglich durch irgend eine andere Erhebungsweise der betreffenden Staatseinnahmen ersetzt werden. Es giebt aber glücklicherweise genug von solchen Steuerarten, auch unter den sog. indirekten, betreffend deren Ueberwälzungsverhältnisse kaum ein Zweifel obwalten kann.

Eine nähere Prüfung wird übrigens zeigen, dass die Schwierigkeiten des Gegenstandes nicht so sehr in diesem selbst, wie in der unentwickelten Art der bisherigen national-ökonomischen Theorie lagen. Die neuesten Fortschritte auf dem Gebiete der theoretischen Volkswirtschaftslehre werden uns in der That dazu verhelfen, mehrere Probleme der Steuerincidenz, deren Lösung früher so gut wie unerreichbar schien, wenigstens ein beträchtliches Stück verfolgen zu können.

Uebrigens ist eben in den letzten Jahren die Zahl der Werke welche sich in eingehenderer Weise mit den Fragen der Steuerincidenz beschäftigen, wieder etwas grösser geworden.

In der neuen Auflage des Wagnerschen Werkes wird der Ueberwälzungsfrage bedeutend mehr Raum gewidmet, jedoch ohne eine tiefergehende Untersuchung ihrer Grundprinzipien. In C. F. Bastables Arbeit „Public Finance" (1892) wird gleichfalls die Incidenz ziemlich ausführlich behandelt, sowohl im allgemeinen, wie gegenüber jeder einzelnen Steuerart.

Von neueren Monographien der Ueberwälzungslehre sind das etwas breit geschriebene und in der Grundauffassung heute wohl etwas veraltete, aber immerhin viele richtige Bemerkungen enthaltende Werk Pantaleonis „Teoria della traslatione dei Tributi", die verdienstliche kleine Arbeit Kaizls „Die Lehre von der Ueberwälzung der Steuern", die einschlägigen Arbeiten von Falck, Fleeming Jenkin, Conigliani u. a. zu erwähnen. Die neueste Arbeit auf diesem Gebiete ist m. W. das sehr reichhaltige und anregend geschriebene Buch Seligmans „On the shifting and incidence of taxation." Dieses Buch beginnt mit einer sehr vollständigen Entwicklungsgeschichte des Gegenstandes und geht dann dazu über, die wichtigsten Fälle der Steuerincidenz auseinanderzusetzen, bezw. die älteren Ansichten darüber kritisch zu prüfen. Leider steht dieser Teil des Werkes nicht immer auf der Höhe des ersten, des geschichtlichen Teiles. Es haben sich sogar hie und da Denkfehler eingeschlichen, die m. E. den Wert des Buches nicht wenig verringern. Einige derselben werde ich unten besprechen, andere, z. B. seine Angriffe auf Mill u. a. in betreff der Ueberwälzbarkeit der Haussteuer[1]), sollen hier nur im Vorübergehen erwähnt werden.

1) A. a. O. p. 106, 77, dann pp. 107—128.

(Auch die diesbezüglichen Bemerkungen Vockes[1]) scheinen mir in der Hauptsache auf einem Denkfehler zu beruhen.) Ueberhaupt hat sich mir beim Vergleiche der älteren und neueren Schriftsteller über dieses Thema die Ueberzeugung aufgedrängt, dass erstere in Rücksicht des formellen Denkens den neueren häufig überlegen sind[2]). Nur durch vertiefte Analyse ihrer grundlegenden Prinzipien können wir hoffen, einmal definitiv über den von ihnen vertretenen Standpunkt hinaus zu gelangen.

Eine solche wurde bekanntlich schon i. J. 1868 durch Adolf Held in seinem vielerwähnten Aufsatze in der Tübinger Zeitschrift „Zur Lehre von der Ueberwälzung der Steuern" versucht. Allein das Ergebnis war zumeist ein rein negatives. Held weist m. E. ganz richtig darauf hin, dass die klassische Werttheorie, welche die durchschnittlichen Güterpreise ausschliesslich von den Produktionskosten abhängig machen wollte, sich eigentlich in einem Kreise bewegt, da die Kostenelemente schliesslich nicht selbständig bestimmt werden können, sondern ihrerseits von den Güterpreisen abhängen. Bei diesem Resultate bleibt er aber stehen, ohne auch nur den Versuch zu machen, den wirklichen Zusammenhang aufzudecken.

Seine eigentlichen Angriffe auf die herrschende Lehre holt Held übrigens nicht aus diesem Umstande, sondern daraus her, dass die Wirksamkeit der von der Schule geforderten ausgleichenden Kräfte eine sehr zweifelhafte sei. Dass „der Ausgleichungsprozess" wegen anderer in entgegengesetzter Richtung wirkenden Kräfte „nie zum Stillstand kommen kann", wird man Held unbedingt zugeben müssen. Dies ist jedoch eine ganz andere Sache, als dass er nicht oder nicht mit hinreichender Stärke wirksam wäre, und eben davon hängt ja die ganze Ueberwälzungstheorie ab.

Den sonstigen Ausführungen Helds zu begegnen, liegt nicht in dem Plane dieser Arbeit. Einige derselben scheinen mir jedenfalls im höchsten Grade anfechtbar. Zum Beispiel behauptet er in betreff der Grundsteuer, es sei gänzlich unbeweisbar, ob die Vermehrung der Grundrente (im gewöhnlichen Sinne) je von etwas Anderem, als „von neu geschaffenem und im Boden fixiertem Kapital herrührt", und dieser Satz wird implicite sogar auf die städtische Grundrente erstreckt! Die Amortisierbarkeit der Grundsteuer wird — wenn ich ihn recht verstehe —

---

1) Vocke, a. a. O., S. 208.

2) Dass jedoch einige Einseitigkeiten der klassischen Oekonomisten durch die moderne Finanzwissenschaft beseitigt worden sind, soll dankbar anerkannt werden. Die wichtigste derselben, welche zugleich eine der wichtigsten Fragen der Ueberwälzungslehre betrifft, liegt wohl auf dem Gebiete der Arbeiterbesteuerung. Vgl. Abschn. VI.

einfach geleugnet und zwar unter der seltsamen Behauptung, es würde „eine solche Grundsteuer offenbar von niemandem getragen, was ein Unding ist.“ „Die nächsten Besitzer werden“ vielmehr „die übrig gebliebenen Ungleichheiten (der Besteuerung) als etwas Gegebenes vorfinden und deshalb weniger fühlen“ u. s. w. Auf die Höhe des Kaufschillings üben somit jene Ungleichheiten nach Held überhaupt keinen Einfluss aus.

Die Steigerung der Grundrente sei übrigens kein isoliertes Phänomen, sondern etwas Aehnliches komme auf allen Gebieten des Geschäftslebens vor, und „ebensogut wie die Wegnahme (des Zuwachses) der Grundrente liesse es sich rechtfertigen, den Arbeitern alles das in Form der Steuer zu entziehen, was sie infolge des Wachstums der Civilisation, der Produktionsverbesserungen u. s. w. jetzt mehr verdienen als vor 1000 Jahren“. (!)

Wenn Held in Schweden gelebt hätte, wäre er gewiss der Heros unserer „Landmännerpartei“ geworden, welche sich bekanntlich neuerdings von aller Grundsteuer befreit und dieselbe grossenteils auf die besitzlosen Klassen „überwälzt“ hat, vermutlich weil letztere, gegenüber der Zeit vor 1000 Jahren, genug verdienen, um jetzt auch diese Bürde tragen zu können.

Einige hervorragende Stellen des Aufsatzes, z. B. die trefflichen Bemerkungen über die von der Schule behauptete Ueberwälzbarkeit der Arbeitersteuer werden allerdings mit Recht hoch geschätzt; im grossen und ganzen wird man jedoch wohl dem Urteil Wagners über diese Arbeit beistimmen müssen, dass sie zu den schwächeren Leistungen ihres Verfassers gehört.

Seit Held jene Arbeit geschrieben hat, ist nun bekanntlich durch die Untersuchungen Jevons’, Mengers und Walras’ eine gänzliche Umwälzung in der Wert- und Preislehre eingetreten, welche in dem vorzüglichen Werke Böhm-Bawerks über Kapitalzins vorläufig ihren Abschluss gefunden hat. Der rechte Zusammenhang zwischen Wert und Kosten und der Weg, welchen man zu verfolgen hat, um aus dem von Held lediglich aufgewiesenen Zirkelschlusse der älteren Oekonomisten herauszukommen, ist für die Wissenschaft kein Geheimnis mehr. Es liegt daher nahe, auf dem so gewonnenen neuen Grunde eine Revision der herrschenden Lehre von der Steuerüberwälzung vorzunehmen, und dies bildet in der That den Hauptzweck der folgenden Untersuchungen.

Eine solche Revision schien mir aber auch sonst in zwei oder drei Punkten wünschenswert, die ich hier kurz aufzählen werde.

1) Erstens liegt m. E. schon im Begriffe Ueberwälzung eine etwas zu enge Auffassung des bezüglichen finanziellen Problems, weswegen ich auch in dem Titel dieser Abhandlung das Wort Ueberwälzung durch das etwas allgemeinere Steuerincidenz ersetzt habe. Eine Steuer überwälzen, will ja andeuten, dass der Steuerzahler sich einen Teil der von

ihm erlegten Steuersumme von irgend einem anderen ersetzen lässt, was jedoch nur indirekt, z. B. durch erfolgreiche Erhöhung des Preises seines Erzeugnisses geschehen kann. Dadurch wird nun den betr. Konsumenten ein Opfer auferlegt, allein es ist keineswegs selbstverständlich, dass dieses Opfer nur dem Teile der Steuer, von dem sich der Produzent somit befreit hat, entsprechen wird, vielmehr ist es ziemlich sicher, dass es in den meisten Fällen viel höher ausfallen wird.

Ja, es kann sogar sein, wie in betreff der Besteuerung des Monopolgewinnes leicht zu beweisen ist, dass der Produzent zwar durch die Auferlegung der Steuer zu einer gewissen Erhöhung seiner Preise gezwungen wird (weil er sonst noch mehr verloren hätte), dessen ungeachtet aber sein Einkommen um den vollen Steuerbetrag vermindert sieht, so dass von einer wirklichen Ueberwälzung hier kaum die Rede sein kann, und das Opfer der Konsumenten sowohl in finanzieller, wie in volkswirtschaftlicher Hinsicht ganz umsonst geschieht.

Letzterer Punkt wurde von Pantaleoni nachdrücklich — wenn auch vielleicht nicht in ganz klarer Weise — hervorgehoben; Seligman hingegen legt, wie ich zeigen werde, darüber eine ganz verkehrte Auffassung dar.

2) Es ist zweitens eine gewisse, nicht immer beobachtete Vorsicht von nöten, um dem Problem der Steuerincidenz überhaupt eine ganz bestimmte Fassung zu verleihen. Handelt es sich um eine neue Steuer, die auferlegt werden muss, um schon beschlossenen Ausgaben zu begegnen, oder umgekehrt um eine alte Steuer, die wegen finanziellen Ueberschusses einfach nachgelassen werden kann, so wird man allerdings ohne weiteres die Frage aufstellen können, von wem die neue Auflage getragen werden, bezw. wem die Erleichterung zu gute kommen wird. Fragt man aber nach der Incidenz einer der bestehenden Steuern oder des gesamten Steuersystems, so wird die Sache etwas verwickelter. Im ersteren Falle kann die betr. Steuer nicht weggedacht werden, ohne dass ein entsprechender Teil der Staatsausgaben verschwände, und es kann für die Frage der Steuerincidenz nicht ganz ohne Bedeutung sein, welche Ausgabengruppe dann im Wegfall käme. Ich spreche hier nicht von dem direkten Nutzen der betr. Staatswirksamkeit für die einzelnen Mitglieder der Gesamtheit; dieser kann vielleicht überhaupt nicht ermittelt werden und gehört überdies gar nicht in die Lehre der Steuerincidenz hinein. Wohl aber wird der Staat als Konsument von Waren oder persönlichen Leistungen oder als Produzent auf

die sonstige Nachfrage sowie sonstiges Angebot und somit auch auf die Steuerincidenz einen gewissen Einfluss ausüben.

Im zweiten Falle müssten eigentlich die sämtlichen Staatsausgaben weggedacht werden, was unmöglich ist. Es hilft hier sogar nicht (mit Held) den Fall zu fingieren, dass der Staat ganz ohne materielle Hülfsmittel seinen Aufgaben gerecht werden könnte, denn dann müsste jedenfalls der Staat gänzlich aufhören, Konsument und Produzent zu sein, und dieser Umstand konnte ähnlich wie vorhin nicht ausser Betracht gelassen werden. Man muss daher in solchen Fällen das fragliche Problem nicht im absoluten sondern stets im relativen Sinne auffassen; d. h. man muss, sobald nach der Incidenz einer gewissen Steuer oder eines Systems von Steuern gefragt wird, sich die betreffende Summe von Staatseinnahmen in irgend einer anderen Weise, z. B. durch direkte Einkommensteuern geschaffen denken und die daraus entspringende Veränderung des Steuerdruckes zu ermitteln suchen. Thut man dies, so würde die betreffende staatliche Wirksamkeit in beiden Fällen in ganz ähnlicher Weise geschehen und kann folglich einfach eliminiert werden, was das Raisonnement ungemein erleichtert.

Das Nichtbeachten dieses Umstandes hat vielfach zu fehlerhaften oder unsicheren Schlussfolgerungen geführt, besonders in betreff der Behandlung der Arbeitersteuern. Kein geringerer als J. St. Mill stellt die Behauptung auf[1]), eine Steuer auf den Arbeitslohn werde den Arbeitern nur wenig oder gar nicht schaden, wenn der Staat die daraus entstandene Einnahme so anwende, dass die Nachfrage nach Arbeit entsprechend wächst. Wenn diese Ansicht auch sonst richtig wäre, was sie entschieden nicht ist, so wäre immer noch dagegen zu erwidern, dass der Staat nicht Arbeitskräfte sucht, um den Arbeitern einen Gefallen zu thun, sondern weil er ihre Arbeit braucht, und dass die Verwendungsweise der betr. Einnahmen voraussichtlich dieselbe bleiben würde, auch wenn die Steuern aus irgend einer anderen Quelle, z. B. durch progressive Einkommens- oder Vermögensbesteuerung beschafft würden.

M. e. W.: Die Frage nach der Verwendung der Staatsausgaben, wie wichtig dieselbe auch sonst sein mag, sollte überhaupt von der Frage der Steuerincidenz sorgfältig geschieden werden, und dies ist immer möglich, wenn letztere in dem erwähnten relativen Sinne aufgefasst wird.

---

1) Principles, Bk. V, Ch. III, § 4. Vgl. Abschn. VI dieser Abhandlung.

3) Schliesslich, und dies ist mein Haupteinwand gegen die herrschende Lehre, wird die Ueberwälzung hauptsächlich als eine Angelegenheit zwischen dem Produzenten und Konsumenten oder zwischen den Vertretern verschiedener Produktionszweige unter einander angesehn.

Von den Ueberwälzungsverhältnissen zwischen den verschiedenen Klassen der Produzenten, den Kapitalisten, den Grundeignern, den Arbeitern u. s. w. enthält die überlieferte Lehre sehr wenig, und dies wenige ist m. E. wenig befriedigend. Es hängt dies offenbar mit dem unentwickelten Stand der Lehre vom Einkommen überhaupt zusammen. In der Ricardoschen Grundrententheorie hat man allerdings seit lange einen gewissen Anhaltspunkt gehabt, dieselbe konnte aber wegen mangelnder Einsicht in die Bestimmungsgründe des Kapitalzinses nicht weiter entwickelt werden. Noch schlimmer stand es mit der Theorie des Arbeitslohnes. Die Lehre Turgots und Ricardos vom natürlichen Arbeitslohne, sowie die Lohnfondstheorie Mills und Seniors gelten heute als abgethan, wurden aber, und zwar aus ganz demselben Grunde, niemals durch eine richtigere ersetzt[1]).

Diese Lücke der Theorie wird nun aber durch die Böhm-Bawerksche Kapitalzinstheorie in glücklichster Weise ausgefüllt, oder wenigstens bildet dieselbe einen Ausgangspunkt, von dem aus sich weiter arbeiten lässt, wie ich im folgenden bemüht sein werde zu zeigen.

Die praktische Bedeutung des hier angezeigten Mangels darf nicht zu gering angeschlagen werden, denn der relative Anteil der verschiedenen Steuern, welcher von den Produzenten als solchen getragen wird, ist zweifelsohne sehr beträchtlich, und er wächst thatsächlich mit jeder Erweiterung des Gebietes der Produktionssteuern oder Verbrauchsabgaben. Denkt man sich schliesslich alle Erzeugnisse so gleichmässig besteuert, dass alle Preise, auch die Geldpreise, unverändert blieben, dann könnte ja von den Konsumenten als Steuerträgern überhaupt nicht mehr gesprochen werden.

---

1) Durch die von Held sehr gepriesene und allerdings an sich ganz richtige Theorie Schäffles von der allgemeinen Rentenerscheinung könnte allerdings der Unterschied an Lohn verschiedener Arbeiterklassen einigermassen erklärt werden, nicht aber der durchschnittliche Stand der Löhne, was doch die Hauptsache bleibt. Dieselbe Bemerkung gilt übrigens auch der Grundrententheorie selbst gegenüber, sobald das ganze anbaufähige Gebiet eines Landes schon occupiert ist.

Für eine tiefergehende Betrachtung ist aber überhaupt die Unterscheidung zwischen Konsumenten und Produzenten, als verschiedenen volkswirtschaftlichen Kategorien, eine unnötige und sogar falsche Einschränkung des Problems. Ein jeder konsumiert, fast jeder Erwachsene ist auch kraft seiner Arbeit oder seines Besitzes Produzent von Waren oder persönlichen Leistungen. Das ganze privatwirtschaftliche Leben kann als ein einziger Produktionsprozess aufgefasst werden, wo die Vergütung der produktiven Faktoren, der Arbeit, der Bodenleistungen, des Kapitals u. s. w. nach stattgefundenem Tausch der Produkte in einem gewissen Realeinkommen, einer gewissen Summe von Gebrauchsnutzen sich darstellt.

Wenn nun seitens des Staates mit Hilfe der Steuerschraube auf irgend einen Punkt dieses Mechanismus ein Druck ausgeübt wird, in wie weit wird derselbe sich auf die verschiedenen Teile des Systems fortpflanzen, entweder absolut oder im Vergleich mit einem äquivalenten Drucke an irgend einen anderen Punkt? Dies ist die allgemeinste Formulierung der Frage nach der Steuerincidenz und eigentlich die einzige, welche sämtliche Konsequenzen einer gegebenen Steuermassregel mit einschliesst.

Es ist nun allerdings klar, dass, wenn man das Problem auf eine so breite Grundlage stellt, dasselbe zunächst nur in einer überaus abstrakten, von den wirklichen Verhältnissen sehr verschiedenen Form einer Lösung fähig sein wird. Daraus folgt aber noch nicht, dass eine derartige Untersuchung ganz ohne (unmittelbaren) praktischen Nutzen sei. In der That werden wir im folgenden mehreren aufgestellten Sätzen der Ueberwälzungslehre und der Steuerpolitik begegnen, einige derselben bestätigt finden, andere aber in Zweifel ziehen müssen. Im ersteren Falle kann zwar keineswegs behauptet werden, dass ein endgültiger Beweis der betreffenden Sätze geliefert wäre, immerhin aber hat eine auf neuem Wege erhaltene Bekräftigung derselben einen gewissen Wert. Im zweiten Falle dagegen kann offenbar ein Satz, welcher nicht einmal unter den denkbar einfachsten Voraussetzungen sich als richtig bewährt, noch weniger ein allgemein gültiger sein und muss deshalb als widerlegt betrachtet werden, wenn das Raisonnement sonst stichhaltig war.

Ueberhaupt wird die Untersuchung von selbst gewisse bisher nicht beachtete Umstände aufdecken, die in theoretischer Hinsicht für die Steuerüberwälzung von ausschlaggebender Bedeutung erscheinen. Ob diese Bedeutung sich auch im praktischen Leben bewähren wird, kann allerdings nicht ohne nähere Prüfung entschieden werden;

immerhin aber liefert die Theorie hier einen Fingerzeig über die Richtung, in welcher praktische (statistische) Untersuchungen vielleicht mit Erfolg angestellt werden könnten.

Ehe wir jedoch auf die erwähnte Untersuchung eingehen, erscheint es zweckmässig, über einen speziellen Teil des Gegenstandes, nämlich die Besteuerung des Monopolgewinnes und ihre Abwälzungsverhältnisse — wobei allerdings der Gegensatz zwischen Produzent und Konsument wieder in den Vordergrund tritt — einige Erörterungen vorzunehmen. Die Theorie ist hier relativ sehr einfach und eignet sich deshalb vorzüglich als Einführung in die Behandlung des Hauptproblems in exakter Form, welche später versucht werden soll. Ausserdem ist das Thema an sich von nicht geringer Wichtigkeit. Die Monopolpreise und Monopoleinkommen sind in der That als Gegenpol und notwendiges Komplement zu den Preisen und Einkommen, welche auf dem Boden der allgemeinen Konkurrenz entstehen, zu betrachten. Eine besondere Veranlassung zu den folgenden Auseinandersetzungen lag übrigens in dem Umstande, dass der neueste Bearbeiter des Gebietes der Steuerincidenzlehre, Edw. Seligman, gerade auf diesem Punkte eine m. E. nicht zutreffende Behandlung des Gegenstandes geliefert hat.

II. Die Besteuerung des Monopolgewinnes.

Als Monopol könnte gewissermassen jeder aussergewöhnliche Geschäftsvorteil gelten; hier betrachten wir jedoch nur solche, welche ihrem Inhaber eine dominierende Stellung bei der Erzeugung irgend einer Güterart verleihen, so dass er innerhalb gewisser Preisgrenzen von jeder fühlbaren Konkurrenz befreit ist. Ist die betr. Ware überdies beliebig vermehrbar, so bestimmt sich folglich sein Gewinn einfach durch die Grösse des möglichen Absatzes. Nimmt man nun ferner an — was freilich nur ein Ideal der Theorie ist — dass die eventuelle Höhe des Absatzes bei jedem denkbaren Preise genau ermittelt und eine stetig variable Grösse sei, so ist bekanntlich die Theorie der monopolistischen Preisbildung überaus einfach und lässt sogar, wie von Cournot[1]) längst erwiesen worden, eine exakte mathematische Behandlungsweise zu.

1) Recherches sur les principes mathématiques de la théorie des richesses (1838).

Der Monopolist strebt wie jeder andere Geschäftsmann nach dem grösstmöglichen Verdienst und erhöht deshalb seine Preise, solange es geht; bei jeder Preiserhöhung nehmen jedoch Nachfrage und Absatz ab, und schliesslich kommt der Punkt, wo diese in stärkerem Verhältnisse abzunehmen beginnen, als der Nettogewinn an jeder Einheit der verkauften Ware infolge der Preiserhöhung zunimmt. Von da an würde jede neue Steigerung des Preises den gesamten Nettogewinn des Monopolisten aufs neue schmälern und wird folglich rationellerweise unterbleiben müssen.

Es ist nun erstens leicht ersichtlich, dass eine Steuer, welche entweder in unveränderlicher Höhe oder auch ausschliesslich im Verhältnisse zum gesamten Nettoertrag des Monopolisten, sei es diesem Nettoertrag proportional oder in progressivem Verhältnis zu ihm, erhoben wird, die Höhe des vorteilhaftesten Monopolpreises überhaupt nicht beeinflussen kann und folglich den Monopolisten zu keinerlei Preiserhöhung veranlassen wird. Sein Gewinn mag durch die Steuer in erheblichem Grade verkleinert werden, erreicht aber immerhin noch seinen grössten, unter solchen Umständen überhaupt möglichen Betrag.

Anders aber, wenn die Steuer im Verhältnisse zum Umfange des Geschäftes selbst steht, z. B. wenn sie nach der Menge der abgesetzten Güter berechnet wird. Alsdann wirkt sie offenbar wie eine Vergrösserung der Herstellungskosten jeder Einheit der Ware, und infolgedessen wird es für den Monopolisten nunmehr vorteilhaft sein, den Verkaufspreis mehr oder weniger zu erhöhen. Allerdings wird sich dabei unserer Voraussetzung zufolge sein Nettoertrag (einschliesslich der Steuer) notwendig um etwas verringern, da ja derselbe schon seinen höchsten Stand erreicht hatte, allein diese Verminderung wird theoretisch immer mehr als aufgewogen durch die Ersparnis an Steuer, welche eben infolge der verminderten Produktion vom Monopolisten erzielt wird.

Es ist dies eine unmittelbare Konsequenz der Bedingungen, welche beim Maximumwerden einer stetigen Grösse erfüllt sein müssen, und geht aus der mathematischen Behandlung der Aufgabe, die wir in der Folge vornehmen werden, sehr einfach hervor. Ohne eine solche ist jedoch das Verhältnis nicht so leicht einzusehen. Seligman hat es offenbar nicht richtig erfasst, denn er sagt[1]): „Wenn die Steuer klein ist, und die Nachfrage geneigt, sich bei

1) A. a. O. S. 160.

erhöhtem Preise sehr zu vermindern, so wird der Monopolist wahrscheinlich es vorteilhaft finden, die Steuer selbst zu tragen. Wenn dagegen, wie im allgemeinen der Fall, die Nachfrage mehr stabil ist, so wird er in der Lage sein einen immer grösseren Teil der Steuern den Konsumenten zuzuschieben“ u. s. w.[1]). — Dies giebt eine durchaus schiefe Vorstellung des thatsächlichen Verhältnisses. Die Nachfrage kann in jenem Falle überhaupt nicht „stabil“ sein, sonst könnte offenbar der vorteilhafteste Monopolpreis noch lange nicht erreicht sein. Vielmehr muss man hier annehmen, dass die Nachfrage sich bei erhöhtem Preise immer verkleinern wird und zwar, wenn der grösstmögliche Gewinn (ohne die Steuer) schon erreicht ist, in demselben, bezw. in stärkerem Verhältnis wie der Nettogewinn an jedem einzelnen Stück sich vermehrt.

Theoretisch genommen, wird aber nichtsdestoweniger eine solche Steuer immer eine Preiserhöhung herbeiführen müssen; wenn letztere in Wirklichkeit manchmal unterbleibt, so dürfte die Ursache wohl meistens darin liegen, dass der mögliche, durch Steuerersparnis zu erzielende, relative Gewinn des Monopolisten bei kleinem Steuersatze äusserst geringfügig wird. Es nimmt nämlich jene Grösse in der That, wie wir sehen werden, bei abnehmendem Steuersatze im quadratischen Verhältnisse ab. Auch dieser, gar nicht unwichtige Umstand kann wohl ohne eine mathematische Behandlungsweise kaum hinreichend klar dargelegt werden. — Es mag indessen schon hier ein sehr interessantes Verhältnis angezeigt werden, welches Seligman gänzlich übersehen zu haben scheint, obwohl dasselbe von Pantaleoni ausdrücklich hervorgehoben wurde[2]). Der Nettoertrag des Monopolisten vermindert sich notwendig infolge der Preiserhöhung, und aus diesem verminderten Ertrag hat er sodann den Steuerbetrag zu zahlen. Er erspart allerdings einen Teil der ihm zugedachten Steuersumme, nichtsdestoweniger aber wird er thatsächlich (mehr als) den ganzen, der Staatskasse zufliessenden Steuerbetrag aus eigener Tasche zahlen und tragen müssen. Von einer wirklichen Steuerüberwälzung kann folglich hier nur sehr uneigentlich gesprochen werden, höchstens von einer „Abwälzung“ im Sinne Hocks und Wagners.

---

1) In wiefern letztere Behauptung richtig ist, werden wir gleich untersuchen.

2) Pantaleoni a. a. O. p. 77, wo jedoch diese Sache vielleicht nicht mit aller genügenden Klarheit erörtert worden ist.

Das hilft nun allerdings den Konsumenten gar wenig, denn selbstverständlich haben auch diese Verlust. Sie verlieren, insoweit sie mit der Konsumtion der betreffenden Ware noch fortfahren, durch den gesteigerten Preis, und insofern sie ihre Nachfrage nach derselben ganz oder teilweise aufgeben, verlieren sie unzweifelhaft einen gewissen Nutzen. Letztere Grösse lässt sich allerdings nicht leicht in Ziffern ausdrücken, aber sogar wenn man von ihr gänzlich absieht, bleibt jedenfalls das Resultat, dass beide Parteien durch jene Erhebungsweise der Steuer einen Extraverlust erleiden, der zusammengenommen unter Umständen den an die Steuerkasse fliessenden Geldbetrag an Grösse erreichen und sogar übersteigen kann.

Die ökonomische Ueberlegenheit der Besteuerung des Nettoertrags (Einkommensteuer) ergiebt sich somit hier in schlagender Weise. Man könnte sogar in dieser Hinsicht noch einen Schritt weiter gehen, wie wir unten sehen werden.

Es scheint mir, als ob das obige Ergebnis auch für die Regelung des internationalen Verkehrs, insoweit dabei Monopolpreise vorkommen, von Bedeutung sein müsse. Das Inland kann zwar den ausländischen Monopolisten nicht direkt besteuern. Wenn aber zwei Länder unter sich vereinbarten, jedes einen ungefähr gleichen Betrag von Zöllen auf Güter der bezüglichen Art durch direkte Steuern ersetzen zu wollen, so würden dabei sämtliche Beteiligten, sowohl Produzenten wie Konsumenten, unzweifelhaft viel besser fahren, als wenn, wie heute, jegliches Land „die Juden des anderen zu schlagen" bemüht ist.

Etwas schwieriger wird unsere Aufgabe, wenn die Monopolsteuer anstatt der Menge der produzierten Güter, deren Wert proportional ist, wenn sie m. a. W. nach der Grösse des Bruttoertrags bemessen wird. Nach Seligmans Meinung würde eine Steuer der letzten Art den vorteilhaftesten Monopolpreis sogar überhaupt nicht beeinflussen können und folglich die Konsumenten ganz unberührt lassen müssen. Dies ist jedoch durchaus unrichtig; der angebliche Beweis, welchen Seligman für diese seine Behauptung geliefert hat[1]), beruht, wie jeder Leser seines Buches sich leicht überzeugen wird, auf einer Verwechselung von Brutto- mit Nettoertrag, indem er stillschweigend voraussetzt, dass der Monopolist gar keine Produktionskosten, oder wenigstens nur „allgemeine Kosten" habe, in welchem Falle die grösstmögliche Bruttoeinnahme zugleich den grösstmöglichen Nettoertrag herbeiführen müsste. Wenn aber

---

1) A. a. O. S. 162.

der Monopolist, wie gewöhnlich, auch laufende Kosten (Kosten an jeder Einheit der hergestellten oder abgesetzten Güter) hat, so wird der grösste Nettoertrag offenbar nicht bei dem Preise erreicht werden, welcher die grössten Bruttoeinnahmen liefern würde, sondern bei einem etwas höheren; dann wird aber auch bei einer der Bruttoeinnahme proportionalen Steuer eine Preiserhöhung nicht ausbleiben können, wie man wohl am einfachsten durch eine „Reductio in absurdum“ ersieht. Es könnte ja nämlich möglicherweise die Steuer so hoch bemessen sein, dass sie den ganzen bisherigen Nettoertrag des Monopolisten verschlänge. Alsdann ist es doch selbstverständlich, dass er seinen bisherigen Preis erhöhen muss, um wenigstens etwas zu verdienen.

Wahr aber ist, dass eine Wertsteuer keine so grosse Preiserhöhung hervorrufen kann, als wenn derselbe Steuerbetrag durch eine Mengesteuer (von festem Satze) erhoben würde. Erstere Erhebungsweise ist also für die Konsumenten vorteilhafter — allein sie ist es auch für den Produzenten. In beiden Fällen verliert derselbe durch die Besteuerung mehr als die ganze, wirklich zu zahlende Steuer beträgt, sein Extraverlust wird aber bei der Wertsteuer etwas kleiner als bei der Mengesteuer. Erstere Steuer steht mithin in jeder Hinsicht mitten inne zwischen der Mengesteuer einer- und andererseits der Steuer vom Nettoertrag, welche, wie schon gesagt, für alle Parteien die vorteilhafteste ist.

Für den vollständigen Beleg der hier aufgestellten Behauptungen muss ich auf den Anhang am Ende dieses Abschnittes verweisen. Um jedoch schon jetzt die Hauptzüge der Beweisführung andeuten zu können, werde ich mir hier die vereinfachende Annahme erlauben, dass Nachfrage und Preis zu einander in einer sog. linearen Relation stehen, so dass Erhöhungen (bezw. Erniedrigungen) des Preises um gleiche Beträge — sagen wir 1 M. — immer eine Abnahme (bezw. Zunahme) des (jährlichen, monatlichen oder wöchentlichen) Absatzes auch um gleiche Beträge — sagen wir 100 Stück der betreffenden Ware — herbeiführen würde. Denkt man sich die Veränderungen des Preises und des Absatzes nach demselben Gesetze in noch kleineren Abstufungen geschehend, so könnte man den jeweiligen Preis als Abscisse, die zugehörige Absatzmenge als Ordinate einer Kurve auftragen, welche unter den gemachten Voraussetzungen eine gerade Linie sein würde.

Es sei nun zunächst bei einem Preis, der lediglich die laufenden Produktionskosten des Monopolisten deckt — von seinen allgemeinen

Kosten kann, wie man sich leicht überzeugt, in diesem Zusammenhange gänzlich abgesehen werden — die Absatzmenge während des betrachteten Zeitraums 2000 Stück, so ist klar, dass der vorteilhafteste Monopolpreis genau 10 M. über den Produktionskosten der Gütereinheit liegen muss. Alsdann ist zwar, unserer Voraussetzung zufolge, die Nachfrage schon auf 1000 Stück gesunken, allein bei dieser Absatzmenge ist der Reingewinn des Monopolisten auf $1000 \cdot 10 = 10\,000$ M. gestiegen, während dieser z. B. beim ersterwähnten Preis natürlich gar nichts verdient, bei einem Preis von 9 M. (immer über die Selbstkosten gerechnet) nur noch $1100 \cdot 9 = 9900$ M., bei einem Preis von 11 M. aber $900 \cdot 11$, also ebenfalls nur 9900 M. erhalten würde.

Wird nun z. B. eine Mengesteuer von 2 M. das Stück auferlegt, so liegt nunmehr der vorteilhafteste Preis bei 11 M. (über den Produktionskosten), denn bei diesem Preis wird der Reingewinn des Monopolisten nach Abzug der Steuer immer noch $900 \cdot (11-2) = 8100$ M., während derselbe beim alten Preis jetzt nur $1000 \cdot (10-2) = 8000$ M., bei einem Preis von 12 M. (über den Kosten) gleichfalls nur 8000 M. betragen würde.

Führt man die oben angedeutete geometrische Konstruktion aus (s. folg. Seite) so wird der Bruttoertrag des Monopolisten durch ein Rechteck dargestellt, dessen Seiten die jeweilige Höhe des Preises und der Absatzmenge ausdrücken. Zieht man im Abstande k vom Nullpunkte, unter k die Kosten der Waren-Einheit verstanden, eine Parallele zur Axe des Absatzes, so stellt der rechts von dieser Linie liegende Teil des Rechteckes den Nettoertrag dar. Der Flächeninhalt dieses Rechtecks wird bekanntlich am grössten, wenn die Seiten des Dreiecks, welchem es einbeschrieben ist, halbiert werden. Der vorteilhafteste Monopolpreis ist somit $k + 10$ M.

Wird nun eine Steuer von 2 M. pro Stück erhoben, so wirkt dieselbe offenbar wie eine gleich grosse Erhöhung der Einheitskosten, und man hat dieselbe Konstruktion an dem Dreieck auszuführen, welches von der im Abstande $k + 2$ M. aufgetragenen, punktierten Vertikallinie begrenzt wird u. s. w.

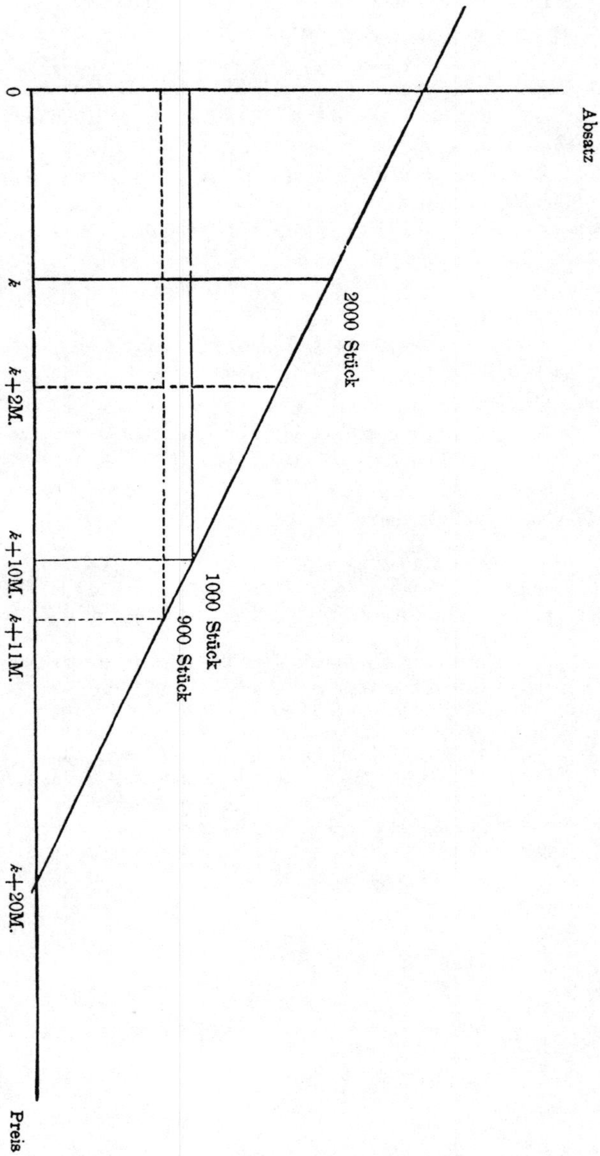

0
Absatz
2000 Stück
1000 Stück
900 Stück
k
k+2M.
k+10M.
k+11M.
k+20M.
Preis

Es wird also in diesem Falle der Preiszuschlag gerade die Hälfte des Steuersatzes ausmachen. Man würde sich aber sehr täuschen, wenn man etwa glaubte, der Produzent und die Konsumenten tragen jetzt je eine Hälfte des zu zahlenden Steuerbetrags. Letztere verlieren in der That (die Einbusse an Gebrauchsnutzen ungerechnet) infolge der Preiserhöhung gerade 900 M.; der Reingewinn des Monopolisten ist aber, wie man sieht, um 1900 M. geschmälert, während die in die Steuerkasse fliessende Gesamtsumme nur 1800 M. beträgt. Es wird also hier eine Geldsumme von 1000 M., d. h. mehr als die Hälfte der Steuer ohne jeglichen Nutzen verschwendet[1]).

Wenn der Monopolist am alten Preise festgehalten hätte, würde er selbstverständlich volle 2000 M. verloren haben. Durch die Preiserhöhung erzielt er folglich einen relativen Gewinn von 100 M. Bei höherem Steuersatze wäre jedoch dieser Gewinn viel höher ausgefallen. Wenn z. B. der Gütereinheit eine Steuer von 10 M. auferlegt wird, welche bei unverändertem Preise offenbar den ganzen Nettoertrag verschlingen würde, wird der Monopolpreis am vorteilhaftesten um 5 M. erhöht. Da der Absatz hierdurch um die Hälfte verkleinert wird, so sinkt allerdings der Nettoertrag des Monopolisten auf nur 7500 M., die auszuzahlende Steuersumme aber zugleich auf nur 5000 M., so dass ihm ein Reingewinn von 2500 M. übrigbleibt. Der Extra-Verlust der (übriggebliebenen) Konsumenten und der Monopolisten selbst würde jedoch hier je 2500 M. betragen und wäre also zusammengenommen dem gesamten Steuerbetrag gleich.

Sinkt dagegen der Steuersatz, so nimmt der erwähnte relative Gewinn, wie man sich leicht überzeugt, nicht nur im einfachen, sondern im quadratischen Verhältnisse ab. Bei einem Steuersatze von 1 M. würde derselbe nicht etwa 50 M., sondern nur 25 M. betragen; bei einem Steuersatze von 20 Pf. würde der Monopolist bei unverändertem Verkaufspreis seiner Ware 200 M. verlieren, bei einem um 10 Pf. erhöhten Preis (welcher für ihn nunmehr der theoretisch vorteilhafteste wäre), immerhin noch 199 M. Sein relativer Gewinn würde hier also nur

1) Man wird nicht etwa einwenden können, dass die frei gewordene Kaufkraft der früheren, aus der jetzigen Nachfrage ausgeschiedenen Konsumenten nunmehr statt dem betreffenden Monopolisten irgend einem anderen Produzenten zu gute kommen wird. Das ist zwar anzunehmen, allein in eben demselben Masse verkleinert sich, wie man leicht erkennt, die Kaufkraft der übrig gebliebenen Konsumenten und des Monopolisten selbst, welche ja gleichfalls andere Produzenten hätte beschäftigen können.

eine einzige Mark betragen. Es ist wahrscheinlich, dass er, um diesen winzigen Vorteil zu erzielen, sich kaum der Ungelegenheit einer Preiserhöhung unterziehen würde; die Steuererhebungsweise könnte daher hier unbedenklich erscheinen. Nimmt er jedoch die Preiserhöhung vor, so werden, um ihm diese eine Mark zu verschaffen, die Konsumenten einen pekuniären Verlust von nicht weniger als 99 M. erleiden müssen — und die Staatskasse büsst nichtsdestoweniger dabei 2 M. ein.

Es verdient hervorgehoben zu werden, dass jenes Ergebnis der Theorie von dem Gesetze, welches den Zusammenhang zwischen Preis und Absatz regelt, m. a. W. von der Form der Nachfragekurve durchaus unabhängig ist, da nämlich, wenn es sich um kleine Veränderungen handelt, im allgemeinen jede Funktion durch einen Ausdruck ersten Grades und jede Kurve durch eine gerade Linie ersetzt werden kann. —

Zweifelsohne liegt in obengeschildertem Verhältnisse, wenigstens zum Teil, eine Erklärung der Thatsache, welche man vielfach beobachtet haben will, dass nämlich eine Produktions- oder Verbrauchssteuer von mässigem Betrag zuweilen überhaupt keine Preisveränderung herbeigeführt hat. Dies soll z. B. nach G. Schantz Untersuchungen (Schmollers Jahrb. 1882) bei der Erhöhung des bayrischen Malzaufschlages, besonders in den Grossstädten, der Fall gewesen sein. Es mag nun daran erinnert werden, dass eben die grossstädtischen bayrischen Bierbrauereien, wie Schantz selbst hervorhebt, einen monopolistischen Charakter besitzen, weswegen der mögliche relative Gewinn, welcher durch eine Preiserhöhung für sie zu erzielen wäre, bei kleinem Steuersatze, oder was dasselbe bedeutet, bei einer kleinen Erhöhung einer bestehenden, schon ausgeglichenen Steuer wahrscheinlich äusserst geringfügig sein würde.

Wenn aber unter solchen Umständen eine Preiserhöhung infolge der Steuer doch wirklich eintritt, muss letztere notwendig als misslungen betrachtet werden, da das Opfer der Konsumenten, wie wir gesehen haben, dann ganz umsonst geschicht.

Bei direkter Besteuerung des Reinertrages würde diese Folge ausbleiben. Es fragt sich aber hier, ob man nicht in dieser Hinsicht noch einen Schritt weiter gehen könnte. Gesetzt, der Staat würde, statt den Monopolgütern eine Steuer aufzuerlegen, dem betreffenden Produzenten eine Vergütung von 2 M. für jedes (im Inlande) konsumierte Stück seiner Ware bewilligen. Alsdann würde es für diesen am vorteilhaftesten sein, den Verkaufspreis um 1 M. zu erniedrigen, wodurch die Nachfrage auf 1100 Stück wüchse. Der Reingewinn des Monopolisten würde folglich nunmehr $11 \cdot 1100 =$ 12 100 M. sein, während die vom Staate gezahlte Subvention allerdings 2200 M. betrüge. Allein der jetzt durch den Zuschuss des Staats veranlasste Zuwachs an Reingewinn des Monopolisten liesse sich durch zweckmässige Erhöhung der Besteuerung seines Einkommens ohne Verletzung seiner Interessen wieder in die Staatskasse hineinziehen. Es bliebe somit äusserstenfalls für den Staat ein Verlust von nur 2200 — 2100 = 100 M., dem aber, infolge der Preiserniedrigung, bei den früheren Konsumenten schon eine Geldersparnis von 1000 M. gegenüberstände, wozu dann noch für die neuzutretenden Konsumenten ein gewisser Zuschuss an Nutzen käme. Aus dem Gesichtspunkte des allgemeinen Wohles würde daher jenes Verfahren unzweifelhaft ein sehr empfehlenswertes sein. Dass dasselbe praktisch anwendbar sei, behaupte ich freilich nicht; der beabsichtigte Zweck: die bessere Ausnützung eines Privatmonopoles ohne Verletzung der Interessen des Monopolinhabers kann ja überhaupt auf vielen anderen Wegen erreicht werden.

Es soll das Gesagte nur auf ein Verhältnis aufmerksam machen, welches, wie wir später sehen werden, auch in anderen Teilen der Finanz- und Volkswirtschaftslehre von weitragender Bedeutung ist[1]).

Anhang.

Es sei die jährliche Nachfrage nach Monopolgütern durch eine Funktion $F(p)$ des Einheitspreises p dargestellt, eine Funktion, welche wir als durchaus stetig voraussetzen, so wird die gesamte Bruttoeinnahme durch $p \cdot F(p)$ ausgedrückt. Werden nun die allgemeinen (jährlichen) Kosten des Monopolisten mit K, die laufenden Kosten für jede Einheit der Ware mit k bezeichnet, so ist sein Nettoertrag offenbar

$$(p-k) \cdot F(p) - K.$$

Dieser Ausdruck erreicht bekanntlich ihr Maximum, wenn ihr Differentialquotient in Bezug auf p verschwindet, d. h. wenn

$$(p-k)\, F'(p) + F(p) = o$$

oder

$$-\frac{F(p)}{F'(p)} = p - k$$

ist, eine Beziehung, welche, nebenbei bemerkt, einer einfachen geometrischen Interpretation fähig ist, da nämlich der Ausdruck links die Subtangente der Nachfragekurve (wenn p als Abscisse, $F(p)$ als Ordinate derselben aufgetragen wird) im betreffenden Punkte darstellt.

Wie unsere Formel zeigt und auch von selbst einleuchtet, haben die allgemeinen, von der Grösse des Absatzes unabhängigen Kosten des Monopolisten auf die vorteilhafteste Preisgestaltung keinen Einfluss, und ebensowenig wird eine

1) Vgl. Marshall, Principles of Economics Bk. V, Ch. VIII, § 8.

etwaige Steuer *von festem Betrag* irgend eine Preisverschiebung hervorrufen können. Falls sie etwa den ganzen bisherigen Nettogewinn verschlänge, würde sie das Geschäft überhaupt unmöglich machen.

Ebenso einfach liegt die Sache bei einer Steuer, welche vom *Nettoertrag einen bestimmten Bruchteil* wegnimmt. Dieselbe würde ebenfalls, wie aus unseren Gleichungen unmittelbar hervorgeht, die Preisstellung ganz unberührt lassen; sie würde lediglich den Reingewinn des Monopolinhabers um den Steuerbetrag schmälern, nicht mehr, noch weniger, und die Konsumenten nicht berühren. Auch ein *progressiver* Steuersatz, welcher sich bei wachsendem Nettoertrag einem gewissen Prozentsatz asymptotisch nähert, würde, wie man leicht sieht, keine andere Folge haben.

Wenn aber die Steuer in einem *festen Satze für jede Einheit der Absatzmenge* erhoben wird, so hat dies offenbar dieselbe Wirkung, als ob die laufenden Kosten um den Steuersatz erhöht würden. Ist der Steuersatz s, so wird der vorteilhafteste Preis nunmehr bei

$$-\frac{F(p)}{F'(p)} = p - k - s$$

eintreten, was, wie unschwer zu beweisen ist, immer eine *Preiserhöhung* bezeichnet.

Wird dagegen die Steuer auf einen gewissen *Prozentsatz*, z. B. $\frac{1}{n}$ der *Bruttoeinnahme*, oder, was damit gleichkommt, des Verkaufspreises jeder Gütereinheit bemessen, so wird nunmehr der Reingewinn des Monopolisten offenbar durch

$$\left(\frac{n-1}{n} \cdot p - k\right) F(p) - K$$

ausgedrückt, und diese Grösse erreicht ihr Maximum, wenn

$$-\frac{F(p)}{F'(p)} = p - \frac{n}{n-1} k$$

ist. Wie man sieht, wird dieser Preisstand derselbe sein, als bei der soeben besprochenen *Mengesteuer* mit festem Satze, sobald letzterer gerade $\frac{1}{n-1}$ der laufenden Herstellungskosten pro Einheit der betreffenden Güter beträgt. Beispielsweise würde eine Wertsteuer, welche ein *Zehntel* des Bruttoertrags ausmacht, dieselbe Preisstellung herbeiführen wie eine Mengesteuer, welche ein *Neuntel* der laufenden Kosten betrüge; eine Wertsteuer, welche vom Bruttoertrag die Hälfte wegnimmt, würde in jener Hinsicht einer Mengesteuer äquivalent sein, welche den laufenden Kosten gleichkommt u. s. w. Auch diese recht eigentümliche Beziehung ist, wie man sieht, von der Form der Nachfragekurve gänzlich unabhängig.

Dagegen ist an der Hand der obigen Gleichung leicht zu erweisen, dass der *Betrag* der Wertsteuer in diesem Falle *grösser* wäre, wie der der Mengesteuer. Da nämlich der Ausdruck links stets positiv ist, so hat man offenbar

$$p > \frac{n}{n-1} k, \text{ somit } \frac{p}{n} > \frac{k}{n-1} \text{ u. s. f.}$$

Umgekehrt aber muss dann, wenn derselbe Steuerbetrag auf dem einen und dem anderen Wege erhoben werden soll, die Preiserhöhung bei der Wertsteuer notwendig kleiner werden als bei der Mengesteuer. Erstere wird also den Konsumenten vorteilhafter sein wie diese — allein dasselbe gilt auch von dem Monopolinhaber selbst, welcher offenbar um so mehr verliert, je höher er infolge der Steuer seine Preise ansetzen muss. (Dass die obenerwähnte Behauptung Seligmans falsch ist, liegt hier auf der Hand. Sie würde in der That nur dann richtig sein, wenn die laufenden Kosten der Monopolisten gänzlich wegfielen.) — Der allgemeine Beweis des zweiten der im Texte aufgestellten Sätze, dass nämlich der durch Preiserhöhung zu erzielende relative Gewinn des Monopolisten bei hinreichend kleinem Steuersatze im quadratischen Verhältnisse desselben abnimmt, wird dem mathematisch geschulten Leser leicht sein. Uebrigens kann man hier, wie schon gesagt, unbeschadet der Allgemeingültigkeit des Beweises, die Nachfragefunktion in der Umgebung des betreffenden Monopolpreises durch einen Ausdruck ersten Grades, etwa $F(p) = a - m \cdot p$, ersetzen, wodurch sich der Beweis überaus einfach gestaltet.

III. Die Steuerincidenz unter der Herrschaft freier Konkurrenz. Einfachste Hypothese. Kapitalzins und Arbeitslohn.

Wie oben angedeutet wurde, kann man bei der theoretischen Behandlung der Steuerincidenz von dem Gegensatze zwischen Produzenten und Konsumenten gänzlich absehen, wenn das ganze volkswirtschaftliche Leben als ein einziger Produktionsprozess aufgefasst wird, dessen Resultat sich nach stattgefundenem Tausch der Produkte in einem gewissen Realeinkommen eines jeden darstellt. Das Vorkommen von Monopolrenten, sowie von Unternehmergewinnen, welche etwas anderes als die Vergütung der Arbeit der Geschäftsleitung bezeichnen würden, lassen wir hierbei ausser acht, nehmen vielmehr an, das ganze volkswirtschaftliche Kapital sei in ökonomischer Hinsicht eine einzige unterschiedslose Masse, von der jedes Stück ebensogut wie das andere in dieser oder jener Produktion verwendet werden kann. Die nähere Präzisierung, bezw. die nötige Einschränkung des Begriffes Kapital wird sich dabei aus den folgenden Betrachtungen von selbst ergeben.

Um überhaupt die Sache so einfach wie möglich zu gestalten und dadurch den springenden Punkt, den wir blosslegen möchten, deutlich hervortreten zu lassen, wollen wir uns zunächst die Annahme erlauben, es gebe in einem Wirtschaftsverbande, z. B. in einem Lande, welches mit einer gewissen Menge von Kapital, Arbeit und Boden ausgerüstet ist, nur einen einzigen Produktionszweig, es werde nur ein einziger Verbrauchsgegenstand (*W*) erzeugt, während alles, was sonst im Lande konsumiert wird, von aussen her durch direkten Tausch beschafft wird, und zwar unter Tauschverhältnissen, welche als von der Lage des Weltmarkts bestimmt erachtet werden können. Das Kapital des Landes besteht somit wesentlich teils aus Vorräten der fertigen Ware (*W*), teils aus Gerätschaften und Rohstoffen für ihre Erzeugung. Das Einkommen eines jeden könnte man sich sogar zunächst direkt in (*W*) bezogen denken.

Es ist klar, dass eine Steuer, welche unter solchen Umständen die heimische Produktion trifft, zu keinerlei Preisverschiebung der Ware (*W*) oder der sonstigen Verbrauchsgüter Anlass geben könnte, ihre Wirkung sich vielmehr ausschliesslich im veränderten Einkommen der verschiedenen Produzenten, der Kapitalisten, der Arbeiter und der Grundbesitzer äussern wird. Von den Bodenleistungen sehen wir jedoch vorläufig ab, indem wir dieselben als frei annehmen, doch werden wir im folgenden Abschnitte diese Einschränkung wieder fallen lassen.

Die Entscheidung über den Einfluss irgend einer Steuer auf die Höhe des Kapitalzinses und des Arbeitslohnes, bezw. auf die Ablöhnungen der verschiedenen Klassen von Arbeitern, wäre unter solchen Umständen eine verhältnismässig leichte Aufgabe, wenn man nur wüsste, in welcher Weise und durch welche Ursachen jene beiden wirtschaftlichen Grössen überhaupt bestimmt werden.

Allein man hätte bis vor kurzem die ganze volkswirtschaftliche Litteratur durchsuchen können, ohne auf diese ganz elementare Frage der nationalökonomischen Theorie eine irgendwie befriedigende Antwort zu erhalten.

Diejenige Antwort, welche die älteren Oekonomisten unter Hinweis auf die Vermehrungstendenz der Bevölkerung auf unsere Frage gaben, dass nämlich der Arbeiter auf die Dauer nur gerade den notwendigen Lebensunterhalt für sich selbst und seine Familie bezieht, der Kapitalist hingegen den ganzen Rest der Produktion für eigene Rechnung behält, kann wohl hier unberücksichtigt gelassen werden. Wenn es auch noch heute leider nur zu wahr ist, dass ein grosser Teil der Arbeiterbevölkerung der Erde dicht an der Grenze des baren Lebensminimums oder sogar unter demselben steht, so kann dies jedoch nicht als ganz allgemeine Erscheinung, noch weniger als ökonomisch notwendige Thatsache gelten — letzteres wurde übrigens z. B. von Ricardo gar nicht behauptet.

Auch von der bekannten Karl Marxschen Variante dieser Lehre kann füglich abgesehen werden. Er behauptet etwa, der Arbeitgeber kaufe die Ware Arbeitskraft zu ihrem Kostenwert, d. h. den für den Unterhalt einer Arbeiterfamilie notwendigen Lebensmitteln, verkaufe sie aber (in der Form fertiger Produkte) zu ihrem Gebrauchswert, der Unterschied sei Mehrwert u. s. w. Und zwar werde jener gedrückte Preis der Arbeitskraft nicht durch die natürliche Vermehrung, sondern durch eine Art künstlicher Ueberzähligmachung der Arbeiterbevölkerung, durch Schöpfung einer „industriellen Reservearmee“ erreicht.

Die Thatsachen bekräftigen weder die eine, noch die andere jener Auffassungen; es giebt in unserer Zeit Länder, wo mehrere Decennien hindurch der Lohn auch der gemeinen Arbeit fast ausnahmslos weit über dem Lebensminimum gestanden hat. Was besonders das Malthus'sche Bevölkerungsgesetz betrifft, so liegt seine Bedeutung darin, dass es uns über die Art und das Wesen der verschiedenen „Checks“, welche der physiologischen Vermehrungstendenz der Bevölkerung entgegenzuwirken bestimmt sind, belehrt, bezw. deren relative Notwendigkeit erweist, nicht etwa darin, dass die ewige Unzulänglichkeit jener Checks von Malthus erwiesen, oder jemals behauptet wäre.

Zu erörtern bleibt somit eigentlich nur die Lohnfondstheorie, welche die Höhe des Arbeitslohnes von dem Verhältnis zwischen der Grösse des vorhandenen, zur Lohnzahlung bestimmten Kapitals und der Zahl der Arbeiter abhängig machen wollte, wobei über die Höhe des Kapitalzinses natürlich umgekehrt gefolgert wurde, dass dieselbe bei relativem Anwachsen des Kapitals (oder relativer Verminderung der Arbeiterbevölkerung) die Tendenz zum Steigen, im entgegengesetzten Falle die Tendenz zum Abnehmen habe — was übrigens an sich sehr wahrscheinlich ist.

In Bezug auf die Ueberwälzungslehre würde aus den erstgenannten Ansichten folgen, dass die Ueberwälzung einer Steuer, gleichgültig wie dieselbe auferlegt wird, von Arbeitern auf Arbeitgeber immer, von diesen auf jene aber niemals gelingen würde.

Nach der Lohnfondstheorie hingegen würde eine Steuerüberwälzung nur in dem Falle möglich sein, wenn entweder die Grösse des Kapitals oder die Zahl der Arbeiter (bezw. das Angebot an Arbeit) infolge der Steuer verändert würden, dann aber ohne Unterschied in betreff der Erhebungsweise der Steuer vor sich gehen. Diese Lehre ist denn auch die herrschende geblieben, obwohl die Lohnfondstheorie selbst bekanntlich sich ihres früheren Ansehens nicht mehr erfreut.

Die Lohnfondstheorie gilt heute als eine verfehlte Lehre, allein ich glaube nicht zu viel zu sagen, wenn ich behaupte, dass die meisten, welche dieselbe kritisierten, den Punkt, in welchem sie wirklich fehlt, nicht richtig getroffen haben, weshalb es auch bisher nie gelang, eine vollkommenere Theorie an ihre Stelle zu setzen.

Gegen Autoren, die mit Macleod, Karl Marx oder Henry George einfach leugnen, dass die Arbeiter vom Kapital unterhalten werden, lohnt es sich kaum zu polemisieren. Es ist dies eine wissenschaftliche Oberflächlichkeit, von der man sich nur wundern kann, dass verständige Männer sich dadurch irre führen lassen. Karl Marx versteigt sich sogar zu der Aeusserung[1]), es seien vielmehr die Arbeiter selbst, welche den Kapitalisten den Lohnbetrag vorschiessen, da ja der Lohn oft erst eine Woche oder mehrere Wochen nach der betr. Arbeitsleistung ausgezahlt zu werden pflegt. Das ist natürlich blosse Wortklauberei. Die Arbeiter schiessen in der That den Lohn während dieser Woche oder Wochen vor, und indem sie dies thun, können sie selbst zu diesem Betrag als Kapitalisten angesehen werden. Dies reicht aber noch lange nicht hin, denn der Arbeitslohn muss in volkswirtschaftlicher Beziehung natürlich bis zu dem Augenblicke vorgeschossen werden, bis die fertigen Gebrauchsgüter, die Güter erster Ordnung (Menger) gegen andere Gebrauchsgüter ausgetauscht werden können, und dieser Zeitraum ist durchschnittlich nicht auf Wochen, sondern auf Jahre zu bemessen. Wenn die Arbeiter sich während dieser ganzen Zeit selbst unterhalten könnten, so wäre in der That kein anderweitiges Kapital von nöten.

Ausnahmsweise kann es natürlich vorkommen, dass die Arbeitslöhne erst nach Vollendung und Absatz des Produktes ausgezahlt werden; wenn dies aber der Fall ist, kann auch der

---

1) S. z. B.: Das Kapital, Bd. II, S. 197 f.

Kapitalist als solcher auf keinerlei Anteil am Arbeitsertrag Anspruch erheben.

In seiner Recension meiner Arbeit „Ueber Wert, Kapital und Rente“ (Schmollers Jahrb. Bd. XIX, 1, S. 336) bemerkt Prof. Lexis, dass der Arbeiter zwar seine Arbeitskraft „meistens nur verwerten kann, indem er bei der Produktion von Zukunftsgütern mitwirkt.“ Dies sei aber „nicht das entscheidende, denn auch wenn er, wie etwa der Bäckergeselle ein an dem Tage der Herstellung zu verzehrendes Gut erzeugt, so wird er doch, weil er seine Arbeitskraft nicht selbständig ausnutzen kann..., gezwungen..., sie unter Verzicht auf ihr Produkt gegen einen mehr oder weniger genügenden Lebensunterhalt zu verkaufen.“

Allein woher weiss Lexis, dass der Arbeiter in diesem Falle auf einen Teil des Produktes seiner Arbeitskraft verzichten muss? Der Wert seiner Leistung kann ja überhaupt nicht selbständig ermittelt werden, sondern nur in Zusammenhang mit der übrigen auf die Produktion verwendeten Arbeit, welche grösstenteils vorschussweise abgelöhnt werden muss. Dass die Kapitalisten als solche — von Monopolrenten u. dgl. abgesehen — durchschnittlich mehr beziehen als den Zins der sämtlichen von ihnen mittelbar oder unmittelbar vorgeschossenen Arbeitslöhne, scheint mir nicht von selbst einleuchtend zu sein, sondern eher sich selbst widersprechend.

Die übrigen Einwände gegen die Lohnfondstheorie laufen meist darauf hinaus, dass es nicht von vornherein feststehe, einen wie grossen Teil seines Besitzes der Kapitalist produktiv verwenden will. Das mag wahr sein, bildet wohl aber kaum einen hinreichenden Grund, die betr. Theorie zu verwerfen. In jedem gegebenen Augenblick hat doch das produktiv verwendete Vermögen eine bestimmte Grösse, und da die Höhe der jährlichen Ersparnisse, bezw. eine eventuelle Vermehrung der unproduktiven Kapitalkonsumtion gegen die Grösse des gesamten Kapitalstockes meistens relativ klein ist, so kann letzterer sogar während eines nicht zu langen Zeitraumes als annähernd unveränderlich gelten.

Der wirkliche Fehler der Lohnfondstheorie liegt wohl vielmehr darin, dass der Lohnfonds selbst nur einen Teil des gesamten Produktivkapitals, und zwar einen bis auf weiteres gänzlich unbestimmten Teil vertritt. Gewöhnlich wurde er etwa mit dem „zirkulierenden“ Kapitalteil, zum Unterschied von dem „mehr oder weniger fest angelegten“ — beides übrigens wenig bestimmten Begriffen — identifiziert. Fragt man nun, durch welche Ursachen die Verteilung des Kapitals in „stehendes“ und „zirkulierendes“ bestimmt wird, so lautet im allgemeinen die Antwort: darüber entscheidet der Stand der Technik. Diese Antwort enthält jedoch nicht die ganze Wahrheit, vielmehr ist hier neben dem rein technischen auch ein ökonomisches Moment wohl zu unterscheiden.

Es ist eine wohlbekannte Thatsache, dass die Einführung gewisser technischer Verbesserungen, Maschinen u. dergl., sich oft erst dann lohnt, wenn der Arbeitslohn schon eine gewisse Höhe erreicht hat, während umgekehrt bei niedrigem Stand der Löhne die überwiegende Verwendung von Handarbeit trotz ihrer technischen Minderwertigkeit den Unternehmern lohnender wird. Auf die Erklärung dieser Thatsache kommen wir gleich zurück; nehmen wir sie als feststehend an, so ergiebt sich das Dilemma, dass einerseits bei gegebenem Gesamtkapital die Lohnhöhe von der Verteilung des Kapitals in stehendes und zirkulierendes, diese Verteilung aber (alles andere als gleich angenommen) von der jeweiligen Lohnhöhe abhängen soll.

Dies ist nun an sich gar nichts Befremdliches; auch auf anderen Gebieten der Volkswirtschaftslehre kommt ähnliches vor; z. B. im Tauschverkehr sind Angebot und Nachfrage vom Preise, dieser aber wiederum von Angebot und Nachfrage abhängig — immerhin zeigt sich aber, dass man hier mit zwei voneinander gegenseitig abhängigen Grössen zu thun hat. Um dieselben ermitteln zu können, muss man dann offenbar nicht nur eine, sondern zwei sie verknüpfende Beziehungen kennen. Von diesen beiden liefert die Lohnfondstheorie in der That die eine; es ist aber ihr Hauptfehler, dass sie diese eine Relation als ausreichend betrachtet hat.

Um die zweite notwendige Beziehung näher kennen zu lernen, muss man vor allem wissen, warum denn die Verteuerung der Handarbeit regelmässig zur Einführung von maschinellen Vorrichtungen führt, und zwar nicht nur indirekt durch Anspornung des Erfindungsgeistes, sondern auch direkt, indem die schon gemachten Erfindungen erst bei höherem Stand der Löhne ökonomisch anwendbar werden.

Es bedarf dies um so mehr einer Erklärung, als die Erscheinung auf den ersten Augenblick sogar etwas Paradoxes an sich hat. In der That sind ja die Maschinen selbst Arbeitsprodukte; wenn daher die Arbeit teurer wird, müssen auch, so könnte es wenigstens scheinen, die Maschinen in entsprechendem Masse kostspieliger werden.

Letzteres wird jedoch, wie schon Ricardo gezeigt hat[1]), im allgemeinen nicht der Fall sein.

---

1) Principles Ch. I, Sect. V.

Der Preis der Maschinen schliesst nämlich, sagt Ricardo, nicht nur Arbeitslohn, sondern auch Profit ein, nämlich vor allem den Zins des Kapitals, durch welches die bei der Erzeugung der Maschinen beschäftigten Arbeiter unterhalten wurden. Steigt nun über die ganze Linie der Produktion der Arbeitslohn und sinkt folglich — alles andere als gleich angenommen — die Profitrate, so entsteht daraus eine relative Verbilligung der Maschinen gegenüber der Handarbeit.

Ricardo behauptet sogar, dass der Preis der Maschinen überhaupt nicht steigen würde, was indess aus seiner Beweisführung nicht hervorgeht. Nach seiner bekannten Grundauffassung würde übrigens eine Steigerung des Arbeitslohnes nur infolge einer Teuerung der Lebensmittel eintreten können, was jedoch hier von keinem Belang ist.

Verfolgt man den Gedankengang, welchen Ricardo lediglich in einem Zahlenbeispiel ausgeführt hat, etwas genauer, so zeigt sich, dass der Kern desselben darin liegt, dass durch Einführung der betreffenden Maschinen der Gesamtprozess der Produktion verlängert wird, und zwar in Ricardos Beispiel von einem auf zwei Jahre, wobei einerseits die nämliche originäre Arbeitsmenge eine grössere Menge fertiger Produkte erzeugt, andererseits aber das für den Unterhalt der Arbeiter verwendete Kapital auf längere Zeit, etwa auf zwei statt ein Jahr, investiert wird, und deshalb auch schliesslich mit zweijährigen statt mit nur einjährigen Zinsen abgefunden werden muss. Dies führt dann, wie wir bald zeigen werden, notwendig dazu, dass die längere Kapitalinvestierung (die Einführung der Maschine) erst bei einer ganz bestimmten Lohnhöhe ökonomisch wird.

Es sind Betrachtungen eben dieser Art, durch die es Böhm-Bawerk — dem freilich dabei die betreffende Stelle bei Ricardo wohl niemals in den Sinn gekommen — gelungen ist, zunächst für stationäre Verhältnisse, eine wirkliche, in sich geschlossene Theorie der Bestimmungsgründe des Kapitalzinses und des Arbeitslohns aufzustellen.

Der einzige mir bekannte frühere Versuch, die Beziehungen zwischen Kapitalzins und Arbeitslohn in rationeller Weise zu ermitteln (von den verfehlten Thünenschen Spekulationen über den naturgemässen Arbeitslohn abgesehen), kommt in einem Artikel im I. Bande der dänischen Nationalökonomisk Tidskrift (Kopenhagen 1873) vor. Der Aufsatz, welcher bezeichnenderweise nicht von einem Nationalökonomen von Fach, sondern von zwei Mathematikern, den Herren F. Bing und Julius Petersen, geschrieben ist, führt den Titel: Bestemmelse af den rationelle Arbejdslön samt nogle Bemærkninger om Ökonomiens Methode

(Bestimmung des rationellen Arbeitslohns nebst einigen Bemerkungen über die Methode der Volkswirtschaftslehre). Gegen die Einzelheiten dieser Untersuchung kann vielleicht etliches eingewendet werden, ihr Grundgedanke ist jedoch ein dem Böhm-Bawerkschen nahe verwandter und hätte, weiter entwickelt, zweifellos zu einer der seinigen ganz ähnlichen Theorie geführt. Ich kann aber keine Spur auffinden, dass der Aufsatz von den dänischen Nationalökonomen beachtet worden wäre. Die Redaktion der „Tidskrift" behält sich in einer Note eine Antwort auf den Artikel vor; so viel ich weiss, ist eine solche jedoch niemals erschienen.

In meiner im Jahre 1893 veröffentlichten Arbeit über „Wert, Kapital und Rente"[1]) habe ich mich bemüht, der Böhm-Bawerkschen Theorie eine strenge mathematische Form zu geben, sowie dieselbe in gewisser Hinsicht zu erweitern. Ich werde mir erlauben, für das vollere Verständnis der folgenden Entwicklung sowohl auf diese Arbeit, wie auf das grundlegende Werk Böhm-Bawerks selbst zu verweisen.

Da aber die Grundauffassung der Böhm-Bawerkschen Theorie noch nicht allgemein anerkannt ist und neuerdings von hervorragender Stelle lebhaft angegriffen wurde, finde ich mich veranlasst, dieselbe noch einmal in Kürze darzulegen und zu verteidigen, wobei ich auch in die Lage komme, meine früheren Ausführungen in einigen Punkten zu verbessern.

Statt der üblichen aber wenig haltbaren Einteilung des Kapitals in stehendes und zirkulierendes, hat man nach dem Vorgange Jevons' und Böhm-Bawerks das ganze vorhandene Kapital als beweglich, d. h. als mehr oder weniger langsam zirkulierend aufzufassen. Es wird sozusagen virtuell als eine einzige Summe von fertigen Verbrauchsgütern betrachtet, die ursprünglich für den Unterhalt von Arbeitern bestimmt war, grösstenteils aber schon gegen Arbeit vertauscht worden ist und dann in der Gestalt vorgethaner Arbeit (Gerätschaften, Rohstoffe, Vorprodukte u. s. w.) fort existiert, bis es durch den Erlös der Endprodukte wieder ersetzt wird.

Jedoch schliesst man dabei meines Erachtens zunächst die durchaus dauerbaren Kapitalstücke, wie Gebäude, Strassen u. dgl. besser aus dem Kapitalbegriffe aus. Unter stationären Verhältnissen, welche wir als einfachste Hypothese hier zu Grunde legen wollen, wird von dergleichen Gegenständen nur sehr wenig neu erzeugt,

---

1) Jena, Gustav Fischer.

während die übrigen Kapitalstücke, wie Gerätschaften, Maschinen, Rohstoffe u. dgl. von Zeit zu Zeit erneuert werden müssen. Erstere können daher zunächst als „Rentengüter" auf dieselbe Linie mit Grund und Boden gestellt werden, dessen Beziehungen erst später betrachtet werden sollen.

Die Zeit, welche zwischen dem Anlegen eines individuellen Kapitals durch Kauf (Ablöhnung) von Arbeit und dem Ersatz desselben durch den Verkauf fertiger Konsumtionsgegenstände (Güter erster Ordnung) verfliesst, heisst Umlaufs- oder Investierungszeit des fraglichen Kapitalteilchens.

Wenn nun, wie gewöhnlich, zum Herstellen und Absatz einer Ware Arbeit verwendet wird und folglich Kapital vorgeschossen werden muss zu verschiedenen Zeitpunkten, so sprechen wir von einer mittleren Investierungszeit der betreffenden Kapitalsumme. Wird z. B. heute eine Arbeitswoche, das nächste Jahr gleichfalls eine u. s. f. angewendet, bis die fertige Ware nach vier Jahren Absatz findet, so löhnt sich die Arbeit durchschnittlich nach $\frac{4+3+2+1}{4} =$ $2\frac{1}{2}$ Jahren, und wenn sonst keine Unkosten für die Herstellung der Ware nötig waren, wird deren Erlös nach Abzug der vier Wochenlöhne, welche somit hier das ganze investierte Kapital ausmachen, die Verzinsung desselben Kapitals auf $2\frac{1}{2}$ Jahre darstellen, wobei allerdings nur mit einfachem Zins gerechnet wird.

Wenn umgekehrt heute eine Arbeit verrichtet wird, die sich nur successive innerhalb einer längeren Zeit löhnt (wie z. B. die Verfertigung einer Maschine, die sich erst in mehreren Jahren bezahlt macht), so wird auch hier die mittlere Investierungszeit des vorgeschossenen Kapitals immer berechnet werden können.

Wenn z. B. eine Kapitalinvestierung k nach ein, zwei, drei und vier Jahren jedesmal eine Einnahme von p und sonst keine mehr einbringt, so ist der gegenwärtige Wert der vier Einnahmen (bei Rechnung mit einfachem Zins) offenbar

$$p\left(\frac{1}{1+z}+\frac{1}{1+2z}+\frac{1}{1+3z}+\frac{1}{1+4z}\right),$$

wo z den noch zu ermittelnden Zinssatz bedeutet, und dieser Ausdruck muss eben $= k$ sein. Wenn hier z als hinreichend klein vorausgesetzt werden kann, so vereinfacht sich der Ausdruck schliesslich zu:

$$p\,(4 - 10\,z) = k,$$

woraus sich

$$z = \frac{2}{5} \cdot \frac{4p - k}{4p}$$

ergiebt. Nun hat man aber, wenn t die mittlere Investierungszeit des Kapitals bezeichnet,

$$\frac{4p - k}{k} = z \cdot t,$$

also nach Elimination von z,

$$t = 2^1/_2 \cdot \frac{4p}{k} \text{ Jahre.}$$

Da $4p$ notwendig grösser als k ist, so wird demnach die Investierungszeit des Kapitals etwas grösser sein als die mittlere Länge des Intervalls, welches zwischen der Ausgabe des Kapitals und dessen vollständigem Ersatz verfliesst, denn diese Länge ist ja in unserem Falle gleichfalls

$$\frac{1 + 2 + 3 + 4}{4} = 2^1/_2 \text{ Jahre.}$$

Es lassen sich in ähnlicher Weise die sämtlichen, oft recht verwickelten Vorgänge der Produktion immer zu einer gewissen Investierungszeit des betreffenden Kapitalteiles reduzieren, und daraus fliesst schliesslich eine gewisse mittlere Investierungszeit für das Gesamtkapital des betreffenden Geschäfts.

Allerdings hat man sich hierbei die verschiedenen Stufen derselben Produktion stets zu einem und demselben Geschäfte gehörig vorzustellen. M. a. W.: das Kapital bleibt für unsere Betrachtung investiert, auch wenn das fragliche Kapitalstück (z. B. eine Maschine) aus der Hand eines Unternehmers in die eines anderen übergeht.

Ich habe mich hier veranlasst gefunden, den älteren Jevonsschen Ausdruck Investierungszeit statt des von Böhm-Bawerk eingeführten Begriffs „Produktionsperiode“, d. h. der zwischen Anfang und Ende der Produktion verflossenen Zeit, wieder aufzunehmen. Beide stehen natürlich in enger Beziehung zu einander. Wenn z. B. während der ganzen Produktionsperiode unausgesetzt mit derselben Arbeiterzahl gearbeitet wird und dabei die Löhne successive ausbezahlt werden, so ist die mittlere Investierungszeit des Kapitals, wie man leicht findet, gerade die Hälfte der Produktionsperiode. Wenn aber, wie dies gewöhnlich der Fall ist, die verwendeten Arbeitsmengen über die Produktionsperiode ganz unregelmässig verteilt sind, so ist die erwähnte Verhältniszahl weniger leicht zu finden. Ueberhaupt ist die „Produktionsperiode“ ein etwas undeutlicher, mitunter nicht einmal genau definierbarer Begriff. Schliesslich kommt es aber bei den hier zu erörternden Fragen nicht auf die Länge der Produktionsperiode, sondern nur auf die der Investierungszeit des Kapitals an, welche letztere immer leicht oder wenigstens leichter zu erfassen und zu bestimmen ist. Es scheint daher aller Grund vorzuliegen, sobald es sich um exakte Beziehungen handelt, nur den letztgenannten Begriff zu benutzen.

Der Hauptpunkt der Böhm-Bawerkschen Lehre besteht nun in der Annahme, dass es immer gelingen wird, durch angemessenes Einschieben dieser oder jener vorbereitenden Arbeit — was schliesslich einer Verlängerung der mittleren Investierungszeit des verwendeten Kapitals gleichkommt — die durchschnittliche Produktivität der aufgewendeten Arbeit zu erhöhen. Natürlich nicht nur in dem Sinne, dass mehr Arbeit mehr Produkte liefert, sondern vielmehr in dem weiteren, dass eine gegebene Menge Arbeit, gleichsam über einen grösseren Zeitraum ausgespannt, sich produktiver erweisen wird als dieselbe Arbeitsmenge, wenn sie in einem kürzeren Produktionsprozesse derselben Art oder gar in (kapitalloser) Augenblicksproduktion verwendet würde.

Es wäre dies in der That ein vollkommenes Gegenstück zu der unter dem Namen Arbeitsteilung bekannten Erscheinung. Wenn mehrere Arbeiter die Erzeugung einer gewissen Warenart zusammen bei möglichster Arbeitsteilung durchführen, wird ein jeder von ihnen mit demselben Quantum Arbeit mehr Produkte liefern können, als wenn er unter weniger entwickelter Arbeitsteilung oder gar allein für sich arbeitete.

Ich habe oben das Wort „Annahme" gebraucht, denn ich stimme Lexis vollkommen bei, wenn er sagt[1]), dass „der Satz von dem funktionalen Zusammenhange der Länge der Produktionsperiode und der Produktivität der Arbeit .... bewiesen werden" muss, und zwar „in concreto und für alle Arten der Sachgüterproduktion besonders". Freilich wird dieser Beweis eben so umfassende wie schwierige statistische Erhebungen für verschiedene Zeiten und Länder erfordern. Die innere Wahrscheinlichkeit des Satzes hat jedoch Böhm-Bawerk, wie mir scheint, nicht nur „durch einige allgemeine Bemerkungen", sondern in sehr eingehender Weise klargelegt.

Wenn Lexis in seiner obenerwähnten Recension meiner Arbeit „Ueber Wert etc." umgekehrt beweisen zu können glaubt, dass der Satz mit den Thatsachen in Widerspruch stehe, so zeigt seine Beweisführung m. E., dass er sich über das, warum es sich eigentlich handelt, wohl keine ganz klare Vorstellung verschafft hat.

---

1) S. die oben angeführte Rezension S. 334.

Lexis „möchte behaupten, dass seit Beginn der Kulturentwickelung die Tendenz des technischen Fortschrittes, und zwar mit zunehmendem Erfolg, dahingegangen ist, allerdings die auf ein gleiches Kapital kommende Zahl der Arbeiter in den einzelnen Unternehmungen zu vermindern, jedoch unter gleichzeitiger Verkürzung der Produktionsperiode."

Schon diese Behauptung enthält gewissermassen eine „contradictio in adjecto", denn wenigstens wenn die auf ein gleiches Kapital kommende Zahl der Arbeiter stärker vermindert worden ist, als die durchschnittliche Lohnhöhe zugenommen hat, so ist dies nach der obigen Kapitalauffassung ein Zeugnis von eingetretener Verlängerung der durchschnittlichen Produktionsperiode, wie sich leicht ergiebt, wenn man das vorhandene Kapital in Arbeit aufgelöst denkt. — Hören wir aber weiter:

„Welcher Zeitgewinn ist nicht im Laufe unseres Jahrhunderts in allen Abschnitten der Produktion und Handelsbewegung durch die neuen Hilfsmittel des Verkehrs erzielt worden?"

Ja, ist dies nun auch so ganz sicher? Allerdings nimmt der Transport einer gewissen Warenmenge über eine gewisse Strecke heute viel geringere Zeit wie früher in Anspruch. Allein andererseits: ein wie ganz unbeträchtlicher Teil der Gesamtproduktion wurde am Anfang des Jahrhunderts überhaupt den Verkehrsmitteln überantwortet? Die weitaus grösste Masse der Produkte wurde am Produktionsorte selbst oder in dessen nächster Umgebung verzehrt. Heutzutage aber werden ganze Bevölkerungen mit ihren wichtigsten Konsumtionsmitteln aus den entlegensten Teilen der Erde versorgt, und es gilt fast als Ausnahme, dass irgend eine Ware am Produktionsorte zur Konsumtion gelangt. Zieht man dies mit in Betracht — und hier muss man eben alles berücksichtigen —, bedenkt man ferner, dass die Arbeit, welche zur Herstellung der Schiffe, des Eisenbahnmaterials etc. (nicht zu reden von dem Bau der Eisenbahnen selbst) verwendet wird, mehrere Jahre im voraus abgelöhnt werden muss, ehe das betr. Kapital ersetzt wird, so unterliegt es kaum einem Zweifel, dass die modernen Verkehrsmittel an sich nicht etwa eine Verkürzung, sondern eine höchst bedeutende Verlängerung des Gesamtprozesses der Produktion herbeigeführt haben. — Weiter sagt Lexis:

„Die Anfertigung eines geschliffenen Steinbeils mit einem Loch für den Stiel hat den Menschen der neolithischen Zeit sicherlich eine vielmal grössere Zeit gekostet, als heute die Anfertigung eines eisernen Beils erfordert, wenn man auch" alle Vorarbeiten mitrechnet, da nämlich von diesen „bei der heutigen Massenproduktion nur ein sehr kleiner Teil einem einzelnen Beile zuzurechnen wäre".

Nun, dies ist selbstverständlich. Es liegt aber hier eine offenbare Verwechselung vor zwischen den weit verschiedenen Begriffen Länge der Produktionsperiode (oder der Investierungszeit des Kapitals) und — notwendiger Arbeitszeit für die Erschaffung einer Einheit der Ware. Letztere hat sich unbedingt verkleinert, sonst wäre ja überhaupt kein technischer Fortschritt erreicht. Mit demselben Gesamtaufwand von Arbeit — sagen wir x Arbeitstagen —, welche damals ein Steinbeil erfordert hat, können heute vielleicht 10, 20 oder mehr eiserne Beile angefertigt werden. Allein jene x Tage wurden in der neolithischen Zeit — so viel man von der Technik derselben erraten kann — in ununterbrochener Folge verwendet, während sie heute meistens einen Zeitraum von mehreren Jahren umspannen, so dass auf jeden Kalendertag dieses Zeitraums durchschnittlich nur wenige Minuten entfallen, die auf die Erzeugung eben jener 10 oder 20 Beile verwendet werden. Dies ist der wirkliche Unterschied, und dies ist auch die Ursache, warum die heutige Produktion gewöhnlich nur kapitalistisch betrieben werden kann.

Aehnliches gilt wohl von den übrigen Beispielen, die Lexis anführt. Es muss aber hier schliesslich daran erinnert werden, dass Böhm-Bawerk niemals geleugnet, sondern vielmehr ausdrücklich hervorgehoben hat, dass es unzweifelhaft gewisse technische Fortschritte giebt, welche in jeder Hinsicht eine Verkürzung des früher üblichen Produktionsprozesses veranlasst haben. Allein, indem sie dies thaten, erheischten sie auch keine neue Kapitalansammlung, sondern machten im Gegenteil, wenigstens auf die Länge der Zeit, Kapital frei — was, nebenbei bemerkt, für die Arbeiter immer eine unmittelbare Wohlthat ist.

Wenn aber solche Erfindungen wirklich die Mehrzahl der technischen Fortschritte gebildet hätten, so wäre die unausbleibliche Folge gewesen, dass der gesamte Kapitalfonds relativ zu der Zahl der Arbeiter (oder eigentlich zu der Gesamtsumme der jährlichen Arbeitslöhne) successive abgenommen hätte. Nun giebt aber Lexis selbst zu — wenn ich ihn sonst richtig verstanden habe — dass das Umgekehrte der Fall ist, und dadurch hat er, wie oben bemerkt wurde, seine eigene Beweisführung schon von vornherein entkräftet.

Wird nun dieses allgemeine Postulat der Böhm-Bawerkschen Theorie inzwischen zugegeben, so könnte man im ersten Augenblick vermuten, dass der Kapitalist stets einer immer längeren Investierungszeit seines Kapitals nachstreben würde, wenigstens sobald von seinem etwaigen Zinsverlust während der Uebergangszeit abgesehen werden kann. Dies wird jedoch keineswegs der Fall sein; bei jeder gegebenen Lohnhöhe giebt es vielmehr eine vorteilhafteste Investierungszeit, wie das folgende Beispiel zeigen wird [1]).

Der Einfachheit wegen setzen wir voraus, es werden fertige Produkte nur in langen Intervallen fertiggestellt, so dass das im Geschäfte investierte Kapital auf einmal frei wird. In der Wirklichkeit ist dies im allgemeinen nicht der Fall, sondern es wird staffelweise produziert, was jedoch hier keinen wesentlichen

1) Die Nichtbeachtung dieses Umstandes ist die Hauptursache gewesen, warum Jevons in seiner „Theory of political Economy" zu einer abgeschlossenen Kapitaltheorie nicht gelangen konnte.

Unterschied ausmacht. Bei einer dreijährigen Investierungsperiode mag nun z. B. das vorgeschossene Kapital, d. h. die Summe der successive ausgezahlten Löhne, durch den Erlös der fertigen Güter mit einem Zuschlag von $25\frac{1}{2}$ % ersetzt werden; der jährliche Kapitalprofit ist folglich $25\frac{1}{2} : 3 = 8\frac{1}{2}$ %. Bei einer vierjährigen Kapitalinvestierung möge die vorgeschossene Lohnsumme mit 32 % Zuschlag erstattet werden können, was einer jährlichen Verzinsung von nur 8 % gleichkommt. Es ist folglich die dreijährige Investierung die für den Kapitalisten vorteilhaftere.

Wenn aber nun die Löhne um ein Zehntel steigen, so wird im ersten Falle der Zuschlag nur etwa 14 % ($15\frac{1}{2} : 110$) der jetzigen Lohnsumme ausmachen, was einer jährlichen Zinsrate von $4\frac{2}{3}$ % entspricht. Bei der vierjährigen Investierung würde dagegen der übrigbleibende Gewinnzuschlag noch 20 % (22 : 110) der Lohnsumme sein, der jährliche Kapitalzins also 5 %. Es ist somit nunmehr die vierjährige Periode die lohnendere.

Die Länge der vorteilhaftesten Investierungsperiode wird folglich eine grössere sein, wenn die Löhne sich nach oben verschieben. Dieses Resultat ist allgemein gültig, sobald man voraussetzen darf, dass jede verlängerte Kapitalinvestierung zwar die Produktivität der Arbeit erhöht, nicht aber ihr proportional, sondern so, dass die Skala der Mehrerträgnisse eine abnehmende ist, was durchaus der Wirklichkeit zu entsprechen scheint. Die vorteilhafteste Länge der Kapitalinvestierung ist somit in der That durch die Höhe der Arbeitslöhne bestimmt.

Allein ebensogut ist letztere Grösse von der durchschnittlichen Länge der Kapitalinvestierung abhängig, und zwar in folgender Weise. Irgend ein Kapital kann — die Bodenleistungen immer als frei angenommen — nur auf einem Wege produktiv verwendet werden, nämlich indem es Arbeit mietet. Es kann aber, bis es durch die Produktion wieder ersetzt wird, überhaupt nur einmal Arbeit ablohnen. Ist folglich K das Kapital eines Geschäftes oder eines Landes und beträgt die mittlere Investierungszeit dieses Kapitals t Jahre, so bezeichnet $K : t$ eben den jährlichen Lohnfonds und giebt, durch den mittleren Lohnsatz dividiert, die Zahl der angestellten Arbeiter unzweideutig an. Dieser Satz ist axiomatisch klar, und er bildet, wie Böhm-Bawerk hervorgehoben hat, den wahren Inhalt der vielbesprochenen Lohnfondstheorie.

Die so bestimmte Arbeiterzahl muss nun auf die Länge der Zeit offenbar mit der Zahl der wirklich vorhandenen Arbeiter übereinstimmen. Wenn nicht, so wäre entweder das werbende Kapital selbst überschüssig und es würden durch die Konkurrenz der Kapitalisten die Löhne notwendig steigen müssen, oder es könnten umgekehrt bei dem betreffenden Lohnsatz nicht alle Arbeiter Beschäftigung finden, was bald eine Lohnerniedrigung herbeiführen müsste. Wenn Gleichgewicht erreicht worden ist, so muss folglich die Relation

$$K : t = A \cdot l \text{ oder } K = A \cdot l \cdot t,$$

worin A die Arbeiterzahl, l den Lohnsatz bezeichnet, notwendig erfüllt sein.

Es bedingen also die Höhe des Arbeitslohns und die Länge der Investierungszeit einander gegenseitig, und wenn man das Gesetz kennte, nach welchem die Produktivität der Arbeit mit der Länge der Investierungszeit des Kapitals anwächst, so würden die erwähnten Grössen, sowie auch die Höhe des Kapitalprofits mit mathematischer Genauigkeit bestimmt, d. h. in den hier als bekannt vorausgesetzten Grössen K und A ausgedrückt werden können[1]).

Wächst dabei K bei gleichbleibendem A, oder wächst umgekehrt A bei gleichbleibendem K, so wird sich theoretisch nach einigen Schwankungen hin und her eine neue Gleichgewichtslage einstellen, so dass eine relative Vergrösserung des Volkskapitals immer eine Lohnerhöhung, wenn auch niemals eine der Vergrösserung des Kapitals proportionale, herbeiführen wird, eine relative Verminderung des Kapitals (z. B. infolge eines allzuschnellen Anwachsens der Bevölkerung) hingegen eine Lohnerniedrigung, aber auch diese nicht in demselben Verhältnisse, wie sich das Kapital selbst vermindert hat. Die Zinsrate verändert sich hierbei immer in entgegengesetzter Richtung wie die Grösse des Volkskapitals (man beachte, dass es sich hier immer um wesentlich stationäre Verhältnisse handelt, so dass von neuen Erfindungen u. dgl. abgesehen werden kann), und zwar wird dieselbe äussersten Falles sogar in stärkerem Verhältnisse ab- oder zunehmen können, als das Gesamtkapital selbst zu- bzw. abnimmt.

Wenn nun, wie ich glaube, das Gesetz der relativen Vergütung der beiden Faktoren der Produktion, der Arbeit und des Kapitals, durch die obige Theorie in seinen Grundzügen und unter Annahme stationärer Verhältnisse richtig dargelegt ist, so folgt hieraus die Entscheidung über die Incidenz einer Steuer auf die Produktion als einfaches Korollarium.

1) S. den Anhang am Schlusse dieses Abschnitts.

Zunächst ist klar, dass eine Steuer auf das Einkommen, sei es der Kapitalisten, sei es der Arbeiter, die Beziehungen zwischen Kapitalzins und Arbeitslohn, wenn dieselben, wie vorausgesetzt, unter beiderseitiger freier Konkurrenz bestimmt werden, nicht im geringsten beeinflussen würde. Der höchstmögliche Kapitalzins wird immer der höchstmögliche sein, wenn auch der Staat einen bestimmten Teil davon in der Form von Steuern wegnimmt. Ebensowenig aber würde eine Steuer auf den Arbeitslohn zu irgend einer Veränderung der vorteilhaftesten Länge der Kapitalinvestierung Anlass geben können. Insofern also jene Steuern nicht auf die Kapitalbildung oder die Bevölkerungsbewegung, bzw. das Angebot an Arbeitskraft Einfluss üben, womit wir uns für den Augenblick nicht beschäftigen wollen, bleiben die Löhne aller Wahrscheinlichkeit nach auf derselben Höhe stehen, in welcher sie eben angesetzt wurden.

Die Produktion aber ist aus der vereinigten Wirksamkeit beider dieser Faktoren entsprungen; sie ist das Resultat der vom Kapital unterhaltenen Arbeit. Wenn die Steuer sie trifft, indem sie z. B. vom Werte der Produktsumme oder, was in unserem Falle das nämliche ist, von dieser selbst einen bestimmten Teil entnimmt, so werden notwendig beide Faktoren der Produktion direkt oder indirekt davon getroffen.

Es kann sich der Unternehmer nicht durch Herabsetzung der Löhne völlig schadlos halten, der ausborgende Kapitalist kann nicht denselben Zins wie früher fordern. Sonst würde, wie man leicht sieht, eben infolge der verminderten Löhne das vorhandene Kapital teilweise überschüssig werden, und das Streben des freigewordenen Kapitals nach Beschäftigung würde eine nochmalige Steigerung der Löhne hervorrufen. Allein ebensowenig werden die Arbeiter, wie sich Smith und Ricardo dies dachten, die Löhne auf ihrem früheren Stand erhalten können. Allerdings stände dem insofern nichts im Wege, als ja das Kapital als unverändert vorausgesetzt wurde. Allein es würde unter solchen Verhältnissen die frühere Investierungszeit des Kapitals sich nicht mehr als die vorteilhafteste erweisen, sondern um den grössten jetzt möglichen Kapitalgewinn zu erreichen müsste die Investierungszeit des Kapitals verlängert werden, wodurch die Löhne zurückgehen müssten [1].

---

1) Auch eine Steuer, welche sonst nach dem Umfange jedes Geschäfts bemessen, z. B. proportional der Zahl der beschäftigten Arbeiter vom Unternehmer erhoben wird, würde wesentlich dieselben Folgen haben.

Es geht dies aus der mathematischen Behandlung der Aufgabe, die wir im Anhang vornehmen werden, mit voller Allgemeinheit hervor; man kann aber das Resultat auch an dem früher gegebenen Zahlenbeispiel leicht nachprüfen. Wenn die dortigen Produktionsziffern 125,5 der dreijährigen und 132 der vierjährigen Kapitalinvestierung (die Gesamtsumme der ausgezahlten Löhne, d. h. das Kapital in beiden Fällen = 100 gesetzt), durch die Steuer z. B. um je ein Zehntel, also auf bzw. 113 und 118,8 vermindert werden, so zeigt sich, dass der jährliche Zinssatz im ersteren Falle nunmehr 13 : 3 = 4 1/3 %, im letzteren Falle dagegen 18,8 : 4 = 4,7 % betragen würde; es wird folglich nunmehr die vierjährige Investierung, statt wie früher die dreijährige, die vorteilhaftere sein.

Wie man leicht sieht, ist die Wirkung der Steuer ganz dieselbe, als ob die Produktivität der Arbeit proportinal der Steuer abgenommen hätte. Man könnte sich daher die Sache auch so vorstellen, als ob anfangs alles — auch die Grösse des Kapitals und die Höhe des Arbeitslohns — sich in demselben Verhältnisse verkleinert hätte, während die Investierungszeit des Kapitals, sowie auch die Zinsrate am verkleinerten Kapital dabei durchaus unverändert blieben. Steigt nun das Kapital auf seine frühere Höhe zurück, so muss, unseren früheren Auseinandersetzungen gemäss, der Arbeitslohn steigen, aber nicht proportional der Kapitalvermehrung, also in diesem Falle nicht in dem Masse, dass er seinen ursprünglichen Stand vor der Steuer erreichen könnte; die Zinsrate hingegen wird fallen, aber nicht so sehr, dass der Kapitalist die ganze Steuerlast tragen müsste.

Es wird somit zweifellos nicht nur das Kapital, sondern auch die Arbeit von der Steuer getroffen — in welchem Verhältnisse, hängt von den besonderen Umständen der Produktion ab, nämlich von dem Gesetze, nach welchem die Produktivität der Arbeit infolge irgend einer Verlängerung der Kapitalinvestierung zunehmen wird.

Wenn die oben erwähnte Skala der Mehrerträgnisse bei verlängerter Kapitalinvestierung in der Nähe der früheren Investierungsperiode eine rasch abnehmende ist, so wird die Steuer hauptsächlich die Kapitalisten treffen und die Arbeiter relativ verschonen.

Wenn aber umgekehrt jede neue Verlängerung der Investierungsperiode nahezu dasselbe Mehrerträgnis abwerfen sollte, so wird es den Kapitalisten gelingen, den grössten Teil der Steuer in Form einer Lohnherabsetzung auf die Arbeiter abzuwälzen.

Ich bemerke nachdrücklich, dass es sich hier immer um die Wirkung beiderseitiger freier Konkurrenz handelt. Wenn die Arbeitgeber gegen die Arbeiter zusammenhalten oder umgekehrt diese gegen jene, so werden ganz andere Verhältnisse eintreten können. U. a. würde im ersteren Falle eine Verlängerung der Kapitalinvestierung (Vermehrung des stehenden Kapitals) auch über das wirtschaftliche Mass hinaus in den Händen der Arbeitgeber ein furchtbares Mittel werden, die Arbeitslöhne herabzudrücken und dadurch sich selbst grössere Gewinne zu verschaffen (vgl. „Ueber Wert, Kapital und Rente", S. 104 f.).

Das Nähere hierüber wird kaum anders als durch eine mathematische Betrachtung klargelegt werden können. Ehe wir jedoch diese vornehmen, mag noch auf eine Eigentümlichkeit der Produktionssteuer aufmerksam gemacht werden. Infolge der verlängerten Investierungszeit, welche theoretisch, wie wir gesehen haben, bei dieser Steuer immer eintreten muss, wird die Produktivität der Arbeit und folglich auch die Grösse der Gesamtproduktion mehr oder weniger zunehmen müssen. Es wird folglich ein Teil der Steuer durch die vergrösserte Produktion ersetzt, also im Sinne Hocks und Wagners abgewälzt — jedoch nicht so, dass der in die Steuerkasse fliessende Betrag vermindert, sondern vielmehr etwas vermehrt wird — ein Ergebnis der Theorie, welches mit gewissen Thatsachen der Wahrnehmung wenigstens nicht im Widerspruch steht.

Man würde geneigt sein, hierin einen volkswirtschaftlichen Gewinn zu erblicken und somit einen gewissen Vorzug der (allgemeinen) Produktionssteuer gegenüber der direkten Einkommensteuer, bei welcher nach dem oben Gesagten in dieser Hinsicht alles beim alten bleiben würde. Jene Schlussfolgerung wäre jedoch etwas verfrüht.

Unser Raisonnement ruht nämlich, wenn man näher zusieht, auf der Voraussetzung, dass der Unternehmer geraume Zeit im voraus seine Produktion den neuen, durch eine erwartete Steuer eintretenden Verhältnissen anzupassen vermag. Sonst würde er selbst während der ersten Jahre der Steuerauflegung den ganzen Steuerbetrag unverkürzt tragen müssen. Thut er aber ersteres, so zahlen in der That die Arbeiter in ihren geschmälerten Löhnen den auf sie fallenden Anteil der Steuer mehrere Jahre hindurch (nämlich eben so viele Jahre, wie die mittlere Investierungszeit des Kapitals beträgt) ehe der betreffende Steuerbetrag in die Staatskasse eingefordert wird. Wenn sie dies durch direkte Steuerzahlung gethan hätten, so wäre offenbar der Staat um diesen Betrag selbst kapitalkräftiger geworden, das Kapital des Landes wäre vergrössert worden und die fragliche Erhöhung der Gesamtproduktion hätte vielleicht auch dann eintreten können.

Im folgenden Abschnitte werden wir nun auch den bis jetzt unberücksichtigt gelassenen dritten Faktor der Produktion, die Bodenleistungen (sowie die übrigen Rentenquellen), in den Kreis unserer Betrachtungen einbeziehen, zuvörderst aber werde ich im Anhange der oben vorgetragenen Theorie die exakte mathematische Einkleidung, die ihr gebührt, zu geben suchen.

Anhang.

In meiner Arbeit über „Wert, Kapital und Rente" (S. 95 ff.) habe ich die Böhm-Bawerksche Kapitalzinstheorie sowohl in der Gestalt algebraischer Formeln, wie auch durch eine einfache geometrische Interpretation wiederzugeben mich bemüht. Ich werde hier die letztere kurz wiederholen, nur mit der Aenderung, dass an Stelle der Länge der Produktionsperiode hier die der mittleren Investierungszeit des Kapitals benutzt wird. Betrachten wir also letztere Grösse, die wir mit t bezeichnen wollen, als Abscisse einer Kurve, deren zugehörige Ordinate die dieser entsprechende Jahresproduktion, p, fertiger Genussgüter, berechnet auf je einen der an der ganzen betreffenden Produktion beteiligten Arbeiter, darstellt, so wird jene Kurve offenbar immer ansteigend, aber konkav gegen die Abscissenachse verlaufen müssen. In der That kann ja keine praktische Grenze angegeben werden, über die nicht möglicherweise bei riesenhafter Kapitalinvestierung die Produktivität der Arbeit steigen könnte. Ebensowenig aber wird das (jährliche) Mehrerträgnis proportional der Investierungszeit anwachsen können; dies würde zu durchaus absurden Konsequenzen führen; die Kurve wird daher in dem Masse, als sie sich von der Abscissenachse entfernt, notwendig immer flacher werden. Da streng genommen ohne jegliches Kapital keine Produktion möglich ist, lassen wir die Kurve im Schnittpunkte der Koordinatenachsen beginnen, was jedoch unwesentlich ist. Wenn nun die Höhe des Arbeitslohns, l, vorläufig als gegeben betrachtet wird, so erhält man die vorteilhafteste Investierungszeit, indem man von einem Punkte der Ordinatenachse in der Entfernung l vom Anfangspunkte eine Tangente an die Kurve zieht und die Abscisse des Berührungspunktes aufsucht (vgl. Fig. auf S. 40). Es wird nämlich, wie immer man die Investierungszeit annimmt, die Verbindungsgerade des entsprechenden Punkts auf der Kurve mit dem erwähnten Punkte auf der Ordinatenachse auf der linken Seite der Abscissenachse ein Stück abschneiden, dessen Grösse durch

$$\frac{l \,.\, t}{p - l} = \frac{1}{z}$$

ausgedrückt wird, wo z den jährlichen Zinssatz bedeutet. Jene Grösse wird offenbar zum Minimum, und folglich z zum Maximum, wenn die Verbindungslinie Tangente der Kurve ist.

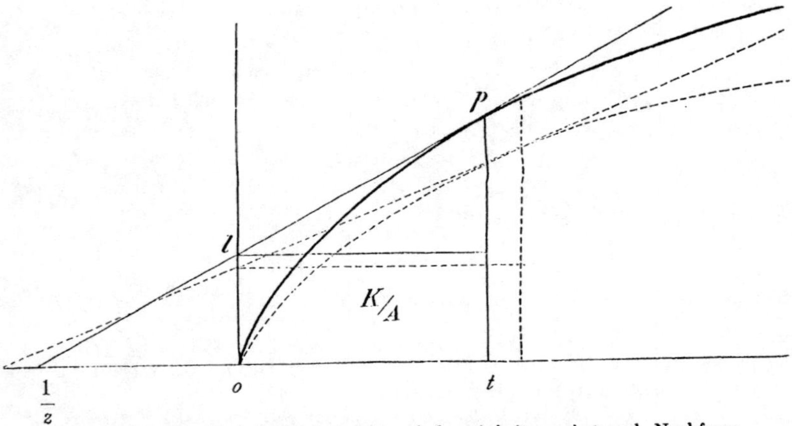

Wenn aber hierbei Gleichgewicht zwischen Arbeitsangebot und -Nachfrage erreicht werden soll, so muss, wie im Texte ausgeführt wurde, die Gleichung

$$K : t = A \cdot l$$

erfüllt sein, oder, was dasselbe ist, es muss

$$t \cdot l = \frac{K}{A}$$

sein. Das Rechteck, dessen angrenzende Seiten t und l sind, muss folglich den konstanten Flächeninhalt $K : A$ haben. Durch diese Bedingungen ist nun sowohl t wie l und folglich auch z unzweideutig bestimmt, sobald K und A und daneben die Gleichung der Kurve bekannt sind.

Die Wirkung einer Steuer, welche einen bestimmten Teil, z. B. ein Zehntel des Bruttoertrags wegnimmt, wird nun offenbar die nämliche sein, als ob die Produktivität der Arbeit sich um ein Zehntel vermindert hätte, d. h. als ob die obenerwähnte Kurve durch eine andere ersetzt worden wäre, deren Ordinaten nur $^9/_{10}$ der entsprechenden Ordinaten der ursprünglichen Kurve betrügen[1]).

An letzterer Kurve ist also nunmehr die nämliche Konstruktion auszuführen, und es lässt sich dann leicht zeigen — z. B. unter Benützung des Umstandes, dass Tangenten der beiden Kurven, deren Berührungspunkte auf derselben Ordinate liegen, sich stets auf der Abscissenaxe schneiden — dass infolge der Steuer die Länge der Investierungszeit vergrössert, die Höhe des Arbeitslohnes hingegen verkleinert und endlich der reciproke Wert der Zinsrate vergrössert, die Zinsrate selbst somit verkleinert werden muss.

1) Bei einer Steuer, welche der Zahl der angestellten Arbeiter proportional wäre und folglich vom durchschnittlichen Ertrag je eines Arbeiters einen festen Betrag entnähme, hätte man sich die Kurve sich selbst parallel um ein dem Steuersatze entsprechendes Stück herabgerückt zu denken. Im übrigen wäre die Behandlung dieser Aufgabe eine durchaus ähnliche.

Alles weitere hängt nun von der Gestalt der ursprünglichen Kurve in der Nähe des Gleichgewichtspunktes ab und zwar in folgender Weise. Wenn man die beiden Differentialausdrücke $\frac{dp}{dt} : \frac{p}{t}$ und $\frac{d^2p}{dt^2} : \frac{p}{t^2}$, von denen der erstere, wie man leicht sieht, stets positiv, jedoch < 1 sein muss, der andere aber nach unserer Voraussetzung stets negativ ist, bezw. durch v und $-w$ bezeichnet, so ergiebt sich unschwer, dass infolge einer Steuer, welche vom Bruttoertrag der Produktion einen (kleinen) Bruchteil wegnimmt, die vorteilhafteste Investierungszeit des Kapitals von t auf $t + \Delta t$ wachsen muss, wo annäherungsweise

$$\frac{\Delta t}{t} = \frac{1 - v}{1 - v + w} \cdot \varepsilon$$

ist.

Die Jahresproduktion eines Arbeiters wächst hierdurch bis auf $p + \Delta p$, wo mit derselben Annäherung

$$\frac{\Delta p}{p} = \frac{v\,(1 - v)}{1 - v + w} \cdot \varepsilon$$

ist.

Der Arbeitslohn, welcher ja bei gleichbleibendem Kapital stets der Investierungszeit umgekehrt proportional ist, verringert sich hierbei auf $l - \Delta l$, wo

$$\frac{\Delta l}{l} = \frac{1 - v}{1 - v + w} \cdot \varepsilon$$

ist.

Schliesslich wird die Rate des Kapitalzinses bis auf $z - \Delta z$ abnehmen, wobei

$$\frac{\Delta z}{z} = \frac{w}{v\,(1 - v + w)} \cdot \varepsilon$$

ist.

Die vollständige Diskussion jener Ausdrücke würde uns hier zu weit führen. Es lässt sich jedoch das im Texte erwähnte Verhalten an denselben leicht nachweisen. Wenn w im Vergleich zu $1 - v$ sehr gross ist, wenn z. B. die Produktivitätskurve in dem ursprünglichen Gleichgewichtspunkte sehr stark gekrümmt ist, so dass eine fernere Verlängerung der Investierungszeit bald aufhören würde, die Produktivität der Arbeit merklich zu vermehren, so wird die Steuer nur eine sehr kleine Verlängerung der früheren Investierungszeit des Kapitals herbeiführen können, $\Delta t : t$ und damit $\Delta l : l$ wird klein, die Arbeitslöhne bleiben nahezu ungeschmälert, und der Unternehmer-Kapitalist trägt selbst den grössten Teil der Steuer.

Wenn aber umgekehrt w relativ klein ist, wenn z. B. die Kurve im betreffenden Punkte sehr schwach gekrümmt ist, so dass jede folgende Verlängerung der Investierungszeit des Kapitals nahezu dieselbe Vergrösserung der Produktivität der Arbeit herbeiführen würde, so wird die Steuer eine relativ beträchtliche Verlängerung der Investierungszeit zur Folge haben, die Arbeitslöhne vermindern sich in dem Masse, dass die Arbeiter den grössten Teil der Steuer tragen; $\Delta z : z$ dagegen wird klein, d. h. der Kapitalist bezieht nahezu dasselbe Einkommen wie vor der Steuer.

In den zwischenliegenden Fällen teilen der Kapitalist und die Arbeiter mehr oder weniger gleichmässig die Steuer unter sich. Beispielsweise könnte man annehmen, dass die Produktivitätskurve in der Nähe der ursprünglichen Gleichgewichtslage durch die (allgemeine) parabolische Gleichung

$$p = at^m$$

bestimmt sei, wo a eine positive Konstante, m irgend ein echter Bruch ist. Unsere Formeln werden dann sehr einfach; man erhält nämlich, wie leicht zu ersehen, für v und w die konstanten Werte

$$v = \frac{dp}{dt} : \frac{p}{t} = m$$

und

$$w = -\frac{d^2p}{dt^2} : \frac{p}{t^2} = m - m^2,$$

woraus folgt

$$\frac{\Delta t}{t} = -\frac{\Delta l}{l} = \frac{\Delta z}{z} = \frac{1}{1+m} \cdot \varepsilon$$

$$\frac{\Delta p}{p} = \frac{m}{1+m} \cdot \varepsilon$$

Es würde somit hier das Einkommen der Arbeiter und das der Kapitalisten durch die Steuer gleichmässig geschmälert, und durch die eintretende Vergrösserung der Produktion würde dabei, wenigstens dem Anschein nach (vgl. die Schlussbemerkung im Text), von der Steuer äussersten Falles (wenn $m = 1$) sogar die Hälfte „abgewälzt" werden.

IV. Fortsetzung. Die Steuerincidenz auf die Vergütung der produktiven Kräfte einschliesslich der Bodenleistungen.

Die Theorie der Grundrente wird gewöhnlich noch heute wesentlich in derselben Gestalt vorgetragen, wie sie von Ricardo überliefert worden ist; auch muss seine Erklärungsweise dem Grundgedanken nach als vollkommen richtig bezeichnet werden. Besonders einfach wird sie bekanntlich, wenn man die verschiedenen Bodenklassen hinsichtlich ihrer Lage, Fruchtbarkeit u. s. w. als eine stetig abnehmende Reihe voraussetzt und annehmen darf, dass die letzte oder die letzten dieser Bodenklassen überhaupt noch nicht okkupiert sind oder doch noch nicht verwendet zu werden brauchen. Dann ist klar, dass die Arbeit und das Kapital vom Ertrage des Bodens gerade so viel erhalten, als durch Verwendung derselben Menge Arbeit und Kapital auf die nächste, noch nicht angebaute Bodenklasse gewonnen werden könnte, während der Rest des thatsächlichen Ertrages dem Eigner des betreffenden Bodens anheimfällt. Allein in den hochkultivierten Ländern der Gegenwart giebt es überhaupt weder einen herrenlosen, noch einen rentenlosen Grund und Boden mehr. Alles ist schon in Beschlag genommen, jeder fussbreit Land wird landwirtschaftlich, forstwirtschaftlich oder sonst irgendwie verwendet und wirft immer eine grössere oder kleinere Rente ab. Hier also wird man in der angedeuteten Weise zwar den Unterschied der Rente verschiedener Bodenklassen erklären können[1]), über die absolute Höhe, sowie den mittleren Stand der Grundrente giebt jene Theorie aber keine Auskunft.

Um letztere Grösse bestimmen zu können, muss man vielmehr zu dem zweiten Teil der Ricardoschen Rentenlehre, welcher von Wieser mit Recht als der wichtigere bezeichnet wurde, seine Zuflucht nehmen. Dieser stützt sich bekanntlich auf die Thatsache, dass, wenn Kapital und Arbeit in successive wachsender Menge auf demselben Bodenstück verwendet werden, der Gesamtertrag sich allerdings erhöht, jedoch in abnehmender Skala, so dass jede neue Menge von Kapital und Arbeit zu einem kleineren Mehrertrag Anlass giebt, als die unmittelbar vorhergehende. Der Unterschied zwischen dem Ertrag der zuletzt verwendeten Menge und dem der früher investierten von derselben Grösse wird nun jedesmal dem Grundeigner als Rente zufallen.

Dieses Raisonnement setzt jedoch voraus, dass Kapital und Arbeit immer in derselben Proportion verwendet werden, oder, was auf dasselbe hinauskommt, dass die durchschnittliche Investierungszeit des Kapitals die nämliche bleibt, während seine Grösse zunimmt, was natürlich im allgemeinen nicht der Fall sein wird[2]). Weiter aber wird sowohl von Ricardo, wie von den späteren Vertretern seiner Lehre stillschweigend vorausgesetzt, dass die Grundrente erst nach Vollendung der Produktion ausgezahlt zu werden braucht. J. St. Mill[3]) macht sogar einen sonder-

---

1) Uebrigens wird bekanntlich jener Unterschied verschiedener Bodenklassen — wenigstens innerhalb grösserer Gruppen derselben — infolge fortschreitender Bodenmeliorationen mehr und mehr ausgewischt, wie z. B. für Frankreich durch H. Passys Untersuchungen festgestellt worden ist.

2) Am einfachsten wird dieser Teil der Ricardoschen Lehre in der Thünenschen Fassung wiedergegeben, wo von dem Einfluss des Kapitals überhaupt abgesehen wird. Der Mehrertrag des zuletzt angestellten Arbeiters wird zum Massstab sowohl für seinen, wie (infolge der Konkurrenz der Arbeiter) für den Lohn der sämtlichen beschäftigten Arbeiter. Der ganze Rest des Ertrages fällt dem Grundeigner zu.

3) Principles Bk. II, Ch. XVI, § 6.

baren, durchaus misslungenen Versuch zu beweisen, dass die Grundrente in Wirklichkeit keinen Teil von den Vorschüssen des Kapitalisten bilde („that rent does not really form any part of the expences of production or of the advances of the capitalist“). Die Begründung dieser seltsamen Behauptung soll darin liegen, dass derjenige, welcher Rente zahlt, in der vorzüglicheren Beschaffenheit des Grund und Bodens „ein Instrument von überlegener Kraft“ besitzt und dadurch „den vollen Wert der Rente in Extravorteilen zurückerhält.“ Mit demselben Recht aber könnte man ja behaupten, dass die Löhne, und besonders die höheren Löhne der geschickteren Arbeiter, „keinen Teil der Vorschüsse des Kapitalisten“ bilden; denn wer immer einen solchen Arbeiter (oder überhaupt einen Arbeiter) anstellt, hat ja insofern „ein Instrument von überlegener Kraft“ bekommen, welches ihm im allgemeinen die gemachte Auslage (und zwar mit Zins) ersetzen wird.

Ob die Grundrente einen Teil der Vorschüsse des Kapitalisten ausmacht oder nicht, hängt natürlich ganz einfach davon ab, ob dieselbe vorschussweise bezahlt werden muss oder nicht. Im allgemeinen ist nun ersteres der Fall. Die Früchte der Natur, nicht weniger als die der Arbeit, brauchen eine kürzere oder längere Zeit, oft sogar mehrere Jahre, ehe sie für die Konsumtion reif werden. In vielen Wirtschaftsarten, in der Forstwirtschaft, dem Wein-, dem Obstbau u. s. f. ist dies augenscheinlich der Fall. Wer eine Wein- oder Obstpflanzung auf fremdem Boden anlegen will, wird offenbar neben Arbeitslöhnen mehrere Jahre hindurch Grundrente zahlen müssen [1]), ehe ihm auch nur ein Pfennig des vorgeschossenen Kapitals durch den Erlös der Produkte ersetzt wird. Aber auch im gewöhnlichen Ackerbau ist dies vielfach der Fall. Ein Teil des landwirtschaftlich bestellten Bodens wird regelmässig zur Auffütterung oder Züchtung von Nutztieren verwendet, deren entsprechende Leistungen erst im nächsten Jahr oder nach mehreren Jahren in Anspruch genommen werden können u. s. w. Oder die Feldfrüchte brauchen nach der Ernte eine mitunter lange Zeit, ehe sie zu Absatz und Konsumtion gelangen; oder sie gehen in andere Geschäftszweige über, um dort verarbeitet zu werden u. s. f. In allen diesen Fällen wird das vorgeschossene Kapital, das zum teil in erlegter Grundrente besteht, wenn es auch unterwegs vielleicht den

---

1) Wenn er den Boden kauft, zahlt er statt dessen den kapitalisierten Wert dieser Grundrenten.

Besitzer wechselt, volkswirtschaftlich so lange investiert bleiben, bis es durch den Erlös der unmittelbar konsumierbaren Produkte wieder ersetzt und freigemacht wird.

Für eine theoretische Betrachtung erweist es sich demnach wohl als das zweckmässigste, die Bodenrente ebensogut wie den Arbeitslohn immer als vom Kapital vorgeschossen zu betrachten. Wo es thatsächlich anders zugeht, sollte einfach der Grundeigner selbst als Kapitalist aufgefasst werden, der im Betrage der betreffenden Grundrente Vorschüsse leistet. Die Höhe der Grundrente bestimmt sich nämlich zuletzt in ganz derselben Weise, ob das Kapital i. e. S. sich in den Händen der Grundeigner selbst oder anderer Personen befindet, ja sogar wenn Grundeigner, Kapitalist und Arbeiter ein und dieselbe Person sind. Der einzelne Grundeigner, welcher selbst mit eigenem Kapital wirtschaftet, wird nämlich — alles andere als gleich angenommen — niemals einen grösseren Gewinn erzielen können als die landläufige Grundrente zusammen mit dem landläufigen Kapitalzins. Wohl aber würde sein Gewinn leicht hinter diesem Betrag zurück bleiben können, und zwar würde, wie man leicht sieht, dies eintreffen müssen, sowohl wenn er mehr, als wenn er weniger Kapital als üblich anwendet. Ist ersteres der Fall, so würde er mehr gewinnen wenn er den überschiessenden Teil seines Kapitals anderswie anlegte, hat er aber zu wenig Kapital, so wird er am besten das fehlende sich zu leihen suchen. Im grossen ganzen ist wohl auch anzunehmen, dass ein jeder den vorteilhaftesten Wirtschaftsweg wirklich einzuschlagen versteht.

Man wird folglich das ganze landwirtschaftlich verwendete Kapital als einen einzigen Fonds betrachten können, aus dem sowohl Arbeitslöhne wie Grundrenten successive vorgeschossen werden. Thut man dies, so wird die sonst fast hoffnungslos verwickelte Aufgabe überraschend einfach, ja es zeigt sich sogar, dass wir schliesslich gar keiner besonderen Grundrententheorie bedürfen, indem sich die Bodenleistungen dem Kapital gegenüber gerade so verhalten wie die Arbeit. Jeder Hektar des Bodens ist in der That ein Arbeiter, dessen Leistungen unter den jetzigen volkswirtschaftlichen Verhältnissen seinem „Eigner“ vergütet werden müssen. Ueber die Höhe der Vergütung aber entscheidet nichts als eben Angebot und Nachfrage, und zwar in folgender Weise:

Wenn ein Kapital von gegebener Grösse auf die Produktion einer gewissen Güterart verwendet werden soll, so zerfällt es in zwei Teile, von denen der eine die Arbeitslöhne, der andere aber die

Miete der zur Produktion erforderlichen Bodenleistungen — und zwar beide vorschussweise — zahlt. Sind nun die Verhältnisse stationär geworden, so wird eine gewisse Proportion jener beiden Kapitalteile innegehalten werden und zugleich wird dabei jeder Teil für sich eine gewisse unveränderliche, durchschnittliche Umlaufs- oder Investierungszeit erhalten haben.

Anmerkung. In meiner Vervollständigung der Böhm-Bawerkschen Theorie (s. Conrads Jahrbücher, Dez. 1892 oder meine Arbeit „Wert, Kapital und Rente" S. 121 ff.) habe ich „als erste Annäherung" angenommen, dass die erwähnten beiden Investierungsperioden identisch seien. Die hierdurch erzielte Vereinfachung der Aufgabe erweist sich indes nicht beträchtlich, es erscheint daher weit angemessener, die Verschiedenheit und relative Unabhängigkeit der beiden Perioden festzuhalten, welche Annahme offenbar der Wirklichkeit viel näher kommt.

Wie gross jene Proportion, wie lang jede der durchschnittlichen Investierungsperioden am vorteilhaftesten abzumessen ist, das hängt, alles andere als gleich angenommen, von der jeweiligen (absoluten und relativen) Höhe des Arbeitslohns und der Grundrente ab. Wie dies freilich vorgeht, lässt sich nicht mit wenigen Worten sagen, denn die zu bestimmenden Grössen bedingen einander gegenseitig in einer ziemlich verwickelten Weise. Im allgemeinen kann man jedoch behaupten, dass eine absolute Erhöhung des Arbeitslohns und der Bodenrente zu einer Verlängerung der Investierung beider Kapitalteile beitragen muss. Die relative Erhöhung einer dieser Grössen wird dagegen vor allem die Proportion, in welcher Arbeit und Boden in der Produktion verwendet werden, beeinflussen, und zwar so, dass, wenn der Arbeitslohn der Bodenrente gegenüber sich steigert, in der Produktion relativ mehr Boden und weniger Arbeit (extensivere Wirtschaft), wenn dagegen die Bodenrente relativ hoch steht, von demselben Kapital mehr Arbeit und weniger Boden verwendet werden wird (intensivere Wirtschaft). In der That aber wird jede Veränderung entweder des Arbeitslohns oder der Bodenrente oder beider eine Verschiebung aller drei der obenerwähnten Grössen herbeiführen.

Wenn man nun die Veränderlichkeit der Produktivität der Arbeit und des Bodens in jeder dieser Beziehungen genau kennte, so würden bei jedem beliebigen Stand der Bodenrente und des Arbeitslohns die vorteilhafteste Proportion und die vorteilhaftesten Investierungszeiten der beiden Kapitalteile durch die Auflösung einer gewöhnlichen Maximum-Aufgabe mit drei unabhängigen Variablen bestimmt werden können. In der Wirklichkeit wird dieses Problem, wie man wohl annehmen darf, besonders wenn die volkswirtschaftlichen Verhältnisse längere Zeit unverändert bleiben, an der Hand der Erfahrung durch die sogenannte Versuchsmethode einigermassen gelöst.

Umgekehrt aber sind Arbeitslohn und Bodenrente von der Proportion, in welcher Boden und Arbeit verwendet werden, sowie von den Investierungszeiten der beiden Kapitalteile abhängig. Wenn die Nachfrage nach Boden verhältnismässig grösser (bezw. kleiner) wird, steigt (bezw. fällt) die Grundrente; zur selben Zeit aber fällt (bezw. steigt) der Arbeitslohn. Auf der anderen Hand wird bei längerer Investierungszeit dasselbe Kapital bei gegebener Bodenrente (bezw. gegebenem Arbeitslohn) weniger Land (bezw. Arbeit) zu mieten instande sein, was ein Fallen der Grundrente (bezw. des Arbeitslohns) zur Folge haben wird u. s. f.

Wenn in dieser Weise schliesslich Gleichgewicht erreicht ist, so werden folgende Bedingungen mit Notwendigkeit erfüllt sein. Es sei die Proportion der verwendeten Bodenfläche zur verwendeten Arbeiterzahl innerhalb der einzelnen Geschäfte derselben Art annäherungsweise als gleich angenommen. Dann muss offenbar jene Proportion mit dem Verhältnisse übereinstimmen, in dem die ganze, innerhalb des betreffenden Geschäftszweigs in Anspruch genommene Bodenfläche zu der ganzen daselbst beschäftigten Arbeiterzahl steht, oder — falls wir an unserer Voraussetzung festhalten, dass nur eine einzige Güterart im Lande produziert wird, — mit dem Verhältnis der ganzen im Lande vorhandenen Bodenfläche zur ganzen vorhandenen Arbeiterzahl; wobei allerdings zunächst das ganze Bodenareal als von gleichmässiger Güte und sämtliche Arbeiter als von derselben Tüchtigkeit vorausgesetzt werden. Man hat folglich, wenn h jene Proportion, A die Arbeiterzahl und B die Grösse der Bodenfläche (in Hektaren) bezeichnet

$$h = \frac{B}{A}.$$

Dies ist nun allerdings selbstverständlich; nur beachte man, dass jene Proportion **nicht** als in den betreffenden Geschäften, bezw. dem betreffenden Geschäftszweig **schon von Anfang an gewählt** betrachtet werden darf, sondern dass sie vielmehr das schliessliche Resultat des allseitigen Konkurrenzkampfes der Arbeiter, der Kapitalisten und der Grundeigner darstellt.

Ebenso ist klar, dass bei erreichtem Gleichgewicht das Kapital gerade ausreichen muss, um die ganze vorhandene Arbeitskraft zu beschäftigen und die ganze vorhandene Bodenfläche zu mieten. Man hat folglich, wenn K das Kapital, l den durchschnittlichen Arbeitslohn und r die durchschnittliche Bodenrente (z. B. pro Hektar Boden) bezeichnet, und wenn die mittlere Investierungszeit der beiden Kapitalteile bezw. durch t und τ ausgedrückt wird.

$$K = Alt + Br\tau$$

Diese beiden Beziehungen, die ja nichts anderes besagen wollen, als dass Kapital, Arbeit und Grundeigentum immer nach Beschäftigung streben und auch annäherungsweise immer beschäftigt sind, reichen in der That aus, um im Verein mit den früher erwähnten Maximumsbedingungen sämtliche unbekannten Grössen zu bestimmen.

Natürlich sollten hierbei eigentlich die verschiedenen Bodenklassen sowie auch die verschiedenen Klassen von Arbeitern in grössere Gruppen eingeteilt werden, innerhalb deren je ein mittlerer Renten- bezw. Lohnsatz angenommen oder berechnet werden kann. Die praktische Behandlung unserer Aufgabe wird dadurch allerdings sehr erschwert, das Prinzip der Lösung aber nicht im geringsten verändert.

Es ist hier auch am Platze, von den eminent dauerbaren Kapitalgütern, wie Strassen, Gebäuden, gewissen Bodenmeliorationen u. s. f., die wir bis jetzt unberücksichtigt gelassen haben, Notiz zu nehmen. Unter völlig stationären Verhältnissen werden solche Güter überhaupt nicht oder nur sehr vereinzelt neu geschaffen; sie werden lediglich unterhalten. Die betreffenden Güter sind daher in diesem Falle besser nicht als Kapital aufzufassen, sondern als eine besondere Klasse von „Rentengütern" mit dem Grund und Boden auf eine Linie zu stellen. Der Ertrag, den sie geben, ist in der That nicht mehr Zins i. e. S., sondern Rente, und ihr Kapitalwert steht zu den ursprünglichen Produktionskosten in gar keinem Verhältnis mehr. Auch die Reproduktionskosten sind für denselben gewöhnlich nicht ausschlaggebend, oder wenigstens kann der Kapitalwert solcher Güter dauernd unter den Reproduktionskosten stehen und bestimmt sich dann einfach aus dem Ertrag, wie der Kapitalwert des Grund und Bodens selbst.

Die Unterhaltsarbeit hingegen, welche jenen Gütern periodisch zu teil werden muss, ist natürlich durchaus als eine Kapitalinvestierung mit entsprechender Investierungsperiode zu betrachten.

Bei einer fortschreitenden Gesellschaft würde allerdings jene Betrachtungsweise nicht mehr zutreffend sein. Es ist vielmehr gerade das Hauptmerkmal einer fortschreitenden Volkswirtschaft, dass ein mehr oder weniger beträchtlicher Teil des flüssigen, durch die jährlichen Ersparnisse erschaffen Kapitals in eminent dauerbare Güter der obigen Art — Strassen, Eisenbahnen, Kanäle, Häuser u. s. f. — unaufhörlich verwandelt wird. Dann aber ist die Grösse des Gesamtkapitals ebensowenig wie die Bevölkerungsziffer als eine unveränderliche Quantität zu betrachten, was wir hier als einfachste Hypothese vorausgesetzt haben.

Kennt man jedoch in jenem Falle die Rate des Zuwachses des Kapitals und der Bevölkerung, so wird man auch dann alle nötigen Data besitzen, um die theoretische Lösung unserer Aufgabe vorzunehmen.

Vgl. die diesbezüglichen Bemerkungen im letzten Abschnitt meines Buches: „Ueber Wert, Kapital und Rente", (S. 140) welche Lexis in seiner Kritik meiner Auffassung übersehen zu haben scheint.

Fragt man jetzt, welche Wirkung hier eine Steuer ausüben wird, die z. B. dem Bruttoertrag proportional erhoben wird, so lässt sich zwar darüber im allgemeinen nur behaupten, dass sich dieselbe auf die Kapitalisten, die Grundeigner und die Arbeiter irgendwie verteilen, und daneben die Produktion selbst infolge der Steuer durch verlängerte Kapitalinvestierung mehr oder weniger zunehmen wird. Wir haben aber im Vorigen alle die Bestimmungsstücke kennen gelernt, aus denen — wenn sie nur selbst durch die Erfahrung bekannt wären — die betreffende Verteilung und der Betrag der „Abwälzung" (Vergrösserung der Produktion[1]) in jedem einzelnen Falle berechnet werden könnte. Insbesondere wird hier ganz ebenso wie im Falle, wo Kapital und Arbeit als die einzigen produktiven Faktoren betrachtet wurden, die Wirkung der Steuer dieselbe sein, als ob zuerst die Produktivität der Arbeit und des Bodens, sowie auch die Grösse des Kapitals selbst sich gleichmässig proportional der Steuer verkleinert hätten, und dann das Kapital auf seine wirkliche Grösse wiederum angewachsen wäre. Während der ersten Hälfte dieses gedachten Vorgangs müssen, wie man sich leicht überzeugt, die Investierungszeiten der beiden Kapitalteile die nämlichen bleiben wie früher, und ebenso bleibt die Rate des Kapitalzinses gänzlich unverändert. Der Arbeitslohn und die Grundrente verkleinern sich dagegen proportional der Steuer. Bei dem sodann eintretenden (gedachten) Wiederanwachsen des Kapitals auf seine frühere Höhe wachsen der Lohn und die Grundrente aufs neue, und die Rate des Kapitalgewinnes nimmt ab, jedoch nicht in dem Masse, dass etwa das Kapital die ganze Steuer tragen müsste. Zur selben Zeit wird nämlich eine Verlängerung der beiden Investierungsperioden eintreten müssen, welche in allen drei Richtungen gegen

1) In betreff der letzteren gilt natürlich hier dasselbe, was im vorigen Abschnitte darüber bemerkt wurde. Sie kann nicht ohne weiteres als ein volkswirtschaftlicher Gewinn betrachtet werden, da nämlich die Grundrente und der Arbeitslohn schon eine mehr oder weniger lange Zeit im voraus geschmälert werden, ehe der betreffende Steuerbetrag der Staatskasse zufliessen wird.

die unmittelbare Wirkung des Kapitalzuwachses reagiert [1]. Wenn schliesslich Gleichgewicht erreicht ist, werden daher im allgemeinen sowohl Arbeitslohn und Grundrente wie der Kapitalgewinn selbst verkleinert sein, d. h. sie sind alle von der Steuer getroffen, allein durchaus nicht notwendig in demselben Masse. Die Theorie zeigt vielmehr, dass hierbei unter verschiedenen Voraussetzungen alle möglichen Verhältnisse denkbar sind, und dies ist wohl ein Zeichen, dass auch in der Wirklichkeit, innerhalb eines ziemlich breiten Spielraums, die Steuerincidenz eine sehr verschiedene sein kann. Wenn z. B. die Grundeigner trotz der Steuer bei ihren früheren Rentenansprüchen beharren, so werden allerdings die Kapitalisten dagegen zu reagieren suchen, indem sie einmal die Investierungsperiode des als Grundrente auszuzahlenden Kapitalteils verlängern und daneben auch intensiver wirtschaften, d. h. relativ mehr Arbeit auf denselben Boden verwenden. Durch diese beiden Vorgänge würde die Nachfrage nach Grund und Boden sich vermindern, was zur Herabdrückung der Grundrente führen müsste. Wenn aber die Produktion sich in diesen beiden Hinsichten wenig elastisch erweist, so ist ein solcher Ausweg mehr oder weniger verschlossen, und es würden dann äussersten Falles die Kapitalisten und Arbeiter die ganze Steuerlast tragen müssen, ohne das geringste davon auf die Grundeigner überwälzen zu können. Eine Gefahr nach dieser Richtung scheint um so mehr vorzuliegen, je mehr Kapital und Arbeit schon in grossem Massstabe in der Landwirtschaft verwendet sind, also in den Ländern alter Kultur.

Nach der Ansicht Ricardos und Mills, die auch von Seligman geteilt wird, würde vielmehr eine Steuer von der hier betrachteten Art notwendig immer eine proportionale Verkleinerung der in Korn aufgeschätzten Grundrente herbeiführen müssen. Der Millsche Beweis für diese Behauptung [2] ist scheinbar sehr einfach und überzeugend; allein er beruht ganz und gar auf der Voraussetzung, dass die Grundrente erst nach Abschluss der Produktion erlegt werde und folglich „keinen Teil der Vorschüsse des Kapitals" bilde.

Der Kern des Raisonnements liegt nämlich in dem Satze, dass

---

1) Dies wird wenigstens im allgemeinen der Verlauf sein. Jedoch können hier sehr eigentümliche Kombinationen eintreten, über die nur eine durchgeführte mathematische Behandlung des Problems Aufschluss zu geben vermöchte.

2) Principles Bk. V, Ch. IV, § 3.

der Unterschied zwischen besserem und schlechterem Boden (oder zwischen dem Ertrag der successiven Mengen Arbeit und Kapital, die auf denselben Boden verwendet wurden) durch die Steuer verkleinert werde, was vermeintlich die Grundrente entsprechend erniedrigen müsse. — Wenn aber die Grundrente vorschussweise erlegt wird, so zahlt offenbar der Kapitalist nicht mehr den vollen Wert jener Differenz, sondern nur ihren um die bezüglichen Kapitalzinsen reduzierten Wert. Da nun die Zinsrate infolge der Steuer sinkt, so wird jene Wertreduktion notwendig eine kleinere. Auf die Höhe der Grundrente wirken folglich hier zwei Ursachen in entgegengesetzter Richtung ein, die einander teilweise kompensieren und äussersten Falles gänzlich aufheben könnten.

Auf der anderen Hand behauptete bekanntlich Ricardo, dass die Grundeigner durch erhöhten Preis der landwirtschaftlichen Erzeugnisse sich für jene Erniedrigung der Kornrente gänzlich entschädigen würden. Mit dieser Behauptung brauchen wir uns hier nicht aufzuhalten, da nach unseren Voraussetzungen überhaupt keine Preisveränderung der Ware möglich wäre. Insofern nun der von uns betrachtete Fall, wenngleich ein abstrakter, immerhin als möglich und denkbar erachtet werden muss, geht schon daraus hervor, dass der letzterwähnte Satz Ricardos unmöglich allgemein richtig sein kann, was wohl übrigens heute von niemand mehr behauptet wird.

Ich werde nun zunächst im Anhange auch die hier vorgetragene Theorie in exakter mathematischer Form darzustellen suchen. Im nächsten Abschnitte werden wir uns sodann mit den Modifikationen beschäftigen, denen sich unsere Theorie unterziehen muss, wenn wir von der hier zu Grunde gelegten einfachsten Hypothese zu den überaus komplizierten Vorgängen der Wirklichkeit übergehen.

Anhang.

Es sei unter dem im Texte gemachten einfachsten Annahmen die durchschnittliche Jahresproduktion eines Geschäfts, auf je einen der angestellten Arbeiter bezogen, durch p ausgedrückt, so ist p offenbar als Funktion der drei obenerwähnten variablen Grössen h, t und τ aufzufassen, und zwar wollen wir dieselbe als stetige Funktion betrachten, wobei allerdings die einzelnen Geschäfte als hinreichend umfassend und geschmeidig vorausgesetzt werden müssen, um die theoretisch geforderten, oft sehr kleinen Veränderungen der Betriebsweise immer zu ermöglichen.

Durch die Jahresproduktion p sind nun erstens der Jahreslohn eines Arbeiters und der entsprechende Teil der jährlichen Bodenrente, zusammen also $l + h \cdot r$, zu bestreiten; der Ueberschuss bildet den jährlichen Zins des betreffenden Kapitalteils, welcher letztere offenbar $l \cdot t + h \cdot r \cdot \tau$ beträgt. Ist folglich z der jährliche Zinssatz, so hat man die Gleichung.

$$p = l(1 + z \cdot t) + h \cdot r\,(1 + z \cdot \tau), \ldots\ldots (1)$$

wo p eine als bekannt zu betrachtende Funktion der drei unabhängigen Variablen h, t und τ darstellt.

Insofern nun die Kapitalisten Unternehmer sind, werden sie sich bestreben, bei jedem gegebenen Stand von l und r den grösstmöglichen Wert von z zu erreichen. Insofern die Grundeigner (mit geliehenem Kapital) Unternehmer sind, werden sie sich bemühen, bei jedem gegebenen Wert von z und l den grösstmöglichen Wert von r zu erzielen. Die Arbeiter schliesslich, als Selbstunternehmer gedacht, werden bei jedem gegebenen z und r den Wert von l möglichst gross zu machen suchen.

Alle jene Bestrebungen[1]) führen nun, wie man leicht ersieht[2]), zu dem nämlichen Resultat, und zwar zur Befriedigung der drei Bedingungsgleichungen

$$\frac{dp}{dt} = l \cdot z \ldots . (2) \quad \frac{dp}{d\tau} = h \cdot r \cdot z \ldots . (3)$$

$$\frac{dp}{dh} = r\,(1 + z \cdot \tau) \ldots . (4)$$

Hierzu treten noch, wenn Gleichgewicht erreicht worden ist, die beiden oben im Texte erwähnten Gleichungen

$$h = \frac{B}{A} \ldots . (5); \quad K = A\,l\,t + B\,r\,\tau \ldots . (6).$$

Durch diese sechs von einander unabhängigen Gleichungen können nun sämtliche sechs Grössen h, t, τ, l, r und z ermittelt, d. h. in den als bekannt vorausgesetzten Grössen A, B und K sowie den Konstanten der gleichfalls bekannten Funktionsform $p = F(h, t, \tau)$ ausgedrückt werden.

Die Wirkung einer Steuer, welche vom Bruttoprodukte den Bruchteil ε wegnimmt, wird nun erkannt, indem man p durch $(1 - \varepsilon)\,p$ ersetzt, also die linke Seite der vier ersten Gleichungen mit $1 - \varepsilon$ multipliziert. Die neuen Werte der Variablen t, τ, r und z sowie die der Funktion p und ihrer Abgeleiteten können hierbei im Vergleich mit deren früheren Werten durch $t + \Delta\,t$, $\tau + \Delta\,\tau$, $l - \Delta\,l$, $r - \Delta\,r$, $z - \Delta\,z$, $p + \Delta\,p$ u. s. f. bezeichnet werden, wogegen h natürlich unverändert $= B : A$ bleibt. Wenn nun ε nicht zu gross ist, können die Differenzen $\Delta\,t$, $\Delta\,\tau$ u. s. f. annähernd als Differentiale behandelt werden, und man findet dieselben in ε und den sämtlichen endlichen

---

1) Die möglichen Kombinationen, dass Unternehmer Kapitalisten und Grundeigner bezw. Arbeiter in einer Person sein können, wurden oben erwähnt.

2) Vgl. meine Arbeit „Ueber Wert, Kapital und Rente", S. 121 ff., wo jedoch die Bezeichnungsweise, gemäss den hier gemachten Annahmen zweier unabhängiger Investierungsperioden der beiden Kapitalteile, sowie entsprechend der obenerwähnten Vertauschung des Begriffes „Produktionsperiode" gegen durchschnittliche Investierungsperiode des Kapitals, verändert werden muss.

Grössen ausgedrückt durch die Auflösung eines Systems von fünf Gleichungen, die sämtlich in Bezug auf die gesuchten Differenzen linear sind. Die bezüglichen Ausdrücke können leicht in Determinantenform dargestellt werden, sind aber zu wenig übersichtlich, um hierhergesetzt zu werden. — Um jedoch die Theorie durch ein einfaches Beispiel zu beleuchten, wollen wir über die Funktionsform $p = f(h, t, \tau)$ die folgenden Annahmen machen. Dieselbe wächst nach unserer Voraussetzung sowohl mit t wie mit τ, jedoch in schwächerem Verhältnisse als diese. Sie könnte mithin beispielsweise als mit dem Produkte $t^n \cdot \tau^\nu$ proportional angenommen werden, wo n und ν beliebige echte Brüche sind, deren Summe, wie leicht zu ersehen, gleichfalls < 1 sein muss.

Was h betrifft, so ist klar, dass unsere Funktion auch in Bezug auf diese Grösse ein ähnliches Verhalten zeigen muss. Wenn ein Arbeiter über mehr Boden verfügt, wird unter sonst gleichen Umständen seine Jahresproduktion unzweifelhaft wachsen, allein sie wächst nicht in demselben, sondern in schwächerem Verhältnisse als die betreffende Bodenfläche, wie umgekehrt, wenn mehr Arbeiter auf demselben Bodenstück verwendet werden, die Produktion, unter sonst gleichen Umständen, in einem schwächeren Verhältnisse wächst als die Zahl der Arbeiter.

Wir machen daher unsere Funktion auch mit h^m proportional, wo m ebenfalls irgend ein echter Bruch ist. Setzt man $\frac{1}{h} = x$, so bezeichnet x offenbar die Zahl der auf jeder Bodeneinheit verwendeten Arbeiter. Die Produktion an jeder Bodeneinheit wäre demnach mit $x \cdot h^m$ oder mit x^{1-m} proportional, wobei auch $1 - m$ ein echter Bruch ist. Wäre z. B. $m = {}^1/_3$, so würde, wenn die je einem Arbeiter zur Benützung gestellte Bodenfläche in dem Verhältnis 1, 8, 27, 64, 125 vergrössert wird, seine Jahresproduktion im Verhältnisse 1, 2, 3, 4, 5 anwachsen. Wenn aber umgekehrt die Zahl der an jeder Flächeneinheit des Bodens angestellten Arbeiter sich im Verhältnisse 1, 8, 27, 64, 125 vermehrte, so würde unter derselben Voraussetzung die Jahresproduktion an jeder Bodeneinheit im Verhältnisse 1, 4, 9, 16, 25 vergrössert werden.

Natürlich würde hierbei jede verschiedene Bodenklasse eigentlich einen verschiedenen Exponenten erheischen, und auch so wird letzterer nur innerhalb gewisser Grenzen gültig bleiben können. Jedoch scheint die gemachte Annahme viel besser der Wirklichkeit zu entsprechen als z. B. die bekannten Malthusschen Serien, nach welchen die Produktivität des Bodens mit der Zahl, x, der angestellten Arbeiter nur im Verhältnisse $\log x$ steigen würde. (Für sehr grosse Werte von x wird allerdings sogar die Malthussche Annahme gegenüber der Wirklichkeit zu vorteilhaft, da ja auch $\log x$ bei zunehmendem x schliesslich über alle Grenzen wächst).

Wir setzen also

$$p = c \cdot h^m \cdot t^n \cdot \tau^\nu,$$

wo c irgend eine Konstante bedeutet. Man erhält dann, wie leicht zu ersehen, $\frac{dp}{dt} = n \cdot \frac{p}{t}$, $\frac{dp}{d\tau} = \nu \cdot \frac{p}{\tau}$ und $\frac{dp}{dh} = m \cdot \frac{p}{h}$. Wenn jene Ausdrücke in unsere obigen Gleichungen eingesetzt werden, so ergeben sich durch geeignete Kombinationen derselben die einfachen Beziehungen

$$\frac{lt}{r\tau} = \frac{n}{\nu} \cdot \frac{B}{A}$$

$$\frac{t}{\tau} = \frac{n}{\nu} \cdot \frac{m - \nu}{1 - m - n}$$

und folglich

$$\frac{l}{r} = \frac{1 - m - n}{m - \nu} \cdot \frac{B}{A}.$$

Weiter erhält man

$$l\,t = \frac{n}{n + \nu} \cdot \frac{K}{A}$$

$$z\,t = \frac{n}{1 - m - n}$$

und schliesslich

$$t = c_1 \cdot c^{-\frac{1}{1 + n + \nu}},$$

wo c die früher erwähnte Konstante, c_1 dagegen einen aus den übrigen Konstanten der Gleichungen zusammengesetzten Ausdruck (der übrigens leicht zu berechnen ist) bezeichnet.

Wenn nun eine Steuer auferlegt wird, die den Bruchteil ε vom Bruttoertrage wegnimmt, so hat man hier einfach die Konstante c gegen $c\,(1 - \varepsilon)$ zu vertauschen. Es verwandeln sich hierbei t, τ, l, r und z in $t + \varDelta t$, $\tau + \varDelta \tau$, $l - \varDelta l$, $r - \varDelta r$ und $z - \varDelta z$, und man erhält annäherungsweise, wie leicht zu bestätigen,

$$\frac{\varDelta l}{l} = \frac{\varDelta r}{r} = \frac{\varDelta z}{z} = \frac{\varDelta \tau}{\tau} = \frac{\varDelta t}{t} = \frac{1}{1 + n + \nu} \cdot \varepsilon.$$

In diesem Falle werden folglich der Arbeitslohn, die Grundrente und der Kapitalzins in demselben Verhältnisse von der Steuer getroffen. Dieses Ergebnis ist natürlich nicht allgemeingültig. In der That ist die hier betrachtete Funktionsform noch viel zu speziell, um mit einer für die Entscheidung der Steuerincidenz hinreichenden Annäherung alle möglichen Fälle wiedergeben zu können. Jene Entscheidung beruht nämlich, wie leicht zu ersehen, auf den Werten, welche die partiellen Abgeleiteten erster und zweiter Ordnung von p (in Bezug auf t, τ, und h) in der Gleichgewichtslage erhalten. Bei der hier gewählten Funktionsform können jene Grössen offenbar nicht alle beliebigen von einander unabhängigen Werte annehmen. Die vollständige Diskussion des allgemeinen Falles würde uns jedoch zu weit führen.

V. Ungleichmässige Besteuerung der Produktion. Besteuerung fremder Erzeugnisse. Die Freihandelslehre und ihre Relativität.

Wenn wir von dem oben behandelten einfachsten Falle, wo im ganzen Lande nur eine einzige Ware erzeugt und besteuert wird, uns der bunten Mannigfaltigkeit der thatsächlichen Produktionsverhältnisse zuwenden, so würden unsere obigen Schlüsse nur etwa unter den Voraussetzungen noch stichhaltig bleiben, dass 1) die Besteuerung eine durchaus gleichmässige sei und 2) innerhalb jedes einzelnen Produktionszweiges, für sich allein gedacht, die drei Hauptfaktoren der Produktion in demselben Verhältnisse von den betreffenden Steuern getroffen würden, wie in den übrigen Zweigen. Alsdann gäbe es in der That keinen Anlass, Kapital, Arbeit oder Boden aus der einen Beschäftigung in die andere überzuführen, und die gegenseitigen Tauschverhältnisse der Güter blieben unverändert. Die Last der Steuer würde ausschliesslich auf die Produzenten als solche fallen und ihre durchschnittliche Verteilung unter die erwähnten drei Hauptkategorien der Produzenten bliebe dieselbe wie die von der Theorie innerhalb jedes einzelnen Geschäftszweiges, für sich genommen, geforderte.

Jene Voraussetzungen treffen jedoch in der Wirklichkeit nicht zu. Sogar wenn die Besteuerung der Absicht nach eine durchaus gleichmässige wäre, würde, wie wir gesehen haben, ihre Verteilung auf die Arbeiter, Kapitalisten und Grundeigner in den verschiedenen Geschäftszweigen eine überaus verschiedene sein können, was zu partiellem Uebergang von Arbeit, Kapital und auch Boden aus dem einen Geschäftszweig in den anderen und damit notwendig zu Verschiebungen der Güterpreise führen würde.

Nach der Ansicht Ricardos und Mc Cullochs, die von Mill gutgeheissen wird (Principles Bk. V, Ch. IV, § 1), würde eine solche Preisverschiebung sogar eintreten müssen, sobald die eine Produktion relativ mehr stehendes oder dauerbares Kapital anwendet (also eine längere Investierungsperiode besitzt) als die andere, weil nämlich derselbe Steuersatz (vom Bruttoertrage) im ersteren Falle einen grösseren Teil des Kapitalgewinnes wegnähme, wie im letzteren Falle.

Dieses Raisonnement setzt jedoch voraus, dass der Arbeitslohn von der Steuer gänzlich unberührt bleibt, was kaum je der Fall sein dürfte. Sinkt dagegen der Lohn, so hat der Unternehmer, dessen Kapital die kürzere Umlaufszeit hatte, offenbar einen grösseren Teil des Steuerbetrags seinen Arbeitern zugeschoben, da er ja mit demselben Kapital verhältnismässig mehr Arbeiter beschäftigt. Es steht mithin nichts im Wege, dass in diesem Falle der gegenseitige Tauschwert der Produkte durchaus unverändert bleiben könnte.

Noch mehr werden solche Verschiebungen eintreten müssen, wenn die Steuer schon von Anfang an ungleichmässig auferlegt wird, oder sogar einige Produktionen frei lässt, während andere besteuert werden. Wenn aber neben sämtlichen Verhältnissen der Produktion auch das Gesetz bekannt wäre, nach welchem die Nachfrage nach Gütern von deren Preisen abhängt oder, was auf dasselbe hinauskommt, das Gesetz, nach welchem der Grenznutzen jeder Güterart für jeden einzelnen oder jede Klasse von Konsumenten von der jährlich verbrauchten Menge dieser und anderer Güterarten abhängt — so wäre die theoretische Lösung der Frage nach der Steuerincidenz auch in diesem Falle immer möglich.

Als Ausgangspunkt würde dabei etwa eine Theorie der Güterwerte wie die im letzten Abschnitt meiner Arbeit „Ueber Wert, Kapital und Rente" gegebene dienen. In den dort a. S. 131 ff. zunächst für zwei Waren oder Warengruppen aufgestellten Gleichungen, welche gemäss unseren jetzigen Voraussetzungen die Form

$$p_1 = l(1 + z\,t_1) + h_1\, r\,(1 + z\,\tau_1),$$
$$p_2 = l(1 + z\,t_2) + h_2\, r\,(1 + z\,\tau_2)$$

annehmen würden, sowie in den aus ihnen abgeleiteten Gleichungen und endlich in den dortselbst angeführten Gleichungen des Tausches hätte man einfach die Produktivitätsfunktionen p_1 und p_2 bezw. durch $(1-\varepsilon_1)\,p_1$ und $(1-\varepsilon_2)\,p_2$ zu ersetzen, wo ε_1 und ε_2 die betreffenden Steuersätze bezeichnen. Die hieraus entspringenden neuen Werte von l, r und z würden dann in der That den durch das betreffende Steuersystem geschmälerten Arbeitslohn bezw. die Bodenrente und Kapitalzins, und zwar ausgedrückt in irgend einer der betreffenden Waren als Werteinheit, darstellen.

Dies mag nun etwa so klingen, als ob die praktische Lösung der Frage für immer unmöglich sei. Eine solche Schlussfolgerung wäre jedoch unberechtigt. Man muss bedenken, dass es sich hier niemals um eine exakte Lösung, sondern immer nur um eine für den praktischen Gebrauch hinreichende Approximation handeln kann, bei welcher das Unwesentliche vom Wesentlichen auszusondern ist.

Allerdings fehlen sogar für eine solche approximative Lösung die nötigen Data so gut wie vollständig. Wenn aber die Theorie sonst an sich für zutreffend erklärt werden kann, wird sie eben die Richtung angewiesen haben, in welcher die Erforschung der nötigen

Thatsachen sich zu bewegen hätte. Im vorliegenden Falle wird es sich wohl vor allem um die nähere Untersuchung des noch so wenig aufgeklärten, bisher fast übersehenen Zusammenhanges zwischen der Produktivität der Arbeit (und des Bodens) und der Länge der jeweiligen Kapitalinvestierung handeln müssen.

In einzelnen Fällen — und zwar in einigen der praktisch aller wichtigsten — wo die in einer Produktion verwendete Menge von Kapital, Arbeit und Boden im Verhältnis zum Steuerbetrag sehr gering ist, so dass der weitaus grösste Teil der Steuer in Form eines Preiszuschlages der betreffenden Erzeugnisse sich kund geben muss, ist natürlich die gewöhnliche Behandlung des Ueberwälzungsproblems eine vollkommen hinreichende. So meistens in betreff der Branntwein- und Tabakbesteuerung. In anderen Fällen aber, wo ein bedeutender, vielleicht der bedeutendste Teil der Steuer unzweifelhaft „von den Produzenten" getragen wird, ist es offenbar eine sehr missliche Sache, dass über ihre Verteilung auf die verschiedenen produktiven Faktoren bisher fast jede Theorie fehlte. In betreff der Arbeiter ist es sogar die verbreitetste Ansicht gewesen, dass diese „nur als Konsumenten" von den betr. Steuern getroffen werden, oder höchstens infolge einer eventuellen Verminderung des Kapitals sonst leiden würden, während die weit näher liegende, veränderte Investierungszeit des vorhandenen Kapitals, infolge einer Produktsteuer, gänzlich unberücksichtigt blieb.

Was besonders die in den thatsächlichen Steuersystemen so wichtige Besteuerung fremder Erzeugnisse anbetrifft, so kann über ihre Incidenz selbstverständlich nur durch eine eingehende Untersuchung der Produktions- und Tauschverhältnisse im internationalen Verkehr entschieden werden, eine Untersuchung, die bisher wenig vorgeschritten ist, obgleich sie in theoretischer Hinsicht sogar einfacher ist wie die der Preisbildung auf dem heimischen Markte.

Annäherungsweise könnte jedoch auch dieses Problem auf das der Besteuerung heimischer Produkte zurückgeführt werden, wenn man nämlich annehmen darf, dass beiderseits eine ähnliche Handels- und Steuerpolitik befolgt wird.

Alsdann kann nämlich der Betrag der Eingangszölle im In- und Auslande auf die gegeneinander vertauschten Güter als beiderseits gleich angesehen werden, und auch die durchschnittlichen

Tauschverhältnisse der Güter im internationalen Verkehr können als annäherungsweise unverändert betrachtet werden, obwohl natürlich die Mengen der vertauschten Güter infolge der gegenseitigen Zölle mehr oder weniger vermindert werden. Es wird demnach für das betrachtete Land das Resultat der gegenseitigen Besteuerung das nämliche werden, als ob die fremden Erzeugnisse im Lande selbst produziert würden, und zwar mit demselben Aufwand von Arbeit, Boden und Kapital, die in der Wirklichkeit zur Herstellung der Güter, welche gegen erstere in Tausch gehen, verwendet werden, dabei aber mit dem von den ersteren thatsächlich erhobenen Zollsatze besteuert würden.

In dieser Weise kann von den internationalen Beziehungen gänzlich abgesehen werden, und jedes Land zahlt seine eigenen Zölle, indem der Preisrückgang der heimischen Waren zusammen mit der Preiserhöhung der fremden Waren gerade dem ganzen Betrag des Zolles gleichkommt — eben wegen der Gegenseitigkeit der Zolltarife.

Aber sogar wenn das Ausland im Vergleich zum Inlande mehr freihändlerisch, bezw. mehr schutzzöllnerisch ist, wird wohl auch dann dieselbe Auffassungsweise mit einigem Recht beibehalten werden, nur mit dem Unterschiede, dass dann statt des ganzen nur ein grösserer oder kleinerer Teil des Zollbetrags als heimische Steuer auftritt, oder was dasselbe ist: die Preise und Tauschverhältnisse verschieben sich mehr oder weniger zum Vorteil des „geschützten" Landes. Der Unterschied ist als reiner Gewinn für letzteres zu betrachten — was natürlich nicht verhindert, dass derselbe durch die Schmälerung des Verkehrs, sowie durch die Erhebungskosten und sonstigen Uebelstände der Zölle in Wirklichkeit mehr als aufgewogen werden kann[1]. —

Auf eine detaillierte Erörterung über die Incidenz der verschiedenen Steuerarten können wir sonst nicht eingehen. Es war

---

1) Von W. Launhardt (Mathematische Begründung der Volkswirtschaftslehre, S. 80 ff.) wurde der Versuch gemacht, den kleinsten „Preisrückgang der ausländischen Ware" festzustellen, bei dem ein Schutzzoll noch „volkswirtschaftlich segensreich wirkt", sowie „den günstigsten Zollsatz" zu bestimmen. Dieser würde nach Launhardt gerade „den dritten Teil des Sperrzolles" betragen. Die notwendige, aber vom Verfasser niemals erwähnte Voraussetzung ist natürlich hierbei, dass von seiten des Auslandes keine Retorsionsmassregeln ergriffen werden. Sonst wird sein ganzes Raisonnement hinfällig, und der „volkswirtschaftliche Segen" der Schutzzölle bleibt auch im Sinne Launhardts eine äusserst fragliche Erscheinung.

lediglich unsere Aufgabe, für eine neue Grundauffassung des ganzen Ueberwälzungsproblems den Weg zu bahnen.

Wenn einmal die nötigen Data vorliegen sollten, um über die Incidenz der einfachsten indirekten Steuerarten, wie der hier durchweg betrachteten proportionalen Besteuerung des Bruttoertrags der Produktion, mit genügender Sicherheit zu entscheiden, wird es ein verhältnismässig Leichtes sein, dasselbe in betreff der mehr verwickelten Steuerarten zu leisten, wie ja überhaupt die Schwierigkeiten des Incidenzproblems weit weniger auf dem Gebiete der Finanz- als auf dem der Volkswirtschaftslehre liegen.

Nur in betreff der Besteuerung der Kapitalübertragungen selbst (z. B. des Immobiliarverkehrs) könnte selbstverständlich die hier entwickelte Theorie keinen weiteren Aufschluss geben, da wir ja bisher das Kapital und den Boden je als einen unterschiedslosen Fonds betrachtet haben, ohne Rücksicht auf die individuellen Besitzer der verschiedenen Kapitalien und Grundstücke, und im allgemeinen unsere Aufmerksamkeit lediglich der Steuerverteilung auf die verschiedenen gesellschaftlichen und volkswirtschaftlichen Einkommenklassen zugewendet haben — eine Beschränkung, die wir auch im folgenden festhalten wollen.

Schliesslich wollen wir in diesem Abschnitt unter teilweiser Benutzung des oben Entwickelten eine Frage zu beantworten suchen, welche sowohl für die Finanzwirtschafts- wie noch mehr für die Volkswirtschaftslehre von der grössten Bedeutung ist, nämlich die Frage über die universelle Gültigkeit bezw. die Relativität des Freihandelsdogmas.

Schon in der Einleitung bemerkten wir, dass die Incidenz einer Steuer im allgemeinen etwas mehr wie die blosse Verteilung des thatsächlichen Steuerbetrags einschliesst, indem eine ungeschickt auferlegte Steuer mitunter höchst beträchtliche ökonomische Opfer verursachen könnte, und dabei ohne jeglichen Vorteil für die Steuerkasse.

Ein eklatantes Beispiel dieses Verhaltens lieferte sodann im II. Abschnitte die Besteuerung des Monopolgewinnes.

Allein dasselbe gilt mehr oder weniger von jeder partiellen Besteuerung, z. B. diejenige fremder Erzeugnisse, wenn sie nicht mit einer entsprechenden Besteuerung der heimischen Produkte Hand in Hand geht. Jene bedeutet somit eine unnütze Verschwendung der produktiven Kräfte des Landes. Wenigstens wurde dies von den Anhängern der Freihandelslehre immer behauptet, und bildet in der That den eigentlichen Inhalt dieser Lehre.

Die Gründe, welche von den Oekonomisten dieser Schule hierfür ins Feld geführt wurden, sind allgemein bekannt[1]. In die Sprache der modernen Werttheorie eingekleidet, würden dieselben etwa in folgender Weise zusammengefasst werden können. Wenn die produktiven Kräfte eines Landes sich über alle Zweige der Produktion frei entfalten können, werden sie sich immer so verteilen, dass mit der vorhandenen Summe derselben — entweder direkt oder indirekt durch Tausch gegen die Erzeugnisse anderer Länder — die grösstmögliche Befriedigung der vorhandenen Bedürfnisse erreicht wird; oder, was dasselbe ist, es wird von jeder Güterart gerade so viel hervorgebracht, dass der Nutzen der letzten Einheit (der Grenznutzen) derselben mit der jeweiligen Schwierigkeit der Erzeugung proportional wird.

Eigentlich wird schon hier — und dies bildet eben, wie wir sehen werden, den schwachen Punkt des Raisonnements — die Bevölkerung des Landes als eine für gemeinsame Rechnung wirtschaftende Körperschaft betrachtet, oder auch, es wird vorausgesetzt, dass die produktiven Kräfte: Kapital, Boden etc. ebenso gleichförmig wie die Bedürfnisse verteilt sind.

Wenn nun etwa durch direkte Einkommenbesteuerung eines jeden irgend ein Steuerbetrag erhoben wird, so ist dies schliesslich damit gleichbedeutend, dass von der vorhandenen Summe von produktiven Kräften ein Teil für die Zwecke des Staates reserviert wird. Der übrigbleibende Teil wird dann wie zuvor für die privatwirtschaftliche Produktion und Konsumtion verwendet, so dass zwar jetzt (von den öffentlichen Bedürfnissen abgesehen) ein kleineres, aber immerhin das relativ grösste Mass von Bedürfnisbefriedigung jedes einzelnen erreicht wird, indem auch weiter die Proportionalität des Grenznutzens einer Gütereinheit und des verwendeten Quantums von Produktivkräften erhalten bleibt.

Auch eine durchaus gleichmässige Produktionsbesteuerung würde dieselben Folgen haben.

Anders aber, wenn eine partielle Besteuerung der Produktion eintritt. Alsdann muss der Preis der besteuerten Güter im Vergleich mit dem der unbesteuerten so hoch steigen, dass auch nach Abzug

---

1) Vgl. z. B. Mill, Principles Bk. V, Ch. IV, § 5.

des Steuersatzes die Produktion derselben sich lohnt. Da aber der Preis immer dem Grenznutzen proportional bleibt, so wird die Konsumtion der besteuerten Güter bei einem höheren Grenznutzen (weniger vollständiger Bedürfnisbefriedigung) abbrechen müssen, während allerdings die Konsumtion der nicht besteuerten Güter bis zu einem relativ niedrigeren Grenznutzen wie früher getrieben wird, was jedoch — wie leicht allgemein zu beweisen — eine volle Kompensation an Gesamtnutzen nicht gewähren kann.

Wenn also in beiden Fällen derselbe Steuerbetrag gefordert wird, so ist das vom Staate absorbierte Quantum von Produktivkräften beiläufig das nämliche wie früher, allein das für die Privatproduktion und -konsumtion übrigbleibende Quantum dieser Kräfte wird nicht mehr in der Weise über die Produktion verteilt, dass der grösstmögliche Gesamtnutzen erreicht wird: es erfolgt für die Mitglieder der Volkswirtschaft eine gewisse Einbusse an Nutzen, welche aber weder dem Staate noch irgend einem anderen zu gute kommt. Zu bemerken ist hier, dass diese Konsequenz sozusagen keine physisch notwendige ist, sie beruht lediglich auf der Wirkung der freien Konkurrenz. Wenn die Mitglieder der Gesellschaft für gemeinsame Rechnung wirtschafteten, so würden sie in ihrem eigenen Interesse die Produktion und Konsumtion der besteuerten Gegenstände ganz so wie früher betreiben; das Opfer am Nutzen bliebe dann eben auf den Betrag der Steuer eingeschränkt. Da aber jeder nur für sich wirtschaftet, wird er der vergrösserten Ausgabe für die besteuerten Güter durch verminderte Konsumtion derselben teilweise zu entgehen suchen. Schliesslich muss jedoch der Steuerbetrag auf jeden Fall erhoben werden, es wird folglich im Durchschnitt so wie so jeder dieselbe Steuerlast tragen müssen, so dass das Opfer an Nutzen schliesslich ganz umsonst geschehen ist. Gewöhnlich sind die Uebelstände der indirekten (partiellen) Steuern damit nicht erschöpft. Statt der besteuerten Artikel drängen sich bald schlechtere, aber wegen ihrer Steuerfreiheit billigere Surrogate in die Konsumtion hinein, oder, was im Grunde dasselbe ist, es werden die Artikel, welche bis jetzt vom Auslande bezogen wurden, nunmehr im Inlande fabriziert, jedoch mit grösseren Kosten (mehr Arbeit und Aufwand von sonstigen Produktivkräften), als sie früher für ihre Beschaffung auf dem indirekten Wege des Tausches erforderlich waren. Das Resultat wird sein, dass jetzt teilweise neben und über der oben besprochenen Einbusse an Nutzen auch eine mehr oder weniger erhebliche Verschwendung an Geld oder, richtiger und einfacher gesagt, an Arbeit und sonstigen Produktivkräften, insgesamt somit ein noch grösseres Opfer an Gesamtnutzen zustandekommen wird. Die fremde Ware konnte z. B. ohne die Steuer mit a Arbeitstagen, die nämlich an die Erzeugung der in Tausch gegebenen Güter verwendet wurden, beschafft werden — von den sonstigen Produktionskräften sehen wir der Einfachheit halber ab. Infolge der Steuer steigt ihr Preis, wenn sie weiter vom Auslande bezogen wird, auf $a + b$ Arbeitstage [1]).

Jetzt aber wird die Ware im Inlande selbst fabriziert und zwar mit einem Kostenaufwand von $a + c$ Arbeitstagen, wo c immer etwas, aber vielleicht nur sehr wenig kleiner als b ist. Die Konsumtion wendet sich der „billigeren", heimischen Ware zu, und die Konsumenten glauben eine Ersparnis vom Betrage $b - c$ gemacht zu haben.

Allein b repräsentiert ja hier eine Steuer, eine Staatseinnahme, die so wie so eingehoben werden muss. Das Endergebnis wird also sein, dass die Mitglieder der betreffenden Volkswirtschaft, statt ihre diesbezüglichen Ausgaben im Verhältnis von $a + b$ zu $a + c$ reduziert zu haben, dieselben vielmehr um den vollen Betrag von c also auf $a + b + c$, vergrössert haben, m. a. W.: neben dem an den Staat immer abzugebenden Steuerbetrag von b Arbeitstagen tritt hier auch eine nutzlose Verschwendung von c Arbeitstagen hinzu. Alles in allem erscheint folglich die partielle Produktionsbesteuerung und in specie das Schutzzollsystem als eine traurige Selbsttäuschung der Völker.

Die Bedeutung des erwähnten Satzes, der als das Grunddogma der Freihandelsschule zu betrachten ist, kann meines Dafürhaltens kaum genug betont werden. Es kann aber, wie mir scheint, dem tieferen Verständnisse desselben und damit seiner allgemeinen Anerkennung nur förderlich sein, wenn man auf seine notwendige Bedingtheit und Relativität aufmerksam macht.

Das angeführte Raisonnement, sowie die Freihandelslehre überhaupt, setzt voraus, dass jedes Mitglied der Gesellschaft mit den verschiedenen Produktivkräften (Land, Kapital etc.) versehen ist genau im Verhältnisse zu seinen

1) Unter Voraussetzung einer gleichen Besteuerung der heimischen Produkte im Auslande können wir hier, wie oben angedeutet wurde, den Preiszuschlag b (eigentlich jenen Preiszuschlag zusammen mit dem Preisrückgang der heimischen Ausfuhrprodukte) als dem ganzen Zollsatze äquivalent betrachten.

eigenen Bedürfnissen, m. e. W.: sie setzt eine gleichmässige Verteilung des nationalen Reichtums voraus. Sonst werden die obigen Schlüsse mehr oder weniger hinfällig, wie ich gleich zeigen werde. Und zwar wird die Abweichung sich nicht nur darin zeigen, dass ein volkswirtschaftlicher Nachteil sich unter Umständen sehr oft zum Vorteil gewisser Klassen der Gesellschaft gestalten kann — was ja augenscheinlich ist und von niemand verneint wird — sondern es werden Vorgänge, die unter anderen Verhältnissen einen allgemeinen volkswirtschaftlichen Gewinn herbeiführen würden, bei der thatsächlichen Verteilung des Reichtums nicht selten zum alleinigen Vorteil gewisser Klassen ausschlagen, während die Masse des Volks davon nicht nur keinen Vorteil, sondern sogar Nachteil haben wird[1]).

Um die Sache möglichst einfach zu gestalten, wollen wir einstweilen von der Rolle des Kapitals ganz absehen, indem wir annehmen, sowohl Grundeigner wie Arbeiter seien hinreichend mit Kapital versehen, um sich bis zur Vollendung der Produktion selbst unterhalten zu können. Sie teilen dann einfach die erzeugte Produktensumme unter sich, und zwar laut dem Gesetze des abnehmenden Mehrertrags (dem Ricardo-Thünen'schen Rentengesetz) so, dass der Ertrag des „letzten angestellten Arbeiters" die durchschnittliche Höhe des Arbeitslohns feststellt, und das übrigbleibende Produktionsresultat dem Grundeigner als Rente zufällt.

Es sei nun ursprünglich, z. B. in einem Koloniallande, unter dem Regime des freien Verkehrs die landwirtschaftliche Beschäftigung die einzig lohnende, alle Manufakturwaren werden aus dem Auslande bezogen. Die Arbeiter können vielleicht mit einem Viertel ihrer jetzigen Einnahmen ihren Bedarf an Manufakturwaren befriedigen, während z. B. ein Drittel der vorhandenen Arbeitskräfte notwendig wäre, um jene Menge Manufakturwaren im Inlande herzustellen.

Jetzt werden aber die fremden Erzeugnisse mit einem so hohen Zolle belegt, dass die heimische Fabrikation derselben eben lohnend genug wird. Wenn dabei alles Uebrige gleich bliebe, so

1) Von der liberalen Schule wurde dieser Umstand, wenngleich im allgemeinen zugegeben, kaum hinreichend berücksichtigt. Umsomehr ist sie von sozialistischen Schriftstellern, z. B. von Karl Marx etc. hervorgehoben worden, allerdings oft, m. E., in einer sehr übertriebenen, phantastischen Weise, welche die Anerkennung des wirklichen Sachverhalts eher zurückgehalten als gefördert hat.

hätten natürlich die Arbeiter dadurch Schaden gelitten: sie müssten jetzt notwendig entweder mit Lebensmitteln oder mit Manufakturwaren oder mit beiden schlechter versorgt werden, als vor der Einführung des Schutzzolles. Allein es wird eben nicht sonst alles gleich bleiben. Die Zuwendung eines Teiles der Arbeiter zur Produktion von Manufakturen wird unfehlbar kraft des ebenerwähnten Gesetzes eine Steigerung des Lohnes auf Kosten der Grundrente zur Folge haben. Die Lohnerhöhung wird unter Umständen grösser oder kleiner sein; man braucht aber nur vorauszusetzen, dass der Ausfall von einem Drittel der landwirtschaftlich beschäftigten Arbeiter die Löhne (in Getreide aufgeschätzt) um etwas über $12^1/_2$ % erhöhen würde — gewiss eine sehr bescheidene Annahme — und der vermeintliche Nachteil der Arbeiter hat sich in Vorteil umgewandelt. Es werden nämlich jetzt, wie leicht zu zeigen, etwas mehr als ein Drittel der Arbeiter sich den Manufakturen zuwenden können, die übrigen (nahezu) zwei Drittel werden mehr als drei Viertel der früheren Lohnsumme verdienen, also mehr, als früher unter dem Freihandel sämtlichen Arbeitern, nach Eintausch der fremden Erzeugnisse, auf Lebensmittel übrigblieb. Es werden also schliesslich die Arbeiter sowohl mit Manufakturwaren, wie mit Lebensmitteln nunmehr sogar besser versehen sein wie früher, und dieses Resultat verstärkt sich noch mehr, wenn man bedenkt, dass auch von seiten der Grundeigner nunmehr Nachfrage nach heimischen Manufakturen entstehen muss, was die Arbeitslöhne direkt und indirekt noch mehr steigern wird.

Ich kann nicht umhin zu glauben, dass es zum guten Teil Ueberlegungen dieser Art gewesen sind, die, mehr oder weniger bewusst, die auswärtige Handelspolitik der, meistens sehr demokratisch regierten, Kolonialländer diktiert haben. Und zwar wird der Antrieb zum Zollschutz für die heimische Manufakturarbeit sich zeigen, sobald das Land hinreichend dicht bevölkert ist, um überhaupt das Aufkommen einer Grundrente zu gestatten, die Arbeitslöhne aber noch bedeutend höher stehen, wie in den alten Ländern.

Nehmen wir als Beispiel die so lebhaft diskutierte bisherige Zollpolitik der Vereinigten Staaten von Nordamerika. Von seiten der Mehrzahl der Amerikaner wurde dieselbe damit verteidigt, dass Amerika bei dem relativ hohen Lebensstandard seiner Arbeiter ohne Zölle nicht mit der „poor labour of Europe“ wetteifern könnte. Die europäischen Freihändler antworteten natürlich, dass ein solches Wetteifern überhaupt ein sinnloses Bestreben sei, und dass die

Vereinigten Staaten nicht nur Europa, sondern sich selbst einen ökonomischen Dienst grossartigsten Stils leisten würden, falls sie sich lediglich auf die Produktionszweige, in denen ihre natürliche Ueberlegenheit über die älteren Weltteile unbestritten sei, beschränken wollten.

Dies ist nun formell ganz richtig (wenigstens wenn von dem mehr zweifelhaften Gewinne abgesehen wird, der daraus entspringt, dass die Vereinigten Staaten jetzt die Erzeugnisse anderer Länder mit Zoll belegt haben, ohne dass ihre eigenen Produkte von diesen überall in demselben Verhältnisse besteuert werden). Fragt man aber, wer diesen Segen einer freieren Handelsgesetzgebung ernten würde, so ist die Antwort weniger leicht abzugeben. Es ist klar, dass sie vor allem den Grundeignern zum Vorteil gereichen würde, einmal weil der Preis der landwirtschaftlichen Produkte im Vergleich mit dem der Manufakturwaren innerhalb des Gebiets der Vereinigten Staaten steigen würde, daneben aber auch, weil die Grundeigentümer einen (absolut und relativ) grösseren Anteil der Produktion als Grundrente beziehen würden, wenn ein bedeutender Teil der jetzt in den Manufakturen beschäftigten Arbeit und Kapital aus diesen verdrängt würde und sich der landwirtschaftlichen Produktion zuwenden müsste.

Ob aber Kapital und Arbeit dabei überhaupt irgend einen Gewinn erzielen würden, ist weniger ersichtlich. Es könnte vielmehr, wenigstens was die Arbeit betrifft, eher das Gegenteil vermutet werden; jedenfalls ist dies bis jetzt noch eine offene Frage.

Ja, schliesslich ist es in solchen Fällen nicht einmal sicher, dass sich überhaupt in irgend einem Sinne des Wortes ein nationaler Gewinn durch Annahme des Freihandels erzielen liesse. Es kann nämlich sein, dass das Grundeigentum des Landes sich zum beträchtlichen Teil in den Händen ausländischer Besitzer befindet: man würde dann eigentlich nur den jährlichen Tribut vergrössern, welchen das Volk dem Auslande zu zahlen gezwungen ist. Bekanntlich trifft jene Voraussetzung in nicht geringem Masse in den Vereinigten Staaten zu, wo überaus weite Strecken des fruchtbarsten Bodens sich in der Hand ausländischer, besonders englischer Kapitalisten befinden; in noch viel höherem Masse gilt dies aber von einem der Länder Europas, nämlich von Irland. Wenn Irland über seine Zollgesetzgebung selbst Herr wäre, so würde es nicht unwahrscheinlich durch ein wohlerwogenes System von Industriezöllen einen nationalen Gewinn erreichen können. Zwar hat

Irland weder Kohlen noch Erze, die Industriewaren, welche es jetzt aus England bezieht, könnte es nur durch einen viel grösseren Aufwand von Arbeit und Kapital zu Hause erzeugen. Allein die Grundrente würde dabei fallen, der Betrag von vielleicht hundert Millionen Mark, welchen heute das irische Volk in der Form von landwirtschaftlichen Produkten alljährlich auszuzahlen hat, d. h. nach England verschiffen muss, ohne dafür auch nur den geringsten Entgelt (ausser den Rentenquittungen der Landlords) zu bekommen, würde sich notwendig vermindern, und es ist sehr wohl möglich, dass dieser Gewinn den früher erwähnten Verlust mehr als aufwiegen würde.

Man ersieht hieraus, in wie hohem Grade selbst Fragen der Steuerincidenz von den sozialen und politischen Zuständen der Länder abhängig sind. Wenn das Volk selbst im Besitz des Grund und Bodens seines Landes wäre, so würden offenbar die hier angestellten Betrachtungen überflüssig sein, der freie Verkehr wäre dann vom Standpunkte des ganzen Volkes die allein empfehlenswerte Politik.

Es ist wohl kaum nötig besonders hervorzuheben, dass die obige Bemerkung für die schutzzöllnerische Politik der meisten europäischen Länder nicht zutrifft. Dieselben sind grösstenteils mit industrieller Produktion weit über das eigene Bedürfnis hinaus versehen, ihre Industrie kann deshalb nur in sehr uneigentlichem Sinne „geschützt“ werden. Um so wirksamer ist gewöhnlich der Schutz der landwirtschaftlichen Produkte. Allein es ist selbstverständlich, dass hierdurch lediglich den Grundeignern, auf Kosten sämtlicher anderen Volksklassen — und zwar ausser Verhältnis hohe Kosten — ein Vorteil verschafft wird. Ob jenes Interesse hinreichend wichtig ist oder erscheint, um zu diesem Preis aufrecht erhalten zu werden, bleibt also hier die entscheidende Frage — allein diese Frage gehört nicht mehr in die Lehre von der Steuerincidenz hinein.

VI. Die Besteuerung des Arbeitslohns und deren angebliche Ueberwälzbarkeit.

Ihrer grossen praktischen und sozialpolitischen Bedeutung wegen mögen über die Frage der direkten oder indirekten Besteuerung des Arbeitslohnes noch einige Bemerkungen gestattet sein.

Eine Voraussetzung, an der wir im vorigen immer festgehalten haben, war die, dass das Gesamtangebot sowohl an Arbeit, wie an

Kapital (die Kapitalbildung) von der Einwirkung der Steuer gänzlich unberührt bleibt. Dass dem so ist, kann natürlich im allgemeinen nicht behauptet werden; unsere früheren Schlüsse sind daher in dieser Richtung einer Modifikation bedürftig, u. a. ist die gänzliche Unüberwälzbarkeit der direkten Einkommen- (oder Nettoertrag)steuer unter solchen Umständen nicht mehr stichhaltig.

Auf der anderen Hand bildet die Frage über die diesbezüglichen Einflüsse der Besteuerung eine um so schwierigere Aufgabe, weil die nämliche Ursache hier unter Umständen durchaus entgegengesetzte Wirkungen haben könnte. Die Verminderung des Kapitaleinkommens infolge einer Steuer wird allerdings neue Kapitalbildung erschweren und äussersten Falles unmöglich machen, daneben vielfach zur unproduktiven Konsumtion des vorhandenen Kapitals verleiten, und schliesslich auch einen Teil der jetzt müssig Lebenden in die Reihe der Arbeiter überführen. Die Folge hiervon würde ein vermindertes Angebot von Kapital und ein vergrössertes Angebot von Arbeit sein.

Andererseits aber wird eben eine mässige Verkleinerung der Renteneinkünfte in vielen Fällen gerade zur stärkeren Kapitalbildung führen, nämlich bei allen denen, welche vor allem sich und den Ihrigen einen hinreichenden Unterhalt für die Zukunft sichern möchten. Welche von diesen entgegengesetzten Folgen unter gegebenen Umständen die Oberhand haben würde, kann nicht ohne sehr schwierig anzustellende Beobachtungen entschieden werden.

Die Schmälerung des Arbeitseinkommens wird ebenfalls, wenn hinreichend gross, zweifelsohne ein vermindertes Angebot an Arbeit zur Folge haben, sowohl durch allmähliche Verminderung der Arbeiterzahl (erhöhte Sterblichkeit, verspätete Eheschliessung, Auswanderung), wie auch wegen niedrigerer Arbeitsintensität der schlechter ernährten Arbeiter.

Auf der andern Hand: gerade die in den dürftigsten Verhältnissen lebenden Arbeiterfamilien sind häufig die kinderreichsten, und was das individuelle Angebot an Arbeit betrifft, so ist es, wie u. a. v. Falck bemerkt[1]), gar keine seltene Erscheinung, dass die Arbeiterklasse bei Schmälerung ihres Einkommens „alle ihr möglichen Anstrengungen machte, die letzte ihr noch verbliebene Arbeitskraft auf den Markt zu werfen, den Rest ihrer Musse zu opfern, um nur auf den früheren Stand ihrer Lebenshaltung zu gelangen“,

1) „Kritische Rückblicke“, Nachtrag S. VI.

so dass in diesem Falle nicht ein vermindertes, sondern erhöhtes Angebot an Arbeit infolge der Steuer eintreten würde.

Es ist nun allerdings sicher genug, dass bei Steuern, welche direkt oder indirekt den Arbeitslohn treffen — wenn dieselben nur hinreichend hoch sind, oder der durchschnittliche Stand der Löhne hinreichend niedrig ist — die erstgenannte Folge auf die Länge der Zeit den Sieg davon tragen wird, so dass die Arbeiter den Teil der Steuern, welchen sie unmöglich tragen können, wirklich auf andere überwälzen werden.

Allein es ist traurig und der jetzt lebenden Generation kaum glaublich, dass man auf diesem Grunde die relative Unschädlichkeit der Arbeiterbesteuerung behaupten konnte, wie dies jedoch nicht nur die älteren Oekonomisten, sondern viele ihrer Nachfolger thatsächlich gethan haben.

Es verdient indes hervorgehoben zu werden, dass z. B. Ricardo neben der hier angedeuteten Lehre auch eine andere vorträgt, die, wenn viel anfechtbarer, weniger pessimistisch war, eben deshalb aber um so mehr geeignet, eine für die Arbeiter verhängnisvolle Steuerpraxis zu rechtfertigen.

Es liegt ja auf der Hand und wurde auch von Ricardo zugegeben, dass die oben geschilderte Wirkung einer Arbeitersteuer, z. B. in der Form hoher Auflagen auf notwendige Lebensmittel, nur allmählich nach einer längeren oder kürzeren Zwischenzeit eintreten könnte, während welcher die Arbeiter sehr viel zu leiden hätten. Ricardo sucht daher auch eine unmittelbare Lohnerhöhung als Folge der Steuer hervorzudemonstrieren, und zwar in folgender etwas halsbrecherischer Weise:

„Eine Steuer auf Getreide", sagt er[1]) — und dieselbe Argumentation würde, wenn an sich richtig, natürlich in den meisten ähnlichen Fällen stichhaltig bleiben — „wird nicht notwendig die produzierte Getreidequantität vermindern, sie wird nur den Geldpreis des Getreides erhöhen; sie wird nicht notwendig die Nachfrage nach Arbeit im Vergleich mit dem Angebot derselben vermindern; warum denn sollte sie den an die Arbeiter gezahlten Anteil vermindern? Angenommen, es sei wahr, dass sie die Quantität, welche der Arbeiter erhält, verminderе, mit anderen Worten: dass sein Geldlohn sich nicht in demselben Verhältnisse steigere, in welchem der Preis des von ihm verbrauchten Getreides durch die Steuer erhöht wird, würde nicht dann das Angebot von Getreide dessen Nachfrage übersteigen? — würde es nicht im Preise fallen? und würde nicht somit der Arbeiter dennoch seinen gewöhnlichen Anteil erhalten?"

„Es würde allerdings dann", fährt Ricardo fort, ohne zu bemerken, dass er hierdurch seine eigene Argumentation entkräftet, „Kapital aus der Landwirtschaft zurückgezogen werden, denn wenn der Preis (des

1) Principles Ch. IX, 2d ed. p. 97.

Getreides) nicht um den ganzen Betrag der Steuer erhöht würde, so würde der landwirtschaftliche Profit unter das Niveau der allgemeinen Profitrate sinken müssen, und das Kapital würde lohnendere Beschäftigungen aufsuchen." Und nachdem er so seine eigene Voraussetzung von der Unveränderlichkeit der produzierten Getreidequantität offenbar selbst widerlegt hat, setzt er unmittelbar hinzu: „Was die Steuer auf die Lebensmittel (on raw produce) betrifft, so wird folglich (!), wie mir scheint, überhaupt kein Intervall, welches auf die Arbeiter erdrückend wirken könnte, zwischen der Steigerung der Preise und der Erhöhung des Arbeitslohns verfliessen, und es wird somit die Arbeiterklasse von dieser Steuer keine andere Unannehmlichkeit verspüren als von jeder anderen Steuer, nämlich das Risiko, dass die Steuer die für die Erhaltung der Arbeit bestimmten Fonds schmälern und dadurch die Nachfrage nach Arbeit hemmen oder einschränken könnte."

Die hier wiedergegebene Lehre Ricardos wird von Seligman[1] als „zu absolut" und „auf der Lohnfondstheorie beruhend" gekennzeichnet. Es ist jedoch nicht zu ersehen, wie die Annahme der Lohnfondstheorie, und sei es auch in ihrer allerstrammsten Form, zu dergleichen Schlussfolgerungen führenkönnte. Dann müsste man ja voraussetzen, dass „die für die Erhaltung der Arbeit bestimmten Fonds" infolge der Steuer wachsen würden, was Ricardo nirgends behauptet und was an sich kaum erklärlich wäre. Seine Schlüsse sind vielmehr auf diesem Punkte formell wie materiell einfach als unbegründet zu bezeichnen. — v. Falck kritisiert ausführlich die hier erwähnte Ansicht Ricardos, allein schon in den wenigen Worten, worin er dieselbe zusammenfasst[2], liegt ein so handgreiflicher Widerspruch in sich selbst, dass jede weitere Widerlegung überflüssig erscheint. —

Es bleibt somit nur die auf die Lehre vom „natürlichen" Arbeitslohn gestützte Ueberwälzungstheorie, welche ja ganz richtig ist, so weit ihre Voraussetzung zutrifft — aber freilich nicht darüber hinaus.

Man hat jener Lehre in der neueren Zeit dadurch ein etwas freundlicheres Aussehen zu verleihen gesucht, dass man nicht mehr von dem notwendigen Lebensunterhalt einer Arbeiterfamilie als für die Lohnhöhe massgebend, sondern von einem gewissen Lebensstandard sprach, an dem die Arbeiter trotz der Steuer festhalten würden. Aber auch in diesem Falle leuchtet wohl ein und wird jetzt fast allgemein zugegeben, dass der ursprüngliche Stand der Löhne nach Auferlegung der Steuer weder schnell noch in allen Fällen vollständig wiederhergestellt werden kann, und in der Zwischenzeit würden die Arbeiter um so weniger von der Steuerlast verschont werden, als ja das daraus entspringende Leiden und Un-

---

1) A. a. O. p. 36, No. 1.
2) A. a. O. S. 54.

behagen eben die treibenden Kräfte sein sollen, welche die Arbeiterbevölkerung zur Verminderung ihrer Zahl bewegen.

Ueberdies aber kann wohl die Frage aufgeworfen werden, ob man denn berechtigt ist, in diesem Falle überhaupt von einer Steuerüberwälzung zu reden.

In den wichtigsten Fällen der Steuerüberwälzung handelt es sich um einen Vorgang, der nur infolge der Steuer eintreten oder gelingen wird, so dass letztere sozusagen den unmittelbaren Steuerzahler selbst zum Teil entschädigt — z. B. würde die betreffende Preiserhöhung einer besteuerten Ware ohne die Steuer ökonomischerweise gar nicht vorgenommen werden können. Hingegen könnten die Arbeiter natürlich die nötige Verminderung des Angebots von Arbeit ebensogut ohne die Steuer zustande bringen und würden dadurch selbstverständlich eine entsprechende Verbesserung ihrer Lage auch so erzielen.

M. a. W.: wenn eine Verminderung der Zahl der Bevölkerung oder wenigstens eine Verzögerung ihres jetzigen Anwachsens im Interesse der Arbeiter anzuraten ist — eine Ansicht, über deren Richtigkeit im betreff der meisten europäischen Länder ich meinesteils wenig Zweifel hege, vor allem angesichts der uns drohenden künftigen Verschliessung des nordamerikanischen Kontinents gegen die Einwanderung — so sollten wohl die Arbeiter vor der Gefahr einer übermässigen Kindererzeugung direkt gewarnt und zur Einschränkung derselben aufgefordert werden. Bei dem heutigen Stande der intellektuellen Bildung der Mehrzahl der Arbeiter ist wohl nicht zu befürchten, dass derartige Aufmunterungen notwendigerweise ungehört verklingen würden. Ihnen aber eine Steuer auflegen in der Hoffnung, es werde der Steuerdruck durch sein Einwirken auf die Bevölkerungsbewegung allmählich neutralisiert und ausgeglichen werden, heisst einmal die Arbeiter durch die Not zu etwas zwingen wollen, was sie am besten aus freien Stücken thun sollten, und überdies würde man ja dabei die Früchte ihrer Handlungsweise im vorweg abschneiden, denn nach allen Entbehrungen und Leiden würden sie lediglich zu den Zuständen zurückgelangen können, in denen sie sich vor Auferlegung der betreffenden Steuer befanden.

Die Lehre von der Unschädlichkeit der Arbeitersteuer war aber den herrschenden Ständen zu jeder Zeit allzu bequem, um sie nicht mit den Mitteln der populären Sophistik zu verteidigen, auch nachdem sie von den Vertretern der Wissenschaft allmählich aufgegeben war. Es hiess, die Arbeiter würden damit nichts gewinnen, wenn ihre Steuern auf die Schultern der Reicheren übertragen würden. denn mit den verminderten Einkommen der letzteren vermindere sich auch die Nachfrage nach Arbeit und folglich der Arbeitslohn. Andererseits aber würde es den Arbeitern auch nicht schaden, wenn sie einen Teil ihrer Einkünfte dem Staate als Steuer abtreten müssten, denn die Nachfrage des Staates nach Arbeit würde dann zu der übrigen Nachfrage hinzutreten, die Löhne sich erhöhen u. s. w.

Schon Stuart Mill ist solchen populären Irrtümern oder Ausflüchten entgegengetreten, meines Erachtens aber nicht immer mit hinreichender Klarheit und Schärfe. Er untersucht [1]) nacheinander die folgenden beiden Fragen: 1) ob es den Arbeitern nützlicher sei, dass eine gewisse Geldsumme den Reicheren abgenommen wird, um für Staatszwecke verwendet zu werden, oder dass das nämliche Geld von den Wohlhabenden selbst in ihren Privatwirtschaften ausgegeben wird, und 2) ob es andererseits den Arbeitern nützlicher sei, dass der Staat ihnen eine Steuer auferlege, um das betreffende Geld für seine Zwecke anzuwenden, oder dass der fragliche Steuerbetrag dem Staate überhaupt nicht zugehe.

Allein weder das eine, noch das andere ist die hier zu entscheidende Frage. Eine wie grosse Bedeutung die Verwendung der Staatseinkünfte für die Frage der Gerechtigkeit und Zweckmässigkeit der Besteuerung auch haben mag, mit der Lehre von der Ueberwälzung der Steuern hat sie durchaus nichts zu thun.

Wenn über die Incidenz dieser oder jener Steuer entschieden werden soll, wird man vielmehr, wie oben bemerkt, von der Voraussetzung ausgehen können und müssen, der betreffende Geldbetrag werde immer so wie so der Staatskasse zufliessen. Die Verwendungsweise der Steuer seitens des Staats ist m. a. W. ein für alle Fälle gemeinsamer Faktor und kann einfach eliminiert werden.

Die richtige Fragestellung würde mithin im betreffenden Falle die folgende sein: Angenommen, ein gewisser Steuerbetrag sei für die Wirksamkeit des Staates erforderlich, wird es wohl den Arbeitern nützlicher sein, wenn dieses Geld aus ihren Taschen oder wenn es aus den Taschen der Reicheren genommen wird?

So gestellt, ist die Frage wohl im grossen und ganzen keiner Antwort bedürftig. Ich sage geflissentlich: im grossen und ganzen; denn insofern die Besteuerung der Reicheren der Kapitalbildung

---

1) Principles Bk. I, Ch. V, § 10 und Bk. V, Ch. III, § 4.

Eintrag thäte, würden allerdings schliesslich (wie öfters bemerkt) auch die Arbeiter die Folge davon verspüren. Man darf aber nicht vergessen, dass die Arbeiter selbst, wenn ihre Einkünfte mehr geschont würden, auch etwas beiseite legen könnten; es ist sogar nicht erwiesen, dass sie dies in geringerem Massstabe thun würden als jetzt die bessersituierten Klassen; allein selbst wenn dies doch der Fall wäre, ist es wohl einleuchtend, dass ein kleineres Kapital in den Händen der Arbeiter selbst, von dem sie unmittelbar die vollen Früchte geniessen würden, ihnen weit mehr nützen würde als ein viel grösseres Kapital in der Hand der Reichen, welches nur ganz indirekt, in der Form vergrösserter Nachfrage nach Arbeit, den Arbeitern teilweise zu gute käme.

Uebrigens hat sich Mill hierbei in das Netz der Fehlschlüsse, das er zerreissen wollte, gelegentlich selbst verwickelt. Er sagt[1]:

„Wenn die Regierung eine Steuer von einem Schilling die Woche den Arbeitern auferlegte und dann alles wieder ausgäbe, um Arbeiter für den Militärdienst, für öffentliche Arbeiten u. dgl. zu mieten, so würde sie unzweifelhaft die Arbeiter als Klasse für alles das entschädigen, was die Steuer ihnen genommen habe. Dies hiesse in der That „das Geld unter das Volk bringen“.“

Man bemerke, dass hier nicht etwa von der Bedeutung der staatlichen Wirksamkeit als solcher für die Arbeiter die Rede ist, sondern schon dadurch, dass der Staat dieselben in die Lage versetze, ihr eigenes Geld durch neue Arbeit zurückzuerwerben, soll er sie, und zwar vollständig, „entschädigt“ haben.

Man wäre versucht, jene sonderbare Behauptung Mills lediglich einem Versehen zuzuschreiben. Das wäre jedoch unrichtig. In diesem, wie in so vielen anderen Teilen seines Werkes beruft sich Mill auf seine bekannte „vierte Proposition über das Kapital“ (Bk. I, Ch. 5, § 9) oder die Lehre, dass die Arbeiter nur vom Kapital, nicht aber vom Erlös der (mit der betreffenden Arbeitsmenge) produzierten Güter unterhalten werden (demand for comodities is not demand for labour).

An und für sich ist dieser Satz, wie im vorigen hervorgehoben wurde, durchaus richtig und wahr, es hat aber Mill, in den Vorurteilen der alten Lohnfondstheorie befangen, von demselben manchmal einen voreiligen, ja durchaus unrichtigen Gebrauch gemacht.

Es mag wahr sein, dass der Staat in dem vorausgesetzten Falle das

---

1) A. a. O. Bk. V, Ch. III, § 4.

vorhandene Kapital und die Nachfrage nach Arbeit durch den Steuerbetrag vergrössert hätte. Allein es ist gar nicht anzunehmen (wie Mill implicite thut), dass diese Kapitalvergrösserung eine entsprechende Erhöhung des durchschnittlichen Arbeitslohns hervorrufen würde. Dies würde vielleicht anfangs geschehen und zwar auf Kosten des durchschnittlichen Kapitalprofits, könnte aber eben deshalb nicht lange dauern. Und zwar nicht nur wegen der eventuellen Einwirkung des verkleinerten Kapitalprofits auf die spätere Kapitalbildung, sondern schon weil die Kapitalisten unmittelbar gegen die eingetretene Erhöhung der Löhne reagieren würden, indem sie mehr Maschinerie einführten und flüssiges Kapital in „stehendes" umwandelten, wodurch sich der für die Zahlung von Lohn alljährlich verfügbare Kapitalteil wiederum verkleinern würde.

Schliesslich aber, und sogar wenn man dem Millschen Raisonnement im übrigen beipflichten könnte, bleibt doch der schon mehrfach erwähnte Haupteinwand gegen dasselbe bestehen, dass der Staat jene Verwendung der Steuer nicht um der Arbeiter willen erwählt, sondern weil es seinen Zwecken entspricht, so dass dieselbe in ganz ähnlicher Weise den Arbeitern zu gute kommen würde, aus welcher Quelle immer der bezügliche Steuerbetrag flösse.

Zum Ueberfluss wollen wir noch eine Frage berühren, die freilich mehr der praktischen wie der theoretischen Finanzlehre angehört: ob denn nicht wenigstens für die unterste Schicht der Arbeiterbevölkerung die Ueberwälzung ihrer etwaigen Steuern unbedingt gesichert sei — nämlich nach der Armenpflege hin. Dies war noch im Jahre 1872 die Meinung Adolf Helds, denn er schreibt[1]: „In einem gesunden Staate kann, abgesehen von den Armen, denen die etwa gezahlte Steuer doch durch Unterstützungen wieder reichlich (sic!) vergütet wird, keine Klasse von Personen existieren, die verhungern müssen, wenn sie durch eine kleine Steuer dem Staate gegenüber ihr Pflichtgefühl bethätigen."

Inwieweit Held die jetzigen Staaten zu den „gesunden" rechnen möchte, sei dahingestellt; thatsächlich aber existiert fast überall eine sehr breite, teils durch die Armengesetzgebung, teils vielleicht auch durch das Selbstgefühl der Arbeiter geschaffene Bevölkerungs-

1) „Die Einkommensteuer" S. 104.

schicht von unzweifelhaft Notleidenden neben den thatsächlich unterstützten Armen.

Die Beispiele hierfür wären Legion, ich begnüge mich jedoch, ein einziges anzuführen, welches ich einer kleinen Enquête entnehme, die von der „Lorénschen Stiftung für die Förderung der Sozialwissenschaften" über die Lebensführung der schwedischen Landarbeiter neuerdings angestellt und veröffentlicht worden ist[1]). Unter den dort untersuchten Arbeiterfamilien kommt eine vor, die in jeder Hinsicht, was Arbeitsamkeit, Sparsamkeit und Genügsamkeit anbetrifft, als leuchtendes Beispiel dienen könnte. Sowohl der Vater (ein gewöhnlicher Tagelöhner, der Sonntags als Orgeltreter beschäftigt war), wie die Mutter und die zwei ältesten der sieben noch jungen Kinder hatten selbständigen Erwerb. Wegen des Kinderreichtums der Familie langte jedoch der gesamte Arbeitsverdienst kaum aus, trotz einer mehr wie spartanischen Speiseordnung — es wurde während des Jahres der Untersuchung nur ein einziges Kilogramm Butter und ebensoviel Rindfleisch von der ganzen Familie verbraucht. Die chemische Analyse der Jahreskonsumtion an Lebensmitteln (wobei die Portion der Kinder unter 10 Jahren als halb so gross wie die der erwachsenen Personen gerechnet wurde), zeigte ein bedeutendes Untergewicht an sämtlichen Hauptnahrungsstoffen (Fett, Eiweiss und Kohlenhydraten), kurz die Leute mussten, wie in der gedruckten Enquête hervorgehoben wird, zweifelsohne Hunger leiden.

Von der Armenverwaltung nun hatte diese Familie nicht die geringste Unterstützung bekommen — auch nicht einmal während einer dreiwöchentlichen Krankheit des Familienvaters — wahrscheinlich hat sie eine solche Unterstützung auch nicht nachgesucht.

Steuer musste sie aber zahlen; einmal die bei uns noch bestehenden Personalabgaben, welche in diesem Falle allerdings auf Grund freiwilligen Uebereinkommens vom Arbeitgeber erlegt wurden, höchst wahrscheinlich aber gegen entsprechende Verkürzung des Lohnes, dann die indirekten Auflagen, welche in Schweden nunmehr fast alle Verbrauchsgegenstände (ausser etwa Salz und Petroleum) treffen und so reichlich bemessen sind, dass das neuerdings stark angeschwollene Budget des Staates zum weitaus grössten Teil auf der Besteuerung der Massen-Verbrauchsartikel beruht.

---

1) „Tjenare, statare och torpare" Skrifter utg. af Lorénska stiftelsen N:r 6. Die Enquête umfasste bisher nur einige wenige Familien, deren Lebensverhältnisse dafür um so gründlicher erforscht wurden.

Wo bleibt nun hier — und in zahllosen ähnlichen Fällen — die „reichliche Wiedervergütung?"

Alles in allem erweist sich also die Lehre von der Ueberwälzbarkeit der Arbeitersteuern der Hauptsache nach auf Täuschung beruhend. Insoweit sie aber richtig ist, unterliegt sie einem kaum weniger wichtigen Einwand.

In den meisten übrigen Fällen von Ueberwälzung handelt es sich nur — wenigstens nach der üblichen Auffassung — um eine veränderte Beschäftigung oder veränderte Richtung der Konsumtion der von der Steuer betroffenen Personen, indem die lohnendere Beschäftigung der weniger lohnenden vorgezogen, oder eine billigere, weil gar nicht oder weniger hoch besteuerte Ware statt der teueren, steuerbelasteten verbraucht wird.

In betreff der Steuer auf den Arbeitslohn hingegen soll — eben nach der überlieferten Lehre — die Möglichkeit der Befreiung von einem Teile derselben sozusagen auf der Wahl zwischen Sein und Nichtsein, zwischen Ehe und Ehelosigkeit, zwischen Verbleiben im Lande und Auswanderung beruhen. Sie wäre m. a. W. von Umständen bedingt, die man wohl nicht (mit Wagner) „schlimmer als das Uebel selbst" nennen möchte, die aber zweifelsohne zu den schwersten menschlichen Leiden gehören.

Kurz ausgedrückt, heisst dies offenbar, dass die vielberühmte Ueberwälzung jener Steuer in Wirklichkeit erst dann eintreten könnte, wenn der Steuerbetrag schon längst aufgehört hätte, in irgend einem billigen Verhältnis zur Leistungsfähigkeit der Arbeiter zu stehen.

Mit dieser Schlussfolgerung, die strenggenommen eine Selbstanklage der betreffenden Lehre in sich schliesst, sind wir endlich bei dem Thema angelangt, welches den Gegenstand der nächsten Hauptabteilung dieser Arbeit bilden soll, nämlich dem Prinzip der Gerechtigkeit der Besteuerung.

Ueber ein neues Prinzip der gerechten Besteuerung.

I. Einleitung. Die Hauptprinzipien der Besteuerung nach der bisherigen Auffassung.

Es ist eine Reihe von Schwierigkeiten ganz anderer Art, die uns begegnen, wenn wir von den Fragen über die Steuerincidenz zu denen über die gerechte Besteuerung übergehen. Dort konnte in betreff der zu verwendenden Prinzipien wenig Zweifel herrschen, insofern diese eigentlich mit den Grundgesetzen der Volkswirtschaftslehre zusammenfallen müssen, und es war eben nur der unentwickelte Stand der volkswirtschaftlichen Theorie selbst, welcher eine praktisch verwertbare Lösung des Problems in den meisten Fällen schwierig oder fast unmöglich machte. Hier aber stände die Anwendung der Prinzipien, wenn einmal richtig gefunden, d. h. die Verteilung der Steuern sowie die Bemessung der konkreten Höhe derselben, ganz in der freien Wahl der Regierungen oder der Volksvertretungskörper selbst — allerdings unter der Voraussetzung, dass ein einigermassen sicheres Urteil über die schliessliche Incidenz der erwählten Steuergattungen vorliegt — und die einzige, aber freilich um so erheblichere Schwierigkeit liegt in der Auffindung jener obersten Grundsätze.

Diese Schwierigkeit beruht zunächst auf der Vieldeutigkeit, der Relativität und Wandelbarkeit des Begriffes Gerechtigkeit selbst. Wird doch jeder Lösungsversuch unserer Aufgabe notwendig mehr oder weniger durch die allgemeinen politischen und sozialen Anschauungen des Schreibenden, seine äussere Lebensstellung, seine persönlichen Sympathien und Antipathien gefärbt sein. Gerechtigkeit, so wurde mit Fug und Recht gesagt, kommt eigentlich nur unter Gleichen vor. Gerechtigkeit von oben nach unten behält immer einen gewissen Beigeschmack von Herablassung oder gar von Verachtung; Gerechtigkeit von unten nach oben war bisher nur zu oft etwa mit Rache synonym.

Aber auch davon abgesehen, und wenn man sich selbst über das zu erreichende Ziel völlig klar ist oder zu sein glaubt, wird sich doch ein jeder in schwerer Verlegenheit befinden, sobald es gilt, die überaus vielgestalteten Beziehungen der einzelnen Individuen oder Volksklassen zu einander und zum Staate auf dem hier betrachteten Gebiete in eine einzige, alles umschliessende, dazu noch scharf ausgeprägte und in der aktuellen Steuerpraxis realisierbare Formel zusammenzufassen. Es kann unter solchen Umständen sogar wunder nehmen, dass die verschiedenen diesbezüglichen Ansichten nicht noch weiter auseinandergehen, als es thatsächlich der Fall ist.

Bekanntlich standen sich von jeher hauptsächlich zwei Grundprinzipien gegenüber — von denen alle mehr individuellen Auffassungen eigentlich als Nuancen betrachtet werden können — das Prinzip der Gleichheit oder Verhältnismässigkeit zwischen „Leistung und Gegenleistung“ und andererseits dasjenige von Gleichheit oder Verhältnismässigkeit der gebrachten „Opfer“, m. a. W.: „Besteuerung nach dem Interesse“ und „Besteuerung nach der Leistungsfähigkeit“ oder dem Tragvermögen eines jeden.

Von jenen beiden streitenden Grundsätzen gilt der letztere heute als der siegreiche, obwohl gerade die hervorragendsten unter den modernen Wirtschaftstheoretikern ihn niemals als den allein berechtigten anerkannt haben.

Vielleicht hing jedoch dieser Sieg weit weniger von wirklichen, auf sich selbst beruhenden Vorzügen des erwähnten Prinzips, als vielmehr davon ab, dass die auf „Leistung und Gegenleistung“ beruhende Erklärung des Steuerrechtes und des Ausmasses der Steuern überhaupt auf eine ganze Reihe der wichtigsten Probleme der Besteuerung einfach nicht anwendbar erschien, sobald man über die ersten allgemeinen Redensarten hinaus vordringen sollte.

Eine wirkliche Gleichheit zwischen Leistung und Gegenleistung kann wohl nur dann in Frage kommen, wenn bestimmte, dem Staate durch das Einzelinteresse veranlasste Kosten nachgewiesen werden können, was nur ganz ausnahmsweise der Fall ist. Nimmt man aber, wie vielfach versucht worden ist, als Massstab des individuellen Steuerbetrages den subjektiven Wert der Staatsleistungen für die einzelnen Mitglieder der Gesamtheit, so entsteht die Schwierigkeit, dass dieser Wert in den meisten Fällen überhaupt durch kein bekanntes Mittel gemessen, in vielen Fällen sogar als unermesslich hoch erachtet werden kann, was selbstverständlich sowohl „Gleichheit" wie „Verhältnismässigkeit" der Steuerprästation ausschliesst.

Hierzu kommt noch, dass gewisse öffentliche Ausgaben, wie z. B. diejenigen zur Verzinsung der Staatsschuld, überhaupt keinerlei „Leistung" an die Steuerzahler enthalten, sondern einfach infolge früher vom Staate übernommener Verpflichtungen geschehen müssen, andere aber, z. B. diejenigen für das Armenwesen, selbstverständlich nur gewissen Volksklassen von direktem Nutzen sind, während die betreffenden Kosten eventuell auf die übrigen Klassen verteilt werden müssen u. s. w.

Dass umgekehrt auf anderen Gebieten die Opfer- oder Leistungsfähigkeitstheorie ebensowenig mit anerkannten Thatsachen stimmen wollte, kümmerte ihre Verteidiger nur wenig; man schob einfach jene Gebiete, als angeblich mehr der „privatwirtschaftlichen" Wirksamkeit des Staates angehörig, aus der eigentlichen Steuerlehre hinaus, um in dieser die Opfertheorie zu der alleinherrschenden zu machen; zugleich bezeichnete man das übrig gebliebene Gebiet gern als das wichtigere, der eigentlichen Aufgabe des Staates mehr entsprechende, und die Opfertheorie selbst als in einer „höheren" Staatsauffassung wurzelnd wie die andere.

Bei alledem wurde jedoch sogar von Theoretikern, die sich für die Opfertheorie erklärten, — z. B. von Ad. Wagner — das Prinzip der Besteuerung „nach dem Interesse" ungefähr überall da aufrecht erhalten, wo dasselbe ohne Schwierigkeit verwendet werden konnte — also nicht nur in betreff der Taxpreise und Gebühren, sondern überhaupt da, wo ein spezielles Interesse seitens gewisser Mitglieder oder Bevölkerungsklassen den Staatsleistungen gegenüber nachweisbar ist — und die reine Herrschaft des Prinzipes der Leistungsfähigkeit wurde somit eigentlich auf solche Gebiete eingeschränkt, wo man mit der Forderung von Gleichheit oder Verhältnismässigkeit der Leistung und Gegenleistung gar nicht auszukommen wusste, ein Verfahren, welches sich freilich etwas sonderbar anlässt, wenn ersteres Prinzip als das eigentlich herrschende, für die gesamte Besteuerung grundlegende aufzufassen ist.

Was die Praxis betrifft, so ist diese, wenigstens wenn man die Gesamtheit der Steuern ins Auge fasst, bis heutigen Tages von ziemlich abweichenden Prinzipien ausgegangen, wie ich versuchen werde im folgenden zu zeigen.

Ob nun die theoretische Vorliebe der modernen Schriftsteller auf dem Gebiete der Finanzlehre für das Prinzip der Opfer-Gleichheit (oder -Verhältnismässigkeit) auch unbedingt ein wissenschaftlicher Fortschritt war? Wenigstens in einer, und zwar in einer sehr wichtigen Beziehung wage ich diese Frage mit nein zu beantworten. Bei all ihrer Unbehilflichkeit hatte die Theorie der Leistung und Gegenleistung wenigstens den Vorzug, dass sie mit der anderen Seite der Staatswirtschaft, der Ausgabenseite eine gewisse Fühlung behielt und für die konkrete Höhe der Steuern einigermassen eine obere Grenze angab, indem jede öffentliche Ausgabe und jede entsprechende Steuer verworfen werden musste, sobald erstere nicht einem jeden eine der Leistung entsprechende Gegenleistung bot. Die Forderung der Gerechtigkeit würde dabei wenigstens insoweit von selbst erfüllt, als jedermann für sein Geld eine entsprechende Entschädigung erhielte u. s. f.

In dieser Hinsicht erscheint nun die Opfertheorie weit unterlegen. Sie will und kann lediglich über die Verteilung der Steuern entscheiden; über den absoluten Betrag der Gesamt- (und folglich der Einzel)besteuerung giebt sie nicht die mindeste Auskunft.

Entweder also muss man diese letztere Frage ganz ablehnen, was allerdings sehr bequem, aber meines Erachtens wenig wissenschaftlich wäre — oder man wird bei jedem Versuche, die konkrete Höhe der Steuern theoretisch zu bestimmen, notwendig gezwungen — wenigstens in betreff der Gesamtbesteuerung — wieder das Interessenprinzip, so gut es immer geht, zu Hilfe zu rufen.

Einige Schriftsteller sind sich jener Schwierigkeit wohl bewusst, nehmen sie aber, wie mir scheint, viel zu leicht. In seiner Recension des unten zu besprechenden Mazzolaschen Buches (Conrads Jahrb., Juli 1890) stellt J. Kaizl als „die (einzige) Aufgabe der Finanzwirtschaft" hin, „die wirtschaftlichen Mittel zu beschaffen, welche zur Befriedigung jener — gleichviel ob kollektiver oder individueller — Bedürfnisse erforderlich sind, welche zufolge des Machtwortes der Staatsgewalt eben aus öffentlichen Mitteln zu befriedigen sind." Jenes Machtwort, m. a. W. die konkrete Ausmessung der Steuern, hätte somit nach Kaizl mit der Finanzwirtschaft überhaupt nichts zu thun.

In derselben Richtung spricht sich Robert Meyer aus. Sowohl „bei der praktischen Entscheidung von Steuerfragen", wie „in der theoretischen Finanzwirtschaft kann" nach ihm „die Höhe des Staatsbedarfs, die ja wesentlich von der Ausführung der Verwaltungsaufgaben abhängt, regelmässig nicht in die Erörterung einbezogen werden"[1]).

Eine etwas weniger enge Auffassung des Gebietes der Finanzwissenschaft vertreten allerdings Schäffle und Wagner, aber im grossen ganzen stehen auch diese Verfasser auf dem nämlichen Standpunkte.

Schäffle stellt bekanntlich als „oberstes Prinzip der Finanzwissenschaft" auf „die volkswirtschaftlich verhältnismässige Deckung des Staatsbedarfs gegenüber einer nicht minder verhältnissmässigen Deckung aller nichttstaalichen Bedarfe"[2]), ich kann aber nicht finden, dass er von diesem, m. E. so wichtigen, wenn auch vielleicht etwas undeutlich formulierten Satze irgend einen wirklichen Gebrauch macht, irgend einen Weg anweist, auf welchem sich über die Erfüllung oder Nichterfüllung jener Forderung entscheiden liesse. Unumwundener spricht sich freilich Ad. Wagner aus, wenn er als „leitenden Grundsatz beij der Prüfung" der Regierungsvorlagen seitens der Volksvertretung aufstellt: „Jede Staatsthätigkeit oder jede Art derselben und daher jede Ausgabe dafür ist zu verwerfen, welche der Gesamtheit ein höheres Opfer auferlegt, als die betreffende Staatsleistung ihr nützt oder wert ist" u. s. w.[3]).

Wird nun aber dies als der einzige Grund zum eventuellen Verwerfen einer beabsichtigten Staatsthätigkeit zugelassen, so wird man, wie mir scheint, logischerweise dem positiven Komplemente jenes Satzes nicht entgehen können, dass nämlich seitens der Volksvertretung jede Staatsleistung und jede öffentliche Ausgabe zu bewilligen ist, sobald sie der Gesamtheit ein kleineres Opfer auferlegt, als sie ihr zu nützen verspricht und folglich wert erscheint. Das ökonomische Opfer der Gesamtheit im Vergleich mit dem voraussichtlichen Nutzen der fraglichen öffentlichen Thätigkeit würde m. a. W. nicht nur nach der negativen, sondern ebensogut nach der positiven Seite hin die Scheidegrenze der beiden

---

1) Die Prinzipien der gerechten Besteuerung S. 172.

2) Die Grundsätze der Steuerpolitik S. 17.

3) Finanzw. III. Aufl., T. I., § 34, S. 70. — Von der von Wagner daselbst erwähnten „relativen Verwerflichkeit" (infolge höherer Kosten, als wenn dieselbe Thätigkeit durch Private, Vereine u. s. f. ausgeübt würde) sehen wir hier und im folgenden der Einfachheit wegen ab.

Verwendungsarten der privatwirtschaftlichen Güter, für öffentliche und für private Zwecke, bestimmen.

Ein solcher Grundsatz aber würde, sobald man mit den Anhängern der Opfertheorie die Verteilung der Steuersumme von jedem Zusammenhang mit dem individuellen Wert der verschiedenen Staatsleistungen losgelöst hat, fast notwendig zum Kommunismus, und zwar im schlimmsten Sinne des Wortes, führen. Jeder öffentliche Aufwand, der unter dieser oder jener Verkleidung nichts anderes beabsichtigte, als den Reicheren Geld zu entziehen, um das Einkommen der weniger gut situierten Klassen zu verbessern, würde, vom Standpunkt des Ganzen betrachtet, ein Plus von Nutzen über Opfer gewähren und müsste folglich gutgeheissen werden. Wenn A 10000 M., B aber nur 1000 M. Einkommen bezieht, so würde eine „Staatsthätigkeit", die z. B. dem A 100 M., dem B 10 M. entzieht, um nachher die Summe von 110 M. etwa in gleichen Teilen unter sie zu verteilen, für A einen Ueberschuss an Opfer, für B dagegen einen Ueberschuss an Gewinn verursachen, der sich, zunächst absolut genommen, beiderseits auf 45 M. beziffert. Da nun aber ein Betrag von 45 M., sowohl vor wie nach der Verteilung für A wahrscheinlich einen kleineren subjektiven Wert hat als für B, so wird auch der Ueberschuss an Opfer kleiner sein als der Ueberschuss an Nutzen oder Gewinn, und folglich auch das Gesamtopfer kleiner als der Gewinn an Gesamtnutzen — was zu beweisen war.

Wie naheliegend und fast trivial dieser Einwand auch erscheinen mag, so vermag ich nicht einzusehen, wie er widerlegt werden könnte [1]).

Bei der aktuellen Ordnung der Steuergesetzgebung in den meisten Ländern liegt zwar diese Gefahr nicht vor, sondern vielmehr gerade die entgegengesetzte, was die Sache aber wahrlich

---

1) Es ist wohl überflüssig zu bemerken, dass ich mit dem im Texte Gesagten die Frage über die Rechtmässigkeit oder Unrechtmässigkeit der heutigen Vermögens- und Einkommensverteilung sowie die daraus fliessenden Konsequenzen für die gerechte Besteuerung und im besonderen die bekannte, aber nicht hierher gehörige Forderung Wagners, dass die Besteuerung auf die bestehende Einkommensverteilung einigermassen ausgleichend einwirken sollte — überhaupt noch nicht berührt habe. Alle jene Fragen können erst später erörtert werden. S. Abschn. VII.

nicht verbessert. Die politisch einflussreichsten Klassen, welche fast überall die wohlhabenden Klassen sind, werden mit psychologischer Notwendigkeit den Nutzen der Staatsausgaben überwiegend oder gänzlich von ihrem Standpunkt beurteilen. Wenn nun die übernommene Steuerbürde nachher noch so gleichmässig, aber unter alleiniger Berücksichtigung der Opfergleichheit verteilt wird, liegt immerhin grosse Wahrscheinlichkeit vor, dass die unteren Klassen in den beschlossenen Staatsausgaben nicht immer eine genügende Entschädigung für das ihnen auferlegte Opfer erhalten werden.

Wenn man allerdings mit Wagner die reine Opfertheorie nur in solchen Fällen gelten lässt, wo „ein Interesse, Genuss oder Vorteil des Einzelnen teils fehlen, teils unmessbar sind“[1]), so wird der genannte Einwand mehr oder weniger hinfällig; dann ist aber auch nicht ersichtlich, wie man überhaupt den Gesamtnutzen solcher Staatsleistungen mit der Höhe des für sie seitens der Gesamtheit erforderlichen Opfers vergleichen könnte. Ist jener Nutzen für die einzelnen Mitglieder der Gesamtheit gleich Null, so wird auch der Gesamtnutzen nicht von Null verschieden sein können, ist aber der Nutzen jedes Einzelnen nicht messbar, so wird es m. D. mindestens eben so schwierig sein, die Summe, den Gesamtnutzen selbst auch nur annäherungsweise zu messen und mit dem Gesamtopfer — welches seinerseits bei jeder gegebenen oder geplanten Verteilung der Steuer immer eine bestimmte (wenn auch nicht immer leicht zu ermittelnde) Summe darstellt — zu vergleichen. Dies geschieht aber doch, sonst wären ja die Beratungen der steuerbewilligenden Versammlungen, „jenes Paktieren der Regierung und der Volksvertretung“ (Wagner) über die Frage, ob denn diese oder jene öffentliche Ausgabe anzunehmen oder zu verwerfen sei, völlig zwecklos. Wir stehen hier offenbar vor theoretischen Schwierigkeiten, die gelöst werden müssen, wenn überhaupt von einer Finanzwissenschaft i. e. S. des Wortes die Rede sein soll. Das Steuerprinzip der Leistung und Gegenleistung werde, so behauptet Wagner, während des Entwicklungsgangs der Gesellschaft mehr und mehr in den Hintergrund gedrängt und das der Leistungsfähigkeit breche sich allgemeiner Bahn. Thatsächlich aber wird in den heutigen Staaten die Besteuerung mehr und mehr von dem Willen der Volksvertretung abhängen, welche nichts ist, wenn nicht die Vertretung der Interessen der Steuerzahler. Es wäre sonderbar, wenn

---

1) Finanzwiss. II., 2. Aufl. § 179.

eine Besteuerung durch die Interessierten nicht auf eine Besteuerung nach dem Interesse hinauskommen würde.

Zu den entschiedenen Gegnern des Prinzips von Gleichheit zwischen Leistung und Gegenleistung oder, wie er sich ausdrückt, des „Quid pro quo principle" gehörte bekanntlich John Stuart Mill. In etwas höhnischerer Weise, als es sonst seine Gewohnheit ist, spricht er von „Personen, die mit den allgemeinen Prinzipien der Gerechtigkeit als Grundlage einer Finanzregel sich nicht genug sein lassen, sondern etwas haben wollen, was nach ihrer Meinung dem Gegenstande ganauer entspricht"[1]) — wobei allerdings vorausgesetzt wird, dass „die Prinzipien der allgemeinen Gerechtigkeit" mit der Theorie des „gleichen Opfers" ohne weiteres identisch seien. Das wesentlichste Argument, welches von Mill gegen die Besteuerung nach dem Interesse ins Feld geführt wird, ist wohl dieses: „die Staatsverwaltung ist in so eminentem Grade die Angelegenheit aller, dass die Frage, wer das meiste Interesse daran habe, ohne Belang ist".

Das lässt sich vielleicht sagen, wenn von der elementarsten Bethätigung des Staates die Rede ist. Es mag sogar richtig sein, wie Mill anderswo behauptet, dass, wenn die Schutzleistungen des Staates in Wegfall kämen, die körperlich und geistig schwächeren Mitglieder der Gesellschaft am meisten leiden, ja vielleicht von den übrigen zu Sklaven gemacht werden würden. Allein bei den Steuerfragen des praktischen Lebens hat man niemals zu entscheiden, ob denn der Staat überhaupt aufhören soll zu funktionieren, es ist vielmehr fast immer nur von dieser oder jener Veränderung des jetzigen Umfangs der staatlichen Wirksamkeit, dieser oder jener Erweiterung, bez. (obwohl viel seltener) Einschränkung in den verschiedenen Zweigen des Staatslebens die Rede.

Wie die Fragen der einfachen Steuerregulierung (des Ersatzes einer Steuer durch eine andere) auf das soeben besprochene Problem zurückgeführt werden könnten, werde ich im folgenden zu zeigen versuchen.

Es kann sich nun sehr wohl ereignen, dass, obschon die allgemeine Wirksamkeit des Staates oder eine besondere Art derselben, im ganzen genommen, einen die Grösse der erforderlichen Opfer weit überragenden Nutzen bringt, das letzte Element derselben doch eine der Höhe des entsprechenden Opfers durchaus vergleichbare Grösse bildet. Ja es muss dies in der That immer der

1) Mill, Principles B. V, Ch. II, § 2.

Fall sein, sonst gäbe es in Wirklichkeit keine Grenze für die Erweiterung der Wirksamkeit des Staates, und es wären die diesbezüglichen Beratungen der Volksvertretungen ein überflüssiges Unternehmen. Sobald aber der Nutzen der fraglichen staatlichen Leistung mit der Grösse des Opfers überhaupt vergleichbar ist, wird man nicht mehr sagen können, dass es „ohne Belang" sei, ob dieser Nutzen dem einen in höherem oder geringerem Mass zukommt als dem anderen; es ist dies vielmehr schon für das Zustandekommen der betreffenden öffentlichen Thätigkeit von entscheidendem Gewicht. Es handle sich z. B. um eine neue Staatseinrichtung, die, ohne irgend einer Klasse der Gesellschaft schädlich oder selbst nur gleichgültig zu sein, doch ihrer Natur nach in überwiegendem Grade einer besonderen Klasse förderlich ist oder wenigstens von dieser höher als von den übrigen geschätzt wird. Wollte man nun durchaus an einer von vornherein bestimmten Steuerverteilung festhalten, so würde dies sehr leicht dazu führen, dass jene neue Erweiterung der staatlichen Thätigkeit innerhalb der Vertretung der Steuerzahler keine Stimmenmehrheit fände, obwohl sie vielleicht bei dieser und jener anderen Verteilung der erforderlichen Steuern sogar einstimmig beschlossen werden würde.

Ein Prinzip aber, dessen Anwendung in einem der typischen Fälle der Steuerbewilligung eventuell das Ausbleiben allgemein nützlicher Staatseinrichtungen und damit der Förderung des Wohles aller Mitbürger zur notwendigen Konsequenz haben würde, kann schwerlich als allgemein gültiges Steuerprinzip anerkannt werden.

Es ist daher sehr verdienstvoll, wenn A. Wagner im Gegensatz zu dieser Einseitigkeit Mills das Prinzip der Besteuerung nach dem Interesse überall dort zur Geltung kommen lassen will, wo ein messbares Sonderinteresse einzelner Mitglieder oder Klassen der Gemeinschaft nachzuweisen ist. Er engt aber seinerseits m. E. dieses Gebiet allzusehr ein, wenn er es nur gewisse Kultur- oder Wohlfahrtszwecke umfassen lässt, während nach meiner Ansicht dieses Prinzip bei allen Arten der Staatswirksamkeit verwendbar ist und verwendet werden muss, wo es sich um die rationelle Abgrenzung der verschiedenen Staatsausgaben handelt, während allerdings die Anwendbarkeit jenes Prinzips definitiv ausgeschlossen ist, sobald es sich um Ausgaben handelt, die aus anderweitigen Rücksichten als den Interessen der gegenwärtigen Mitbürger, z. B. infolge früher übernommener Verpflichtungen des Staates entstanden sind.

Es mag sein, dass es manchmal für den Einzelnen sehr schwierig sein muss zu entscheiden, inwieweit eine projektierte Erweiterung innerhalb eines gewissen Zweiges der staatlichen Wirksamkeit — z. B. die Vermehrung oder Gehaltsaufbesserung einer gewissen Kategorie von Staatsbeamten — wozu er seinerseits so und so viel beisteuern müsste, ihm persönlich oder denen, die ihn vorzugsweise angehen, einen dem Opfer entsprechenden Nutzen bringen würde. Allein eben so schwierige Aufgaben, die doch in irgend einer Weise gelöst werden müssen und gelöst werden, bietet das privatwirtschaftliche Leben in Hülle und Fülle. So viel ist sicher: Wenn es dem Einzelnen durchaus unmöglich wäre, sich hierüber eine annähernd bestimmte Vorstellung zu bilden, so wäre es a fortiori unmöglich — und mag man die Entscheidung dem genialsten Staatsmanne überlassen wollen — Nutzen und Opfer der Gesamtheit gegen einander abzuwägen. Die höhere Einsicht des Staatsmannes oder des Beamten berührt doch schliesslich nur die technische Seite der Frage: er weiss, was er mit dieser oder jener Geldsumme, welche durch die Besteuerung zu seiner Verfügung gestellt würde, ausrichten könnte; über die ökonomische Seite der Sache aber, ob denn jene geplante Wirksamkeit den einzelnen Mitgliedern der Gesamtheit mehr nutzen würde, als sie ihnen kostet — darüber entscheidet schliesslich niemand besser als die einzelnen Individuen selbst oder diejenigen, welche ihnen als ihre Vertrauensmänner in der Volksvertretung nahe stehen.

Auf jenem äussersten Punkte, der zugleich als der praktisch wichtigste erscheint, ist somit das Prinzip der Besteuerung nach dem Interesse, ja sogar der Gleichheit zwischen Leistung und Gegenleistung durchaus am Platze. Hier weder kann, noch braucht die Verteilung der Steuer durch irgend ein anderes Gerechtigkeitsmotiv beeinflusst zu werden, insofern niemand sich darüber beklagen könnte, dass ihm ein Vorteil verschafft wird, der ihm selbst (grösser oder mindestens) eben so gross erscheint, als der dafür geforderte Preis. Wenn aber jene Gleichheit zwischen dem Grenznutzen der betreffenden Staatsleistung und dem der dafür beigesteuerten Privatgüter für einen Steuerzahler oder eine Klasse derselben nicht erfüllt ist oder erfüllt scheint, so wird diese Person oder Klasse sich unfehlbar für überbürdet halten und sich keineswegs damit trösten lassen, dass der Nutzen der Staatsleistungen, im ganzen genommen, weit über dem Wert des gebrachten individuellen Gesamtopfers liegt.

Man sieht leicht, wie eng die hier angestellten Betrachtungen mit den modernen Auffassungen über Wert und Grenznutzen zusammenhängen. Dass jene Auffassungen nicht nur für die Volkswirtschaftslehre im engeren Sinne, sondern ebensogut für die theoretische Finanzwissenschaft von Bedeutung sein müssten, konnte von vornherein als wahrscheinlich gelten.

In der That braucht man nur z. B. die treffliche Arbeit Robert Meyers über „die Prinzipien der gerechten Besteuerung" (1884) einzusehen, um zu finden, in wie hohem Masse das Herbeiziehen der Mengerschen Ideen, obwohl zunächst nur von der privatwirtschaftlichen Seite her, dem Verfasser zu einer tieferen Auffassung des Problems der Steuerverteilung verholfen hat. In derselben Richtung wirkten, von Jevons beeinflusst, einige holländische Oekonomisten, von denen teilweise unten die Rede sein wird.

Ein höheres Ziel stellten sich jedoch in dieser Beziehung Emil Sax sowie die — hauptsächlich italienischen — Schriftsteller, welche der von ihm eingeschlagenen Bahn gefolgt sind, indem sie die Idee des Grenznutzens und des Güterwertes nicht nur auf die Verteilung, sondern ebensogut auf die Bemessung der konkreten Höhe der Steuern anwendeten und dadurch gewissermassen das ganze Problem der gerechten Besteuerung aus einem ethischen in ein rein wirtschaftliches verwandelten oder verwandeln wollten.

Ich werde unten zunächst die mir näher bekannten Werke dieser Schule, nämlich die Arbeit von Sax: Grundlegung der theoretischen Staatswirtschaft, sowie das Buch Mazzolas: I dati scientifici della finanza publica einer kurzen Prüfung unterwerfen.

Dass jene Auffassung nichts fundamental Neues bietet, wurde von Kaizl in seiner oben erwähnten Recension unter Hinweis auf das steuerpolitische Postulat Schäffles von der „verhältnismässigen Deckung" der staatlichen und privaten Bedürfnisse behauptet. Allein die Formulierung jener Forderung war, wie oben angedeutet, bisher eine allzu unbestimmte, für die Wissenschaft wenig fruchtbringende geblieben. Es wird m. E. eine der wichtigsten Aufgaben der finanzwirtschaftlichen Theorie werden, durch tiefergehende Erforschung des begrifflichen Inhalts jener Forderung sowie der thatsächlichen Bedingungen ihrer Erfüllung jene allzu vage Formulierung durch eine präzisere, positiv verwertbare zu ersetzen. Und hierzu wird möglicherweise die moderne Werttheorie ebensowohl behilflich sein können, wie sie schon auf dem privatwirtschaftlichen Gebiete die gleichfalls von Schäffle herrührende wahre, aber allzu unbestimmte Auffassung des Tauschwertes als eine „Bilanz zwischen der Höhe der Produktionskosten und der Grösse des subjektiven Gebrauchswertes" durch eine ungleich schärfere, theoretisch und praktisch fruchtbarere abzulösen imstande war.

Die Anklage Kaizls, dass jene Richtung, sobald sie sich der Finanzwissenschaft zuwendet, zu sehr in „metaphysische" (ideologische) Spekulationen verfällt, unter Vernachlässigung der konkreten Wirklichkeit, der ausschlaggebenden Bedeutung der Staatsgewalt und überhaupt der politischen Struktur der aktuellen Gesellschaft, kann vielleicht rücksichtlich der erwähnten Arbeiten nicht ohne weiteres bestritten werden; dass aber dieser Mangel der Methode selbst nicht notwendig anhaftet, werde ich bemüht sein, in einem weiteren Abschnitt zu zeigen.

II. Die ökonomische Theorie der Staatswirtschaft.

(Besprechung der Arbeiten von Sax und Mazzola).

Der Grundgedanke Sax', obwohl durch seine diffuse Schreibweise etwas verdunkelt, ist an sich ziemlich klar und einfach. Jeder Mensch hat nach ihm neben seinen privaten Lebenszwecken und Bedürfnissen auch kollektive, die er im Verein mit anderen Menschen befriedigt. Es entstehen daraus neben den privatwirtschaftlichen Bethätigungen auch kollektivwirtschaftliche, von denen die Staatswirtschaft die oberste Species ist.

Alle jene diversen Bedürfnisse nun, wenngleich in anderen Hinsichten grundverschieden, können immer in Bezug auf ihren Stärkegrad, ihre Bedeutung für das Individuum mit einander verglichen werden, und zwar nicht nur innerhalb jeder Gruppe für sich, sondern auch in betreff der Privat- gegenüber den Kollektivbedürfnissen. Die volkswirtschaftliche Aufgabe nach der finanziellen Seite hin ist es nun, die Wertung jener Bedürfnisse vorzunehmen und zuzusehen, dass sie immer nur der Reihenfolge ihrer Dringlichkeit nach befriedigt werden — eine Aufgabe, welche nach Sax im aktuellen Staatsleben nicht weniger wie im privatwirtschaftlichen Leben gleichsam von selbst erfüllt wird.

Leider vermisst man in den Erörterungen Sax' über dieses Thema nur zu sehr die scharfe Abgrenzung der Begriffe Bedürfnisbefriedigung, Wert u. s. w., welche z. B. die Arbeiten eines Böhm-Bawerk so vorteilhaft auszeichnet. Sax spricht durchgehend von Bedürfnissen (Bedürfnisgattungen) von dem soundsovielten Stärkegrade anderer Bedürfnisse, ohne hervorzuheben oder auch selbst, wie es scheint, bemerkt zu haben, dass quantitative Relationen stets das Vorhandensein ganz bestimmter Quantitäten voraussetzen. Man kann z. B. ohne Zweideutigkeit behaupten, dass für eine bestimmte Person an einem gewissen Zeitpunkte das Bedürfnis nach einem Pfund Rindfleisch zwei- oder zehnmal so hoch sei wie das Bedürfnis nach einer Flasche Wein, denn dadurch besagt man nur, dass die fragliche Person dann äussersten Falles geneigt sein würde, jene Fleischquantität doppelt, bezw. zehnmal so hoch zu bezahlen wie diese Menge Wein; allein die Behauptung, dass das Bedürfnis nach Fleisch im allgemeinen zwei- oder zehnmal so stark wäre wie jenes nach Wein, giebt kaum einen fassbaren Sinn.

Jene mangelnde Schärfe der Begriffsbestimmung hat Sax vielfach zu verfrühten oder gar unrichtigen Schlussfolgerungen verleitet. So z. B. behauptet er[1]), dass die richtige „Koordination der beiden Bedürfnisgruppen" (d. h. der Individual- und Kollektivbedürfnisse) „und die Anordnung der einzelnen Bedürfnisse nach dem Intensitätsgrade konsequent die Folge haben müsste, dass niemand an der Güterbeschaffung für Kollektivbedürfnisse minderen Grades teilnehme, als der Stärkegrad desjenigen Bedürfnisses ist, von welchem sich der Individualwert der konkreten Wirtschaft ableitet. Handelt es sich", fährt er fort, „beispielsweise um ein Kollektivbedürfnis von dem zehnten Grade der Intensität, sagen wir: blosser äusserlicher Zier, so kann ökonomischerweise nur derjenige an der Beschaffung der betreffenden Güter partizipieren, welcher überhaupt Güter für Bedürfnisse dieses Ranges verfügbar hat, welchem also nicht die Güter durch die Individualbedürfnisse vorangehender Intensitätsgrade und den Anteil an Kollektivbedürfnissen eben dieser höheren Stärkegrade absorbiert sind."

Dies ist kaum richtig. Ganz im allgemeinen kann man freilich sagen, dass das Bedürfnis nach Nahrung, Wohnung u. s. w. intensiver sei als die „freien", höheren Bedürfnisse. Daraus folgt aber nicht — und es stimmt dies auch nicht mit den Thatsachen überein — dass jede noch so kleine Einschränkung in der Befriedigung ersterer Bedürfnisse selbst für den in dürftigen Verhältnissen Leben-

1) A. a. O. S. 515.

den jedes beliebige Quantum der höheren Genüsse aufwiegen muss. Wenn die ärmeren Volksklassen auf diese Genüsse meistens vollständig verzichten, so geschieht dies einfach, weil letztere ihnen zu teuer sind, weil die Beschaffung auch der kleinsten Quantität derselben, ein Buch, eine Zeitung, ein Theaterbesuch, eine Vergnügungsreise u. s. w. zu viel von den zu ihrer Verfügung stehenden und zur Befriedigung der elementaren Bedürfnisse bestimmten Mitteln absorbieren würde. Wenn also ein öffentliches Unternehmen, sei es auch von jenem „zehnten Grade der Intensität" nur von allgemeinem Nutzen oder Interesse ist — und sonst gehört es offenbar nicht den Kollektivbedürfnissen im strengeren Sinne des Wortes an — so darf man sagen, dass auch die Leute von kleinerem Einkommen, selbst im Wege der Freiwilligkeit, zu der Kostendeckung derselben wenigstens etwas beizusteuern bereit sein würden, wenn sie anderenfalls auf den betreffenden Genuss verzichten müssten. Man wird also auf Grund des Wertungsprinzips allein zwar die relative Steuererleichterung der unteren (nicht ganz armen) Klassen begründen können — in welchem Grade bleibt dabei noch zu erörtern — nicht aber ihre gänzliche Befreiung von Steuern für diesen oder jenen Zweck.

Eine andere eben so schwach begründete Schlussfolgerung Sax' werde ich unten zu besprechen haben. Sein Hauptfehler aber ist m. E., dass er sich niemals darüber klare Rechenschaft ablegt, ob denn für jene ökonomisch geforderte Wertung der diversen Bedürfnisse auch im aktuellen Staatsleben die nötigen Organe, die erforderlichen Einrichtungen da sind. Alles, was er darüber vorbringt, löst sich schliesslich, wie mir scheint, in wenig motivierte, teilweise sich selbst widersprechende Behauptungen auf.

„Die Steuern bestimmen sich" — so lesen wir auf S. 506, wo er die Resultate seiner breit angelegten Untersuchung in betreff des Steuerwesens zusammenzuziehen beginnt, „durch den Güterwert". Allein von wem sie so bestimmt werden, und wo die Garantie liegt, dass bei der Besteuerung stets nur „ein Kleineres von Wert gegen ein Grösseres aufgeopfert wird," bleibt sehr im Dunkeln. „Wir finden", heisst es auf der nächsten Seite, „die verschiedenen Wirtschaftssubjekte bereit,... den diversen Bedürfnissen (oberhalb einer gewissen Grenze), mithin auch den Kollektivbedürfnissen von ihren periodisch sich erneuernden Güterbeständen eine verschiedene, im Verhältnis zu diesen stehende Anzahl von Gütereinheiten zuzuwenden. So würden sie handeln, wenn sie vollständig frei von jedem Zwange in richtiger Erkenntnis des Sachverhaltes vorgehen, d. h. das Kollektivbedürfnis wie ihre Individualbedürfnisse behandeln würden. Durch den Zwang der Kollektivgewalt braucht nur das Nämliche zu geschehen, ja es ist die Ausübung solchen Zwanges ökonomisch nur möglich[1]), weil und sofern sie das Gleiche vornimmt, so zwar, dass sie im einzelnen Falle nur den Mangel richtiger Einsicht suppliert und die Regungen des individuellen Egoismus hemmt, welcher einen Abbruch von dem, der angemessenen eigenen Wertung entsprechenden Gütermasse vorzunehmen verlockt."

Dies klingt doch etwas zu unbestimmt. Was die Wirtschaftssubjekte thun würden, wenn sie allwissend wären und zudem noch frei von egoistischen Regungen, darüber lohnt es sich wirklich nicht, sich den Kopf zu zerbrechen, aber ebensowenig sollte man sich der Täuschung hingeben, die Kollektivgewalt werde imstande sein, jene fehlenden Vollkommenheiten der Individuen zu "supplieren".

Um so mehr würde man geneigt sein, sich über die Versicherung Sax' zu freuen, jede Ausübung von Zwang seitens der Kollektivgewalt sei nur dann „ökonomisch möglich," sofern sie einer „richtigen Erkenntnis des Sachverhaltes" gemäss geschieht, — wenn nur diese Behauptung in irgend einer Weise bewiesen werden könnte. Allein das einzige, was zur Erhärtung der erwähnten These vom Verfasser angeführt wird, liegt, so viel ich ersehen kann, in der Bemerkung (auf S. 517), dass, wenn es anders wäre, „der Individualismus gegen die kollektivistische Bethätigung reagieren müsste und reagieren würde". „Vereinzelte Individuen natürlich kämen nicht zur Geltung, aber wenn viele zusammen in den Schichtungen der geringeren Einkommensgrössen den Eindruck empfangen, dass ihnen in ihrer Individuallebensführung Notwendiges entzogen werde, während für Kollektivzwecke minderer Dringlichkeit Güter aufgewendet werden, die nicht die Wohlhabenderen allein aufbringen.... dann würde sich jene Reaktion sicher einstellen."

Nun, solche „Reaktionen" sind in der Geschichte nicht ganz unbekannt, und es ist allerdings eine der Hauptaufgaben der Finanzwissenschaft, durch richtige Beleuchtung ihrer Ursachen sie in Zukunft überflüssig zu machen. Innerhalb der extremen Zustände, wo eine siegreiche, mehr oder weniger gewaltsame oder gar blutige Reaktion seitens der unterdrückten Interessen sich geltend

1) Der Satz ist im Original nicht gesperrt gedruckt.

macht, liegt jedoch ein breiter, sehr breiter Raum, wo auch die schlimmsten Ueberbürdungen einzelner Volksklassen sich thatsächlich nur zu „möglich“ erwiesen haben.

Allein sogar wenn eine noch so gewissenhafte Wertung der Bedürfnisse seitens der steuergesetzgebenden Gewalt versucht würde, welche Mittel hat dieselbe, ihren Zweck zu erreichen?

In folgender Weise würde nach Sax dieses „höchst sinnreiche Regulatorspiel“ vor sich gehen.

„Aus der konkreten Steuerausteilung in Gemässheit des individuellen Wertstandes“ -- welche Verteilung, wie wir sehen werden, nach Sax' Meinung vorläufig a priori ohne Hinsicht auf die wirklich zu befriedigenden Kollektivbedürfnisse vor sich geht — „also der relativen Steuerhöhe, ergiebt sich eine bestimmte Gesamtsumme von Gütern, mit welcher alle im gegebenen Zeitpunkte vorschwebenden Kollektivbedürfnisse zu befriedigen sind. Die Befriedigung derselben wird der Abstufung ihrer, vom Gesamturteile erfassten Intensität nach ins Auge gefasst und durchgeführt bis zu dem Punkte, wo die Mittel durch die voranstehenden absorbiert sind.... Die Unterscheidung der Kollektivbedürfnisse in Rücksicht auf ihren Stärkegrad und die Ausscheidung der von der Befriedbarkeit auszuschliessenden erfolgt solchergestalt a posteriori. Andererseits wird, von der gedachten Gesamtsumme ausgehend, der im Wege der Steuerverteilung auf die Individuallebensführung ausgeübte Einfluss in Betracht gezogen und wird untersucht, ob die letztere nicht eine — dem Gesamturteile gemäss — zu weitgehende Einschränkung erleidet. Ist solches der Fall, so muss die absolute Höhe der die Einzelnen treffenden Steuer im erforderlichen Masse restringiert werden..... Ist jenes nicht zu konstatieren, so stellt das nimmer rastende Leben sofort die Frage, ob nicht den bisher befriedbaren noch weitere, minder intensive Kollektivbedürfnisse in der Befriedigung anzureihen wären“ u. s. f.

Dies mag nun beim ersten Anblicke sehr plausibel erscheinen, bei näherer Betrachtung wird sich indes zeigen, dass von den Gliedern dieser Schlussreihe nicht weniger als alle mehr oder minder gebrechlich sind. Sehen wir vorläufig von der a priori vorzunehmenden Steuerverteilung ab, so sollte also die gewonnene Steuersumme auf die diversen Kollektivbedürfnisse nach der Rangordnung ihres Stärkegrades verteilt werden. Wie aber, wenn diese Rangordnung für die verschiedenen Mitglieder oder Klassen der Gesellschaft eine verschiedene ist, was nicht nur möglich ist, sondern zu den alltäglichen Erscheinungen gehört? Dann wird also das „Gesamturteil" entscheiden, d. h. entweder eine absolutistische Regierung (welche vielleicht nicht einmal die überwiegende Meinung vertritt) oder auch die Mehrheit der Stimmen. Ist dies aber wirklich das einzige ökonomisch mögliche und richtige Verfahren?

Weiter: bei dem anzustellenden Vergleich zwischen dem Stärkegrad der zuletzt befriedigten kollektiven und der aus den übriggelassenen Privatmitteln zu befriedigenden individuellen Bedürfnisse wird sich vielleicht zeigen, dass ein Teil der Steuerzahler, wenigstens ihrem eigenen Urteil nach, hinsichtlich der letzteren „eine zu weitgehende Einschränkung erleidet", während von dem übrigen Teil keine solche Klage laut wird, sondern dieser vielleicht eher für eine weitergehende Befriedigung gewisser Kollektivbedürfnisse das Wort nehmen würde; wäre dann nicht eine aposteriorische Veränderung der relativen Steuerverteilung selbst angezeigt? Dass dem so ist, giebt Sax später unumwunden zu, allein er zeigt keine Mittel an — ausser der Hinweisung auf jene „sicher sich einstellende Reaktion" — wie die übervorteilten Klassen ihre Interessen wahrnehmen könnten. Er wendet sich mehrfach gegen den „Klassenegoismus der herrschenden Volkselemente", welche „etwa anstreben, die Steueraufbringung überwiegend den beherrschten Volksklassen aufzubürden." Da aber der Egoismus jedenfalls nicht im Handumdrehen aus der Welt zu verbannen ist, vielleicht sogar, genau genommen, etwas Gutes an sich hat, scheint es mir, als ob die wahre Finanzkunst eben darin liegen müsste, denselben im Steuerwesen dadurch soweit wie möglich unschädlich zu machen, dass jedem Klasseninteresse ein möglichst weiter Spielraum, eine möglichst freie Bewegung gestattet wird.

Was übrigens die relative Steuerverteilung betrifft, so gehört Sax' allgemeine Motivierung für deren Bemessung wohl zu den schwächeren Stellen seines Buches. Er behauptet einfach[1]), wie wir schon gesehen haben, dass die verschiedenen Wirtschaftssubjekte „bereit" sind, „den diversen Bedürfnissen, mithin auch den Kollektivbedürfnissen... eine verschiedene, im Verhältnis zu" ihren „Güterbeständen... stehende Anzahl von Gütereinheiten zuzuwenden." Dies wäre allerdings selbstverständlich, sobald mit der vergrösserten Anteilnahme an den Kosten der Kollektivleistungen auch ein höherer

1) A. a. O. S. 507 ff.

Anteil im Genuss derselben verbunden wäre, wie etwa bei den öffentlichen Gütern, deren Kosten durch Gebühren oder Taxpreise gedeckt werden. Wenn letzteres nicht der Fall ist, wird man freilich sagen können, dass die Reicheren eine jedem in gleichem Masse zukommende Bedürfnisbefriedigung nötigenfalls, d. h. wenn sie dieselbe sonst gar nicht erhalten können, mit einem höheren Preis zu zahlen bereit seien, wie die weniger gut situierten Leute. Dass sie dies aber auch aus freien Stücken „ökonomischerweise" thun würden, wenn noch so sehr „in richtiger Erkenntnis des Sachverhaltes", lässt sich ebensowenig in betreff der Kollektiv-, wie der Individualbedürfnisse behaupten. Wenn letzteres eine allgemeine Erscheinung wäre, m. a. W.: wenn für die Reicheren der Preis der Genussgüter stets im Verhältnis zu ihren eigenen „periodisch sich erneuernden Güterbeständen" stände, so wäre (wie öfters bemerkt) der Unterschied zwischen arm und reich eigentlich aufgehoben, und es bliebe dem einzelnen Wirtschaftssubjekte gänzlich gleichgültig, ob er mehr oder weniger an Einkommen bezöge.

Der leitende Gedankengang Sax' deckt sich mithin auf diesem Punkte vollständig mit der gewöhnlichen Theorie des gleichen Opfers, obwohl er dies selbst nicht zugiebt, vielmehr auf der Basis der „vollendeten Werttheorie" eine höhere Einsicht erreicht haben will.

Aber auch so gelangt er zu seinem gewünschten Ziel, nämlich der Verteidigung der allgemeinen Progressivsteuer häuptsächlich mit Hilfe eines logischen Verstosses. Er sagt (S. 508):

„Die strikte Proportionalität würde voraussetzen, dass der Intensitätsgrad der Bedürfnisempfindungen der Reihenfolge nach sich genau in demselben Verhältnisse vermindere, in welchem der Güterbestand des Wirtschaftssubjektes zunimmt und folglich das umgekehrte Zahlenverhältnis der Gütereinheiten, welche verschiedenen Privatwirtschaften, resp. einer Privatwirtschaft in verschiedenen Zeitperioden verfügbar sind, zugleich das Verhältnis der Stärke derjenigen Bedürfnisse ausdrücke, die nach dem jeweiligen Güterausmasse den Wert bestimmen [1]) — oder anders ausgedrückt: würde heissen, dass, wenn die verschiedenen Bedürfnisse nach Verhältnis

---

1) Auch hier vermisst man die nötige Präzision des Ausdruckes; es sollte etwa heissen: Stärke des (letzten) Bedürfnisses, das jeweils mit einem bestimmten Vermögens- oder Einkommensteilchen, z. B. mit einer Ausgabe von 100 M., befriedigt wird.

ihrer Intensitätsgrade auf eine Einheit reduziert würden, z. B. 10 Bedürfnisse von $1/_{10}$ der Stärke eines andern gleichgesetzt würden Einem solchen letztgedachten, eine Summe resultieren müsste, die genau im Verhältnisse des Güterbesitzes anwächst. Das ist indes nicht der Fall: sie bleibt hinter dem Verhältnisse zurück".

Der Leser bemerkt ohne Zweifel sofort, dass die (von mir) hervorgehobenen Worte, wenn denselben überhaupt eine Meinung beizulegen ist, etwas ganz anderes besagen wie das Vorhergehende, trotzdem sie mit „anders ausgedrückt" eingeleitet sind, und dass sie eine vollkommen unhaltbare Behauptung enthalten. Wenn die Stärke des letzten zu befriedigenden Bedürfnisses genau in umgekehrtem Zahlenverhältnis stehen würde wie das jeweils für die Konsumtion einer gewissen Zeitperiode verfügbare Einkommen — eine Annahme, die bekanntlich schon von Daniel Bernoulli und auch von Laplace gemacht wurde — so würde die Gesamtsumme der Bedürfnisbefriedigungen beileibe nicht in gleichem Verhältnis wie das Einkommen anwachsen, sondern in einem weit langsameren und zwar im logarithmischen Verhältnisse des Einkommens — mit anderen Worten: wenn das Einkommen (oberhalb eines gewissen Betrags) in geometrischer Progression, wie die Zahlen 1, 2, 4, 8, 16, 32 u. s. w. wächst, so wüchse die Summe der Bedürfnisbefriedigungen in arithmetischer Progression, etwa wie die Zahlen 1, 1·1, 1·2, 1·3, 1·4, 1·5 u. s. w. Dies wäre aber die Voraussetzung der strikten Proportionalität der Besteuerung. Um die progressive Steuer aus der einfachen Abnahme der Bedürfnisintensität herzuleiten, müsste man noch beweisen können, dass auch die letzterwähnte Skala des Anwachsens thatsächlich eine zu schnelle ist. (Vgl. den Anhang am Schlusse dieser Abhandlung, sowie die bezüglichen, trefflichen Ausführungen Robert Meyers[1]), welche von jenem Fehler Sax' durchaus frei sind).

Einen solchen Beweis sucht nun freilich auch Sax später zu liefern. Wenn er aber sodann das Abbrechen der Steuerprogression bei einer gewissen Höhe des Einkommens rechtfertigen will kehrt die nämliche Verwechselung wieder. Er sagt (S. 511):

„Die Progression der Intensitätsabnahme" (der verschiedenen individuellen Bedürfnisse) „kann nur innerhalb gewisser Grenzen merklich sein; ist man aber einmal bei den Bedürfnissen von ab-

1) A. a. O. S. 329 ff.

solut sehr niedrigen Stärkegraden angelangt, so können weitere Abstufungen nur mehr an sich höchst geringe Differenzen ergeben, die sich der Messbarkeit entziehen. Die Abnahme der Bedürfnisstärke ist da praktisch zum Stillstande gelangt, indem alle Bedürfnisse von hier an als *gleich* wenig intensiv, also praktisch gleich erscheinen."

Auf den, der sich mit den exakten Wissenschaften einmal beschäftigt hat, macht eine derartige Behauptung einen etwas eigentümlichen Eindruck. Es ist das etwa so, wie wenn ein Physiker versicherte, dass alle Längen, die weniger als 1 mm betragen (z. B. diejenigen der Lichtwellen, die ja noch einige tausendmal kleiner sind) „alle gleich wenig lang, also praktisch gleich" seien. — Im Vergleich mit den elementaren Bedürfnissen höchsten Stärkegrades mögen allerdings jene freien, höheren Bedürfnisse in gewissen Beziehungen als „gleich wenig intensiv" betrachtet und behandelt werden können, aber durchaus nicht, wenn sie *untereinander* verglichen werden sollen.

Wenn aber *Sax* hier recht hätte, so würde man dadurch offenbar zu einer ganz anderen Schlussfolgerung kommen, als er sich vorstellt. Nicht nur die Progression der Steuer müsste dann bei einer gewissen Höhe abbrechen, sondern nicht einmal die einfache Proportionalität könnte aufrecht erhalten werden; sie müsste vielmehr bei einer gewissen Höhe des Einkommens zuerst in Regression, dann sogar in *Unveränderlichkeit der Abgabe* übergehen. Also: eine Steuer, die nach oben allmählich regressiv (umgekehrt progressiv) wird und schliesslich bei einer gewissen Höhe des Einkommens sich in eine Kapitationsabgabe verwandelt — das wäre die sonderbare, aber logische Konsequenz der *Saxschen* Prämissen.

Die ganze Frage ist zum grossen Teile eine rein mathematische und wird am besten auch in mathematischer *Form* behandelt, wie in der That schon mehrfach, besonders in der letzten Zeit geschehen ist. Um den Gang der Hauptuntersuchung nicht zu sehr aufzuhalten, werde ich jedoch einige diesbezügliche Erörterungen in den Anhang am Schlusse dieser Abhandlung verweisen, wo ich auch die hierhergehörigen, obwohl von einer etwas verschiedenen Grundauffassung ausgehenden Theorien einiger holländischer Autoren besprechen werde.

In seiner Abhandlung: Die Progressivsteuer in der österr. Zeitschrift für Volkswirtschaft, Sozialpolitik und Verwaltung, Bd. I (1892) sucht Sax nicht mehr die Behauptung der „praktischen Gleichheit“ der höheren Bedürfnisse aufrecht zu erhalten, sondern erklärt seine früheren Aeusserungen dahin, dass, sogar wenn der Stärkegrad jener Bedürfnisse im umgekehrten Verhältnisse des Einkommens abnehme, der Unterschied bei höheren Einkommensbeträgen unmerklich sei — was jedoch nur richtig ist, wenn man an sehr nahe aneinander liegende Bedürfnisgruppen denkt.

Auch stützt er nicht mehr die Forderung der Steuerprogression auf die selbstverständliche, aber nichtssagende Wahrheit, dass die Summe der befriedigten Bedürfnisse, dem Stärkegrad nach auf eine gemeinsame Einheit reduziert, im schwächeren Verhältnisse anwachse wie der Güterbesitz, sondern er stellt einfach die Behauptung auf, dass „die Intensitätsabnahme der Bedürfnisse und somit die Verminderung der Werthöhe bis zu einem gewissen Punkte rascher vorschreitet als die korrespondierenden Gütermengen.“

Dadurch werden allerdings unsere diesbezüglichen Bemerkungen formell hinfällig. Inwieweit die letztere Behauptung selbst zuzugeben ist, wird unten untersucht werden. (S. Anhang.)

Uebrigens will mir auch aus den neueren Erörterungen Sax' der behauptete grosse Unterschied zwischen seiner eigenen Erklärungsweise und der gewöhnlichen Opfertheorie auf diesem Punkte nicht klar werden. Das Lösungswort, welches nach Sax die ganze Besteuerung in nuce enthalten soll, heisst nunmehr, dass die „respektiven Steuerleistungen Aequivalente sein sollen.“ Da aber jene Aequivalenz, wie Sax (gegen Wieser) ausdrücklich hervorhebt, keinerlei Beziehung zu dem (individuellen) Wert der betreffenden Staatsleistung bezeichnen soll, was anders kann sie bedeuten als Gleichheit der subjektiven Werte der Steuerleistungen selbst, d. h. der gebrachten Opfer? Irgend ein anderer Erklärungsversuch scheint mir geradezu ins Mystische hinüberzuleiten.

Mit den vorausgehenden Bemerkungen ist es keineswegs meine Absicht gewesen, den Wert der Saxschen Arbeit herabsetzen zu wollen. Sein Hauptverdienst bleibt m. E. dieses, dass er durch die scharfe Betonung der essentiellen Wirtschaftlichkeit auch des staatswirtschaftlichen Problems ein- für allemal den richtigen Pfad der Untersuchung angegeben hat, und seine Auseinandersetzungen mit anderen Autoren zeichnen sich häufig durch Tiefsinnigkeit und Gedankenschärfe aus. Dass er eine konkludente, praktisch verwertbare Lösung der behandelten Aufgabe erzielt hätte, kann ich jedoch aus den angeführten Gründen nicht anerkennen.

Wenden wir uns jetzt dem Mazzolaschen Werke zu, welches trotz seiner lebhaften Polemik gegen Sax und dessen italienischen Nachfolger Ricca-Salerno im Grunde genommen von denselben leitenden Gesichtspunkten ausgeht, und leider auch in den Resultaten nicht viel weiter vordringt, andererseits aber grösstenteils ebenso klar und anregend geschrieben ist, wie die Arbeit Sax' durch ihre Breite und abstruse Schreibweise ermüdend wirkt.

Für Mazzola eigentümlich ist die Auffassung, welche in den öffentlichen Gütern nur Mittel zur Befriedigung der individuellen Lebenszwecke und Bedürfnisse erblickt; die Wirksamkeit des Staates wird von ihm lediglich unter dem Gesichtspunkte der Teilung und Vereinigung der Arbeit erfasst. Er polemisiert, m. E. meistens glücklich, einerseits (mit Sax) gegen die Ultras der sogenannten organischen Staatsauffassung, welche die Gesamtheit als etwas neben und über den Individuen mit eigenen „höheren" Zwecken Dastehendes betrachten — setzt doch schon der Begriff Zweck „einen Stimulus, eine peinliche oder angenehme Sensation voraus, die sich nur beim Individuum finden lasse" (S. 44) — andererseits gegen die von Sax und Ricca-Salerno vertretene Ansicht, welche die menschlichen Bedürfnisse ihrem Wesen nach in zwei grundverschiedene Gruppen, individuelle und kollektive, spaltet, unter denen die einen von der Privatwirtschaft, die anderen von der Staatswirtschaft befriedigt werden — während nach Mazzola jedes menschliche Bedürfnis, wie es ja immer vom Individuum empfunden wird, in letzter Instanz auf dessen Wohl gerichtet ist und daher im Grunde ebenso individuell bleibt, wie das Bedürfnis nach Speise und Trank. Inwiefern seine Befriedigung durch die alleinige Thätigkeit des Individuums geschieht oder zugleich die Kooperation des Staates in Anspruch nimmt, das hängt nach Mazzola nicht von der inneren Beschaffenheit des Bedürfnisses selbst ab, sondern lediglich von den äusseren Bedingungen seiner Erfüllung. Es sei, mit anderen Worten, die Wirksamkeit des Staates nicht als eine besondere Art der volkswirtschaftlichen Konsumtion neben der individuellen zu betrachten, sondern vielmehr als eine Produktion, die im Verein mit der privatwirtschaftlichen Produktion die individuellen Güter, die Befriedigung der individuellen Bedürfnisse als ihr alleiniges Produkt anstrebt.

Obwohl ich für meinen Teil den Realismus, der in der gegenannten Auffassung Mazzolas zum Vorschein kommt, im grossen und ganzen als einen gesunden und wohlthuenden bezeichnen möchte, glaube ich doch, dass er auf diesem Punkte das finanzwissenschaftliche Problem etwas zu einfach zu gestalten sucht. Es giebt wenigstens eine Kategorie von öffentlichen Ausgaben — und leider heutzutage eine sehr bedeutende — von der ich nicht weiss, wie sie in sein System einzupassen wäre, und die bezeichnenderweise von

Mazzola auch nirgends in Betracht gezogen wird — ich meine die bedeutenden Geldsummen, die in beinahe jedem Lande zur Verzinsung der Staatsschuld alljährlich ausgezahlt werden müssen.

Man wird natürlich sagen können, dass auch jene Ausgaben zu der Zeit, als sie vom Staate übernommen wurden, wahrscheinlich als Entgelt für Leistungen entstanden, welche mit der Wohlfahrt sämtlicher, auch der jetzigen und künftigen Mitglieder des Staates zusammenzuhängen schienen. Wenn sie aber einmal da sind, bestehen sie nicht mehr, oder wenigstens nicht nur kraft des Nutzens, welchen jene Leistungen diesem oder jenem Mitbürger bereiten und bereitet haben, sondern auf Grund von Verpflichtungen des Staates, welche derselbe ebensowohl erfüllen muss, wie er überhaupt die Aufgabe hat, die Erfüllung kontraktlicher Verpflichtungen zu überwachen. Wir werden auf diesen Gegenstand später zurückkommen.

Wenn nun aber Mazzola schliesslich dazu übergeht, die Bestimmungsgründe des „Preises der öffentlichen Güter", d. h. den Zusammenhang zwischen einerseits der Höhe der Steuern, andererseits dem Nutzen, welchen die öffentlichen Leistungen den einzelnen Kontribuenten bereiten, zu ermitteln — so wird es einem aufmerksamen Leser nicht entgehen, dass der Verfasser selbst über das, was er beweisen will, wohl kaum je völlig im reinen gewesen ist. Kaizl bemerkt treffend in der schon mehrmals erwähnten Recension, dass man nicht weiss, ob der Hauptsatz des Werkes, dass nämlich „der Grenznutzen der öffentlichen Güter stets mit deren Preis übereinstimme", vom Verfasser als ein finanzwissenschaftliches Gesetz oder aber als ein finanzpolitisches Postulat gemeint war, und zwar beruht jene Zweideutigkeit m. E. nicht etwa in einer Undeutlichkeit der Ausdrucksweise, sondern vielmehr in einer Unklarheit des leitenden Gedankens des Buches selbst. In der That räsonniert Mazzola mehrere Seiten hindurch, als ob jene Gleichheit des Preises und des Grenznutzens der öffentlichen Güter sich von selbst herstellen müsse, und er fasst schliesslich (S. 170) seine diesbezügliche Untersuchung in folgenden Worten zusammen, die an Klarheit und Bestimmtheit nichts zu wünschen übrig zu lassen scheinen:

„In Summa, welches immer der Stand der Bedürfnisse sein mag und jener der Gütermenge, über die jedes Individuum für deren Befriedigung verfügen kann, welches immer die Variationen des Preises auf dem Markte seien und welches das Verhältnis des

Preises zum Grenznutzen der erwünschten Güter: immer ist der Grenznutzen der öffentlichen Güter gleich ihrem Preis. Entweder nämlich findet die Befriedigung eines (individuellen)" „Bedürfnisses gar nicht statt, sodass, da das prinzipale Bedürfnis unbefriedigt bleibt, das kollektive" (also nach Mazzolas Auffassung reflektierte oder hergeleitete, komplementäre) „Bedürfnis nicht ins Feld tritt; oder aber es wird irgend eine Bedürfnisbefriedigung realisiert, dann ist sie immer vom Genuss (dal godimento) einer gewissen Dose der öffentlichen Güter bedingt, und folglich muss der Grenznutzen der letzten sich ihrem Preise gleichstellen." [1])

Deutlicher kann man kaum sprechen, aber mit den Ergebnissen der Erfahrung verträgt sich jene Theorie, jene angebliche „legge suprema dell' economia finanziaria" nur schlecht, nämlich in Bezug auf alle jene öffentlichen Ausgaben, die nicht nach dem Gebühren- oder Taxenprinzip gedeckt werden können. Es ist schon gut, dass die öffentlichen Güter nicht „ins Feld treten," wo die privaten Mittel des Individuums die fragliche Bedürfnisbefriedigung nicht erlauben, allein bezahlt wollen sie doch werden; der Steuererheber wird nicht geneigt sein, sich auf Erörterungen einzulassen, ob denn dieses oder jenes „godimento" der öffentlichen Güter wirklich eingetreten ist oder nicht.

Schon einige Seiten weiter wird übrigens beim Verfasser die Besorgnis wach, dass er sich vielleicht etwas zu allgemein ausgesprochen habe. Er warnt (S. 173) vor einer solchen Missdeutung seiner Worte, als ob er sich „dem alten und irrigen Prinzip anschliesse, nach dem jede noch so ungleichmässige und ungerechte Steuer durch das Einwirken irgend einer unbekannten heilenden Kraft der Natur von selbst gleichmässig und gerecht werde." Das von ihm aufgestellte Prinzip setze vielmehr die gleichzeitige „Wirksamkeit jenes anderen, früher entwickelten Prinzips des grösstmöglichen Nutzens voraus; wenn das ausgesprochene

---

1) In somma quale che sia lo stato dei bisogni e quello della quantità di beni, di cui ogni individuo può disporre per soddisfarli, quali che siano le variazioni pel prezzo sul mercato ed il rapporto del prezzo col grado di utilità finale dei beni desiderati, il grado di utilità finale dei beni publici è sempre uguale al prezzo, e questo accade perchè o la soddisfazione d'un bisogno non avviene, ed allora, insoddisfatto il bisogno principale, quello collettivo non entra in campo, ma se una soddisfazione qualsiasi si verifica, essa è condizionata dal godimento di una data dose di beni pubblici, e quindi il grado d' utilità finale di questi si ragguaglia al prezzo.

Gesetz wirksam sein solle, so sei nötig, dass jede Privatwirtschaft (ogni economia) den vorhandenen Vorrat von Gütern so verteilen könne, dass die grösstmögliche Bedürfnisbefriedigung entstehe, was seinerseits erfordert, dass nach stattgefundener Verteilung der Grenznutzen der verschiedenen“ (jede für ihren Zweck verwendeten) „Güterquantitäten überall gleich sei.“

„Wir setzen demnach“, fährt er fort, „voraus, dass weder Gewalt noch Irrtum als störende Ursachen (cause perturbatrici) neben jener Tendenz auftreten.“

Es wird also schliesslich doch das finanzwirtschaftliche „Gesetz“ in folgendes finanzpolitische Postulat verwandelt: die Steuerauflegung sei gerecht und geschehe ohne Gewalt oder Irrtum, wenn es jedem einzelnen Steuerzahler gelingt, seinen Gütervorrat so auf private und öffentliche Zwecke zu verteilen, dass von ihm der grösstmögliche Nutzen erreicht wird.

Allein weder Mazzola selbst, noch, so weit ich finden kann, sein Kritiker, Kaizl, scheinen bemerkt zu haben, dass jene Forderung eigentlich eine sinnlose ist.

Wenn der einzelne sein Geld so für private und öffentliche Ausgaben verwenden soll, dass für ihn die persönlich grösstmögliche Befriedigung entsteht, so wird er für die öffentlichen Zwecke (wenigstens wenn man von Gebühren und Taxen absieht) offenbar keinen Deut zahlen. Denn ob er viel oder wenig zahlt, das wird meistens auf den Umfang der Staatsleistungen einen so geringen Einfluss haben, dass er selbst davon so gut wie gar nichts verspüren wird. Allerdings, wenn jedermann dasselbe thun wollte, so würde der Staat bald aufhören müssen zu funktionieren. Der Nutzen und Grenznutzen der Staatsleistungen (der öffentlichen Güter Mazzolas) für den Einzelnen wird also freilich im allerhöchsten Grade von dem abhängen, wieviel alle übrigen Mitglieder des Staates dafür zahlen, aber so gut wie gar nicht von dem, wieviel er selbst zahlt.

Auch dieser Einwand mag sehr trivial erscheinen, wie sich ihm aber ausweichen liesse, wenn man wie Mazzola argumentiert, ist mir nicht ersichtlich. Jede Erweiterung dieses oder jenes Zweiges der Staatswirtschaft wird allerdings dem Einzelnen für die Beförderung seiner Individuallebenszwecke — sei es rein egoistischer, sei es auch altruistischer, sympathischer Art — einen gewissen Nutzen versprechen, welcher geeignetermassen als der

Grenznutzen jener Wirksamkeit für das betreffende Individuum bezeichnet werden kann; und es ist richtig, dass die Forderungen der Wirtschaftlichkeit beiläufig die Gleichheit zwischen jenem Grenznutzen und dem dafür zu zahlenden Preis (der betreffenden Steuerportion) erheischen. Anderenfalls müsste vom Standpunkt des Einzelnen eine Restriktion, bezw. eine nochmalige Erweiterung der fraglichen öffentlichen Leistungen und folglich der Ausgaben dafür erwünscht erscheinen. Ueber den aktuellen Umfang der Leistung entscheidet aber offenbar nicht die Wertschätzung desselben seitens eines Einzelnen, sondern jene seitens aller (wenigstens aller stimmberechtigten) Mitglieder der Gesamtheit. Die Herstellung der Gleichheit zwischen Grenznutzen und Preis der öffentlichen Güter kann somit unmöglich das Werk des einzelnen Individuums sein, sondern muss vielmehr aus Beratungen zwischen ihm und allen übrigen Individuen (oder deren Vertrauensmännern) hervorgehen. Wie aber sind solche Beratungen anzustellen, damit jenes Ziel sich wirklich realisiere? Darüber verliert Mazzola kein einziges Wort, und dies wäre doch nach meiner Ansicht eben die zu entscheidende Frage. Das Endergebnis seiner Untersuchung möchte ich daher als ein ziemlich dürftiges bezeichnen.

Trotzdem bin ich überzeugt, dass der Gedankengang, welcher Mazzola und wohl auch Sax m. E. nur dunkel vorgeschwebt hat, einen Kern von Wahrheit enthält, welcher sich in einer für die Theorie und Praxis der Finanzwissenschaft wirklich fruchtbaren Weise entwickeln lässt. Um dies zeigen zu können, muss ich jedoch zuerst das Problem selbst in eine weniger abstrakte, der konkreten Wirklichkeit entsprechendere Form zu kleiden suchen.

III. Unzulänglichkeit der bisherigen Methode der Finanzwissenschaft gegenüber der heutigen Entwickelung des politischen Lebens.

Kehren wir einstweilen zur herrschenden Lehre der Finanzwissenschaft zurück, so möchte ich als allgemeine Bemerkung — wenn mir eine solche Männern gegenüber erlaubt ist, deren Verdienste in so vieler Hinsicht über mein Lob erhaben sind — die Behauptung aufstellen, dass diese ganze Wissenschaft, von einzelnen, aber überaus spärlichen Ausnahmen abgesehen, ihrem Wesen nach noch heute auf den Grundanschauungen fusse, die bei dem Aufkommen der Finanzwissenschaft in den 17. und 18. Jahrhunderten in dem weitaus grössten Teile Europas fast alleinherrschend waren, nämlich denjenigen des Absolutismus. Allerdings vertritt sie diesen Standpunkt nicht rein, sondern mischt, wiewohl schüchtern und mit geringer Konsequenz, einige Elemente des Verfassungsstaats von 1815 oder 1830, der eingeschränkten Monarchie hinein; über diese Grenzen geht sie aber fast nirgends hinaus, sogar in den Ländern nicht, wo die Monarchie überhaupt, sei es durch die Konstitution, sei es in Wirklichkeit, ein verlassener Standpunkt ist.

Sogar die modernsten Handbücher der Finanzwissenschaft machen häufig — wenigstens auf den Schreiber dieses — etwa den Eindruck einer Philosophie des aufgeklärten und wohlwollenden Alleinherrschertums, eines fortlaufenden Kommentars der berühmten Weisheitsregel: „Alles für, nichts durch das Volk“ — höchstens mit dem zaghaft ausgesprochenen Zusatze: „vielleicht doch ein klein weniges durch das Volk.“ [1])

Man möge sich zu vergegenwärtigen suchen, wie ein aufgeklärter und wohlwollender Einherrscher, etwa ein solcher, der von dem Rechtsbewusstsein der heutigen gebildeten Klassen durchdrungen wäre, den Ausgabenetat und das Steuerwesen seines Landes einrichten würde. Er würde sich im Besitz gewisser altherkömmlicher Einkünfte aus Domänen, Monopolen, Auflagen und Steuern befinden, und er würde aus jenen Einkommen die öffentlichen Bedürfnisse nach der Reihenfolge ihrer Wichtigkeit bestreiten, so dass dem Volke das höchste erreichbare Mass von Nutzen und

---

1) Schon der überaus geringe Raum, welcher in den meisten, zumal deutschen Werken über Finanzwissenschaft der praktisch hochwichtigen Frage über die Steuerbewilligung gewidmet zu werden pflegt, mag hierfür als Beleg gelten können. Oder man gedenke der Auslassungen eines Roscher, welcher noch 1886 die Gewaltsamkeiten des „Siècle de Louis XIV... als Warnungsspiegel“ demjenigen „vorhalten“ zu sollen glaubt, welcher „von dem Staube und Roste, die sich mit der Zeit an jedes menschliche Institut ansetzen, dazu verführt ist, die parlamentarische Steuerbewilligung gering zu schätzen.“ Als ob der Parlamentarismus in den meisten europäischen Ländern schon so alt wäre, dass er mit Staub und Rost bedekt sein könnte! Eher hätte Roscher von den Gebrechen sprechen können, die „jedem menschlichen Institut“ an seinem ersten Anfang anzuhaften pflegen, denn als Anfänge eines wirklichen Parlamentarismus könnten doch wohl höchstens das moderne Steuerbewilligungsrecht vieler Länder sowie das ältere Ständerecht betrachtet werden.

Befriedigung gesichert würde; dabei würde er allerdings wohl nicht umhin können, die Thätigkeiten zu bevorzugen, welche für ihn selbst als Oberhaupt des Staates und insbesondere als dessen Repräsentanten nach aussen hin, unmittelbar von Bedeutung wären. Was die Verteilung der öffentlichen Bürden betrifft, so würde er sich bemühen — besonders wenn neue direkte Steuern auferlegt werden müssten — dieselben thunlichst nach der verschiedenen Leistungsfähigkeit der Staatsbürger einzurichten, und zwar so, dass die bestehende Ungleichheit in den Vermögensverhältnissen eher vermindert als vermehrt würde.[1]) Die schwierige Frage aber, inwiefern den Unterthanen in der staatlichen Bethätigung überhaupt ein hinreichendes Entgelt für die gebrachten Opfer geboten werde, und noch mehr, ob dies bei jeder einzelnen Staatsleistung und für jede einzelne Klasse der Staatsbürger zutreffe, würde ihm wahrscheinlich wenig Sorge machen, ausser in den extremen Fällen, wo ein allzu heftiges Missvergnügen seitens des Volks oder einzelner Teile desselben ihn darüber zum Nachdenken brächte. Im allgemeinen würde er beruhigt sein, wenn er die Summe der öffentlichen Einkünfte und Ausgaben einerseits auf die verschiedenen Staatsleistnngen, andererseits auf die verschiedenen Vermögensklassen der Steuerträger nach bestem Gewissen verteilt hätte. Da aber die in dieser Weise von oben her auferlegten Steuern den Unterthanen fast unumgänglich als eine Bürde erscheinen müssten, so würde er bestrebt sein, den Anschein hiervon so viel wie möglich zu umgehen, indem er z. B. die indirekten Wege der Steuererhebung, die Regalien, Zölle, „staatlichen Privaterwerbe“ u. dgl. der direkten Besteuerung möglichst vorzöge, oder die Staatsleistungen, welche ihrer Natur nach von den einzelnen Bürgern direkt in Anspruch genommen werden, nicht aus der Steuerkasse bestritte, sondern die Kosten derselben durch Taxen, Gebühren etc. zu decken suchte. Wenn er in dieser Weise „unmerklich“, d. h. ohne dass die betreffenden Abgaben, Auflagen, Taxpreise etc. als Steuern aufgefasst würden, den Einnahme- und Ausgabeetat des Staates nach Kräften vergrössert hätte, würde er sich wahrscheinlich den blühenden Stand der Finanzen gegenüber dem geringen (sichtbaren) Steuerdrucke als grosses Verdienst anrechnen.

---

1) Dass hiermit nicht etwa ein Hieb gegen den „sozialpolitischen“ Standpunkt Ad. Wagners beabsichtigt ist, den ich vielmehr durchaus billige, wird sich später zeigen.

Man wird mir vielleicht zugeben wollen, dass ein solches System der Staatswirtschaft in der heutigen Staatswirtschaftslehre noch immer fast als höchste Weisheit gilt. Was den letzterwähnten Punkt betrifft, so wird faktisch die Anwendung des Taxen- oder Gebührenprinzips ohne nähere Prüfung befürwortet, beinahe auf allen Gebieten, wo dieselbe überhaupt möglich ist, obwohl sich leicht zeigen lässt,[1]) dass in volkswirtschaftlicher Hinsicht diese Art der Kostendeckung einer öffentlichen Leistung über eine gewisse Grenze hinaus fast immer eine relativ unvorteilhafte ist. Etwa dasselbe gilt in Betreff der Stellung vieler, zumal deutscher Autoren gegenüber dem sog. Privaterwerbe des Staats (Einnahmen aus Feldgütern, Forsten, Eisenbahnen u. s. w.). Ad. Wagner behauptet sogar,[2]) durch das Vorhandensein dergleichen Staatseinnahmen werde der Steuerdruck (und zwar nicht nur der scheinbare, sondern auch der wirkliche) in entsprechendem Masse verkleinert und der Staatsaufwand könne dann ohne Schaden etwas höher anwachsen, eine Ansicht, die wohl höchstens unter ganz speziellen Voraussetzungen als zutreffend gelten kann.

Hinsichtlich der Staatsausgaben, welche durch eigentliche Steuern (direkte oder indirekte) bestritten werden müssen, legt die moderne Finanzwissenschaft, wie schon oben angedeutet wurde, ganz überwiegend das Hauptgewicht auf die rechtmässige Verteilung der betreffenden Steuersummen.

Meistens wird aber hierbei in Wirklichkeit nur über die direkten Steuern verhandelt, und man streitet darüber, ob das Prinzip der Gerechtigkeit diese oder jene Progression, diese oder jene Steuererleichterung oder -befreiung erheische, ohne hinreichend zu bedenken, dass jede Entscheidung über diese Frage ganz unmöglich, durchaus illusorisch ist, solange nicht feststeht, in welcher Weise die übrigen, indirekten Steuern, die doch nicht selten die Hauptmasse der Staatseinnahmen bilden (bei uns in Schweden $^4/_5$ oder mehr der Gesamtsteuern), auf die verschiedenen Volksklassen sich verteilen.

Wie mangelhaft sind nicht in den meisten Ländern die doch so wichtigen Untersuchungen über den relativen Druck der (Gesamt-)Steuern auf die verschiedenen Volksklassen! Eine exakte Beantwortung dieser Frage gehört allerdings, wie oben erörtert wurde, zu den unlöslichen

---

1) S. unten Abschn. V.

2) Finanzwissenschaft, 3. Ausg., Th. I., § 35, S. 73.

Aufgaben; allein schon eine statistische Erhebung über die Konsumtion an steuerpflichtigen Waren seitens der verschiedenen Bevölkerungsschichten würde zu lehrreichen, wenngleich nur approximativ richtigen Vergleichen führen können. In einigen Ländern, z. B. bei uns in Schweden, scheint man übrigens aus leicht begreiflichen Gründen solche Erhebungen mit voller Absicht unterlassen zu haben. (Vergl. die folgende Abhandlung über das Steuerwesen Schwedens Abschn. III, Ende und Abschn. VI.)

Insbesondere ist die viel debattierte Frage über die Zulässigkeit oder Unzulässigkeit eines steuerfreien Einkommen-Minimums, wie von Held sehr richtig bemerkt wurde [1]), eigentlich eine müssige — ausser allerdings aus dem halb fiskalischen, halb humanitären Gesichtspunkte der Vermeidung von Rückständen und Steuerexekutionen — da man ja nicht einmal aufzuweisen imstande ist, wie ein solches von jeglicher Steuer befreites kleinste Einkommen unter den thatsächlichen Systemen der Staatseinnahmen gesichert werden könnte, und noch weniger irgend ein Land zu nennen vermag, wo ein solches wirklich gesichert ist.

Was aber die Frage von der Bestimmung der konkreten Höhe der Steuern, dem richtigen Ausmasse der öffentlichen Ausgaben im Vergleich mit den Ressourcen der Privatwirtschaften anbelangt, so wurde diese bisher meistens ganz beiseite geschoben, und zwar von einigen Verfassern, wie wir gesehen haben, ausdrücklicherweise als angeblich der Finanzwissenschaft i. e. S. nicht zugehörig.

Selbst ein Ad. Wagner, der sich von jenen extremen Ansichten frei hält, und überhaupt kein Gebiet des wirklichen Staatslebens der wissenschaftlichen Verwertung und Prüfung entschlüpfen lassen möchte, berührt den betreffenden Gegenstand in einer Weise, welche mehr die jetzige Unvollkommenheit der bezüglichen Staatseinrichtungen als den wünschenswerten Entwicklungsgang derselben hervorzuheben geeignet scheint.

An der schon mehrfach erwähnten Stelle des I. Teiles seiner Finanzwissenschaft (in der neuen Auflage grösstenteils mit kleineren Lettern gedruckt) stellt er die Forderung einer „wirksamen Finanzkontrolle", für welche nach ihm die „sog. konstitutionelle Budgetwirtschaft die — wenigstens verhältnismässig" (verhältnismässig zu was?) — „beste Garantie" liefere. „Regierung und Volksvertretung repräsentieren in mancher Beziehung die beiden verschiedenen Seiten eines Geschäftsabschlusses, die Regierung die des Angebots, die Ver-

1) Einkommensteuer S. 104.

tretung die der Nachfrage nach den Staatsleistungen. Beider Urteile über Wert und Kosten dieser Leistungen werden leicht ausauseinandergehen" u. s. w. Aber demnach bestehe „eine grosse Wahrscheinlichkeit, dass aus dem Paktieren der Regierung und der Volksvertretung Kompromisse hervorgehen, durch welche das Interesse von Staat und Volk in der Bestimmung der Staatsthätigkeiten und des dafür erforderlichen Aufwandes noch am besten gewahrt wird" u. s. f.

Es scheint mir nun jener Vergleich mit „einem gewöhnlichen Geschäftsabschlusse", sobald er in irgend einer Weise auf ein staatswirtschaftliches Ideal hinweisen soll — und nicht etwa eine scherzhafte Kritik thatsächlicher Uebelstände bedeutet — nichts weniger als gelungen.

Bei einem gewöhnlichen Geschäftsabschlusse wird sowohl über die gegenseitigen Preise der zu vertauschenden Güter, wie über deren abzutretende Mengen verhandelt. Beide stehen mit einander in enger Beziehung und über beide entscheidet thatsächlich das gegenseitige Paktieren der Kontrahenten, welche ja in diesem Falle im allgemeinen entgegengesetzte Interessen vertreten.

In unserem Falle aber steht der „Preis" der betreffenden Güter von vornherein fest — denn es wird natürlich immer vorausgesetzt, dass die bewilligten Geldsummen in vorteilhaftester und sparsamster Weise verwendet werden sollen. Es sind somit nur noch die Quantitäten der zu vertauschenden Güter, d. h. der Umfang der betreffenden Staatsleistungen und des dafür abzugebenden Entgelts seitens der Steuerzahler, zu bestimmen, und darüber können allerdings Regierung und Volksvertretung verschiedener Meinung sein; allein das Interesse sollte wohl doch beiderseits dasselbe sein. Zum Beraten zwischen Regierung und Volksvertretung, zum gegenseitigen Belehren und Ueberzeugen giebt es folglich mancherlei Anlass; wie aber könnte von „Paktieren und Kompromissen" die Rede sein?

Ich glaube, dass Wagner hier in seine Betrachtungen unversehens ein Element hineingezogen hat, das zweifelsohne der Wirklichkeit vollkommen entspricht, aber weder mit seiner Prämisse: der „wirksamen Finanzkontrolle", noch mit dem erstrebten Endergebnis seiner Auseinandersetzungen, dem richtigen Verhältnisse zwischen Staatsausgaben und Staatseinkommen im Einklange steht.

Nur etwa unter einer der folgenden zwei Voraussetzungen

können m. E. die Beziehungen zwischen Regierung und Volksvertretung in betreff der Ausgabenwirtschaft und Steuerbewilligung durch den von Wagner gewählten Vergleich zutreffend wiedergegeben werden.

Entweder: die Regierung und die Volksvertretung betrachten sich zwar beide als Organe der Gesamtheit, allein die Grenzen ihrer gegenseitigen Machtsphären sind noch nicht scharf gezogen, und insbesondere ist das Steuer-Bewilligungs- oder -Verweigerungsrecht der Volksvertretung noch nicht voll und ganz anerkannt. Dies ist bei allen Anfängen konstutionellen Staatslebens gewöhnlich der Fall, wie zahlreiche Beispiele eben aus der neuesten Geschichte Europas im Ueberfluss beweisen — von einer wirksamen Finanzkontrolle kann man aber unter solchen Umständen wohl nicht gut sprechen.

Lorenz v. Stein, der ja immer bestrebt ist, aus dem Bestehenden eine höhere Vernünftigkeit hervor zu demonstrieren, hat bekanntlich sogar den „Konflikt zwischen Gesetzgebung und Verordnung" auch auf dem Gebiete der Finanzen zum notwendigen Element des modernen Staatslebens erheben wollen, was doch des Guten zu viel sein dürfte. Die Ursache, dass „die Verordnungsgewalt" unmöglich „bloss die vollziehende", sondern vielmehr notwendig „die erfüllende Gewalt der Gesetzgebung" sei, liegt nach ihm zunächst darin, „dass man eine Einnahme damit noch nicht hat, weil man sie haben will, und eine Ausgabe damit nicht verringert, dass man sich weigert, sie zu machen" — ein Satz, von dem die erste Hälfte ebenso unbestreitbar wahr, wie die zweite doppelsinnig und bedenklich ist. Die Konsequenz der Steinschen Lehre ist wohl zuletzt nur die, dass die Volksvertretung zwar das Recht hat, auf die Anforderungen der Regierung mit ja, aber nicht mit nein zu antworten, und die „parlamentarische Uebung" die er dringend empfiehlt, scheint hauptsächlich eine Uebung in der Resignation zu sein. In den folgenden Ausführungen belehrt uns v. Stein merkwürdigerweise, dass jene Stellung der „Verordnungsgewalt", die soeben als allgemein notwendig bezeichnet wurde, thatsächlich zur Charakter-Eigentümlichkeit „des rein germanischen Lebens" (zum Unterschied von dem romanischen, einschliesslich des englischen) gehört, was vielleicht mit der weiteren Eigentümlichkeit im Zusammenhang stehen dürfte, dass man in Deutschland bisher (nach Steins eigenen Worten) „zwar vortreffliche Arbeiten und Werke über die Finanzverwaltung und ihre Prinzipien hatte, aber von der Finanzverfassung wirklich sehr wenig verstand," ja sich lange „nicht einmal die Mühe nahm, weder seine eigenen Verfassungen, noch die des Auslandes kennen zu lernen." (L. v. Stein, Finanzwissenschaft, 5. Aufl. I, S. 288—357 passim.)

Die Thatsache ist wohl einfach die, dass England und Frankreich mit ihrem Budgetrecht grösstenteils schon fertig waren, ehe die Hauptstaaten Deutschlands Finanzverfassungen oder Verfassungen überhaupt erhielten. Es scheint aber ein gemeinsames Merkmal aller Verfassungen, besonders der octroyierten, in ihrer ersten Redaktion zu sein, dass gerade die wichtigsten Punkte unbestimmt gehalten werden, offenbar, weil jeder der Kontrahenten hofft, in der Zukunft den schwebenden Wortlaut zu seinem Vorteil deuten zu können, zur Zeit aber sich scheut, durch allzu grosse Hartnäckigkeit vielleicht soeben geschlichtete Streitigkeiten aufs neue aufleben zu lassen. Uebrigens darf natürlich nicht vergessen werden, dass weder eine Regierung, noch eine Volksvertretung durch noch so klare konstitutionelle Bestimmungen in ihrer Machtausübung geschützt ist, wenn sie nicht in der allgemeinen Meinung des Volkes selbst den hinreichenden Rückhalt besitzt, oder denselben aus irgend welchen Gründen nicht in Anspruch zu nehmen wagt. Dass dies mit dem preussischen Landtag von 1863 thatsächlich der Fall war, darin lag wohl der tiefere Grund des vielerwähnten Konflikts und seines Ausganges.

Oder aber, es kann das nämliche Verhalten die Folge einer zweiten, und zwar einer viel gewöhnlicheren Ursache sein.

Auch wenn die Grenzen der gegenseitigen Machtbefugnisse noch so scharf gezogen sind, und niemand daran denkt, sie zu überschreiten, werden thatsächlich — darin stimme ich Wagner vollkommen bei — Steuerbewilligungen meistens durch Kompromisse, durch Paktieren erreicht; aber warum? Weil weder die Regierung, noch die Volksvertretung und noch weniger die ausschlaggebende Majorität der letzteren in Wirklichkeit das sind oder nach psychologischen Gesetzen sein können, was sie laut der herrschenden Theorie sein sollten, nämlich reine Organe der Gesamtheit, immer danach bestrebt, das allgemeine Wohl zu fördern.

Die Regierung verfolgt mehr oder weniger einseitig ihre dynastischen Interessen und privatwirtschaftlichen Vorteile, sie interessiert sich ganz überwiegend oder gar ausschliesslich für gewisse Staatsthätigkeiten, wie z. B. für militärische Angelegenheiten, nicht nur weil sie deren Bedeutung für das Volkswohl zu überschätzen geneigt ist, sondern schon deshalb, weil ihre eigene Existenz, ihre eigentliche Raison d'être mit jenen Seiten des Staatslebens auf das innigste verknüpft ist, zwei Gesichtspunkte, die ja übrigens psychologisch sehr nahe miteinander zusammenzuhängen pflegen.

Diese Gefahr ist vielleicht, wie u. a. von Nasse hervorgehoben wurde[1]), in konstitutionellen Staaten sogar grösser als in absolutistischen. Wenn die ganze moralische Verantwortung für das Gedeihen des gesamten Staatskörpers der Regierung obliegt, ist wenigstens eine Wahrscheinlichkeit vorhanden, dass ein wohlwollender Monarch,

---

1) Vgl. sein von Leroy-Beaulieu angeführtes Gutachten an den Cobden Club. (Science des Finances 5me Ed. II, p. 182.)

von tüchtigen Ratgebern umgeben, das Wohl der Gesamtheit zum Leitstern seiner Handlungen machen wird. Wenn hingegen die vollziehende Gewalt beinahe jede Verantwortlichkeit auf die Legislative abzuwälzen vermag, ist jene Wahrscheinlichkeit eben nicht vorhanden, sondern die Hauptaufgabe der Regierung wird nunmehr sein, die Majorität der Volksvertretung auf ihre Seite, d. h. für ihre eigenen Interessen zu gewinnen und zu behaupten. Der Weg hierzu führt durch das Paktieren und durch Kompromisse hindurch, aber solche Kompromisse bilden wahrlich keine Garantie dafür, dass „das Interesse von Staat und Volk am besten gewahrt wird", es ist vielmehr so gut wie sicher, dass sie immer auf Kosten eines dritten Beteiligten abgeschlossen werden.

Die Mitglieder der Volksvertretung ihrerseits sind nämlich, in der weit überwiegenden Anzahl von Fällen, gerade so sehr am allgemeinen Besten interessiert, wie die Kommittenten, denen sie ihre Mandate verdanken, weder mehr noch weniger. Sonst wären sie ja einfach niemals gewählt worden, oder sie würden nicht wieder gewählt. Sie sind äussersten und glücklichsten Falles die Repräsentanten einer Majorität innerhalb der Bevölkerung, und über die Beschlüsse entscheidet wiederum eine Majorität innerhalb der Volksvertretung selbst: es wird sich daher sogar sehr leicht ereignen können (wie von Stuart Mill u. a. hervorgehoben wurde), dass jene Beschlüsse auch beim allgemeinen Wahlrecht nicht einmal den Willen einer Mehrzahl der Bevölkerung ausdrücken; und vollends ist dies natürlich der Fall, wo die ganze Gesetzgebung und Steuerbewilligung (wie bei uns in Schweden) noch ausschliesslich in den Händen der besitzenden Klassen liegt.

Jedenfalls aber werden die Beschlüsse regelmässig gegen den Willen eines mehr oder weniger bedeutenden Teiles des Volkes gefasst, was, soweit ich ersehen kann, beinahe notwendig einer relativen Ueberbürdung jener Volksklassen mit Steuern gleichkommt.

Wenn die Parteien abwechselnd zur Majorität gelangen, ist allerdings eine Möglichkeit vorhanden, dass Verluste und Gewinne sich gegenseitig aufheben werden; dies erfordert aber u. a., dass die Regierung entweder mit den obsiegenden Majoritäten selbst wechselt, oder dass sie durchaus unparteiisch zur Seite steht und ihre Rolle einfach in der vollziehenden Gewalt sucht. Wenn nicht, so wird es geschickten, aber prinziplosen Staatsmännern immer ein leichtes sein, die zeitweilige Parteikonstellation zum successiven Aufschrauben des Staatsaufwandes auszunützen, weit über die Höhe hinaus, welche dem Gesamtinteresse des Volkes entspricht. Die Parteien gewinnen dann abwechselnd, allein schliesslich haben sie alle Verlust erlitten, ungefähr so wie bei einer Spielbank die Spieler abwechselnd gewinnen und verlieren, das gespielte Geld aber doch schliesslich in die Kasse der Bank übergeht.

Die Finanzwissenschaft sollte sich diesen Umstand stets klar vor Augen halten; statt aber die Hülfe von Steuerdoktrinen zu erwarten, die im Grunde genommen einer schon entschwundenen Zeitperiode entsprechen, sollte sie vielmehr dem Geiste des Fortschrittes und der Entwicklung seine Geheimnisse abzulocken suchen, um eine Bewegung, die zu hemmen man sich doch vergebens bemühen würde, womöglich in solche Bahnen zu lenken, dass sie das erwünschte Ziel voll und zur Befriedigung aller erreichen kann.

IV. Prinzip der (relativen) Einstimmigkeit und Freiwilligkeit der Steuerbewilligung.

Jene Bewegung nun, welche der politischen Geschichte unseres Jahrhunderts mit wenigen Ausnahmen ihr Gepräge aufgedrückt hat, ist das stetige Fortschreiten zu parlamentarischen und demokratischen Formen des öffentlichen Lebens. Ihre Voraussetzungen sind einerseits der moderne Volksunterricht im weitesten Sinne des Wortes, welcher auch den untersten Schichten der Bevölkerungen mehr und mehr die Teilnahme am politischen Leben ermöglicht; die riesenhaftige Entwickelung der periodischen Presse, wodurch die Kenntnisnahme der öffentlichen Angelegenheiten einem jeden in einem Masse offen steht, für welches frühere Zeiten kein Gegenstück aufzuweisen haben; ferner der grossartige Aufschwung der industriellen, kommerziellen und wissenschaftlichen Beziehungen innerhalb jedes Landes und zwischen allen Ländern der Erde, welche Beziehungen einen fortwährenden Friedenszustand der Völker ebensosehr zu fördern geeignet sind, wie sie ihn selbst als ihre Lebensbedingung erheischen, und welche eben dadurch die bisherige, aus Krieg und Eroberung herstammende und auf diese hinzielende hierarchische Struktur der Gesellschaft mehr und mehr erübrigen und als veraltet erscheinen lassen.

Das Ziel dieser Bewegung ist die rechtliche Gleichstellung, die grösstmögliche Freiheit, sowie das ökonomische Gedeihen und friedliche Znsammenwirken aller; sie hat nicht zum Zweck, und sie käme mit dem Geiste, der sie von Anfang an beseelte in Widerspruch, wenn sie es versuchte, das Joch freiheitsfeindlicher und lichtscheuer Oligarchien, welches sie ganz oder teilweise abzuschütteln wusste, durch eine kaum weniger drückende Tyrannei der zufälligen Majorität einer Volksversammlung zu ersetzen.

Eine derartige Tendenz kann übrigens dem heutigen Parlamentarismus kaum zum Vorwurf gemacht werden. Die kleinliche Regelung, das lästige Eindringen in die sämtlichen Verhältnisse des Privatlebens sind meistens verschwunden oder bestehen nur noch als Nachklänge, als absterbende Reste früherer Epochen; die Freizügigkeit, die Gewerbefreiheit, die Freiheit der Religion, der Forschung, der Presse sind Güter, welche hoffentlich für immer der zivilisierten Welt erhalten bleiben.

Auf dem Gebiete der gewöhnlichen Gesetzgebung kommen jedoch unaufhörlich Fälle vor, wo neben zwei sich gegenseitig ausschliessenden Alternativen ein drittes nicht erreichbar oder überhaupt möglich ist. Wenn es in der Natur der Sache liegt, dass eine gewisse soziale Handlung entweder erlaubt oder verboten sein muss, die Meinungen für und gegen aber auseinandergehen, so giebt es offenbar nur zwei Möglichkeiten: entweder der Wille der Minderheit muss dem der Mehrheit weichen und sich fügen, oder aber umgekehrt. Ersteres wird nun im allgemeinen als das kleinere Uebel bezeichnet werden können, um so mehr, als es sich hier sehr oft wirklich nur um streitige Meinungen, nicht eigentlich um streitige Interessen handelt. Es liegt daher eine grosse Wahrscheinlichkeit dafür vor, dass eine neue Ansicht, die, aus dem vorbereitenden Stadium, wo sie nur von wenigen, weitblickenden Geistern erfasst wurde, herausgetreten, sich schon der Mehrzahl der jetzigen Generation bemächtigt hat, nach und nach die ganze Bevölkerung durchdringen wird, wie dies thatsächlich in unzähligen Fällen geschehen ist. Die Beschlussfassung durch einfache Majorität muss daher, wie es scheint, auf diesem Gebiete die Regel sein. Wenn zuweilen auch in den fortgeschrittensten Ländern für die Entscheidung besonders wichtiger Fragen spezielle Vorsichtsmassregeln getroffen worden sind, wie z. B. die Forderung qualifizierter Majorität, die Zulassung eines gegenseitigen Vetos der verschiedenen Abteilungen der Volksvertretung, oder des Vetos der vollziehenden Gewalt u. s. f., so geschieht dies offenbar nicht, um die Interessen der Minorität zu wahren (was hier an sich ungereimt wäre), sondern um dem Staatsleben überhaupt eine allerseits erwünschte Stabilität zu sichern.

Auf dem Gebiete der Steuergesetzgebung und Steuerbewilligung ist aber das oben erwähnte Dilemma in den meisten Fällen durchaus nicht vorhanden, und es ist sehr sonderbar, obwohl aus ihrem allgemeinen Standpunkte leicht erklärlich, dass, so viel ich weiss, keiner der Staatsrechts- oder Finanzwissenschaftslehrer diesen wichtigen Unterschied auch nur mit einem Worte berührt hat.

Wenn über irgend eine Staatsausgabe, sei es eine neu vorgeschlagene, sei es eine schon vorher bestehende beschlossen werden soll, wird man wohl im allgemeinen von der Voraussetzung ausgehen können und müssen, dass dieselbe an und für sich, also zunächst von den Mitteln zur Kostendeckung abgesehen, auf eine für die ganze Gesellschaft nützliche Thätigkeit abziele, sowie auch, dass sie als solche von allen Klassen ohne Ausnahme erkannt werde. Wenn dies nicht zutrifft, ein grösserer oder kleinerer Teil der Gesamtheit vielmehr der geplanten Wirksamkeit des Staates gleichgültig oder gar feindlich gegenübersteht, so vermag ich meinerseits nichts Richtigeres zu ersehen, als dass dieselbe eo ipso nicht mehr zu den Kollektivbedürfnissen i. e. S. des Wortes gerechnet werden kann, sondern vorläufig, wenn überhaupt geduldet, der Privatinitiative überlassen bleiben muss. Scheint es doch ein handgreifliches Unrecht zu sein, wenn jemand zur Kostendeckung von Massregeln herangezogen würde, die sein wohlverstandenes Interesse nicht nur nicht fördern, sondern demselben vielleicht schnurstracks zuwiderlaufen.

Von den möglichen Ausnahmen dieser Regel, welche jedoch m. E. nur formeller, nicht reeller Natur sein können, wird unten die Rede sein.[1])

Wird aber von jener Annahme ausgegangen, dass die geplante Staatswirksamkeit, an und für sich genommen, als eine allgemein nützliche anerkannt sein muss, so gilt es nun ferner, ihren voraussichtlichen Nutzen gegen das erforderliche Opfer abzuwägen. Das Urteil hierüber seitens der verschiedenen Klassen von Staatsbürgern wird aber, sowohl wegen ihrer verschiedenen Vermögensverhältnisse und des damit zusammenhängenden verschiedenen Stärkegrades ihrer Privatbedürfnisse, wie infolge verschiedener Wertung des betreffenden Kollektivbedürfnisses selbst offenbar im allerhöchsten Grade von der beabsichtigten Verteilung der Kosten abhängig sein.

---

1) Vgl. Abschn. VII.

Wollte man daher an einer von vornherein bestimmten Steuerverteilung als der für alle Fälle einzig richtigen durchaus festhalten, so könnte es sich sogar, wie oben bemerkt worden ist, ereignen, dass nicht einmal die unter der jetzigen Ordnung für die Beschlussfassung meistens erforderliche — bei irgend einer anderen Steuerverteilung möglicherweise sehr leicht erreichbare — einfache Majorität der Stimmen zu gewinnen wäre; und es ist so gut wie sicher, dass in solcher Weise der Beschluss fast immer eine Uebervorteilung und Vernachlässigung der Interessen gewisser Volksgruppen enthalten wird.

Allein — und dies bildet eben m. E. hier den springenden Punkt, der, soviel ich weiss, von seiten der Steuertheoretiker bisher niemals gehörige Beachtung gefunden hat — weder eine derartige starre, im voraus vorgeschriebene, noch überhaupt eine von der Ausgabenbewilligung unabhängige Steuerverteilung erweist sich, sei es in theoretischer, sei es in praktischer Hinsicht als eine Notwendigkeit. Theoretisch und praktisch giebt es vielmehr hunderte von Arten, die Kosten einer geplanten Staatsausgabe auf die verschiedenen Volksklassen zu verteilen: von der einfachen Kopfsteuer oder den mit dieser (wenigstens) vergleichbaren Aufschlägen auf Mehl, Salz, geistige Getränke u. s. f. bis zur progressiven Einkommen-, Vermögens- oder Erbschaftssteuer sowie den indirekten Luxussteuern hinauf. Es wird folglich hier theoretisch, und annäherungsweise auch praktisch, immer möglich sein, eine solche Verteilung der Kosten zu vereinbaren, dass die betreffende Ausgabe, sobald sie überhaupt einen die Kosten übersteigenden Nutzen verspricht, allen Parteien als eine unzweifelhaft gewinnbringende erscheinen muss und insofern sogar einstimmig bewilligt werden könnte. Ist dies dagegen in keinerlei Weise zu erreichen, so liegt m. E. in diesem Umstande ein aposteriorischer und der einzig mögliche Beweis vor, dass die fragliche Staatsthätigkeit der Gesamtheit doch nur einen, dem notwendigen Opfer nicht entsprechenden Nutzen bringen würde und deshalb rationellerweise verworfen werden muss.

Ob mehr als dies aus dem Gesichtspunkte der Gerechtigkeit überhaupt gefordert werden könnte, mag vorläufig dahingestellt sein. Wenn es sich um Vorteile handelt, die sich so wenig in Ziffern ausdrücken lassen, kann ein jeder doch schliesslich nur für sich selbst sprechen, und ob zufälligerweise der eine einen etwas grösseren Vorteil als der andere erzielt, ist wohl komparative Nebensache, falls nur alle gewinnen, so dass sich niemand in dieser elementarsten Beziehung als übervorteilt ansehen kann. Aber aus demselben Grunde kann ebenfalls nicht weniger gefordert werden. Die Einstimmigkeit und volle Freiwilligkeit der Beschlüsse ist zuletzt die einzige sichere und handgreifliche Garantie gegen Ungerechtigkeiten der Steuerverteilung; solange sie auch nicht annäherungsweise erfüllt ist, schwebt eigentlich die ganze Diskussion über Gerechtigkeit der Besteuerung in der Luft.

Es steht ausser Frage, dass eine Partei oder Volksklasse sich unter dem Gesichtspunkte der allgemeinen Solidarität, der Nächstenliebe u. s. f. manchmal an Ausgaben beteiligen sollte, von denen sie für sich selbst keinen grossen oder unmittelbaren Vorteil erwartet, oder über das Mass des eigenen Vorteils hinaus. Währt doch die Freundschaft durch Gaben und Gegengaben am längsten, und sogar, wenn auf letztere nicht gerechnet werden kann, ist für die Wenigsten das Wohlergehen ihrer Mitmenschen völlig gleichgültig.

Etwas ganz anderes aber ist es, zu solcher Anteilnahme gezwungen zu werden. Der Zwang ist an sich immer ein Uebel, die Ausübung von Zwang kann m. E. nur durch die offenbare Notwendigkeit gerechtfertigt werden. Eine solche wird aber doch schwerlich deshalb vorhanden sein, weil jemand, der schon einen vorteilhaften Tausch gemacht hat, natürlich gern noch billiger davon kommen möchte; und für die Interessen, die sich überhaupt nicht geltend machen können, steht ja schliesslich der Ausweg der Privatinitiative, der freien Zusammenschliessung beinahe immer offen.

Derselbe wurde auch thatsächlich in sehr grossem Massstabe sogar auf Gebieten eingeschlagen, die man sonst als selbstverständlich der Staatsthätigkeit zukommend anzusehen pflegt. Neben dem staatlichen Heere bilden in vielen Ländern freiwillige Schützenvereine u. dgl. ein nicht unbedeutendes militärisches Element, oder es werden bisweilen sehr beträchtliche Mittel für Kriegszwecke auf privatem Wege aufgebracht und dem Staate zur Verfügung gestellt. Neben der staatlichen Organisation für Kirche und Schulwesen gehen kirchliche Gemeinden einher, die ihre Geistlichkeit und Kirchen aus eigenen Mitteln unterhalten, bestehen Privatschulen und freihe höhere Lehranstalten. Ja sogar der richterlichen Thätigkeit des Staates stellen sich private Syndikate, Schiedsgerichte, Untersuchungkommissionen u. s. w. an die Seite.

Kurz, sobald eine allgemeine Aufgabe sich eines hinreichend allgemeinen Interesses erfreut, werden die Mittel und die Organe zu ihrer Erfüllung nie fehlen — am wenigsten in unserer Zeit.

Wenn aber die Steuerverteilung stets auf dem Prinzipe der Freiwilligkeit beruhen würde, scheint mir eben die Wahrscheinlichkeit gross zu sein, dass viele solche Thätigkeiten, die heute nur auf privaten Wegen zustandekommen können, der Wirksamkeit des Staates einverleibt werden würden. Der verbitterte Widerstand, welcher jetzt der Einführung vieler sehr nützlicher Staatsinstitutionen entgegensteht, würde grossenteils verschwinden, sobald ein jeder sich bewusst wäre, dass er niemals zu stärkerer Teilnahme an deren Kosten herangezogen werden wird, als er selbst und seine Gesinnungsgenossen durch ihre Vertreter im Reichstage [1]) sich bereit erklärt haben.

Die praktische Durchführung dessen, was ich als das Prinzip der Freiwilligkeit und Einstimmigkeit der Steuerbewilligung bezeichnen möchte, erfordert nun vor allem, dass niemals eine Ausgabe votiert wird, ohne dass zur selben Zeit über die Mittel zu ihrer Deckung entschieden wird, mag man nun jene Mittel durch neue Steuern aufbringen oder dafür etwa den erwarteten Mehrertrag irgend einer schon bestehenden Steuer anweisen wollen. Dieses Verfahren, welches früher in konstitutionellen Staaten die Regel war, ist in der heutigen Budget-Wirtschaft mehr und mehr ausser Uebung gekommen, wohl hauptsächlich wegen des successive steigenden Ertrags der indirekten Steuern infolge vergrösserter Zahl und Wohlhabenheit der Bevölkerung bezw. Erhöhung der Zölle und Accisen, wodurch die erforderlichen Mittel meist schon da waren, wenn neue Ausgaben beschlossen werden sollten. Wenigstens war dies in Schweden vielfach der Fall. Nur bei Ausgaben, die nicht durch Steuern, sondern vorläufig durch Anleihen gedeckt werden sollten, wurde die Entscheidung hierüber regelmässig in die Beschlussfassung über die Genehmigung oder Ablehnung der Ausgabe selbst eingeschlossen, was jedoch wenig nutzt, wenn nicht zur selben Zeit über die Art der eventuellen Deckung der Schuldzinsen abgestimmt wird.

---

1) Es wird hier stillschweigend die Annahme gemacht, dass die Volksversammlung eine wahre Vertretung sämtlicher im Volke befindlicher Interessengruppen bilde. Ueber eine notwendige Bedingung, um jenes Ziel rein zu erreichen, werden wir bald sprechen. Die aktuellen gesetzgebenden Körperschaften sind allerdings von diesem Ideal meist weit entfernt. Unsere Schlüsse werden aber deshalb nicht hinfällig. Eher umgekehrt, denn das Vetorecht der Minoritäten wird offenbar um so notwendiger, je weniger die Zusammensetzung einer sogenannten Volks-Repräsentation die wahre Interessengruppierung im Volke wiederspiegelt.

In vielen Fällen hat sich jedoch der logische Zusammenhang zwischen Ausgabenbewilligung einerseits und der Art der Kostendeckung andererseits den gesetzgebenden Körperschaften von selbst aufgedrängt. Wenn grössere finanzielle Neuerungen geplant sind, wird gern für die nächste Zukunft ein allgemeiner Finanzplan (Plan der successive einzuführenden neuen Steuern) entworfen. Oder es wird gegenüber neuen Ansgaben, deren Popularität zweifelhaft erscheint, zur Beschwichtigung der Gemüter seitens der Regierung und der Volksvertretung ein mehr oder weniger feierliches Versprechen abgegeben, die Kosten durch solche Steuerarten bestreiten zu wollen, welche vorzugsweise auf den Schultern gewisser Steuerkräfte, z. B. der wohlhabenden Klassen ruhen werden u. s. f.

Unglücklicherweise haben solche Massregeln keine konstitutionell verbindliche Kraft. Der Finanzplan braucht nicht notwendig später befolgt zu werden, das Versprechen wird vielleicht nur so lange gehalten, bis die öffentliche Aufmerksamkeit sich anderen Gegenständen zugewandt hat, worauf unvermerkt wiederum die alten Bahnen eingeschlagen werden u. s. f. [1])

Etwas ganz anderes wäre es freilich, wenn die Beschlussfassung über die betreffende Kostenverteilung zur notwendigen Bedingung für die Genehmigung irgend einer öffentlichen Ausgabe gemacht würde. Dass unübersteigliche praktische Schwierigkeiten sich einer solchen Ordnung, oder wenigstens einer Ordnung, in welcher das bezügliche Prinzip klar zum Vorschein kommt, in den Weg stellen würden, dürfte schwer zu behaupten sein.

Wird nun dieser Grundsatz mit der Forderung der relativen Einstimmigkeit der Beschlüsse kombiniert — auf absolute Einstimmigkeit wird wohl schon aus praktischen Gründen verzichtet werden müssen — so würde, um zunächst den einfachsten Fall ins Auge zu fassen, wenn seitens der Regierung oder einer Fraktion der Volksvertretung eine neue Staatsthätigkeit bezw. die Erweiterung einer schon bestehenden in Vorschlag gebracht wird, der betreffende Antrag verfassungsmässig von einem oder mehreren alternativen Vorschlägen über die eventuelle Verteilung der Kosten begleitet sein. Die übrigen Fraktionen der Vertretung

---

1) Belege für das oben Gesagte wird der Leser in den Ländern, mit deren politischer Geschichte er vertraut ist, vielleicht selbst finden können. In der folgenden Abhandlung über das Steuerwesen Schwedens werden diesbezügliche Beispiele keineswegs fehlen.

hätten dann ihre etwaigen Amendements sowohl bezüglich der Höhe der zu bewilligenden Ausgabe selbst wie der bevorzugten Art der Kostendeckung einzureichen.

Ueber alle diese, teils kombinierten, teils einander ausschliessenden Anträge wäre sodann abzustimmen, etwa nach dem folgenden Schema:

	Steuergattung	
Hauptvorlage A	a	Abstimmung
	b	„
	$c+d$[1])	„
	e	„
	f	„
Amendement A'	a	„
	e	„
	g	„
„ A''	b	„
	h	„
	$i+k$[1])	„
	u. s. w.	

Wenn irgend eine der vorgenommenen Abstimmungen die erforderliche qualifizierte Majorität, etwa von drei Vierteln, fünf Sechsteln oder gar neun Zehnteln der abgegebenen Stimmen aufzuweisen hat, wäre die betreffende Kombination die obsiegende (z. B. Hauptvorlage A mit Steuer e, oder Amendement A'' mit Steuern $i+k$ kombiniert); wenn mehrere sich der qualifizierten Majorität erfreuen, mag unter ihnen in irgend einer Weise (wohl am einfachsten nach der relativen Mehrzahl der Stimmen) entschieden werden; wenn keine, so wäre die ganze Angelegenheit für diesmal als gefallen anzusehen.

Der technische Vorgang könnte wahrscheinlich in mehrerlei Weise modifiziert werden. Jedenfalls aber würde derselbe eine viel geschmeidigere Abstimmungsweise erforderlich machen, als heute meistens angewendet wird. Bei einer „Division“ im englischen Unterhause soll

---

1) Es können natürlich sehr wohl mehrere Steuerarten zusammen vorgeschlagen werden z. B. eine Erhöhung der Branntwein- neben einer solchen der Bier- oder der Weinsteuer, eine Erhöhung der Einkommen- neben einer solchen der Erbschaftssteuer u. s. f.

man nicht weniger als $^3/_4$ Stunden brauchen, um die „Ayes" und „Nos" von höchstens etwa 600 Mitgliedern zu zählen: bei den heutigen Hilfsmitteln der Elektrotechnik, wie dieselbe, wenn ich nicht irre, von den praktischen Amerikanern schon zur Anwendung gebracht wurde, würden für jene Prozedur vielleicht zwei oder drei Sekunden erforderlich sein.

Das vorstehende Raisonnement beruht, wie schon mehrfach angedeutet wurde, auf der Voraussetzung, dass es der Volksvertretung durchaus frei steht, die betreffende Ausgabe zu bewilligen oder zu verweigern. Wenn dies nicht der Fall ist, die Ausgabe vielmehr als notwendige Folge schon übernommener Verpflichtungen feststeht und somit überhaupt nicht verweigert werden kann, hat offenbar ein ganz anderes Verfahren Platz zu greifen. Hier kann von Besteuerung nach dem Interesse überhaupt nicht mehr die Rede sein, da ja die bezügliche Ausgabe nicht des Nutzens wegen gemacht wird, den sie voraussichtlich dem Lande bringen wird, sondern einfach, weil sie letzterem als anerkannte Pflicht obliegt. Da folglich die Beschlussfassung hier immer ein positives Ergebnis herbeiführen muss, kann dieselbe, wenn über die Deckung solcher Ausgaben überhaupt abgestimmt werden muss, nicht wohl anders als nach einfacher Majorität geschehen, wobei es ebenso wünschenswert ist, dass die Majorität in der Verteilung der betreffenden Bürden von Gefühlen der Gerechtigkeit und Billigkeit geleitet sei, wie es schwierig ist, hierüber in einer für alle Fälle zutreffenden Weise etwas näheres auszusagen.

Welche öffentlichen Ausgaben zu dieser Kategorie gehören, ist allerdings nicht ohne weiteres zu entscheiden. In erster Linie möchte man wohl hierbei an die Zinsen und Annuitäten der öffentlichen Schuld denken. Wenn der Staat es überhaupt als seine Hauptaufgabe betrachtet, kontraktmässige Verabredungen aufrecht zu erhalten und anerkannte Rechte zu schützen, so muss das Eigentum der Inhaber seiner eigenen Obligationen und Schuldscheine ihm ebenso heilig sein wie jeder andere gesetzliche Erwerb. Nur wenn die Verhältnisse sich derart gestalten, dass ein unmittelbarer Eingriff in die bestehenden Eigentumsrechte unerlässlich erscheint, könnte auch im Ernste die Frage aufgeworfen werden, ob und inwieweit der Staat oder ein anderer Selbstverwaltungskörper seinen Verbindlichkeiten nachkommen soll.

Da somit die Schuldzinsen und das Schuldkapital selbst als ein Passivum im Staatsvermögen aufzufassen sind, erscheint es freilich am angemessensten, als Kostendeckung derselben die Zinsen des etwaigen Aktivvermögens des Staates von vornherein anzuweisen. Wenn diese nicht ausreichen, so würde sich hier allerdings ein geeignetes Feld für die Besteuerung nach der Leistungsfähigkeit oder nach Gleichheit oder Verhältnismässigkeit des Opfers bieten. Das Interessenprinzip könnte hier höchstens insofern zur Anwendung kommen, als vielleicht ein offenbarer Sondervorteil gewisser Klassen, Ortschaften u. dgl. an der Staatsthätigkeit, für welche die betreffende Schuldsumme einst kontrahiert wurde, nachweisbar wäre.

Um so schärfer wäre m. E. letzteres Prinzip aufrecht zu erhalten, wenn über die Alternative: Anleihen oder (unmittelbare) Steuern für die Kostendeckung einer geplanten Ausgabe entschieden wird, und im ersteren Falle der Weg zur künftigen Aufbringung der Schuldzinsen angewiesen werden soll. Spezielle Vorsichtsmassregeln zum Schutze der besitzlosen Klassen wären hier in der That um so notwendiger, da das Schuldenmachen des Staates, wie später erörtert werden soll, an und für sich fast immer einen ökonomischen Vorteil der besitzenden Klassen einschliesst.

Auch die meisten übrigen der Staats- (oder sonstigen öffentlichen) Ausgaben enthalten gewöhnlich ein Element gesetzlicher oder moralischer Verpflichtung. Letztere scheint mir jedoch im allgemeinen viel weniger absolut und von viel vorübergehenderer Bedeutung zu sein, als man sie gewöhnlich darstellt. Wenn z. B. eine bisherige Staatsthätigkeit nunmehr veraltet erscheint und am liebsten aufgehoben würde, werden die bezüglichen Beamten unzweifelhaft eine angemessene Entschädigung beanspruchen können, aber auch nicht mehr. Die rein idealen „Verpflichtungen" eines Staates gegen seine „Mission", gegen die Nachwelt u. s. w. können m. E. hier beiseite gelassen werden. Gelingt es nicht, die Gesamtheit einer Nation für dergleichen Aufgaben zu interessieren, so steht es mit ihrer Erfüllung immer schlecht. Die Volksklassen aber, welchen die bezüglichen Staatsleistungen besonders am Herzen liegen, mögen auch auf dem Gebiete der Besteuerung ihren Glauben mit Thaten erweisen, sonst wird die Uneigennützigkeit ihrer Bestrebungen immer etwas zweifelhaft erscheinen.

Mit Ausnahme einer kleinen Reihe von Staatsausgaben (welche in der Konstitution genau verzeichnet sein sollte), scheint mir daher der ganze Rest derselben nach dem Prinzip der relativen Einstimmigkeit der Steuerbewilligung behandelt werden zu können — und behandelt werden zu müssen, wenn sonst die Gerechtigkeit der Besteuerung anderswo als auf dem Papier, in den Werken der Finanztheoretiker aufzufinden sein soll.

Wenn neue Ausgaben bewilligt und durch neuaufzubringende Steuern gedeckt werden sollen, ist die Sache, wie oben angedeutet wurde, relativ sehr einfach.

Handelt es sich aber um eine Reduktion der schon vorhandenen Ausgaben und Einnahmen, so wird die Durchführung schon schwieriger, da in den heutigen Budgets die einzelnen Ausgabe- und Einnahmeposten einander nicht entsprechen und es folglich nicht feststeht, welche Einnahme (Steuer) bei Aufhebung einer gewissen Ausgabe im Wegfall kommen soll oder umgekehrt. Die einfachste Lösung scheint mir in der Weise möglich, dass zunächst eine provisorische Einteilung des Einnahme- und Ausgabebudgets vorgenommen würde mit Zuweisung (Appropriation) jeder einzelnen Ausgabe oder Ausgabengruppe zu einer bestimmten Einnahmekategorie — was selbstverständlich nur durch Beschlussfassung mit einfacher Majorität bewerkstelligt werden kann. Wenn dies einmal geschehen ist, mag nachher gewissen Bruchteilen der Volksvertretung (z. B. einem Zehntel, Sechstel oder Viertel der Gesamtzahl der Mitglieder) das Recht eingeräumt werden, jede beliebige Steuergruppe (sei es eigentliche Steuern, sei es Aufschläge, sei es persönliche Leistungen) fortan zu verweigern oder Herabsetzung des Betrages derselben zu fordern und damit auch die bezügliche Staatsthätigkeit, deren Kostendeckung auf jene Steuer angewiesen war, ganz oder teilweise zu kündigen — selbstverständlich mit Wahrnehmung einer geeigneten, verfassungsmässig zu bestimmenden Kündigungsfrist. Es wird dann auf die übrigen Teile der Vertretung ankommen, ob sie irgend eine andere Verteilung des betreffenden Steuerbetrags, mit der sich auch die widerspenstige Partei befriedigt erklären kann, vereinbaren oder lieber die betreffende Staatsthätigkeit fallen lassen, bezw. die geforderte Einschränkung derselben gutheissen wollen.

Was die Frage der einfachen Steuerreform, d. h. des Ersatzes einer Steuerart durch eine andere, betrifft, so ist dieselbe in dem oben Gesagten eigentlich schon beantwortet. Ist zu Gunsten einer solchen Reform schon eine Majorität des oben erwähnten Umfanges vorhanden, so käme die betreffende Massregel natürlich ohne weiteres zur Entscheidung. Dagegen sollte dieselbe nicht mit einfacher Majorität durchgesetzt werden können, da ja sonst die Interessen der Minorität wiederum in schlimmster Weise verletzt werden könnten. Findet dagegen eine Fraktion, sei es eine Minorität, sei es die Majorität selbst, sich durch irgend eine Steuer besonders bedrückt, so mag sie in der Hoffnung, eine billigere Steuerverteilung zu erzielen, jene Steuer verweigern und die entsprechende von vornherein bestimmte Staatsleistung (also nicht etwa nach freier Wahl irgend eine der Staatsleistungen, was offenbar ungereimt wäre) kündigen, allerdings auf die Gefahr hin, dass dieselbe wirklich in Wegfall kommt und das fragliche Kollektivbedürfnis dem Bereich der Privatthätigkeit überwiesen werden muss.

Eine besondere Stellung würden hierbei die Steuern einnehmen, welche zur Deckung von Ausgaben bestimmt sind, deren Betrag schon unveränderlich feststeht, wie z. B. die Zinsen der Staatsschuld. Da letztere überhaupt nicht in Wegfall kommen können, wäre eine Verweigerung der betreffenden Steuern seitens einer Minorität a fortiori undenkbar. Allein ebensowenig sollte gegen den Willen der Minorität irgend welche Veränderung in der von Anfang an bestimmten oder später vereinbarten Deckungsweise der fraglichen Schuldzinsen u. s. w. vorgenommen werden können. Eine etwa vorgeschlagene Steuerkommutation könnte somit auch hier nur mit Hilfe qualifizierter Majorität durchgesetzt werden.

Wie fremdartig diese Anordnung auch erscheinen mag, so nehme ich doch keinen Anstand zu behaupten, dass sie die einzige sei, welche das doppelte Problem der gerechten Steuerverteilung und des richtigen Ausmasses der konkreten Höhe der Steuern endgiltig zu lösen vermöchte.

Zwar liefert sie keine ideal vollkommene Lösung des Verteilungsproblems, — allein sie stellt sich einer solchen auch nicht in den Weg. Innerhalb der Grenzen, welche durch das Steuerverweigerungsrecht der Minoritäten gesteckt wären, fänden im allgemeinen die verschiedensten Pläne der Steuerverteilung noch einen breiten Spielraum, und irgend einer derselben könnte aus Gründen der Billigkeit, der Einfachheit u. s. f. vorgezogen werden — sobald er sich der relativen Einstimmigkeit der Steuerzahler oder deren Vertreter erfreuen würde. Denn diese, und nur diese, bildet zuletzt — was die diversen Steuerdoktrinen nie vermochten — eine handgreifliche, schlichte, aber zuverlässige Garantie dafür, dass der beabsichtigte Zweck auch wirklich erreicht wird.

In praktisch-politischer Hinsicht mag darauf hingewiesen werden, dass die hier vorgeschlagene Ordnung ebensosehr nach unten wie nach oben die Interessen der sonst politisch Wehrlosen zu schützen geeignet ist. Bei der aktuellen politischen Lage, wo beinahe nirgends die unteren Schichten der Bevölkerung — mag auch nominell das allgemeine und gleiche Wahlrecht bestehen — imstande sind, einen ihrer Zahl entsprechenden Teil der Volksvertretung zu besetzen — von den Ländern nicht zu reden, wo (wie noch in Schweden) die arbeitenden Klassen im Parlamente zwar hie und da einen beredten Fürsprecher finden mögen, aber keinen unmittelbaren Vertreter ihrer Interessen haben oder verfassungsmässig haben können — würde jene Anordnung wohl vorzugsweise dazu dienen, die grosse unbemittelte Bevölkerung vor Ueberbürdung mit Steuern zu schützen, also thatsächlich die Verteidigung der Majorität gegen die Minorität bedeuten.

Allein das Blatt kann sich wenden. Wenn einmal die unteren Klassen definitiv in Besitz der gesetzgebenden und steuerbewilligenden Gewalt gelangt sind, wird allerdings die Gefahr vorliegen, dass sie eben so wenig uneigennützig verfahren werden, wie die Klassen, welche bisher die Macht in den Händen hatten, dass sie m. a. W. die Hauptmasse der Steuern den besitzenden Klassen auflegen und dabei vielleicht in der Bewilligung der Ausgaben, zu deren Bestreitung sie selbst nunmehr nur wenig beitragen, so sorglos und verschwenderisch verfahren, dass das bewegliche Kapital des Landes bald nutzlos vergeudet und damit die Hebel des Fortschritts zerbrochen sein werden. Diese Gefahr sollte nicht leichtherzig geleugnet oder von der Hand gewiesen werden, auch nicht oder vielmehr am allerwenigsten von denjenigen, welche mit mir die fortschreitende demokratische Entwicklung doch zu sehr als an sich berechtigt und als einen Teil des Fortschrittes selbst betrachten, um nicht dieselbe trotz aller Bedenken nach Kräften fördern zu suchen. Gegen Missbräuche der erwähnten Art liegt aber zweifellos die beste, ja die einzig sichere Garantie im Prinzip der Einstimmigkeit und Freiwilligkeit der Steuerbewilligung.

Eben deshalb sollten andererseits die, welche nur widerstrebend und mit bösen Ahnungen sich den immer lauter werdenden Forderungen der Demokratie unterwerfen, um so eifriger bemüht sein, jenes Prinzip schon in der heutigen Steuergesetzgebung zur Geltung zu bringen. Es ist ja kaum zu erwarten, dass die neuen Machthaber sich aus freien Stücken jene Selbsteinschränkung auferlegen werden, wenn sie dieselbe nicht in der Konstitution schon vorfinden. Man sollte auch nicht darauf rechnen, dass es hier eine geraume Zeit zum Erwägen geben werde. Der Augenblick des Umschwunges der politischen Balance rückt jeden Tag näher. Mag man den Blick nach Osten oder Westen, nach Norden oder Süden richten, überall begegnet man derselben Tendenz einer unaufhörlichen Verschiebung des Schwerpunktes des politischen Machtbesitzes nach unten hin. Es gilt, sich durch den Eintritt von Verhältnissen, die weder verhindert, noch lange hinausgeschoben werden können, nicht überraschen zu lassen.

Wenn der hier dargelegte Gedanke jemals Anerkennung findet, so wird dadurch zweifelsohne zugleich der kräftigste Anstoss zu einer Reform gegeben werden, die, schon seit einem halben Jahrhundert von hervorragenden Denkern befürwortet, noch heute kaum über das Gebiet der Diskussion hinaus ins wirkliche Leben zu dringen vermocht hat, nämlich das System sogenannter proportioneller Wahlen. Der Kenner von Stuart Mills Schriften und besonders seiner Arbeit „Representative Government" braucht nicht daran erinnert werden, ein wie hohes Gewicht dieser scharfsinnige Geist auf jene, scheinbar so unbedeutende Veränderung des jetzigen Wahlmodus legte, von der er sich in mehrfacher Richtung eine Gesundung des öffentlichen Lebens versprach. So lange jedoch innerhalb der Volksvertretung selbst die einfache Majorität über alles das entscheidet, was überhaupt als der Machtsphäre der Volksvertretung zugehörig anerkannt ist, wird es für jede Partei, die zu klein oder zu ohnmächtig ist, um jemals hoffen zu dürfen, die Beschlüsse der Majorität zu dirigieren, doch verhältnismässig eine Nebensache sein, ob sie in der Volksversammlung durch einige Mitglieder mehr oder weniger repräsentiert ist. Es wurde von Mill das Hauptgewicht darauf gelegt, dass jede Meinung, die überhaupt in der Bevölkerung einige Tausende von Anhängern zu sammeln vermöchte, auch in den Beratungen der gesetzgebenden Versammlungen verteidigt werden könnte. Dieser Umstand ist gewiss nicht ohne Bedeutung. Allein die politische Diskussion wird heutzutage in so hohem Grade ausserhalb der Parlamentsgebäude geführt, dass der genannte Vorteil doch schliesslich ein ziemlich relativer wäre.

Ganz anders aber, wenn den Minoritäten auf dem Gebiete der Steuergesetzgebung ein Veto gegen alle öffentlichen Ausgaben zusteht, deren Nutzen ihnen nicht dem auf sie fallenden Kostenaufwand zu entsprechen scheint. Alsdann wird die schon an sich durchaus berechtigte Forderung, dass ein jeder im Parlament nur von solchen Personen vertreten sein soll, für deren Wahl er gestimmt hat, weil er ihre Ansichten teilt, und nicht von solchen, deren Meinungen in den wichtigsten Fragen seinen eigenen vielleicht schnurstracks zuwiderlaufen und gegen die er folglich am Wahltage seine Stimme abgegeben hat — erst recht einleuchtend werden und zur vollen Anerkennung kommen.

Bekanntlich schloss sich Mill dem von dem Engländer Thomas Hare erdachten Plane an, der in theoretischer Hinsicht allerdings eben so einfach wie sinnreich erscheint[1]). Seitdem ist über die Frage proportionelller Wahlen in den verschiedenen Sprachen eine ganze kleine Litteratur entstanden. Da ich von dieser nur eine sehr unvollständige Kenntnis besitze und kein parlamentarischer Praktiker bin, wage ich auch nicht zu entscheiden, welcher von den vielen Lösungsversuchen des Problems den Vorzug verdient. Die bisher wohl am meisten befürwortete Methode ist, so viel ich weiss, die von dem Belgier, Professor Dr. jur. V. D'Hondt, aufgestellte. In den letzten Jahren ist von einem schwedischen Mathematiker, dem Professor an der Stockholmer Hochschule Dr. E. Phragmén, ein neuer Lösungsvorschlag, welcher einige noch bestehenden schwachen Punkte der D'Hondtschen Vorgangsweise beseitigen will und an sich sehr sinnreich erscheint, ausgearbeitet worden. Derselbe wurde teils in den Schriften der schwedischen Akademie der Wissenschaften, teils in populärer Form als Broschüre (schwedisch) veröffentlicht.

Dass letztere Frage einer praktisch vollkommen befriedigenden Lösung fähig sei, darüber kann wohl heute kaum noch ein berechtigter Zweifel obwalten; hier mag es genügen, darauf hingewiesen zu haben, dass jenes heutzutage von den verschiedensten Seiten ersehnte System mit dem oben erörterten Prinzip der relativen Einstimmigkeit der Steuerbewilligung durchaus im Einklang steht. Jene beiden Massregeln fussen in der That in einer gemeinsamen Grundauffassung, nämlich der Würdigung und dem grösstmöglichen Geltendmachen der persönlichen Freiheit.

---

1) Vgl. Mill, On representative government, Ch. VII.

V. Konsequenzen des oben entwickelten Prinzips. Kostendeckung durch Gebühren oder Steuern.

Die erste und wichtigste Konsequenz der hier vorgeschlagenen Ordnung wäre natürlich die, dass die Steuern nunmehr aufhören würden, als Bürden zu erscheinen, und vielmehr als das betrachtet werden müssten, was sie sein sollten, als Mittel, der Gesamtheit im allgemeinen und jeder Klasse derselben im besonderen Vorteile zu bereiten, die sonst nicht zu erreichen wären. Jedes Mitglied der Gesellschaft hätte das frohe Bewusstsein, welches wohl mehr als irgend etwas einen guten bürgerlichen Geist zu wecken und zu erhalten geeignet wäre, dass die Güter, welche seiner Privathaushaltung entzogen werden, lediglich für Zwecke bestimmt sind, deren Nutzen er anerkennt und für deren Erfüllung er folglich, sei es aus rein egoistischen, sei es aus altruistischen Gründen, ein wirkliches Interesse hegt.

Die vielen Umwege, deren man sich bisher bediente, um das Volk über die wahre Grösse und Bedeutung der Steuerlast möglichst zu täuschen, wären nicht mehr am Platze; das fiskalische Prinzip müsste dem volkswirtschaftlichen mehr und mehr weichen, die direkte Erhebungsweise der Staatseinahmen Regel werden, die indirekte Ausnahme. Damit ist jedoch keineswegs gesagt, dass keine indirekten Steuern mehr erhoben werden sollten. Bei der heutigen Lage der ärmeren Klassen, bei der Unsicherheit und dem oftmaligen Versiegen ihrer Einnahmequellen muss es, wie u. a. Rob. Meyer[1]) sehr überzeugend nachgewiesen hat, als ihren Interessen durchaus entsprechend betrachtet werden, wenn die Steuererhebung mit der Höhe des Arbeitseinkommens und infolgedessen der Konsumtion wächst und fällt, was wohl am besten durch einen Aufschlag auf relativ entbehrliche Genussmittel, wie Branntwein oder Tabak erreicht wird. Diese haben vor den meisten übrigen indirekten Steuern u. a. den grossen Vorzug, nicht mit der Grösse der Kinderschar zu wachsen. Eher umgekehrt; bei uns in Schweden trifft z. B. die so bedeutende Branntwein- (Fabrikations- und Ausschank-) Steuer zweifelsohne in erster Linie die unverheirateten Arbeiter, die von ihren Einkommen wohl noch am leichtesten etwas abgeben können. Ich wage auch getrost zu be-

1) Die Prinzipien der gerechten Besteuerung § 34.

haupten, dass eine derartige Auflage den Wünschen der Arbeiter keineswegs zuwiderlaufen würde, falls man sich nur dessen erinnern wollte, dass eine Steuer, auch wenn von entbehrlichen Genussmitteln erhoben, doch immer eine Steuer bleibt und ihnen also nicht etwa, wie wohl vielfach geschieht, unter dem Vorwand, die Nüchternheit fördern zu wollen, neben einem vollen Anteil sonstiger Steuern auch noch diese auf die Schultern legt. — Gegen Besteuerung der Lebensmittel dagegen werden wohl die Arbeiter immer, m. E. mit gutem Grund, sich sträuben.

Eine besondere Berücksichtigung verdient in diesem Zusammenhange die Frage betreffend die öffentlichen Ausgaben, welche heute noch gewöhnlich nach dem sog. Gebührenprinzip gedeckt zu werden pflegen. Bei den Gebühren kommt der Grundsatz der Besteuerung nach dem Interesse, von Gleichheit zwischen Leistung und Gegenleistung voll zur Anerkennung, indem niemand, wenigstens so lange die Benutzung oder Nichtbenutzung der betreffenden Staatsthätigkeit Sache der Freiwilligkeit ist, dazu genötigt ist, für den vom Staate geleisteten Dienst mehr zu zahlen, als derselbe ihm wert erscheint. Bei den eigentlichen Steuern ist dies der üblichen Theorie und Praxis nach nicht der Fall. Es hat sich daher die Ansicht ausgebildet, dass die Kostendeckung auf dem Wege der Gebühren oder Taxpreise etwa in dem Masse berechtigt sei, als der Einzelne einen von dem der übrigen Staatsbürger unterscheidbaren Nutzen aus der betr. Staatsthätigkeit zieht, eine Ansicht, welche übrigens, wie oben angedeutet wurde, eigentlich die Erkenntnis involviert, dass das Prinzip der Leistung und Gegenleistung überall dort berechtigt sei, wo dasselbe überhaupt anwendbar ist.

Wird nun aber, in der von mir vorgeschlagenen Weise letzteres Prinzip, mit Ausnahme gewisser genau definierter Fälle, wiederum zur allgemeinen Geltung gebracht, so fällt offenbar jene Scheidegrenze zwischen dem angeblichen Gebiete der privatwirtschaftlichen und dem des volkswirtschaftlichen Deckungsmodus der Staatsausgaben, zwischen dem Gebühren- und dem Steuerprinzip eigentlich weg, und es wird sich zeigen, dass dem ersteren, dem Gebührenprinzip, nicht etwa, wie man im ersten Augenblicke versucht sein könnte zu glauben, ein weiterer, sondern vielmehr ein ungleich engerer Geltungsbereich zukommt, als ihm gewöhnlich angewiesen wird.

Bisher hat man meistens diese Frage nur aus dem Gesichtspunkte beurteilt, dass ja neben dem Privatnutzen der betreffenden Staatsleistung nicht selten auch ein allgemeiner, volkswirtschaftlicher oder gesellschaftlicher Nutzen derselben einhergehe und zu beachten sei. Ad. Wagner spricht sich in der erwähnten Richtung sehr bestimmt aus. Er sagt[1]):

„Für die Bemessung der Höhe der Gebühr . . . muss der Gesichtspunkt der leitende sein, dass der Staat die bezügliche Thätigkeit stets mehr oder weniger auch im allgemeinen öffentlichen Interessse ausübt. Daher braucht der Kostensatz einer solchen Thätigkeit dem Einzelnen, welcher von dieser letzteren einen Nutzen zieht, nicht vollständig angerechnet zu werden, denn andere (alle oder die Gesamtheit) sind an dieser Nutzengewährung zu Gunsten der Einzelnen doch immer mit interessiert und nehmen infolge der „gesellschaftlichen Zusammenhänge“ sozusagen indirekt daran teil. Je mehr letzteres der Fall ist, desto niedriger darf die Gebühr angesetzt werden und umgekehrt.“

Jene Erörterungen Wagners haben nun allerdings ihre volle Berechtigung, bezeichnen aber, m. E., nur den einen der beiden Gesichtspunkte, aus denen eine Einschränkung des Gebührenprinzips verteidigt werden kann. Wenn die Gesamtheit oder sonst eine grössere Zahl von Personen an einer Nutzengewährung zu Gunsten eines Einzelnen mit interessiert sind, so wäre es offenbar verkehrt, das Zustandekommen dieser allgemeineren Nutzengewährung lediglich davon abhängig zu machen, ob der zunächst Beteiligte die bezügliche Staatsleistung eben hoch genug schätzt, um sich dem erforderlichen Opfer (d. h. der festgestellten Gebühr oder dem Taxpreise) zu unterwerfen, oder ob er aus Unkenntnis oder Mangel an Mitteln geneigt, vielleicht gezwungen ist, auf dieselbe zu verzichten. Die moderne Forderung von absoluter oder relativer Unentgeltlichkeit der Gerichtsbarkeit, des Elementarunterrichts, der Krankenpflege, gewisser Sanitätsmassregeln u. s. w. finden vorzugsweise hierin ihre Berechtigung.

Aber auch ohne dass man auf diesen Gesichtspunkt zurückgreift, giebt es in vielen Fällen einen sehr triftigen Grund, warum die Kostendeckung der öffentlichen Thätigkeiten lieber in anderer Weise als durch Erhebung von Gebühren, Taxpreisen u. s. w. geschehen sollte. Es ist dies ein Grund rein privatökonomischer Art, welcher mit unseren früheren Erörterungen über die Bildung

---

1) Finanzw. 3. Ausg. I, § 208, S. 498. Die fragliche Stelle bezieht sich zunächst auf Gebühren i. e. S., würde aber nach Wagners allgemeiner Auffassung auch für die Taxpreise der Verkehrsanstalten u. s. w. gelten.

der Monopolpreise im engsten Zusammenhange steht[1]). Es ist ein Hauptmerkmal der meisten öffentlichen Unternehmungen, dass die sog. allgemeinen Kosten ihres Betriebes, und zwar nicht nur die festen, ein für alle mal gezahlten, sondern auch die Jahr für Jahr wiederkehrenden, meist enorme Geldbeträge erfordern, dagegen das, was man laufende Betriebskosten im engeren Sinne oder Einheitskosten nennen könnte, d. h. die Mehrkosten für jede einzelne Leistung, gewöhnlich um so unbedeutender, zuweilen kaum merkbar sind. Die Unterhaltskosten einer Strasse, eines Hafens oder Kanals sind grösstenteils durch die Schäden verursacht, welche durch die Witterung entstehen, und haben mit der Grösse der Wagen- oder Schiffsfrequenz verhältnismässig wenig zu thun; die Anlagekosten, obwohl gewöhnlich nach einer gewissen voraussichtlichen Höhe der Benutzung abgemessen, bleiben natürlich unverändert, ob diese Höhe vielfach überschritten oder nicht einmal erreicht wird.

Ebenso hat bekanntermassen bei der Eisenbahn-, der Post-, der Telegraphen- u. s. w. Verwaltung eine Zunahme oder Abnahme von einigen Millionen Passagieren, Kilometer-Tons Fracht, Briefen, Telegrammen u. s. w. für den jährlichen Kostenaufwand relativ wenig Bedeutung, und natürlich noch weniger für die Höhe des Anlage- und Betriebskapitals oder der dafür zu zahlenden Zinsen. Wenn nun solche Unternehmungen nach dem Gebührenprinzip ververwaltet werden sollen, und folglich entweder die sämtlichen Herstellungskosten oder doch wenigstens die laufenden, allgemeinen Betriebskosten auf eine nicht besonders grosse Zahl von Einzelleistungen verteilt werden müssen, so wird die notwendige Folge hiervon die sein, dass der Preis einer Einzelleistung gewöhnlich hoch über die eigentlichen Einzelkosten (also: die durch diese Leistung veranlassten Mehrkosten) zu stehen kommen muss. Dies hat nun wiederum zur Folge, dass überhaupt nur solche Bedürfnisse durch die betreffende Art von öffentlicher Leistung befriedigt werden können, deren Stärkegrad nach subjektiver Schätzung jeder einzelnen Person den Wert der erforderten Gebühr übertrifft oder ihm wenigstens gleichkommt, während die ganze Masse der Bedürfnisse, deren Stärkegrad diesen objektiven Wert nicht ganz erreicht, überhaupt unbefriedigt bleibt.

Diesem Uebelstand wäre nun leicht abzuhelfen, falls man etwa darauf rechnen könnte, dass eine Ermässigung der Höhe des Tax-

1) S. die vorige Abhandlung, Zur Lehre von der Steuerincidenz S. 19.

preises (der Gebühr) eine entsprechende oder sogar mehr als entsprechende Erweiterung der Benutzung der betreffenden Staatsthätigkeit seitens der Mitglieder des Staatsverbandes hervorrufen würde. Dies wird jedoch nur selten der Fall sein, denn es setzt eigentlich voraus, dass die früheren Preise von Anfang an ganz verkehrt angesetzt waren, oder dass veränderten Verhältnissen nicht bereits Rechnung getragen ist.

In noch einer anderen Weise könnte man versuchen, eine volkswirtschaftlich und privatwirtschaftlich vollkommenere Ausnützung der öffentlichen Thätigkeit zustande zu bringen, und diese Methode wird thatsächlich oft angewendet, nicht nur bei den Unternehmungen des Staates, sondern auch bei solchen, die von privaten Associationen oder von einzelnen Kapitalisten unterhalten werden.

Es seien bei einer gewissen Höhe des Taxpreises die Kosten der Unternehmung schon gedeckt. Wenn nun für die schon gewonnene Benutzungs-Klientel jener Preis beibehalten würde, zugleich aber durch eine spezielle Preisermässigung für gewisse neue Kundenkreise eine Zunahme der Frequenz erzielt werden könnte, so würde ein solcher Vorgang offenbar sowohl im Interesse des Publikums liegen, wie in dem der Geschäftsleitung selbst, letzteres, sobald der ermässigte Preis noch immer über dem Niveau der „Einheitskosten“ und somit der Mehrkosten der Erweiterung stehen bliebe.

Dies zu bewerkstelligen ist nun, wie u. a. Sax hervorgehoben hat[1]), der eigentliche Zweck der Wert- und Differentialtarifierung (insofern dieselbe nicht ohnehin durch Kostenverschiedenheit verursacht ist) bei den öffentlichen Verkehrsanstalten sowie bei vielen anderen staatlichen oder privaten Unternehmungen.

Ein einfaches, aber lehrreiches Beispiel dieser Art bildet die Preisansetzung der verschiedenen Zuschauerplätze eines Theaters. Die Einheitskosten kommen hier so gut wie gar nicht in Betracht, es müssen lediglich die allgemeinen Kosten des Geschäftes durch die Einnahmensumme gedeckt werden. Die Preise der Plätze werden daher nach ihrer verschiedenen Güte bemessen. Einen objektiven Massstab hierfür giebt es jedoch überhaupt nicht. Die Abschätzung würde eine durchaus andere werden, wenn sie ausschliesslich vom Standpunkte der wohlhabenden oder dem der unbemittelten Theaterbesucher erfolgte. Es muss zwischen jenen verschiedenen Schätzungen ein Mittel innegehalten

1) Grundlegung der theor. Staatsw., S. 461. Vgl. auch seine Abhandlung über Transport- und Kommunikationswesen in Schönbergs Handbuch, 3. Aufl., I., S. 571.

werden, was auch wirklich geschieht. Den unbemittelten Leuten erscheinen bei der thatsächlichen Preisbemessung die besseren Plätze als zu teuer, den wohlhabenden aber die billigeren Plätze zu schlecht. Eben deshalb aber werden alle Plätze besetzt — wenn sonst der (subjektive) Wert des Gebotenen über den konkreten Preis der Plätze emporragt.

Jener Ausweg hat jedoch aus mehreren, leicht zu verstehenden Gründen nur eine beschränkte Anwendung. Neben demselben giebt es nun aber noch einen anderen, der, theoretisch genommen, allen übrigen weit überlegen erscheint, und der wohl auch in praktischer Hinsicht mehr Beachtung verdient, als ihm bis jetzt zu teil wurde. Für die Benutzer der betreffenden Unternehmung bleibt es offenbar (wenigstens bei geregelter Wirtschaft) ganz einerlei, ob sie den gewonnenen Nutzen stückweise durch Erlegung des Taxpreises, oder ganz oder zum Teil in längeren Terminen durch monatliche, vierteljährliche oder jährliche Beiträge zahlen. Im letzteren Falle könnte der noch zu erlegende Taxpreis sofort auf die „Einheitskosten" der Benutzung herabgesetzt werden, oder, falls solche gar nicht vorhanden oder auch so unbedeutend sind, dass sie durch das Verschwinden der Einhebungskosten aufgewogen würden, die Benutzung ganz freigegeben werden; das eine wie das andere würde fast jedesmal einen beträchtlichen, oft sogar einen enormen Zuwachs an Benutzung und deshalb auch an Nutzen der fraglichen Leistungen herbeiführen; und zwar würde jener Vorteil sich nicht nur in „volkswirtschaftlicher" Hinsicht, sondern ebensogut in Bezug auf jede Einzelwirtschaft realisieren.

Für eine Privatunternehmung ist jedoch dieser Ausweg meistens verschlossen, falls nicht die Konsumenten ihrer Leistungen etwa nach dem Plane der Konsumvereine selbst Unternehmer sind.

Der Staat aber und die sonstigen Kollektivverbände sind schon als Vereine konstituiert und besitzen in der Besteuerung eben das Mittel, solche Beiträge einzuheben, was, nebenbei bemerkt, für die Uebernahme der grossen Verkehrs- und ähnlichen Unternehmungen seitens des Staates ein wichtiges, bisher kaum hinreichend beachtetes Argument bildet.

Versuchen wir, die Sache durch ein Zahlenbeispiel klar zu machen. Es mag zunächst die Unternehmung, z. B. ein neuer öffentlicher Platz, eine Strasse, Chaussee, Brücke oder dergl. nur allgemeine Kosten (Schuldzinzen für den bezügl. Grunderwerb, Zinsen auf die Anlage, Ausgaben für Beleuchtung, Bereinigung, Reparatur —

letztere als von der grösseren oder kleineren Benutzungsfrequenz unabhängig betrachtet — (erfordern, und zwar mögen diese Kosten einen jährlichen Betrag von 100,000 M. ausmachen. Es steige nun, wie an der Hand der Erfahrung ermittelt sein möge, bei den verschiedenen möglichen Taxpreisen die jährliche Frequenz:

bei einem Preise von 10 Pf. auf . . .	1 000 000	Benutzungen,
„ „ „ „ 8 „ „ . . .	1 200 000	„
„ „ „ „ 6 „ „ . . .	1 500 000	„
„ „ „ „ 4 „ „ . . .	2 100 000	„
„ „ „ „ 2 „ „ . . .	4 000 000	„
und schliesslich, wenn die Benutzung ganz freigelassen wird, auf . .	10 000 000	„

In diesem Falle würde folglich nur der Preis von 10 Pf. die Kosten ersetzen, bei jeder Ermässigung des Preises aber ein immer grösseres Defizit entstehen, das durch allgemeine Einnahmen (Steuern) gedeckt werden müsste. Und dennoch ist es klar, dass jede Preisermässigung, trotzdem dass sie eine gewisse Steuererhöhung zur Folge haben würde, für Alle zusammen und jeden Einzelnen einen ökonomischen Vorteil bedeuten würde, welcher sich annäherungsweise sehr leicht in Geld ausdrücken lässt. Wenn speziell die Benutzung frei gegeben wird (was hier am allervorteilhaftesten wäre), so giebt es offenbar unter den 10 Millionen Nutzungsakten, die nunmehr jedes Jahr stattfinden würden,

1 000 000,	die schon bei einem Taxpreise von 10 Pf. eintreten würden, deren subjektiver Wert folglich (wahrscheinlich bedeutend mehr, aber jedenfalls wenigstens)	100 000 M.

beträgt.

200 000	Nutzungsakte, die schon bei einem Preis von 8 Pf. neu hinzukommen würden, deren subjektiver Wert pro Stück folglich (wahrscheinlich etwas mehr, aber wenigstens) 8 Pf. beträgt, zusammen also	16 000 M.,
300 000	Nutzungsakte, deren Wert pro Stück (wenigstens) 6 Pf. beträgt, zusammen	18 000 M.,
600 000	Nutzungsakte à (wenigstens) 4 Pf..	24 000 M.,
1 900 000	Nutzungsakte à (wenigstens) 2 Pf.	38 000 M.,

endlich

6 000 000	Nutzungsakte, deren durchschnittlicher subjektiver Wert vielleicht auf $^1/_2$ Pf. angesetzt werden kann, zusammen also	30 000 M.
Die Summe hiervon ist		226 000 M.,

und da sämtliche Posten dieser Summe, ausser vielleicht der letzte, offenbar zu klein sind, bleibt dieselbe (vom Mehrwert des erst erwähnten Postens natürlich abgesehen) wahrscheinlich hinter der Wirklichkeit zurück. Diesem Wert steht nun wie früher eine notwendige Ausgabe von 100 000 M. gegenüber, die aber jetzt nicht mehr durch Taxpreise gedeckt werden kann, sondern auf dem Wege der Besteuerung eingehoben werden muss; dafür bleibt aber hier ein Mehrwert von wenigstens 126 000 M., welcher früher nicht erzielt werden konnte.

Es ist nun allerdings sehr schwierig, ja sogar unmöglich, die betreffende Steuer derart abzumessen, dass dieselbe für jeden Einzelnen im genauen Verhältnisse stehe zu dem Massstabe, in dem er von der fraglichen Staatsleistung Gebrauch macht, und noch weniger zu dem (subjektiven) Nutzen, den er aus derselben zieht oder ziehen würde. Allein der hierzugekommene Nutzgewinn bietet eben einen hinreichend breiten Spielraum, um auch bei erheblichen Unebenheiten der Besteuerung noch jedem einzelnen einen grösseren oder kleineren Ueberschuss gewähren zu können. Wenn z. B. seitens einer Einzelwirtschaft die Benutzung der betreffenden Unternehmung bei der successiven Minderung des Taxpreises in demselben Verhältnis anwachsen würde, wie die oben vorausgesetzte durchschnittliche Benutzung seitens der Gesamtheit, so hätte jene Wirtschaft, sogar wenn ihr das doppelte von dem, was sie früher zahlte und nach genauer Proportionalität noch zahlen sollte, im Steuerwege auferlegt oder vielmehr von ihr übernommen würde, auch noch dann einen nicht ganz unbeträchtlichen Mehrwert gegenüber demjenigen erhalten, welchen sie unter dem Regime der Taxpreise erzielen konnte. Noch viel grösser würde freilich dabei der Gewinn der Einzelwirtschaften sein, welche zufälligerweise eine kleinere Steuerportion als die ihnen nach strikter Proportionalität zukommende übernähmen, und für welche somit die erstgedachten Einzelwirtschaften gewissermassen die Steuer teilweise erlegten. Dies bildet jedoch keinen hinreichenden Grund, warum diese Wirtschaften sich eines immerhin zu erreichenden Vorteils entschlagen sollten.

Nimmt man dagegen an, dass die „Einheitskosten“ nicht ganz unbeträchtlich sind — wie dies beim Eisenbahnverkehr, beim Post- und Telegraphenwesen u. s. w. meistens der Fall ist — so ist klar, dass die Herabsetzung der Taxpreise ökonomischerweise nicht zur völlig freien Benutzung der betreffenden Unternehmung fortschreiten darf.

Wenn — um uns an das oben angewendete Zahlenbeispiel zu halten — die Einheitskosten jeder Benutzung gleich 2 Pf. wären, so würde allerdings bei völlig freiem Gebrauch der Unternehmung seitens der verschiedenen Einzelwirtschaften, über den Nutzen, welchen diese bei einem Taxpreise von 2 Pf. erzielen würde, noch ein Mehrgewinn von etwa 6000000 × $^1/_2$ Pf. = 30000 M. erreicht werden. Dem gegenüber stände aber offenbar ein Mehrbetrag an Kosten von 120000 M., und da dieser im Steuerwege verteilt werden müsste, ergäbe sich schliesslich ein relativer Gesamtverlust von 90000 M.

Der höchstmögliche Nutzgewinn wird vielmehr in diesem Falle erreicht, wenn der Taxpreis den Einheitskosten gerade gleichkommt. Oder allgemeiner gesprochen — da jene Kosten ja nicht immer leicht zu ermitteln und auch nicht immer konstant, sondern selbst veränderlich sind und zwar mit der zunehmenden Benutzungsfrequenz gewöhnlich abzunehmen pflegen —: es sollte mit dem Herabsetzen der Taxpreise eben so weit gegangen werden, dass der Zuwachs der Benutzungsfrequenz beim zuletzt festgestellten Preis, an und für sich genommen die durch ihn verursachten Mehrkosten der Unternehmung gerade deckt — weder mehr noch weniger.

Es ist sehr leicht, diese Regel durch eine mathematische Formel auszudrücken. Wenn die Einheitskosten konstant sind und für jeden Nutzungsakt k betragen, wird der angemessene Taxpreis p einfach durch

$$p = k$$

gegeben.

Im anderen Falle sind die jährlichen Gesamtkosten der Unternehmung (allgemeine und Einheitskosten zusammen) als eine Funktion der Jahresfrequenz x aufzufassen, also durch $f(x)$ auszudrücken, welche Funktion als durch die Erfahrung gegeben anzunehmen wäre. Ein kleiner Zuwachs der Frequenz, dx, wird einen entsprechenden Zuwachs der Gesamtkosten, $df(x) = f'(x)\,dx$, hervorrufen, und dieser muss von den durch jenen Zuwachs herbeigeführten Einnahmen gerade gedeckt werden. Man hat folglich $f'(x)\,dx = p dx$ oder

$$f'(x) = p.$$

Auf der anderen Hand aber ist die Frequenz von der jemaligen Höhe des Taxpreises — alles andere als gleich angenommen — in einer Weise abhängig, die gleichfalls als durch die Erfahrung gegeben vorausgesetzt werden muss (oder vielmehr versuchsweise zu ermitteln ist). Man hat also, wenn φ ( ) die entsprechende Funktionsform bezeichnet

$$x = \varphi\ (p).$$

Aus diesen Gleichungen lässt sich nun x eliminieren und der Wert von p durch Auflösung der resultierenden Gleichung bestimmen.

Geometrisch wird natürlich die Grösse p durch den Schnitt zweier Kurven ermittelt, deren Verlauf durch die obigen Gleichungen ausgedrückt wird.

Ob hierbei das durch Steuern zu deckende Defizit grösser oder kleiner wird, ist in diesem Zusammenhange durchaus gleichgültig, d. h. entscheidet über die ökonomische Berechtigung der Preisherabsetzung nicht. Ein kleinerer Ausfall oder gar ein Zuwachs der Einnahmen infolge der Preiserniedrigung wäre allerdings insofern erfreulich, als er von einer bedeutenderen Zunahme der Benutzungsfrequenz zeugen würde, was hier immer die Hauptsache bleibt. Zugleich aber sollte dieser Umstand zu einer immer weiter fortschreitenden Preisermässigung Anlass geben, denn rationellerweise muss immer das zu deckende Defizit den ganzen Betrag der allgemeinen Kosten umfassen, und die theoretisch vorteilhafteste Verwendung der Unternehmung tritt nicht ein, bevor diese Forderung erfüllt ist. Noch weniger könnte irgend ein Ueberschuss der Einnahmen über die Kosten geduldet werden. Das Vorhandensein eines solchen, wie z. B. der grossartige Reingewinn der preussischen Staatsbahnen, mag immerhin ein glänzendes Zeugnis ablegen für die Tüchtigkeit der Verwaltung der betreffenden Unternehmung sowie für das Emporblühen des industriellen und kommerziellen Lebens des Landes; allein zur selben Zeit ist er auch ein Zeichen dafür, dass der volkswirtschaftlich wie für jede Einzelwirtschaft günstigste Grad der Ausnutzung jener öffentlichen Thätigkeit noch lange nicht erreicht ist. Der Personen- und Güterverkehr auf den preussischen Staatsbahnen würde bei zweckmässiger Erniedrigung der Tarife wahrscheinlich um das Mehrfache, jedenfalls aber um ein Beträchtliches zunehmen. Alle würden dadurch gewinnen, keiner etwas zu verlieren brauchen, falls nur sonst der Ausfall an Reingewinn, bez. das entstehende Defizit in passender Weise durch Steuern gedeckt würde.

Es braucht wohl nicht besonders hervorgehoben zu werden, dass, wenn auch die ökonomisch vorteilhafteste Betriebsweise einer öffentlichen Unternehmung stets im gew. S. d. W. ein Defizit herbeiführen muss, keineswegs etwa gefolgert werden darf, dass jede öffentliche Unternehmung, welche ein Defizit aufweist, auch eine vorteilhafte sei. Es kann natürlich sein, dass eine solche überhaupt nicht imstande ist, einen den Kosten entsprechenden Nutzen zu gewähren, und deshalb besser unterblieben wäre. Umgekehrt wird die Möglichkeit, durch eventuelle Erhöhung der Taxpreise volle Kostendeckung oder gar einen Ueberschuss zu erzielen, immer ein sicheres Kriterium für die ökonomische Gesundheit einer Unternehmung sein. Rationellerweise sollte diese Möglichkeit jedoch niemals in Anspruch genommen werden, und übrigens braucht sie an sich gar nicht zu bestehn. Um das obige Zahlenbeispiel nochmals zu benutzen: es könnte sein, dass nicht einmal der Taxpreis von 10 Pf. (und vielleicht ebenso wenig irgend ein höherer Preis) volle Kostendeckung zu liefern imstande wäre, weil die bezügliche Benutzungsfrequenz immer etwas hinter der erforderlichen Höhe bliebe. Ist dies der Fall, so kann man nicht einmal sicher sein, dass bei jenem (oder einem höheren) Preis die Unternehmung eine wirklich ökonomische sei, es ist möglich, dass der Nutzen dem Kostenaufwand von 100 000 M. überhaupt nicht entspreche. Dagegen kann in dieser Hinsicht kein Zweifel obwalten, sobald man (die übrigen Ziffernverhältnisse als richtig vorausgesetzt) eine hinreichende Preiserniedrigung vornimmt, bezw. zu völliger Benutzungsfreiheit schreitet. Dann muss nämlich notwendigerweise, wie unmittelbar zu ersehen ist, der erreichte Gesamtnutzen den erwähnten Kostenaufwand mehr oder weniger überragen, obgleich letzterer somit thatsächlich bei keinem einheitlichen Taxpreis zu decken wäre.

Ueberhaupt: sobald eine öffentliche Unternehmung schon da ist, und folglich ein eventueller Verlust an den Anlagekosten so wie so verschmerzt werden muss, wird immer der ökonomisch vorteilhafteste (theoretische) Deckungsmodus der Kosten derselbe sein: Taxpreis = den Einheitskosten, bezw. den Mehrkosten des zuletzt hinzugekommenen Benutzungsaktes — und Deckung der allgemeinen Kosten durch Steuern. Erst wenn letzteres ökonomischerweise nicht geschehen, also bei keinem denkbaren Verteilungsmodus der betreffenden Steuer relativ einstimmig genehmigt werden kann, wäre die Unternehmung selbst als unökonomisch anzusehen und wird dann am besten gänzlich aufhören, wonach der eventuelle Geldverlust oder die Zinsen dafür nach dem Prinzipe des gleichen (bezw. verhältnismässigen) Opfers verteilt werden mögen.

Das hier gewonnene Ergebnis scheint mir dem Prinzipe nach — denn den verschiedenen praktischen Hindernissen, welche der unmittelbaren Anwendung desselben Eintrag thun könnten, muss freilich immer Rechnung getragen werden[1]) — so

1) Ein solcher läge z. B. vor, wenn die fragliche Staatsunternehmung, etwa ein nationaler Verkehrsweg, auch vielfach von Ausländern benutzt würde,

einleuchtend, dass es m. E. wunder nehmen muss, wie wenig oder fast gar nicht dieser Punkt in der einschlägigen Litteratur beobachtet worden ist[1]).

Der Erklärungsgrund liegt wohl in dem Umstande, dass die eventuelle Steuerdeckung bisher immer als unterschiedslos nach den von vornherein festgestellten Prinzipien der Besteuerung geschehend betrachtet wurde. Ad. Wagner behauptet kurzweg[2]): „Die Verwaltung nach dem Prinzip der reinen Staatsausgabe (als ‚allgemeines Genussgut' Sax) wäre im allgemeinen ein unrichtiges Zugeständnis für die Benutzer der betreffenden Anstalten gegenüber der ganzen Bevölkerung, welche dann die vollen Kosten aus den allgemeinen Steuern zu decken hätte."

Sax selbst will jenes Prinzip in den hierher gehörigen Fällen nur dann (aber dann auch unbedingt) anwenden, wenn „eine allgemeine Benutzung gemeinwirtschaftlicher Einrichtungen zu konstatieren ist, welche der in der vorhandenen Steuerbelastung entsprechend ausgedrückten ökonomischen Lage (der ‚Leistungsfähigkeit') des Einzelnen proportional erscheint"[3]).

Dies geht andererseits zu weit, denn unter die Einheitskosten oder Mehrkosten jeder Benutzung sollte, wie oben entwickelt, die Gebühr oder der Taxpreis im allgemeinen nicht herabgesetzt werden. Richtiger, wiewohl noch etwas unbestimmt, spricht sich hier Wagner aus, wenn er bemerkt (a. a. O. S. 657): „Durch eine, wenn auch mässige Gebühr wird die Benutzung auf das wahre Bedürfnis eingeschränkt, überhaupt ökonomischer verfahren." Aber auch Wagner ist weit davon entfernt, dies — nämlich die Vermeidung einer unökonomischen Benutzung — als die einzig notwendige Aufgabe der Gebühr zu betrachten.

Keiner von beiden scheint jemals daran gedacht zu haben, dass die betreffende Steuer anders denn als „allgemeine Steuer", also nach dem Verhältnisse der allgemeinen „ökonomischen Lage" eines jeden umgelegt werden könne. Hierfür liegt aber absolut keine Notwendigkeit vor. Was hindert, dass für solche Zwecke jedesmal eine besondere Steuer

---

die zur Kostendeckung durch Steuern nicht herangezogen werden können. Hier könnte vielleicht entweder mit speziellen Tarifen oder internationalen Vereinbarungen bezüglich der Kostenentschädigung Abhilfe geschaffen werden.

1) Die einzige mir bekannte Ausnahme bildet die oben angeführte Stelle in Marshalls Principles of Economics, Bk. V, Ch. VIII, § 8.

2) Finanzw., 3. Aufl., I, § 268, S. 656.

3) Schönbergs Handb., 2. Aufl., S. 533. In der 3. Aufl. ist jedoch die betreffende Stelle nicht mehr vorhanden.

eingerichtet werden könnte, welche gemäss der schon konstatierten oder (nach der fraglichen Preisherabsetzung) zu erwartenden Benutzungsfrequenz seitens der verschiedenen Volks- oder Berufsklassen verteilt würde? Was hindert, dass die Bevölkerung der Ortschaften, welche von der betreffenden öffentlichen Unternehmung einen verhältnismässig grösseren Nutzen erzielen, auch in stärkerem Verhältnis zur Zahlung der Steuer herangezogen würde wie die übrigen Staatsbürger? Nichts steht dem im Wege[1]) — sobald nur im Vetorecht der Minoritäten eine hinreichend sichere Garantie gegen etwaige Uebervorteilung gewisser Klassen oder Vernachlässigung berechtigter Interessen vorhanden ist.

Wenn es aber, wie im gewöhnlichen Budgetrecht, eine solche Garantie überhaupt nicht giebt, dann wird umgekehrt das gegenseitige Misstrauen der Parteien vielfach auch solche Massregeln verhindern, welche, genauer besehen, im wohlverstandenen Interesse aller gelegen hätten, und das Gebührenprinzip wird als alleiniger Notbehelf in einem Umfange beibehalten, welcher mit dem ökonomischen Gedeihen der Bevölkerung wenig vereinbar ist. —

Ich habe dieses Thema so ausführlich behandelt, weil es mir in der That von höchstem wirtschaftlichen Interesse erscheint. Ein stärkeres Anteilnehmen besonders der arbeitenden Volksklassen an den verschiedenen Wohlfahrtseinrichtungen des Staates und in specie eine erhöhte Benutzungsfrequenz der Verkehrsmittel wäre m. E. in mehrerlei Hinsicht eine kulturelle Aufgabe ersten Ranges. Es mag nochmals hervorgehoben werden — und hierin zeigt sich aufs neue die Wichtigkeit der modernen Auffassung von der Variabilität des Gebrauchsnutzens und vom subjektiven Werte — dass die anscheinend geringere Wertsetzung jener öffentlichen Güter seitens der ärmeren Klassen gar nicht von einem geringeren oder gar fehlenden objektiven Nutzen derselben für diese Klassen zeugt, sondern einfach mit ihrer notgedrungenen höheren Wertsetzung des

---

1) Es scheint sogar überflüssig, dies in Frage zu stellen, da es ja in vielen Fällen thatsächlich so zugeht. Z. B. werden nunmehr zur Unterhaltung der Landstrassen in Schweden (ähnlich wohl in den meisten Ländern) die Kosten (bezw. Leistungen) zunächst unter die Bewohner der betreffenden Ortschaft nach der Grösse des Besitzes oder des Einkommens verteilt, zugleich aber so, dass (bei sonst gleichem Vermögensstande) die Besitzer von landwirtschaftlich benutztem Grund und Boden, die übrigen Grundeigner und schliesslich die Nichtgrundeigner sich in drei Abstufungen beteiligen. Dazu kommen noch gewisse Beiträge seitens des Staates.

Geldes im Zusammenhang steht. Der objektive, „volkswirtschaftliche" Nutzgewinn der vorgeschlagenen Massregeln würde daher unzweifelhaft weit grösser sein, als durch die oben versuchte Aufschätzung desselben in Geld zum Ausdruck kommt.

Inwieweit ein solcher Vorteil eventuell auf Kosten anderer Klassen realisiert werden sollte, ist eine Frage für sich und bekanntlich eine überaus schwierige Frage. Wo er aber ohne jegliches Opfer anderer erreicht werden könnte, sollte wahrlich kein Mittel unversucht bleiben, ihn herbeizuführen. Jeder Brief, jedes Telegramm, jedes Eisenbahnfrachtgut, welches unbefördert, jede Reise, welche unterlassen wird, weil mehr dafür gefordert wird, als der fragliche Verkehrsakt an und für sich der Gesamtheit an Kosten verursachen würde, bildet in der That ein ungelöstes volkswirtschaftliches Problem, welches rationellerweise gelöst werden kann und muss. Im Prinzip der Einstimmigkeit und Freiwilligkeit der Besteuerung liegt, wenn ich nicht irre, ein Mittel, auch dieses Problem seiner Lösung ein Stück weiter entgegenzuführen.

VI. Weiterführung der Konsequenzen. Bedarfsdeckung durch Steuern oder Anleihen.

Die Zahlung von Schuldzinsen gehört, wie oben mehrfach erwähnt wurde, nicht zu denjenigen öffentlichen Ausgaben, gegenüber welchen den Minoritäten ein Weigerungs- oder Kündigungsrecht eingeräumt werden könnte, da sie sich als notwendige Konsequenz schon übernommener Verpflichtungen des Staates (oder der übrigen Selbsterwaltungskörper) ergiebt.

Um so unerlässlicher wäre m. E. das Aufrechthalten jenes Prinzips in den Fällen, wo es eben gilt, solche Verpflichtungen — denen die Gesamtheit infolge der Identität ihres Wesens sich künftig nicht mehr entziehen kann — eventuell zu übernehmen, m. a. W.: wenn die Frage entschieden werden muss, ob eine präsente, vorgeschlagene Ausgabe durch Aufnahme einer öffentlichen Anleihe oder aber durch Steuern gedeckt werden soll.

Wird nämlich die Anleihe von ausserhalb des Wirtschaftsverbandes, also bei staatlichen Anleihen vom Auslande hergeliehen, so hat offenbar die volkstümliche Ansicht ihre volle Berechtigung, dass hierdurch den künftigen Generationen des Landes Lasten auferlegt werden, welche möglicherweise ebenso leicht oder noch leichter von den jetzt Lebenden getragen werden könnten und dann auch sollten. Wenn dagegen das Geld im Inlande selbst aufgenommen wird, würde allerdings (wie öfters hervorgehoben) jener Einwand aus leicht begreiflichen Gründen nicht zutreffend sein. Um so mehr aber liegt dann die Gefahr vor, dass jener Vorgang in der Zukunft zu einer für die besitzlosen Klassen unvorteilhaftere Verteilung des nationalen Einkommens führe.

In beiden Fällen handelt es sich um Interessen, welche im Steuerbewilligungskörper entweder überhaupt nicht oder doch thatsächlich in sehr ungenügendem Massstabe vertreten sind. Die Forderung voller Uebereinstimmung aller Parteien als die einzig mögliche Garantie gegen Uebervorteilung jener Interessen scheint daher hier eine durchaus berechtigte zu sein und wird vielleicht sogar den Beifall derjenigen finden, welchen das Vetorecht der Minoritäten sonst als eine bedenkliche Neuerung erscheint.

Ueber die volkswirtschaftliche Einwirkung einer Anleihe, besonders der letztgenannten Art, hat Ad. Wagner sowohl in älteren Schriften wie in der 3. Auflage seiner Finanzwissenschaft sich in einer so klaren und überzeugenden Weise ausgesprochen [1]), dass m. E. seinen diesbezüglichen Erörterungen sehr wenig hinzuzufügen ist. Nur insofern seine Ausführungen sich auf schon etwas veraltete volkswirtschaftliche Anschauungen stützen, sind sie vielleicht einer Revision bedürftig, die jedoch das Endergebnis seiner Untersuchung eher verschärfen als entkräftigen wird.

Der Kern des Wagnerschen Raisonnements kann etwa so zusammengefasst werden, dass eine heimische Anleihe, insofern sie nicht aus etwa vorhandenen überschüssigen Kapitalien geschöpft werden kann, notwendig einen Teil des industriell beschäftigten, „umlaufenden" Kapitals des Landes absorbieren werde, so dass letzteres für die nächste Zukunft kapitalärmer dastehe. Um so mehr werde dies der Fall sein, da die Kapitalisten, welche auch auf den somit verloren gegangenen Teil ihrer Kapitalien nicht nur den gewöhnlichen Zins, sondern im allgemeinen noch mehr beziehen werden, jetzt kein „besonderes Motiv zu eigener Beschränkung des Konsums, zu grösserer Sparsamkeit, um neues Kapital zu bilden" haben, was hingegen natürlich der Fall sein würde, wenn das be-

1) Finanzw., I, S. 144—67.

treffende Geld, oder ein Teil davon ihnen im Steuerwege entzogen worden wäre“[1]).

Die Verminderung des Volkskapitals werde aber — wenigstens wenn von der Zeit während der Aufnahme der Anleihe abgesehen wird — notwendig eine Lohnherabsetzung zur Folge haben, sodass der betreffende Vorgang, alles andere als gleich angenommen, und insbesondere wenn die Anleihe nicht für i. e. S. produktive Zwecke aufgenommen wird, unzweifelhaft eine Verschlechterung der Lage der arbeitenden Klassen herbeiführen müsse.

Wie man sieht, fusst dieses Raisonnement in einer der alten Lohnfondstheorie wenigstens sehr ähnlichen Grundanschauung. Auf die Angriffe Brentanos, welcher die üblichen Einwände in Bezug auf diese Theorie gegen Wagner ins Feld führte, erwidert letzterer u. a., dass nach seiner Meinung zwar „nicht die Lohnfondstheorie allein, aber auch nicht die auf Hermann zurückzuführende sog. deutsche Theorie von der Abhängigkeit des Lohns von der Nachfrage, bez. der Zahlung der Konsumenten, das Problem der Bestimmgründe der Lohnbewegung erklären, sondern nur eine recht wohl mögliche und“ s. E. „notwendige Vereinigung dieser beiden Theorien“[2]).

Wie eine solche „Vereinigung“ zu bewerkstelligen wäre, ist mir indes nicht klar. Meiner Ansicht nach muss vielmehr die letzterwähnte Theorie lediglich als auf Begriffsverwechselung beruhend erklärt werden. „Die Nachfrage, bezw. die Zahlung der Konsumenten“ kann wohl nur dann zu einer Lohnerhöhung Anlass geben, wenn sie in Nachfrage nach, bezw. Bezahlung von Arbeit übergeht, d. h. wenn das Geld der Konsumenten in Kapital verwandelt wird, was aber notwendig einen längeren oder kürzeren Aufschub ihrer Konsumtion erfordern würde.

Wie die Lohnfondstheorie zu vervollständigen und zu verbessern wäre, um allen theoretischen Anforderungen zu entsprechen, davon ist in der vorigen Abhandlung ausführlich die Rede gewesen[3]). Legt man die dort entwickelte, von Böhm-Bawerk herrührende Theorie des Arbeitslohnes zu Grunde, so ist die Wagnersche

1) Vgl. a. a. O. S. 163—64. Ich habe mir oben erlaubt, die dort vorkommenden alternativen Beweisführungen Wagners zu einer einzigen zusammenzufassen.

2) Finanzw. 3. Aufl., I, S. 164.

3) S. oben S. 25 ff.

Behauptung in allem Wesentlichen noch aufrecht zu erhalten. Eine Verminderung des industriellen Kapitals wird unzweifelhaft unter sonst gleichen Umständen eine, wenn ihr auch nicht proportionale, Erniedrigung des durchschnittlichen Arbeitslohns herbeiführen.

Dazu kommt aber noch ein Umstand, welcher kaum scharf genug hervorgehoben werden kann. Nicht nur eine Erniedrigung des Lohneinkommens, sondern natürlich ebensogut eine Erhöhung der Zinsrate und somit des Kapitalprofits wird infolge des verminderten Kapitalangebots eintreten müssen. Aeussersten Falles, wenn das Kapital sehr reichlich vorhanden wäre, könnte jener Zuwachs der Zinsrate die Kapitalisten für ihren erlittenen Kapitalverlust völlig entschädigen, sogar wenn letzterer im Steuerwege, also ohne irgend eine Rückvergütungspflicht des Staates entstanden wäre. Wird aber das betreffende Geld lediglich darlehnsweise dem Staate zur Verfügung gestellt, so gewinnen die Kapitalisten — oder besser gesagt, die Besitzer des beweglichen Kapitalvermögens — jetzt doppelt, indem sie sowohl auf den „aufgeopferten", wie auf den übriggebliebenen Kapitalteil eine höhere Profitrate als die sonst erreichbare beziehen. Es ist wahr, dass sie sich künftig als Steuerzahler an der Aufbringung der betreffenden Schuldzinsen mit beteiligen müssen, allein dieser Nachteil braucht nicht notwendig den erzielten Vorteil aufzuwiegen; es kann ihnen ein Reingewinn übrigbleiben, sogar wenn die Verschuldung des Staates zu einem nach landläufiger Auffassung rein unproduktiven Zweck, z. B. zur Führung eines Krieges, geschah, während sich dann selbstverständlich die Belastung der besitzlosen Klassen um so drückender gestalten muss.

Dass in solcher Weise eine öffentliche Kalamität von gewissen Gesellschaftsklassen auf Kosten der übrigen zu materiellem Gewinn ausgebeutet werden kann, bildet offenbar eine schwere Anomalie des heutigen Rechtszustandes und zugleich eine gar nicht zu übersehende Gefahr — vielleicht die einzige „Kriegsgefahr", welche den modernen Wirtschaftsverhältnissen eigen ist.

Es gehört zu den grossen Verdiensten Wagners, auf diesen wunden Punkt des heutigen Staatswirtschaftslebens entschlossen den Finger gelegt zu haben sowie durch seine nachdrückliche Betonung der Notwendigkeit, in solchen Fällen die Ausgabendeckung wenigstens teilweise durch Steuern zu bewerkstelligen und die hierfür nötigen Steuereinrichtungen (bewegliche Einkommensteuer, spezielle Kriegssteuern u. dgl.) im voraus zu beschaffen, einen Weg zur Heilung aufgewiesen zu haben. Bekanntlich hat in neuerer Zeit Grossbritannien mehr und mehr diesen Weg betreten, was zur Friedensliebe der besitzenden Klassen des Inselreiches nicht wenig beigetragen haben mag.

Auf der anderen Hand wird bei ausserordentlichen Ausgaben die Bedarfsdeckung, auch wenn sie im Steuerwege geschehen würde, oft nur unter Absorption eines Teiles der beweglichen Kapitalien bewerkstelligt werden können. Von den besitzenden Klassen hiesse es dann m. E. zu viel verlangen, wenn man forderte, dass sie einem solchen Deckungsmodus, welcher doch in den meisten Fällen überwiegend sie treffen würde, ohne weiteres zustimmen sollen.

Hierzu kommt noch, dass die Deckung durch Anleihen, rein volkswirtschaftlich genommen, in vielen Fällen doch die ökonomisch richtigere ist, weil diese (nach dem von Wagner angeführten Worte Lafittes) „die Kapitalien nimmt, wo sie sind, die Steuern aber, wo sie nicht sind", und erstere besonders die Beteiligung ausländischer Kapitalien weit mehr erleichtert.

Es muss eben hier nach allen Seiten hin Gerechtigkeit geübt werden; dies kann aber, wie mir scheint, niemals in einer besseren oder überhaupt in irgend einer anderen Weise geschehen, als wenn sowohl die Wahl des Deckungsmodus, durch Steuern oder Anleihen, wie auch die Verteilung der Steuern, welche dort für die Ausgabe selbst, hier für die künftige Schuldentilgung erforderlich werden, nur unter relativer Einstimmigkeit des Vertretungskörpers beschlossen werden darf, und falls diese nicht erreicht wird, die Ausgabe selbst in Wegfall kommt.

Ist letzteres nicht möglich, weil die betreffende Ausgabe als „notwendig", als „eine Lebensbedingung der Gesellschaft" u. s. w. betrachtet wird — nun, dann gehört sie eigentlich nicht der hier besprochenen Ausgabenkategorie, sondern vielmehr derjenigen an, für deren Deckungsweise, wie früher entwickelt wurde, in der Verfassung selbst spezielle Vorschriften im voraus enthalten sein sollten. (Vgl. den oben erwähnen Wagner'schen Vorschlag über Einrichtung besonderer Kriegssteuern.) Man sollte sich aber wohl hüten, das, wofür sich etwa eine Majorität der Machthabenden lebhaft interessiert, ohne weiteres mit politischer oder sozialer Notwendigkeit zu identifizieren. Auch die Uebrigen sind doch schliesslich Menschen und Mitglieder der Gesellschaft, und ihre Interessen bilden jedenfalls einen Teil des öffentlichen Interesses. Den Patriotismus für sich allein in Anspruch zu nehmen, dazu ist gewiss keine einzelne Volkklasse berechtigt, am allerwenigsten diejenigen, welche dem Verdachte, Missgeschicke des Vaterlandes gelegentlich zu vorteilhafter Kapitalanlage auszunützen, nicht ganz überhoben sind.

VII. Von dem sog. sozialpolitischen Gesichtspunkte der Besteuerung.

Es wurde im vorigen mehrfach hervorgehoben, dass das Prinzip der relativen Einstimmigkeit der Steuerbewilligung nicht in allen Fällen angewendet werden könne und namentlich nicht in solchen, wo eine öffentliche Ausgabe wegen Verpflichtungen gegen dritte dem Betrage nach schon feststeht, die Beratungen über ihre Deckung mithin notwendig zu einem positiven Ergebnis führen müssen.

Wir werden uns jetzt mit einer nicht minder notwendigen, obgleich im Grunde nur scheinbaren Ausnahme von der Forderung auf Einstimmigkeit und Freiwilligkeit als Basis der gerechten Besteuerung beschäftigen und damit einen der wichtigsten, leider auch der empfindlichsten und schwierigsten Punkte der modernen Finanz-Theorie und -Praxis zu berühren haben.

Gerechtigkeit der Besteuerung hat offenbar Gerechtigkeit der bestehenden Vermögens- und Einkommensverteilung selbst zur stillschweigenden Voraussetzung; dies gilt, aus welchem Standpunkte immer die Frage beurteilt wird. Von Gleichheit zwischen Leistung und Gegenleistung kann sonst unmöglich gesprochen werden, und ebensowenig von Gleichheit der gebrachten Opfer; denn es ist ja überhaupt keine „Leistung“ an den Staat und auch nicht ein „Opfer“, welches als solches anerkannt werden könnte, wenn jemand zurückzugeben gezwungen wird, was er mit Unrecht besitzt, oder verhindert wird, in Besitz dessen zu treten, wozu er kein anerkanntes Recht hat.

Nicht minder entschieden geht die hier verteidigte Forderung nach dem Vetorecht der Minoritäten von der Annahme aus, dass der Besitzstand jedes Einzelnen vom Staate vollauf anerkannt ist und gerechtermassen anerkannt werden muss. Wenn dies wirklich der Fall ist, erscheint es in der That ungereimt, dass der Staat andererseits sich erlaube, durch die Besteuerung nach Belieben — d. h. ohne von jener Notwendigkeit gedrängt zu sein, die allen Gesetzen vorangeht — in die Rechte, die er selbst sanktioniert hat, wieder Eingriffe zu thun.

Ist aber jene Annahme nicht stichhaltig, sind vielmehr innerhalb der bestehenden Eigentums- oder Einkommensverteilung gewisse Besitz- und Erwerbstitel vorhanden, deren Recht zweifelhaft erscheint oder vor dem Rechtsbewusstsein der Jetztzeit überhaupt nicht mehr bestehen kann, so liegt zweifelsohne der Gesamtheit nicht nur das Recht, sondern die Pflicht ob, diesbezüglich eine Revision der bestehenden Eigentumsverhältnisse vorzunehmen; und es wäre offenbar zu viel verlangt, das Zustandekommen einer solchen Revision durchaus von der Zustimmung der zunächst interessierten Personen abhängig machen zu wollen.

Ich bin mir natürlich des scheinbaren Widerspruches zwischen dem hier Gesagten und dem früher aufgestellten Prinzip wohl bewusst. Wenn der Majorität das Recht zugestanden wird, über die Berechtigung der bestehenden Eigentumsverhältnisse zu entscheiden, warum könnte sie nicht, so möchte man im ersten Augenblicke zu fragen geneigt sein, ebensogut darüber beschliessen, wie viel ein jeder an Steuern zahlen soll? Und würde man nicht entgegengesetztenfalls etwa mit der einen Hand nehmen, was man mit der anderen gegeben hat?

Eine nähere Betrachtung, wie wir sie im folgenden anstellen werden, wird jedoch m. E. zeigen, dass hier in Wirklichkeit formell wie materiell ein hochwichtiger Unterschied besteht. Formell, denn es ist doch etwas ganz anderes, gewisse Besitz- oder Erwerbstitel an und für sich und einfür allemal abzuerkennen, oder in dieselben gelegentlich und stückweise nach Belieben und Bedarf Eingriffe zu thun. Und materiell, denn es versteht sich von selbst und wird im folgenden deutlich gemacht werden, dass es sich im ersten Falle fast ausschliesslich um eine Richtigstellung der künftigen wirtschaftlichen Verhältnisse handeln kann, unter Schonung aller schon anerkannten Besitzrechte, während im letzteren Falle selbstverständlich kein solches Recht gegen die Launen der „Steuergewalt“ schützen würde.

Schliesslich aber braucht weder, noch sollte jemals m. E. eine knappe Mehrheit der Stimmen über die tiefeingreifenden Fragen der Eigentumsrechte entscheiden. Die Forderung qualifizierter Majorität wäre vielmehr auch hier, wie wir gleich sehen werden, obwohl aus etwas anderen Gründen aufrecht zu erhalten.

Es liegt jedoch auf der Hand, dass man in solchen Sachen kaum zaghaft genug vorgehen kann; jeder übereilte Schritt auf diesem Gebiete wird sich früher oder später gewiss rächen. Die Massregel sollte, ehe sie bewerkstelligt wird, wo möglich von einer einstimmigen oder jedenfalls von einer überwältigenden Volksstimmung gefordert, nicht etwa den Launen einer zufälligen Majorität der Volksvertretung entsprungen sein. Eine mehr oder weniger qualifizierte Majorität könnte somit auch hier als Bedingung der Beschlussfassung aufgestellt werden, mehr aber im Interesse einer erwünschten Stabilität der gesellschaftlichen Verhältnisse (wenn jene nicht, wie meistens der Fall, schon auf andere Art hinreichend gesichert ist), wie als selbstverständliches Recht der zunächst Beteiligten.

Auch nach einer anderen Richtung hin erweist sich die hier betrachtete Frage von den früher behandelten grundverschieden. Eine derartige Revision würde (darin muss man wohl z. B. Helferich[1]) gegen Wagner beistimmen) ihrer Natur nach vorgenommen werden ohne jede Rücksicht auf die zu deckenden Staatsbedürfnisse. Es ist übrigens nicht einmal notwendig, dass die Aufhebung gewisser Erwerbsrechte immer zur Vergrösserung der Staatseinnahmen führen muss, wie gleich erwiesen werden soll.

Wenn dies jedoch, wie gewöhnlich, geschieht, würde natürlich dadurch ein Teil der bisherigen Einnahmen wenigstens vorläufig in Wegfall kommen können, und der Beschluss hierüber kann kaum anders als durch einfache Majorität gefasst werden. Am einfachsten scheint es daher, die so gewonnenen Einnahmen, wie überhaupt die Einnahmen aus dem Aktivvermögen des Staates, zu welchen sie selbst gerechnet werden können, für solche Staatsausgaben zu verwenden, deren Betrag schon feststeht, somit in erster Linie für die Verzinsung und Tilgung der öffentlichen Schuld.

Die ganze Frage steht offenbar mit dem von Ad. Wagner eingeführten Begriffe des sog. sozial-politischen Gesichtspunktes der Besteuerung im engsten Zusammenhang. So hoch ich aber das Verdienst anschlagen möchte, welches Wagner sich durch seine unerschrockene Hinweisung auf jene bisher in der Finanzwissenschaft wenig beachtete oder anerkannte Aufgabe des Staates und die hierdurch eröffneten Steuer- oder vielmehr Einnahmequellen der Gesamtheit erworben hat, kann ich mich doch nicht mit allen Einzelheiten seiner betreffenden Erörterungen einverstanden erklären.

Als eine allgemeine Anmerkung, die jedoch für die praktischen Ergebnisse seiner Theorie nicht ausschlaggebend ist, möchte ich hervor-

---

1) Allgemeine Steuerlehre, Schönbergs Handbuch, 3. Aufl., III, S. 131.

heben, dass Wagner auf die angeblichen Missstände des herrschenden privatwirtschaftlichen Konkurrenzsystems meines Erachtens viel zu viel Gewicht legt. Wagner selbst erklärt anderswo, dass dieses System besonders deshalb für die arbeitenden Klassen verhängnisvoll ist, weil es noch von den geschichtlich überlieferten Besitzverhältnissen beeinflusst wird. Dies ist in der That so sehr der Fall, dass ich sogar geneigt wäre, das Wagnersche Postulat gewissermassen umzukehren und die Aufgabe des Staates auf diesem Gebiete eher in einer prinzipiellen Förderung wie in einer Gegenwirkung gegen jenes System zu sehen.

Nicht die freie Konkurrenz hätten nach m. D. die Arbeiter als Klasse zu befürchten; sondern eben in dem Umstande, dass die Konkurrenz noch niemals eine wirklich freie war, indem die oberen Klassen in ihren Besitztümern oder in ihrer sorgfältigeren Erziehung einen wirtschaftlichen Vorsprung erhalten haben, den die unteren trotz aller Bemühung nicht einzuholen imstande sind, liegt die Hauptursache der thatsächlichen Unterlegenheit und wenig befriedigenden Lage der letzteren, soweit derselben durch sozialpolitische (also nicht etwa vielmehr durch bevölkerungspolitische) Massregeln abzuhelfen wäre.

Verfolgt man die Wagnerschen Vorschläge ins einzelne, wie wir unten thun werden, so wird man wohl auch finden, dass diese eigentlich sehr wenig mit den Wirkungen der freien Konkurrenz zu thun haben, vielmehr fast ausschliesslich auf eine (partielle) Einschränkung der altherkömmlichen Besitz- oder Erwerbsrechte abzielen.

Insbesondere scheint mir die sozialpolitische Rolle der Erbsteuer noch immer etwas zweifelhaft zu sein, wie nahe es auch liegen mag, eben dieser Steuer eine solche Rolle zuzuweisen.

In Uebereinstimmung mit mehreren der hervorragendsten Staatswissenschaftslehrer (wie Bentham, J. St. Mill, F. A. Lange u. a.) will Wagner die Erbschaftssteuer nicht mehr als eigentliche Steuer, sondern als eine Art wirklicher Erbbeteiligung des Staates aufgefasst wissen. Seine Begründung dieser Ansicht will mir jedoch nicht als völlig konkludent vorkommen [1]).

Es ist wahr, dass das ältere Familienerbrecht eigentlich auf einer Gesellschaftsordnung fusste, die jetzt grösstenteils verschwunden ist. Die Familienbande sind überhaupt, wenigstens nach der juristischen Seite hin, erheblich gelockert oder eingeschränkt worden, besonders bei den Völkern germanischen Ursprungs; zwischen entfernteren Verwandten bestehen in den meisten Fällen gar keine Familienbeziehungen mehr. Ob aber an die Stelle dieser Bande

---

1) Bekanntlich hat sich Wagner auf diesem Punkte die nähere Motivierung seiner Auffassung für eine künftige Arbeit vorbehalten. (S. Finanzw. II, 2. Aufl., § 241, S. 588.)

jetzt mehr im vollen Umfange Beziehungen zwischen dem Einzelnen und dem Staate getreten sind, erscheint etwas zweifelhaft, wenn dies auch zum Teil der Fall sein mag. Eher möchte man hier an die vielen freundschaftlichen, genossenschaftlichen, geschäftlichen, kollegialen, parteilichen u. s. w. Beziehungen der Jetztzeit denken. M. a. W.: eine Einschränkung des heutigen Familien-(Intestat-)erbrechts ist gewiss gerechtfertigt, allein gerade in viel grösserem Massstabe, als dass die staatliche (oder gemeindliche) Erbbeteiligung als ein adäquates Komplement des ersteren gelten könnte. Das richtige Komplement liegt vielmehr m. E. in einer Erweiterung des testamentarischen Erbrechts, oder besser gesagt, des Rechts, testamentarische Verfügungen zu treffen. Eine Bestimmung, wie z. B. die der jetzigen Erbordnung Schwedens, welche, sobald Brusterben da sind, das legatarische Verfügungsrecht des Erblassers, mag sein Vermögen ein noch so riesenhaftes sein, auf die Hälfte des Betrages einschränkt, entbehrt, wie mir scheint, jeder sittlichen oder volkswirtschaftlichen Unterlage. Warum sollen denn notwendig die Kinder eines Millionärs zum Müssiggang geradezu verurteilt werden? Zeigt nicht die Erfahrung tausendfach, dass der grösste wirtschaftliche, wissenschaftliche oder soziale Erfolg beinahe immer von solchen errungen wurde, deren natürliche Anlagen, ohne etwa durch die Fesseln der Dürftigkeit erstickt zu werden, des heilsamen Ringens mit Schwierigkeiten und Hindernissen nicht vollständig entbehrt haben, während in den beiden entgegengesetzten Fällen die Mittelmässigkeit die beinahe ausnahmslose Regel war?

Die von einigen, meistens sozialistischen Schriftstellern gehegte Ansicht, die Uebelstände der heutigen Eigentumsverteilung könnten durch eine konfiskatorisch starke Erbschaftssteuer radikal beseitigt werden, muss aber, wenigstens bei sonstiger Beibehaltung der bestehenden Wirtschaftsordnung, als illusorisch verworfen werden. Ein grosses Vermögen, und sogar die allergrössten, sind nicht selten in einer oder zwei Generationen errungen worden. Aber selbst, wo dies nicht der Fall ist, wäre es wohl konsequent, das Besitzrecht während der Lebensdauer des Eigentümers vollauf anzuerkennen, ihm aber jedes Verfügungsrecht über seine Güter beim Tode abzusprechen? Könnte dies ohne schwere wirtschaftliche Schäden ablaufen?

Diese Einwürfe treffen allerdings den Standpunkt Wagners nicht, aber wohl nur, weil er die logischen Folgerungen seiner Voraussetzungen kaum gezogen hat. Er beansprucht für die Gesamtheit lediglich eine mässige Erbbeteiligung, hauptsächlich als Ersatz für die privatwirtschaftlichen Verpflichtungen (Unterstützung ärmerer Familienmitglieder u. s. w.), die früher dem jeweiligen Inhaber des Familienvermögens oblagen, jetzt aber zum Teil durch die Fürsorge des Staats und der Gemeinde ersetzt worden sind. Dies mag an sich sehr richtig und besonnen sein, dass aber dem „sozialen Gesichtspunkte“ hierdurch Genüge geschehe, meint wohl auch Wagner nicht. Aus diesem Gesichtspunkte sollte man wohl vor allem dem unverdienten Anhäufen (und damit auch meistens der unökonomischen Verwendung) von Reichtümern, welches jetzt durch Gesetz und Landessitte gefördert wird, energisch entgegenzutreten suchen.

Der einzig praktische Weg, diesen Zweck zu erreichen, scheint mir vielmehr darin zu liegen, dass man die zwei Teile, aus welchen jedes Erb-, Testierungs- oder Gabenrecht sich notwendig zusammensetzt, nämlich einerseits das Recht zu geben, andererseits das Recht zu empfangen, streng auseinanderhält und jedes für sich angemessen behandelt. Ersteres mehr als durchaus nötig einzuengen, läuft noch heute vielfach unserem Rechts- und Billigkeitsgefühl zuwider und muss überdies zu ernsten Bedenken volkswirtschaftlicher Art Veranlassung geben.

Die naheliegende Furcht, dass eine Erbsteuer den Ansporn zur Wirtschaftlichkeit und zum Sparen vermindern würde, mag man allerdings mit Wagner für unbegründet halten, wenn der Steuerbetrag nur gering ist; dann wird sie aber auch innerhalb der Vermögensverteilung eben keine nennenswerte ausgleichende Wirkung ausüben können.

Das Erbrecht aber im zweiten, eigentlichen Sinne des Wortes, das unbeschränkte Recht zu empfangen, muss, wenn überhaupt, in durchaus verschiedener Weise begründet werden und fusst in der That, wenn ich nicht sehr irre, in einer Auffassung der gesellschaftlichen und geschlechtlichen Beziehungen, die heute grösstenteils als schon veraltet bezeichnet werden kann. Dasselbe erscheint weder aus sittlichen, noch aus wirtschaftlichen Rücksichten erforderlich, im Gegenteil erwachsen in beiderlei Hinsichten gegen das Aufrechterhalten dieses Rechts immer grössere Bedenken. Die Besorgnis, dass mit dem Aufheben des Erbrechtes die grossen geschäftlichen Unternehmungen beim Tode des Eigners schwerlich erhalten werden könnten — ein Grund, der bekanntlich die Saint-Simonisten veranlasste, die Forderung aufzustellen, dass das Erbrecht des Blutes nicht einfach abgeschafft, sondern in ein sogenanntes „Erbrecht des

Verdienstes" umgewandelt werden sollte — diese Besorgnis muss wohl heute angesichts der grossartigen Entwickelung des Associationswesens als nicht mehr berechtigt bezeichnet werden.

Um einige allgemein bekannte Beispiele zu erwähnen: Eines der ungeheuersten unter den Pariser Grossgeschäften, das am linken Seine-Ufer befindliche Modewaren-Magazin „Au bon marché", wurde bekanntlich vor einigen Jahren von den Schöpfern dieses Unternehmens, den Ehegatten Boucicaut, dem ganzen, damals angestellten Dienstpersonal (mehr als 1300 Personen) testamentarisch vermacht, und befindet sich, so viel ich weiss, noch jetzt in dessen Gesamtbesitz; man hat nicht gehört, dass dieses Arrangement die Konkurrenzfähigkeit des betreffenden Geschäftes beeinträchtigt hätte. Aehnliches gilt von den Baumwollenfabriken zu Oldham und Rochdale in England, deren Aktien zum grossen Teil in sehr kleinen Beträgen in den Händen der betreffenden Arbeiterbevölkerung sich befinden. Eines der grossartigsten und gewiss eines der blühendsten Geschäfte Englands, die „Wholesale cooperative Society", welche die sämtlichen Arbeiterkonsumvereine Grossbritanniens und Irlands mit Kolonialwaren und sonstigen ausländischen Produkten versieht, bildet noch ein Beispiel derselben Art.

Man kann auch nicht behaupten, dass das Recht des Erblassers, wenn an sich anerkannt, notwendig ein (unbegrenztes) Recht des Empfängers in sich schliesst, denn selbstverständlich ist auch ersteres Recht kein absolutes, sondern unterliegt überall gewissen sozialen Einschränkungen. Kein Gerichtshof würde ein Testament bestätigen, worin Bestimmungen für Zwecke sich vorfänden, die als unsittlich oder schädlich erklärt werden müssten. Wenn folglich etwa nach J. St. Mills bekanntem Vorschlag das Recht zu empfangen gegenüber Erbanteilen oder Gaben auf einen gewissen Maximalbetrag eingeschränkt würde, — einen Betrag, der prinzipiell wohl nur so viel ausmachen dürfte, als nötig wäre, um dem Erben oder Legatar die Wahl einer Lebensbahn, bezw., falls er erwerbsunfähig ist, ein anständiges Auskommen zu sichern — so könnte dies kaum als eine zu weit gehende Einschränkung des Verfügungsrechts des Erblassers über sein Eigentum gelten. Es stände diesem ja in der That noch immer offen, von seinen Mitteln irgend welchen Gebrauch zu machen, nur nicht einen voraussichtlich schlechten; und es ist sogar sehr wahrscheinlich, dass denkende Eltern, besonders wenn sie sich selbst zum Reichtum emporgearbeitet haben, es vorziehen würden, ihren Kindern das zweifelhafte Geschenk eines mehr oder weniger müssigen Lebens zu ersparen, wenn nicht die herrschende Landessitte, durch die Gesetzgebung unterstützt, ein solches Verfahren als etwas „unnatürliches" gestempelt hätte.

Auf dieses Thema näher einzugehen, hiesse den Rahmen der vorliegenden Arbeit überschreiten. Das schon Gesagte mag genügen, um zu zeigen, warum ich nicht in der Erbsteuer, sondern nur in einer tiefgreifenden Erbschaftsreform ein adäquates Mittel erblicken kann, die sozialen Forderungen der Jetztzeit auf dem Gebiet des Eigentumsrechts zu erfüllen.

Jene Steuerart erscheint mir vielmehr der Hauptsache nach und prinzipiell lediglich als ein, übrigens durchaus geeignetes Komplement zur gewöhnlichen Einkommens- und Vermögenssteuer, als ein Mittel, erstere progressiv zu gestalten, sobald die Natur der zu deckenden Ausgabe eine solche Progressivität billig und angemessen macht; und es wäre somit m. E. auch diese Steuer auf dem Wege der Einstimmigkeit und Freiwilligkeit der Steuerbewilligung zu erheben. Ich sage: der Hauptsache nach und prinzipiell; denn z. B. ein eventueller Ausschluss gewisser entfernterer Verwandtschaftsglieder aus dem Bereich des Intestatserbrechts berührt kaum die hier behandelte Frage; und als vorübergehender Ersatz mehr rationeller und durchgreifender Veränderungen der bestehenden Erbschaftsordnung mag die Erbsteuer immerhin gutgeheissen werden. —

Um so ungeteilter schliesse ich mich dem zweiten Hauptpunkte des Wagnerschen „sozialpolitischen" Steuersystems an, ich meine der speziellen Besteuerung, oder richtiger gesprochen, der (nach Wagner allerdings nur sehr partiellen) Konfiskation von unverdienten Vermögenszunahmen, sogenannten Konjunkturgewinnen[1]).

Den praktisch wichtigsten und zugleich am leichtesten nachweisbaren hierher gehörigen Fall, an den ich mich deshalb ausschliesslich halten werde, bilden die Wertvergrösserungen des Grund und Bodens infolge veränderter volkswirtschaftlicher Verhältnisse, vor allem wegen des Anwachsens der Städte.

Die Einwände, welche unter Berufung auf die Berechtigung der wirtschaftlichen Spekulation gegen jene Massregel gemacht werden könnten und auch vielfach (u. a. von G. Cohn) gemacht wurden, sind allerdings m. E. nicht ohne weiteres von der Hand zu weisen. Insofern die betreffende Wertsteigerung in Wirklichkeit

---

1) Bekanntlich wurde auch dieser Gedanke, und zwar in viel schärferer Gestalt, von den beiden Mill (Vater und Sohn) verteidigt.

durch irgend eine spekulative Thätigkeit des Eigners mit verursacht ist, sollte nach meinem Dafürhalten diesem Umstand volle Berücksichtigung zu teil werden. Eben deshalb vermag ich mich dem Vorschlage Wagners (dem Cohn auf diesem Punkte beitritt) nicht ganz anzuschliessen, dass nämlich vorstädtische Grundstücke, welche nur landwirtschaftlich benutzt werden oder gar müssig liegen bleiben, „um Wert einzusaugen“, in das Gebäudesteuer-Kataster nach ihrem jetzigen mutmasslichen Verkaufswert eingetragen und danach besteuert werden sollten.

Wenn ein sonst geeignetes Baustellenland vom Eigner in dieser oder jener Weise „aus dem Markt gehalten“ wird, so kann dies wohl nur aus einem der folgenden zwei Gründe geschehen. Entweder, er besitzt zu wenig Kapital, um selbst als Bauherr aufzutreten, will aber sein Grundstück nicht zu einem niedrigeren Preise verkaufen, wenn er binnen einigen Jahren voraussichtlich einen viel höheren erreichen wird. Oder aber, das Grundstück könnte heute ökonomischerweise nur mit sehr einfachen Baulichkeiten versehen werden, während es in einigen Jahren vielleicht an einer der künftigen Hauptstrassen der schnell heranwachsenden Stadt liegen wird, und dann, wenn noch unbebaut, wahrscheinlich in viel rentablerer Weise benutzt werden könnte. Zwingt man nun, was bei einer etwas hohen Steuer der erwähnten Art wahrscheinlich der Fall sein würde, den Eigner zum vorzeitigen Verkauf oder Bebauen seines Grundstückes, so hätte man im ersteren Falle den grössten Teil des erreichbaren Gewinnes einem anderen, dem wahrscheinlich kapitalstärkeren Käufer zugeschoben, was wenig gerecht erscheint; im letzteren Falle aber wäre, rein volkswirtschaftlich betrachtet, eine relativ unökonomische Verwendung des betreffenden Bauplatzes herbeigeführt worden, was ebensowenig erwünscht sein kann.

Dies alles betrifft jedoch nur die zu wählenden Formen der fraglichen Besteuerung: im grossen ganzen muss wohl zugestanden werden, dass in solchen Fällen, und vollends, wenn es sich um den schon bebauten Grund und Boden handelt, eine Wertsteigerung desselben nur blutwenig von der spekulativen Thätigkeit des Eigners abhängen kann, sondern vielmehr auf Ursachen beruht, die mit der allgemeinen wirtschaftlichen Entwicklung der betreffenden Gemeinschaft zusammenhängen.

Dass jene Wertsteigerung eine direkte Schöpfung des Gewerbefleisses der umgebenden Volkswirtschaft sei, wie vielfach behauptet worden ist, wäre allerdings eine theoretisch unhaltbar Auffassung des Sachverhältnisses[1]; vielmehr ist ja das nähere Zusammenrücken der Bevölkerung und das hierzu nötige Verfügen über den städtischen Grund und Boden eine notwendige Bedingung für die Entwicklung eben dieses Gewerbefleisses. Aber ebensowenig oder noch weniger ist der betreffende Zuwachs an Wert, mit kaum nennenswerten Ausnahmen, von irgend etwas bedingt, was der Eigner oder seine Vorfahren gethan hätten.

Sobald übrigens das Recht der Enteignung (Expropriation) von Privatboden für öffentliche Zwecke anerkannt wird, kann wohl prinzipiell gegen das genannte Participieren seitens der Gesamtheit an den künftigen Wertzunahmen nicht viel eingewendet werden.

Höchstens möchte man, um nicht etwa die betreffende Art von Vermögen härter als andere Arten zu treffen, darauf acht nehmen, dass der jetzige Wert des Besitzes an Grund und Boden nicht nur vom aktuellen Ertrag desselben, sondern, wenn auch meistens in geringem Masse, von der voraussichtlichen künftigen Steigerung dieses Ertrages mit bedingt wird, m. a. W.: dass derartige Kapitalplacierungen in der Regel unter vorläufiger Berechnung eines etwas niedrigeren Zinsfusses als des sonst üblichen zu geschehen pflegen.

Mit diesem Vorbehalt empfiehlt sich m. E. im Interesse der sozialen Gerechtigkeit ein viel eingreifenderes Vorgehen zur Beschränkung derartiger Glücksgewinne, als Wagner selbst befürwortet. Neben der schon erwähnten Extrasteuer auf müssigliegende Baustellen u. dgl. will er die Erfassung der betreffenden Wertzunahmen hauptsächlich nur beim Besitzwechsel (einschliesslich Erbübergang) geschehen lassen. Diese Einschränkung scheint mir wenig berechtigt und die vorgeschlagene Massregel überdies vom Gesichtspunkte des unbehinderten Verkehrs ebenso bedenklich, wie überhaupt alle Besitzwechselsteuern (ausser natürlich der Erbsteuer).

Vielmehr sollte nach meiner Meinung die Gesetzgebung erklären, von einem gewissen Zeitpunkte an werde jeder Zuwachs des damals aufgeschätzten Ertrags des festen Eigentums — sei es schon bebauten, sei es unbebauten Bodens — einer besonderen Abgabe unterworfen werden, insofern er nicht nachweisslich durch das Zuthun des Eigners (Bodenmeliorationen, Neubau, Umbau u. s. w.) verursacht ist und lediglich den Zinsen der hierfür verwendeten Kapitalauslage entspricht. Jene Abgabe sollte in successiven

---

1) Vergl. hierüber meine Arbeit: Ueber Wert, Kapital und Rente, S. 15.

Schritten so hoch bemessen werden, dass sie die unverdienten Vermögensanfälle prinzipiell abschneiden würde, jedoch mit Abmessung eines eher zu breiten als zu engen Spielraums, mit Hilfe dessen der Eigner für seine etwaigen indirekten Auslagen, Arbeitsaufwand und spekulative Energie sich schadlos halten, ev. auch seine möglichen Verluste infolge Preisrückganges decken könnte.

Inwieweit dasselbe Verfahren auf Konjunkturgewinne an gewöhnlichen Waren z. B. auf die Termin-Spekulation anzuwenden wäre, mag dahingestellt sein. Einmal gleichen sich Gewinnste und Verluste hier weit mehr aus, dann aber hat die Börsenspekulation i. e. S. eine nicht zu unterschätzende volkswirtschaftliche Aufgabe, welche den obengenannten Immobilien-Geschäften kaum nachgerühmt werden könnte. Jedes Börsengeschäft, sei es noch so sehr als „Spiel" gebrandmarkt, hat notwendig die Tendenz, Waren, Arbeit oder bewegliche Kapitalien von dort, wo sie wenig nachgesucht und relativ billig sind, dahin, wo sie mehr nachgefragt und teurer sind, zu dirigieren. Wenn nicht, so wird der Spekulant für seinen Missgriff notwendigerweise selbst büssen. Durchschnittlich wird somit der eventuelle Gewinn des Börsenspekulanten wohl nur einen Teil von dem grösseren Gewinn ausmachen, welchen die Gesellschaft aus seiner Thätigkeit erzielt.

Das hindert allerdings nicht, dass auch auf diesem Gebiet manchmal gänzlich unverdiente (und nicht selten auch moralisch verwerfliche) Gewinne vorkommen, welche spezielle Massregeln im Steuerwege rechtfertigen könnten. Nur giebt es hier eben keine nachweisbare allgemeine Bewegung in dieser Richtung, wie z. B. die Wertsteigerung des Grund und Bodens infolge der Dichtigkeitszunahme und städtischen Konzentration der Bevölkerung eine ist.

Die Schwierigkeiten der praktischen Lösung des hier aufgestellten sozialen Problems werden zweifellos erheblich sein, jedoch kommt es in erster Linie nicht auf diese, sondern auf die Billigung des Prinzipes an, wozu leider in der bisherigen Steuerpraxis noch so gut wie keine Spur sich vorfindet.

Das einzige mir bekannte Beispiel einer annähernden praktischen Verwirklichung des oben dargelegten Grundgedankens bietet etwa die neue Grund- und Einkommensteuer New Zealands. Nach Seligmans Schilderung (Progressive Taxation S. 58) unterliegt dort der Grund und Boden seinem aufgeschätzten Werte nach einer, wenn auch nicht übermässig hohen Steuerprogression, wobei jedoch die auf Bodenmeliorationen verwendeten Kapitalien in Abzug kommen dürfen, um selbst nur proportional mit dem kleinsten Steuerfusse besteuert zu werden.

Um zu zeigen, welche bedeutenden Werte hier nicht selten im Spiele sein können, mögen folgende Ziffern angeführt werden, denen der Leser wahrscheinlich leicht aus den ihm näherliegenden Verhältnissen andere eben so schlagende anzureihen in der Lage sein wird.

Im Jahre 1875 betrug in der Stadt Stockholm der Taxwert sämtlicher steuerpflichtigen Grundstücke 177 Millionen Kronen[1]). In den folgenden fünfzehn Jahren, welche sich durch einen starken Bevölkerungszuwachs und eine sehr lebhafte Bauthätigkeit auszeichneten, stieg jener Wert, so dass er im Jahre 1890 469 Millionen Kronen betrug.

Wenn man annimmt, was nicht übertrieben sein dürfte, dass der Wert des Grund und Bodens durchschnittlich ein Viertel des Taxwerts ausmacht, hätte somit erstere Grösse in jenen fünfzehn Jahren um 73 Millionen Kronen zugenommen.

Mit 4% verzinst würde jene Summe ein jährliches Einkommen von beinahe 3 Millionen Kronen liefern oder etwa $^3/_4$ der damaligen (direkten) Kommunalsteuer Stockholms.

Wieviel von diesem Betrag man als hinreichende Belohnung einer Privatspekulation betrachten möchte, deren volkswirtschaftliche Bedeutung jedenfalls sehr gering ist, sei dahingestellt; dass die Hauptmasse desselben ohne Verletzung irgend eines berechtigten Interesses, ohne jeglichen volkswirtschaftlichen Schaden, und speziell ohne dass die eigentliche Bauthätigkeit unter wesentlich schlechteren Verhältnissen gearbeitet hätte, oder die Hausmieten um einen Pfennig erhöht worden wären, in der obenangedeuteten Weise der Gesamtheit, Staat oder Gemeinde, zur Verfügung hätte gestellt werden können — steht für mich ausser Frage.

Dass die erwähnte Massregel, heute vorgenommen, einen ähnlichen Erfolg aufweisen würde, ist allerdings angesichts der mutmasslich mehr stationären Verhältnisse der nächsten Zukunft nicht zu erwarten. Dies sollte jedoch kein Hindernis gegen ihre Einführung sein. Eher im Gegenteil. Man behielte dann Zeit, sich an diese gesetzgeberische Neuigkeit zu gewöhnen, ohne dass die heutigen Privatinteressen Gelegenheit hätten, sich verletzt zu fühlen. Bei einer stark aufwärts sich bewegenden Konjunktur hingegen sind die zukünftigen Ertragswerte meistens von der Spekulation schon vielfach vorweggegriffen; die teilweise Konfiskation derselben würde dann vielleicht nicht ohne sehr fühlbare privatökonomische Schädigungen ablaufen können.

---

1) 1 Krone = 1 M. 12·5 Pf.

Neben dem städtischen und vorstädtischen Grund und Boden wäre hier noch an die Wertvergrösserungen zu denken, welche das Grundeigentum in der Umgebung neu eröffneter Verkehrswege zu erfahren pflegt, insofern die betreffenden Grundeigner nicht speziell zur Kostendeckung jener Verkehrsanstalten schon herangezogen worden sind, oder freiwillig sich daran beteiligt haben.

Besonders für Schweden ist hierbei dasjenige Grundeigentum von Gewicht, an welches unser bedeutendstes Exportgeschäft geknüpft ist, die grossen Wälder im nördlichen Teile des Landes.

Seitens der Verteidiger unseres jetzigen, bekanntlich stark protektionistischen, handelspolitischen Systems ist vielfach die Behauptung ausgesprochen worden, ein eventueller Uebergang zum Freihandel würde hauptsächlich den grossen Gesellschaften, welche unsere Sägewerke und Forsten besitzen, zu gute kommen, nämlich in der Form billigerer Arbeitskräfte und wohl auch höherer Preise ihrer Produkte. Dieser Einwand, wenngleich augenscheinlich sehr übertrieben, entbehrt gewiss nicht jeder Grundlage. Der betreffende Missstand wäre aber schon beseitigt, oder vielmehr in allgemeine Wohlthat umgewandelt, wenn Staat und Gemeinden ihre Ansprüche auf Beteiligung an solchen unverdienten Gewinnen zur selben Zeit vollauf geltend machen wollten. — Alles in allem genommen gehört, wenn ich mich nicht sehr irre, die besprochene Massregel zu denjenigen, über die, wenn einmal getroffen, alle Welt sich wundert, dass sie nicht schon längst durchgeführt sind. —

In einer der australischen Kolonien, ich glaube Victoria, befanden sich zur Zeit der grossen Goldentdeckungen die goldführenden Erdschichten zum Teil auf Landstrichen, die von einzelnen Mitgliedern der Kolonie schon mit vollem Eigentumsrecht erworben, aber noch nicht wirklich in Besitz genommen waren. Die betreffenden Eigner kamen nun natürlich fröhlich herbeigelaufen und begehrten den Besitz antreten zu dürfen. Allein die gesetzgebende Versammlung der Kolonie machte einen dicken Strich durch ihre Rechnung, indem sie aus eigener Machtvollkommenheit die Kaufkontrakte anullierte und den bezüglichen Grund und Boden wieder in das Besitztum der Kolonie hineinzog — und zwar, wie mir scheint, mit vollem Recht, denn wenn es auch nicht ausdrücklich stipuliert worden war, darf es jedenfalls als stillschweigende Voraussetzung angenommen werden, dass die betreffenden Kaufverträge dahin gemeint waren, dass es sich um Anbaugrund und Schafweiden, aber nicht um Gold handle. — Die Entdeckung irgend welcher Goldminen steht wohl leider weder in unserem Lande, noch in den meisten übrigen Ländern alter Kultur in Frage; um so weniger aber wäre es hier berechtigt oder vernünftig, die etwa noch entstehenden Zukunftswerte, welche bis jetzt nicht dem bestehenden Privatbesitz einverleibt worden sind, und auf die, genau genommen, auch kein stichhaltiger privater Rechtstitel aufzuweisen ist, umsonst dem Zufall zu überlassen und dadurch die schon vorhandene Ungleichmässigkeit der Eigentumsverteilung, die ein jeder beklagt, ganz unnötigerweise zu verschärfen.

VIII. Schlussworte.

Nach dieser Abschweifung auf ein Gebiet, welches zwar auch in finanzieller Hinsicht von grösstem Gewicht ist, dessen Schwerpunkt aber mehr im Bereiche der Rechts- wie der Steuerfragen, mehr in der Gesetzgebung i. e. S. wie in der Steuergesetzgebung liegt, wollen wir uns dem Prinzip der Einstimmigkeit und Freiwilligkeit der Ausgaben- und Steuerbewilligungen noch einmal zuwenden, um über seine praktische Durchführbarkeit einige Worte zu äussern.

Als notwendige Bedingung derselben wurde das gleichzeitige Votieren der Ausgaben und der Mittel zu ihrer Deckung bezeichnet. Es ist klar, dass letztere Einrichtung auch selbständig getroffen werden könnte, und zwar wäre dazu keine Verfassungsänderung nötig, wenn nur die Parteien von dem, ihnen in den meisten Konstitutionen zustehenden Recht Gebrauch machen wollten, an die Genehmigung jeder, oder wenigstens jeder neuen Anschlagsforderung die Bedingung zu knüpfen, dass die betreffende Ausgabe in einer ganz bestimmten, von vornherein festzustellenden Weise zu decken sei.

Es versteht sich von selbst, dass hiermit keineswegs etwa die Einrichtung einer besonderen Steuerart für jede einzelne Ausgabe oder gar einer separaten Finanzverwaltung jedes Artikels des Budgets gemeint ist. Die Ueberweisung bestimmter Einnahme- an bestimmte Ausgabenkategorien könnte vielmehr sehr gut eine rein rechnerische sein und braucht übrigens nicht mit peinlicherer Genauigkeit zu geschehen, wie die Spezialisierung des Budgets überhaupt.

Es wäre überflüssig gewesen, dies besonders hervorzuheben, wenn nicht Leroy-Beaulieu in seinem Traité de la Science des Finances (5me. éd. I, p. 134 und anderswo) auf die angeblichen praktischen Schwierigkeiten des „Système de la spécialité des taxes", dessen theoretische Vorzüge, wenigstens in betreff der Gemeindefinanzen, er sonst anerkennt, ein m. E. übertriebenes Gewicht gelegt hätte. Wenn L.-B. bemerkt, dass ein solches System „offenbar" niemals gegenüber den staatlichen Ausgaben Anwenduug finden könnte, scheint er vergessen zu haben, dass dies in den älteren Verfassungsstaaten doch thatsächlich in sehr grossem Umfang der Fall war.

Wenn dies als allgemeine Praxis angenommen würde, wäre damit ein praktisch sehr wichtiger Schritt in der hier vorgeschlagenen Richtung schon gethan, aus dem sich m. E. die Forderung des Vetorechts der Minoritäten früher oder später als logisch notwendige Konsequenz ergeben würde. Wenn, wie heute, die Ausgaben für sich und ebenso die Einnahmen für sich bewilligt werden, kann es in der That erscheinen, als ob in beiden Fällen und vollends im letzteren die Beschlussfassung nur durch einfache Majorität geschehen könnte. Anders, wenn Ausgaben und Einnahmen stets einander gegenüber gestellt würden. Dann hätte man regelmässig unter vielen Möglichkeiten die Wahl zu treffen, und es müsste wohl dann einleuchtend sein, dass einer Kombination, welche, alle befriedigt — was, wie oben hervorgehoben, theoretisch immer erzielt werden kann, sobald die betreffende öffentliche Leistung wirklich eine allgemein nützliche ist — doch eine höhere Gerechtigkeit innewohnt als irgend einer anderen, welche der einen, zufälligerweise etwas grösseren Hälfte der Interessenten allerdings noch mehr gelegen sein würde, aber auf Kosten der übrigen vor sich gehen müsste. Dies einmal zugegeben, ist die Berechtigung des Minoritätsvetos dem Grundsatze nach eigentlich schon anerkannt.

Gegen das formelle Aufnehmen eines derartigen Rechtes in die Verfassung werden freilich Einwände gemacht werden können. Man wird von eventuellen Missbräuchen, von Obstruktionen u. dgl. sprechen, wozu eine Minorität verleitet werden könnte, um ihre Sonderziele illoyalerweise durchzusetzen. Die Möglichkeit solcher Folgen soll nicht vereint werden. Jede Macht kann gemissbraucht werden. Allein die Gefahr hierfür scheint eben um so geringer zu sein, je mehr es den verschiedenen Parteien offen steht, ihre berechtigten Interessen direkt wahrzunehmen. Obstruktionen sind die Waffe der Verzweiflung, die kleinliche und meistens unfruchtbare Rache von Minoritäten, deren Rechte unter die Füsse getreten werden. Den Machtmissbräuchen einer Minorität, sobald dieselbe nicht etwa alleinherrschend ist, drohen übrigens in der einen oder anderen Form Repressalien, während die Machtfülle der Majorität ganz unkontrolliert dasteht, ohne jede gesetzliche Möglichkeit der Minoritäten, sich ihrem Joch zu entziehen.

Wie weit entfernt auch die hier vorgeschlagene Anordnung von den verfassungsmässigen Bestimmungen vieler europäischer Länder dastehen mag — welche Bestimmungen fast darauf berechnet scheinen, alle möglichen Erleichterungen auf dem Wege zu Steuerbewilligungen, alle möglichen Schwierigkeiten auf dem Wege zu Anschlagsverweigerungen zu bieten[1]) — wage ich jedoch zu behaupten, dass dieselbe eigentlich nur eine konsequente Entwicklung der Spezialisierung des Ausgabenbudgets sei, welche bekanntlich in vielen Ländern nur nach heftigen Verfassungskämpfen durchgesetzt worden ist, deren Nutzen aber heute wohl von keinem ernsthaften Politiker in Frage gestellt wird. Wie diese zur Kontrolle seitens der Volksvertretung gegenüber der Regieruug dient, so würde das Gegeneinanderstellen der speziellen Posten von Einnahmen und Ausgaben im Verein mit dem gesetzlich anerkannten Vetorecht — zur Kontrolle dienen seitens jedes einzelnen Teils der Vertretung gegenüber den anderen Fraktionen.

Dass es einer solchen Kontrolle dringend bedarf, vor allem, um die Interessen der unteren Klassen zu schützen, davon bin ich meinerseits wenigstens in betreff des Landes, mit dessen Verhält-

---

1) In der schwedischen Konstitution hat die untere Kammer bekanntlich nicht einmal das Recht, eine neue Steuer zu verweigern. Bei ungleichen Voten werden vielmehr die Stimmen der beiden Kammern (in der unteren 230, in der oberen 150) zusammengerechnet, und einfache Majorität giebt den Ausschlag. Da nun die obere Kammer erfahrungsmässig die weitaus gebelustigere ist, mitunter sogar dabei wie ein Mann votiert, bedarf es somit in der unteren Kammer (welche übrigens gar nicht nach dem allgemeinen Wahlrecht, sondern unter sehr hohem Census erwählt wird) thatsächlich einer sehr stark qualifizierten Majorität — äusserstenfalles, wie leicht zu ermitteln, im Verhältnisse 5 : 1 — schon um neue Anschlagsforderungen abzulehnen!

Einen schlagenden Gegensatz hierzu bietet die Gesetzgebung des Staates New York, wo dem Gouverneur ein vorläufiges Veto zusteht gegen jeden Artikel des Budgets. Um jenes Veto umzustossen und die betreffende Ausgabe aufrecht zu erhalten, ist dann $^2/_3$ Majorität jeder Kammer nötig. (S. Leory-Beaulieu Sc. des Fin. 5me. éd. II, p. 179.)

nissen ich am meisten vertraut bin, durchaus überzeugt. Die folgende Abhandlung, wo ich das Steuerwesen Schwedens schildern werde, wird alle nötigen Belege für diese meine Ueberzeugung enthalten. Allein nicht aus diesem einzigen Gesichtspunkte wurde die mehrfach erwähnte Massregel von mir in Vorschlag gebracht. Ihre Absicht war vielmehr — und dies darf ich mir vielleicht als Verdienst anrechnen — Gerechtigkeit nach beiden Seiten hin zu vertreten — nach der Seite, der ich durch Geburt und Erziehung angehöre, und nach jener, welche die Sympathien meines reiferen Alters mehr und mehr auf sich zog.

Die besitzenden Klassen, die ja unleugbar einen bedeutenden Teil der Intelligenz und der wirtschaftlichen Kraft eines Landes einschliessen und in nicht ganz seltenen Fällen ihre bevorzugte Lage wenigstens zum Teil den eigenen Anstrengungen verdanken, sollten nicht durch unbesonnene Ansprüche einer vorstürmenden Demokratie zum alleinigen Tragen der Steuerlast der Gesamtheit gezwungen werden — aber freilich eben so wenig sollten die Mitglieder der ärmeren Klassen, die doch auch ein bischen Urteilskraft besitzen und nicht etwa Lasttiere, sondern Menschen sind, je zur Zahlung von Ausgaben herangezogen werden können, von deren Nutzen und Notwendigkeit sie, vielleicht aus sehr triftigen Gründen, nicht zu überzeugen sind.

Den sozialen Gegensatz zwischen den Klassen zu mildern und allmählich aufzuheben, wird gewiss eine der wichtigsten Aufgaben der Zukunft sein. So lange aber jener Gegensatz besteht — und er wird wohl leider noch lange, sehr lange bestehen — führt es zu nichts, bei der Behandlung sozialer Probleme sich zu stellen, als ob er nicht da wäre. Man muss vielmehr das Material nehmen, wie es ist, und zusehen, was daraus gemacht werden kann.

Nicht den Klassenegoismus zu beseitigen ist Sache der Finanzwissenschaft und der Steuergesetzgebung, sondern ihm seinen geeigneten Platz anzuweisen — als Schutzwehr berechtigter Einzelinteressen. Vielleicht wird sich dann zeigen, dass sogar mit Hilfe jener Kraft, welcher so viel böser Wille nachgesagt wurde, am Ende doch etwas Gutes zu schaffen ist.

Anhang.

Zur Theorie der Progressivsteuer (Vgl. S. 95).

Tragen wir die Einkommensgrössen, welche verschiedene Personen (oder dieselbe Person zu verschiedenen Zeitpunkten) während eines gewissen Zeitraumes, z. B. eines Jahres beziehen, als Abscissen einer Kurve auf, deren Ordinaten die Intensitätshöhe des „letzten", d. h. am wenigsten dringenden Bedürfnisses bezeichnen mögen, das bei der betreffenden Höhe des Jahreseinkommens noch ökonomischerweise — und zwar unter Aufopferung eines gewissen, stets gleichen Geldbetrages, z. B. 1 M. — befriedigt werden darf[1]).

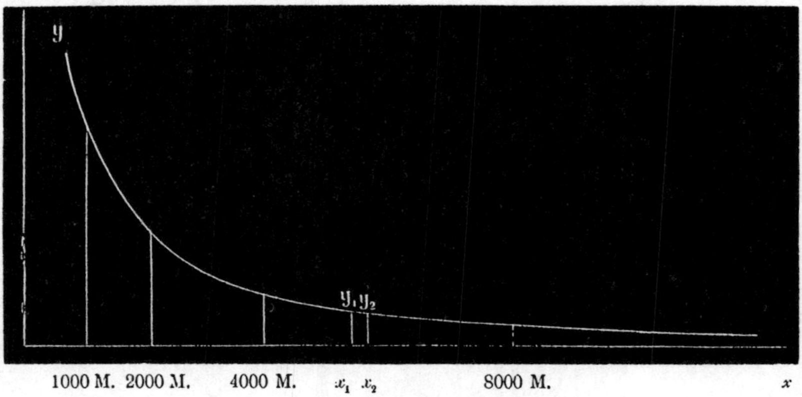

Alsdann wird offenbar der Flächeninhalt je eines Trapezes, welches von der Abscissenaxe, zwei Ordinaten und der Kurve selbst begrenzt wird, die Summe der Genüsse darstellen, welche eine Person, deren Einkommen von dem durch die kleinere der betreffenden Abscissen bezeichneten Betrag zu dem, durch die grössere von ihnen bezeichneten anwächst, sich in seiner Jahreskonsumtion, über die früher bezogenen Genüsse, zu gönnen vermag[2]).

---

1) Wenn ein Bedürfnis seiner Natur nach eine grössere Ausgabe erfordern würde, so hätte man sich seinen Stärkegrad durch die betreffende Anzahl von Geldeinheiten dividiert, als gemeinsame Ordinate des entsprechenden Stückes der Kurve zu decken. Letztere würde somit in Wirklichkeit eine zackige Linie sein.

2) Es ist klar, dass dies alles nur in ganz angenäherter Weise das thatsächliche Verhältnis wiedergeben kann. Wenn das Jahreseinkommen einer

Ebenso gut aber wird jene Fläche das ökonomische Opfer darstellen, dem sich die fragliche Person unterwerfen muss, wenn ihr Einkommen — z. B. durch eine Steuer — von dem grösseren der erwähnten Beträge bis auf den kleineren geschmälert wird. Wird also der kleinere Einkommensbetrag durch x_1 (x_1 Mark) der grössere durch x_2 ausgedrückt und stellen die entsprechenden Ordinaten y_1 und y_2 jeweils die Intensität des letzten (durch eine Mark zu befriedigenden) Bedürfnisses dar, so ist jener Zuwachs von Genüssen, bezw. jenes Opfers beiläufig durch das Flächenmass

$$\tfrac{1}{2}(y_1 + y_2)(x_2 - x_1)$$

oder genauer durch das Integral

$$\int_{x_1}^{x_2} f(x)\,dx$$

ausgedrückt, falls $y = f(x)$ die Gleichung der Kurve darstellt.

Nimmt man an, dass die Intensitätshöhe des letzten Bedürfnisses „sich genau in demselben Verhältnisse vermindere, in welchem der Güterbestand des Wirtschaftssubjektes (d. h. sein Einkommen) zunimmt" (Sax) — eine Annahme, die thatsächlich von D. Bernoulli und Laplace gemacht wurde — so ist offenbar die Kurve eine gleichschenklige Hyperbel von der Gleichung $x \cdot y = k$, wo k irgend eine konstante Grösse bezeichnet. Nach einer bekannten Eigenschaft der Hyperbel (die auch elementar sehr leicht nachzuweisen ist) wird nun, wenn z. B. das Einkommen zuerst von 1000 M. auf 2000 M., dann von 2000 M. auf 4000 M., weiter von 4000 M. auf 8000 M. u. s. f. anwächst, der Zuwachs an möglichen Lebensgenüssen jedesmal eine und dieselbe Grösse darstellen (während allerdings in diesem Falle schon die mit den ersten 1000 M. zu befriedigenden Bedürfnisse eine unendliche Quantität wären).

Weit entfernt also davon, dass unter jener Voraussetzung die Summe der Bedürfnisbefriedigungen „im Verhältnisse des Güterbesitzes" anwachsen würde, würde vielmehr, wenn durch eine Vermehrung des Einkommens von 1000 M. bis zu 2000 M. ein gewisser Zuwachs a der möglichen Lebensgenüsse erreicht wird, um jetzt z. B. den zehnfachen Zuwachs, $10\,a$, zu ermöglichen, nicht etwa ein Einkommen von 11 000 M., sondern ein solches von 1 024 000 M., also mehr als eine Million M. erforderlich sein.

In der gemachten Voraussetzung liegt nun aber, wie dies auch Sax zugiebt und wie leicht zu beweisen ist, erst die Begründung „der strikten Proportionalität" der Steuer — insofern die ganze Frage durch die Theorie des gleichen

---

Person anwächst, wird sie nicht einfach den früher bezogenen Genüssen neue anreihen, sondern teilweise auch die ersteren aufgeben und durch andere ersetzen u. s. w. Uebrigens versteht es sich von selbst, dass hier lediglich von durchschnittlichen Verhältnissen die Rede sein kann, da die Konsumtion zweier Individuen auch unter gleichen ökonomischen Umständen niemals ganz identisch ist.

subjektiven Opfers, mit welcher Sax' eigene Theorie m. E. auf diesem Punkte durchaus zusammenfällt, zu entscheiden ist. Um hier eine Progressivsteuer zu rechtfertigen, müsste also vielmehr bewiesen werden, dass die Abnahme des Intensitätsgrads der Bedürfnisse in Wirklichkeit eine noch stärkere sei als die soeben vorausgesetzte. Dies scheint nun in der That mit einigem Recht behauptet werden zu können.

Erstens, und vor allem gilt dies in betreff der Einkommensbeträge, welche nur das absolute Lebensminimum erreichen. Hier kann von einem wechselnden Intensitätsgrad der Bedürfnisse eigentlich nicht mehr die Rede sein, da ja die Wegnahme eines Teiles des absolut notwendigen Lebensunterhaltes einer Person oder einer Familie an sich dieselbe Folge haben würde wie die Wegnahme des Ganzen, nämlich den baldigen Tod der Betreffenden. In der Nähe des Anfangspunktes der Koordinaten wird folglich unsere Lebensgenusskurve überhaupt nicht existieren, dieselbe wird vielmehr erst in einem Abstande von diesem Punkte, welcher dem Lebensminimum entspricht, ihren Anfang nehmen, (z. B. indem sie sich einer in diesem Abstande aufgetragenen, der Ordinatenachse parallelen Linie asymptotisch nähert oder in eine solche übergeht).

Allein auch nach der Seite der allergrössten Einkommen wird das nämliche gelten.

Nach der gemachten Supposition würde ja der Zuwachs an Bedürfnisbefriedigungen schliesslich über alle Grenzen anwachsen[1]) (die Fläche zwischen dem Hyperbelzweig und jeder der Koordinatachsen, von einer beliebigen Ordinate aus gerechnet, stellt bekanntlich eine unendliche Grösse dar), während doch nichts sicherer ist, als dass jenes erhöhte Lebensglück des Menschen, welches, nachdem die elementarsten Bedürfnisse einmal befriedigt sind, durch materielle oder sonst für Geld zu habende Genüsse noch erreichbar ist; zu jeder gegebenen Epoche eine ziemlich engbegrenzte Quantität darstellt. M. a. W.: um die durchschnittlichen Verhältnisse der Wirklichkeit wiederzugeben, würde die Kurve der Bedürfnisintensität gegen die Abscissenachse eine schärfere Neigung haben als jene Hyperbel und zwar so, dass die Fläche zwischen der Kurve und der Abscissenachse jedenfalls eine endliche wäre.

Diese Anforderungen könnten z. B. von einer Kurve der Gleichung

$$(x-a)^{1+n} \cdot y = k$$

wo a das Lebensminimum, n irgend eine positive Grösse bezeichnet, erfüllt werden. Wenn n hier sehr klein ist, z. B. $= 0.1$, $0 \cdot 01$ oder dgl., so würde die entstehende Steuerprogression für kleinere und mittlere Einkommen sehr nahe mit der sogenannten Benthamschen Progression (proportionaler Besteuerung nach jemaligem Abzug eines dem Lebensminimum gleichkommenden Betrags) übereinstimmen und erst bei ganz hohen Einkommen eine etwas stärkere Progression Platz greifen.

---

1) Noch mehr würde dies natürlich der Fall sein, wenn die höheren Bedürfnisse alle von demselben Stärkegrad wären. Alsdann würde die Kurve nicht einmal zur Abscissenachse, sondern zu einer mit dieser parallelen Linie asymptotisch verlaufen.

Damit ist jedoch keineswegs gesagt, dass irgend eine Kurve von dem obenerwähnten Typus der Wirklichkeit hinreichend genau entsprechen würde, und noch weniger, dass die so gewonnene Progression, auch vom Standpunkte des gleichen Opfers betrachtet, eine gerechte sei. Das Raisonnement setzt ja u. a. voraus, dass das Einkommen einer Person, wenn auch noch so riesenhaft, lediglich in privatwirtschaftlich-egoistischer Weise von ihr selbst, ihrer Familie u. s. f. verbraucht wird, also kein irgendwie beträchtlicher Teil desselben je für altruistische oder allgemein-nützliche Zwecke verwendet würde, was doch wohl kaum als die Regel betrachtet werden darf. —

In der sehr interessanten, leider holländisch geschriebenen Arbeit Cohen Stuarts, „Bijdrage tot de theorie der progressieve inkomstenbelasting", wird, wie überhaupt bei den neueren holländischen Autoren, das Opferprinzip in dem Sinne aufgefasst, dass ein jeder von der ihm möglichen Genusssumme eine gleiche Quote abgeben sollte, was natürlich unter sonst gleichen Umständen eine viel stärkere Progression herbeiführen würde [1]), wie die oben erwähnte Forderung eines für alle gleichen subjektiven Genussopfers.

Es entsteht indes hier, wie mir scheint, u. a. das ernste Bedenken, dass die Summe des gesamten Lebensgenusses überhaupt keine messbare Grösse ist. Um zu einem annehmbaren Resultate zu gelangen, verfährt in der That Cohen Stuart so, dass er die elementarsten Bedürfnisbefriedigungen, welche schon durch das Lebensminimum gesichert sind, aus der Genusssumme einfach ausschliesst, und zwar unter der vielleicht etwas gewagten Behauptung, ihr Mitnehmen würde zur Doppelrechnung führen, etwa weil das Leben selbst unter die Lebensgenüsse nicht eingeschlossen werden darf [2]). —

Dem sei nun wie ihm wolle, jedenfalls bleibt m. E. die Hauptanmerkung gegen die Opfertheorie, in welche Gestalt sie sich auch kleiden möge, noch immer bestehen, dass dieselbe das Problem der Steuerverteilung von jedem Zusammenhange mit der Bedeutung oder dem Gewicht der zu machenden Staatsausgaben willkürlich loslöst. Entweder muss man dann alle Arten der Staatswirksamkeit für gleich unumgänglich betrachten, was zu der erbaulichen Schluss-

---

1) Dass jedoch nicht die einfache Thatsache der Abnahme der Bedürfnisintensität in diesem Falle zur Progression führen würde, wie vielfach geglaubt wurde, wird von Cohen Stuart sehr schön mathematisch nachgewiesen.

2) Vgl. a. a. O. S. 49. — Um nur mit endlichen Grössen zu thun zu haben, macht Cohen Stuart dabei zwar die Genusskurve noch immer der Ordinatenachse asymptotisch, lässt aber den Teil derselben, welcher über der dem Lebensminimum entsprechenden Strecke der Abscissenachse sich befindet, ausser Betracht, so dass die Fläche, welche die jeweils mögliche Genusssumme darstellt, von der durch den Endpunkt dieser Strecke gezogenen Ordinate aus gerechnet wird. Es zeigt sich dann in der That, dass man unter sonst ziemlich weit von einander abweichenden Annahmen über den wahrscheinlichen Verlauf der Genusskurve (wenigstens für mittlere Einkommensbeträge) beinahe zu einem und demselben Ergebnis in betreff der zu wählenden Steuerprogression geführt wird. Diese Ausführungen Cohen Stuarts sind sehr interessant, die Einwände Sax' (Oesterr. Zeitschr. 1892) und Seligmans (Progressive Taxation) gegen diesen Teil seiner Abhandlung kann ich nicht für zutreffend erachten.

folgerung führen würde, dass alle möglichen Anschlagsforderungen ohne weiteres zu bewilligen sind, oder aber man muss es (mit Wagner) für möglich halten, die Bedeutung jener Ausgaben für die Gesamtheit zu ermitteln und gegen das erforderliche Gesamtopfer abzuwägen, ohne die nämliche Operation in Bezug auf die Individuen vorzunehmen — was mir absolut undenkbar vorkommt.

Macht man hingegen das, wenn noch so mangelhafte Privaturteil des Einzelnen über die Bedeutung (im weitesten Sinne des Wortes) der betreffenden Staatsleistung für ihn zur Grundlage der Besteuerung, so ist der Hauptsache nach jede apriorische Steuerverteilungstheorie von der Hand zu weisen; die Steuerverteilung erscheint dann einfach als Resultat der sämtlichen Ausgabenbewilligungsakte.

In rein werttheoretischer Hinsicht hat die letztere Methode noch den Vorzug, dass man überhaupt nicht mehr die subjektiven Wertungen verschiedener Personen, sondern nur einer und derselben Person miteinander zu vergleichen braucht. Ersteres ist eine überaus schwierige, streng genommen sogar unmögliche Aufgabe, letzteres dagegen eine solche, die von jedermann in jedem Augenblicke seines Lebens notwendig einigermassen gelöst wird.

Das Steuerwesen Schwedens

(Darstellung und Kritik.)

ERSTE ABTEILUNG.

Die Zeit vor 1809.

Es ist eine triviale, aber jedenfalls wahre Bemerkung, dass die Steuerverhältnisse eines Landes nur in Zusammenhang mit seiner politischen Geschichte begriffen werden können. Der Satz bleibt übrigens auch noch wahr, wenn man ihn umkehrt: die innere und vielfach auch die äussere Geschichte eines Landes ist fast immer aufs innigste mit seiner Finanzgeschichte verknüpft; Finanzverfassung und Steuerverteilung, die Einnahme- und Ausgabewirtschaft des Staates bilden mittelbar oder unmittelbar nur zu oft den wahren Inhalt der Streitigkeiten zwischen den Parteien und geben besonders zu jenen eigentümlichen Kombinationen zwischen je zwei der drei Hauptelemente des älteren Staates — der Regierung, des Adels, der niederen Stände — gegen das dritte Veranlassung, von denen jede geschichtliche Epoche ihre charakteristische Färbung erhält.

Dies gilt in vollem Masse von der Geschichte Schwedens und liesse sich unschwer von den ältesten Zeiten, wofür noch historische Ueberlieferungen vorhanden sind bis in die neuere Zeit hinein, wo bei uns wie in den meisten Ländern der Einfluss des „dritten Standes“ den der Regierung und des Adels allmählich aufzuwiegen beginnt, nachweisen. Für den Zweck dieser kleinen Arbeit mag es jedoch genügen — zumal da dem Verfasser die Feder des Geschichtsschreibers nicht zu Gebote steht — jenen Entwickelungsgang von dem Zeitpunkte an in kurzen Zügen zu verfolgen, wo das Steuerwesen, wie überhaupt die Verwaltung unseres Landes, einigermassen konsolidiert wurde, von den Tagen Karls XI. († 1697).

Bekanntlich wurde unter diesem König sowohl die civile wie die militärische Organisation des Landes in einer Weise ausgestaltet, wie sie der Hauptsache nach bis in die jüngste Zeit hinein fortbestanden hat, ja zum grossen Teil noch heute besteht. Die ökonomische Grundlage dieser Ordnung wurde vor allem durch das Domanium und Grundsteuereinkommen gebildet, welches durch die von diesem Könige bewerkstelligte „Reduktion" der Lehnsgüter dem Staate gesichert war.

Das eigentliche Domanium der Krone, ursprünglich ziemlich gering, war durch die Einziehung der Kirchengüter während der Reformation am Anfang des 16. Jahrhunderts erheblich vergrössert worden.

Unter den Nachfolgern Gustav Wasas und vor allem während des Dreissigjährigen Krieges war jedoch nicht nur dieses, sondern ein grosser Teil der freien Bauerstellen durch Belehnung, Verpfändung oder Kauf von der Krone in die Hände des Adels übergegangen. Man berechnet, dass bei der Thronentsagung Christinens (1654) der adlige Besitz etwa $^4/_5$ des gesamten Grundeigentums des Landes umfasste. Allerdings sollte dies nur soviel heissen, dass Zins und Steuerprästationen, welche die betreffenden Bauern früher an die Krone geleistet hatten, nunmehr teilweise an den Lehns- oder Pfandinhaber abgeführt werden mussten. Jene Prästationen, die aus Lieferungen in natura, sowie auch aus Frohndiensten bestanden, waren aber nur zum Teil „gewisse", ins Grundbuch eingetragene. Der übrige und zwar der grösste Teil derselben war während der Kriegszeit von den Bauern nur bis auf weiteres übernommen und einige, besonders die Frohndienste, waren nicht einmal dem Umfange nach festgestellt, sondern wurden nach Bedarf eingefordert. Infolge der allgemeinen Unsicherheit der damaligen Zustände blieb es thatsächlich nicht bei der erwähnten Einschränkung, vielmehr kamen die „verpfändeten" oder „verkauften" Bauern vielfach in dieselbe unterdrückte Lage wie die eigentlichen Landbauern des Adels.

Da weiter der Adel infolge seiner Privilegien für seinen Besitz sowohl an Steuern wie an sonstigen Prästationen, z. B. militärischen Ausschreibungen, teils gar keine, teils nur sehr geringe Leistungen an den Staat hatte, so wurde natürlich für die eigentlichen Steuer- und Ausschreibungspflichtigen — d. h. den Rest der freien Bauern, die wenig zahlreichen Bürger in den Städten und schliesslich den niederen Klerus mit dessen Gesinde — und andererseits für die Krone selbst, die Lage durchaus unerträglich. Die erwähnte Reduktion Karls XI., durch eine Koalition der nichtadligen Stände hervorgerufen und zum Preise der königlichen Alleinherrschaft erkauft, war, wenngleich vielfach mit unnötiger Härte durchgeführt, an sich eine unbedingte politische Notwendigkeit.

Uebrigens blieb auch nach der Reduktion etwa ein Drittel des gesamten Grund und Bodens meist in der Hand des Adels[1]), und seine Privilegien blieben wesentlich unberührt. Nur ein Teil seiner Güter war an einigen der Steuerprästationen beteiligt und dann lediglich zur Hälfte gegenüber den Bauergütern; statt grundsteuerlicher Bürden hatte der Adel hauptsächlich nur die Verpflichtung zu einem ganz unbeträchtlichen Rossdienst, welcher, an allerlei einschränkende Bedingungen gebunden, niemals von Bedeutung wurde und in Wirklichkeit bald gänzlich aufhörte ohne irgend eine gesetzliche Abfindung.

Die Hauptbürde für den Unterhalt der Staatseinrichtungen blieb folglich auf den übrigen zwei Dritteln des Grundbesitzes haften, von welchem die Krone die eine, und zwar die grössere Hälfte besass. Zwischen den Bauern auf dem Domanium und den übrigen, freien Bauern („Skattebönder", Steuerbauern) bestand jedoch kein erheblicher Unterschied. Letztere waren allerdings in ihrem Besitz gesichert, sie blieben aber noch nicht von jeder Einmischung der Krone in ihre Verhältnisse verschont, und von einer Ermässigung der Steuerprästationen, wie sie sich während der Kriegszeit ausgebildet hatte, war keine Rede mehr. Der befolgte Grundsatz war vielmehr, dass jeder Steuerbauer wie Kronbauer nicht weniger an Grundsteuer oder Zins liefern sollte, als dass er sich noch gerade auf seinem Gute halten könnte. Die damalige ökonomische Lage der Bauern hat man sich um sehr wenig besser vorzustellen als die der jetzigen Kätner oder Kleinpächter.

Jedoch blieben provinzielle Verschiedenheiten aus älterer Zeit bestehen. Merkwürdigerweise gestaltete sich in den eroberten Landesteilem im Süden und Südwesten (Bleking, Schonen, Bohuslän)

1) Es konnten jedoch jene privilegierten Güter — ausser den Sitzgütern des Adels — also das sogenannte allgemeine „Frälse", auch von nichtadligen Standespersonen sowie Priestern und Bürgern, und zwar unter Beibehaltung der partiellen Steuerfreiheit, erworben werden. Für die Bauern blieb dagegen der Erwerb solcher Güter noch während eines ganzen Jahrhunderts verschlossen.

die Stellung der Bauern vielfach erträglicher, teilweise wohl aus politischen Rücksichten, teilweise aber, weil dort schon von Anfang an die meisten Naturallieferungen durch feste Geldsummen ersetzt waren, was allmählich unter der fortgehenden Verschlechterung der Münze sowie dem Sinken der Kaufkraft der Edelmetalle eine bedeutende Erleichterung herbeiführen musste. Auch in anderen Landschaften sind aus demselben Grunde in späterer Zeit bedeutende Verschiedenheiten im Gesamtbetrag der Grundsteuern eingetreten. Zu einer allgemeinen Steuereinschätzung auf gleichmässigen Grundlagen ist es niemals gekommen. Mehrmals von den Bauern gefordert und von der Regierung versprochen widerstritt eine solche zu sehr den Interessen der bevorzugten Klassen, um jemals bewerkstelligt werden zu können. In individuellen Fällen konnte allerdings die Steuer, wenn im Verhältnis zu den üblichen Bemessungsgrundlagen des betreffenden Ortes zu hoch, nach stattgefundener Vermessung und Einschätzung der Hufe reduziert werden (sog. Vermittelung der Hufen). Schon bei der Einführung des gleich zu besprechenden Einteilungswerks unter Karl XI. war eine derartige Hufenvermittelung in ziemlich grossem Massstabe vorgenommen worden. -- Statt dessen fing man an, um den Klagen der Bauern zu begegnen, die Versicherung zu erteilen, dass bei Bodenverbesserungen und erweitertem Anbau keine Erhöhung der Grundsteuern eintreten sollte. Während des achtzehnten Jahrhunderts brach sich thatsächlich das Prinzip der Unabänderlichkeit des Grundsteuerbetrages mehr und mehr Bahn, um schliesslich durch den sog. Vereinigungs- und Sicherheitsakt Gustavs III. (1789) die gesetzliche Sanktion zu erhalten. Von den Modifikationen, welchen die Grundsteuern in unserem Jahrhundert unterworfen wurden, um zuletzt in neuester Zeit gänzlich aufgehoben zu werden, wird später die Rede sein.

Was die Kronbauern betrifft, so war ihre Stellung während der 16. und 17. Jahrhunderte gesetzlich nur die von Zeitpächtern. In den meisten Fällen blieb wohl der Inhaber wie seine Kinder und Nachkommen in ungestörter Disposition über die Hufe, wenn die durch Sitte und Verordnung allmählich fixierten Leistungen ordnungsgemäss erfolgten, jedoch kamen noch im 17. Jahrhundert nicht selten Fälle von Verdrängung des Inhabers vor, indem das Gut entweder verschenkt oder verkauft oder auch vom Staate anderweit, z. B. als Wohnstelle eines Beamten, verwendet wurde. Seit Karl XI. wurde jedoch das Besitzrecht des Domanialbauern und seiner Nachkommenschaft mehr und mehr befestigt, zunächst im Zusammenhange mit dem gleich zu besprechenden System der „Einteilung", d. h. der Ueberweisung von Grundzinsen an einzelne Personen für bestimmte Zwecke. Es wurde dem betreffenden Bauern die Versicherung gegeben, dass, solange die bestimmten Leistungen zu rechter Zeit erfolgen und die Hufe mit den Gebäuden im Stand gehalten würden, er selbst und seine Nachkommen nicht verdrängt werden sollten.

Dieselben Bestimmungen wurden später mit wenigen Ausnahmen auch auf die übrigen Domanialgüter erweitert. Eine noch viel entschiedenere Verbesserung ihrer Lage erhielten jedoch die Kronbauern durch das Recht, ihre Stellen freizukaufen, d. h. das volle Eigentumsrecht an denselben gegen eine einmalige Abgabe (und nachherige Zahlung von Steuern) zu erwerben. Im 17. Jahrhundert und später unter Karl XII. (dem Sohne und Nachfolger Karls XI.) ist der Beweggrund dieser Verkäufe lediglich in den Geldnöten der Krone zu suchen. Die Ablösungssumme war im allgemeinen nicht fixiert, sondern man suchte den höchstmöglichen Betrag zu erreichen, wobei dem jeweiligen Inhaber nur eine Art Optionsrecht eingeräumt wurde. Bald aber, nämlich auf dem Reichstage von 1723 am Beginn der Freiheitszeit wurde den Domanialbauern der sog. Steuerkauf („Skatteköp") als Vorrecht eingeräumt und die zu leistende Ablösungssumme je nach der Grösse des Zinses auf einen bestimmten, ziemlich mässigen Betrag fixiert, der mit dem Sinken des Geldwerts bald auf eine ganz unbeträchtliche Summe herabgesunken ist. Allerdings sollten dabei der Zins und die sonstigen Auflagen, welche die Hufe früher belasteten, nunmehr als eigentliche Steuern in unveränderter Höhe geleistet werden. Allein letztere waren thatsächlich und wurden seit 1789 gesetzlich vom Augenblicke des Kaufs an, auf eine ein für allemal bestimmte Summe (meistens von Naturallieferungen) fixiert, und dazu kam das besonders in späterer Zeit so wichtige freie Verfügungsrecht über die Produkte, vor allem die des etwa zugehörigen Waldes, während vorher der Inhaber als Anbauer der Krone weder Holz noch Heu verkaufen durfte.

Kein Wunder, dass ein solches Recht in ausgedehntestem Masse benutzt worden ist. Thatsächlich sind seit dem Jahre 1700 etwa $^4/_5$ der damaligen Krongüter in freie Bauergüter umgewandelt worden. Wie wir sehen werden, ist die Verwandelung eine so vollständige geworden, dass in jüngster Zeit sogar die Inhaber der ehemaligen Krongüter mit Erfolg den Anspruch erheben konnten, von dem „mehrhundertjährigen Unrecht“ der Grundsteuern (also dem ursprünglichen Zins) befreit zu werden. —

Wenden wir uns aber zu den Zeiten Karls XI. zurück. Mit dem durch die Reduktion der Lehngüter geschaffenen neuen Einkommen der Krone hat dieser König, wie gesagt, den grössten Teil der Kosten der von ihm geschaffenen Staatseinrichtungen bestritten, was in folgender Weise geschah. Die Beamten, sowohl die vom Civiletat, und unter ihnen besonders die auf dem Lande ansässigen, wie vor allem die militärischen Befehlshaber, erhielten für ihre Dienstzeit gewisse Krongüter als Wohnstellen. Ueberdies wurden ihnen als Gehalt die Zins- oder Steuerbeträge geeigneter Bauergüter angewiesen, die unmittelbar an sie und zwar grösstenteils in natura geliefert werden sollten (sog. „eingeteilte“ Löhne). Von den Truppen wurde die Kavallerie in wesentlich derselben Weise neuorganisiert. Dem Eigner oder Besitzer eines Bauerguts wurden die früheren Steuerleistungen nachgelassen [1]) unter der Verpflichtung, statt dessen Pferd und Reiter nebst Bekleidung und Montur zu beschaffen und zu unterhalten. Da aber in vielen Fällen eine derartige Prästation die Steuerkraft eines Bauern überstiegen hätte, wurden dem betreffenden gewisse Zinse anderer Bauergüter (sog. Augmentszinse) angewiesen, welche dem Reitersteller direkt geliefert werden sollten, aber ohne diesem irgend ein sonstiges Recht über die Zinspflichtigen einzuräumen. — Für den Adel bestand noch immer, wie oben erwähnt wurde, ein spezieller Rossdienst; seine Reiter durften aber nicht unter die übrigen eingestellt und auch nicht ausserhalb der Landesgrenzen verwendet werden; diese ganze Prästation blieb daher ohne jede Bedeutung und hörte in Wirklichkeit bald ganz auf. Allmählich erwies sich übrigens schon die eingeteilte Kavallerie als unverhältnismässig zahlreich; ein Teil derselben wurde daher im folgenden Jahrhundert unter sonstiger Beibehaltung der Organisation in Infanterie-Regimenter umgewandelt („sass ab“), wornach ein der Kostendifferenz damals einigermassen entsprechender, nach den späteren Verhältnissen allerdings hinter derselben weit zurückbleibender Betrag an die Staatskasse eingezahlt werden musste (sog. Pferdevakanzgetreide).

1) In der Staatsverrechnung kamen nunmehr der Regel nach jene Beträge sowohl als Einnahme wie auf der Ausgabenseite als den Betreffenden gewährte „Unterstützung“ zur Buchung.

Was aber die Hauptmasse der Infanterie betrifft, so wurde dieselbe nicht aus den öffentlichen Einnahmen besoldet, vielmehr wurde die der gemeinen Bevölkerung, sowie auch, obwohl in geringerem Masse, den Landbauern des Adels schon längst obliegende Aushebungspflicht (meistens durch separate Vereinbarung mit den verschiedenen Landschaften, sogenannte Soldatenkontrakte) in eine stetige Gestellungs- und Unterhaltungspflicht umgewandelt. Es sollten je zwei bis vier Bauern (mehr oder weniger je nach der Grösse der Stellen) zusammen einen Soldaten unterhalten, bekleiden und ablöhnen sowie ihn mit einer ganz kleinen Stelle nebst Häuschen zur Wohnung versehen.

Die Rekrutierungspflicht im Kriege wie im Frieden lag ebenfalls den Bauern ob, dagegen stand ihnen das Recht zu, alle „losen Leute, Müssiggänger und Faullenzer“, die sie finden konnten, mit Beihilfe der Landespolizei festzunehmen und zum Militärdienst zu zwingen, anfangs ganz ohne, nach späteren Verordnungen aber gegen ein bestimmtes Handgeld neben der festen, ziemlich geringen Jahreslöhnung. — Gegen die erwähnte Prästation, welche keinerlei Steuerfreiheit mit sich brachte, wurde den betreffenden Landschaften zugesichert, dass sie in der Zukunft von den früher üblichen Soldatenaushebungen gänzlich befreit sein sollten. Wie diese kontraktmässige Bestimmung in steuerrechtlicher Hinsicht aufzufassen ist, darüber ist vielfach gestritten worden. Thatsächlich wurden schon unter Karl XII. und später, sogar in Friedenszeiten, den Soldatenhältern neue Ausschreibungen mehrfach auferlegt.

Einige Hufen, besonders im südlichsten Teile des Landes, wurden aus verschiedenen Gründen nicht „rottiert“, zahlten aber dafür teilweise Geldabgaben; aus der mehrfach erwähnten Ursache der Geldverschlechterung ist diese Bürde allmählich auf eine Kleinigkeit herabgesunken. Erst in unserem Jahrhundert wurden die betreffenden Hufen, sowie die privilegierten Güter zu etwas erhöhten Leistungen für das Kriegswesen herangezogen; in Schonen wurden in dieser Weise zwei neue Fussregimenter errichtet.

Um Mannschaft für die Flotte zu beschaffen, wurden die Küstenbevölkerung und die Seestädte in derselben Weise zum Stellen und Unterhalten von Bootsmännern „rottiert“ oder eingeteilt, wozu einigen der Städte noch die Einquartierung der garnisonierten (geworbenen) Truppen oblag. Ueberhaupt waren zu dieser Zeit die Prästationen der wenig volkreichen Städte für das Verteidigungswesen mit denen des platten Landes verhältnismässig wohl vergleichbar. Bei dem späteren Aufblühen der Städte, besonders in der neueren Zeit, ist dies freilich anders geworden, zumal die Naturallieferungen der Städte schon früh in feste Geldabgaben umgesetzt wurden.

Die hier in aller Kürze beschriebene Organisation, die gewöhnlich, wenn auch etwas uneigentlich, sogenannte eingeteilte Armee, ist mit wenig bedeutenden Veränderungen die Grundlage des schwedischen Heerwesens geblieben. Ja, sie besteht eigentlich noch heute, da nämlich der später zu besprechende Reichstagsbeschluss von 1892 zwar den Soldaten- und Reiterhältern einen vollen Geldersatz für ihre Leistungen gewährt, im allgemeinen aber letztere nicht aufgehoben hat. Jedoch besteht (schon seit 1810) die Rekrutierungspflicht in Kriegszeit nicht mehr.

Was nach dem Ordnen der civilen und militärischen „Einteilung" an Grundsteuern und Zinsen noch übrigblieb, wurde der Staatskasse für ihre sonstigen Ausgaben „behalten." Daneben hatte die Krone zur Zeit Karls XI. noch einige nicht ganz unbeträchtliche Einnahmen. Erstens die von Gustav Wasa für die Krone eingezogenen etwa zwei Drittel der kirchlichen Zehnten. Jene zwei Drittel waren früher teils den Bischöfen zur Verfügung gestellt, teils für den Unterhalt von Kirchen und Hospitälern sowie für das Armenwesen bestimmt gewesen. Ihre Einziehung an die Krone sollte daher ursprünglich nur insoweit geschehen, als sie für jene Zwecke überflüssig waren. Diese Einschränkung wurde aber nicht aufrechterhalten, die Armen- und Krankenpflege erschienen vielmehr fortan als neue gemeindliche Lasten. Das restierende Drittel der Zehnten, welches für den Unterhalt der Geistlichkeit angeschlagen war, blieb nebst den Wohnstellen der Geistlichen dieser Bestimmung erhalten.

Auch die Kronzehnten verwandelten sich nach und nach in unveränderliche, von den späteren Erweiterungen des Anbaus unberührte Lieferungsbeträge, mit Ausnahme neuangelegter Hufen. Auch sie waren hauptsächlich „eingeteilt"; der grösste Teil derselben war überhaupt nicht in den Staatshaushaltsetat aufgenommen, was auch bei einer nicht unbedeutenden Quote der eingeteilten Grundsteuern der Fall war. Dies wurde erst in unserem Jahrhundert geändert.

Die Bergwerke, über welche der Staat sich gewisse Hoheitsrechte zuerkannte, welche er aber auch in vielerlei Weise durch Ueberweisung von Krongütern oder Steuerprästationen der umliegenden Hufen, freie Benutzung der Kronwälder u. s. w. begünstigte, lieferten Zehnten und sonstige Abgaben; vor allem waren die Einnahmen von den Kupferbergwerken damals noch sehr bedeutend.

Noch grösser, wenn auch den Grundsteuern an Bedeutung erheblich nachstehend, waren die Einnahmen aus Zöllen und Accisen.

Im Reichsetat von 1696, insofern es die Einkommen aus dem eigentlichen Schweden umfasst, sind die sämtlichen Grundsteuern und Zinse auf etwa 1 800 000 Thaler („daler") Silbermünze (D. S.) berechnet, die Kronzehnten dagegen auf nur 100 000 D. S. veranschlagt, die Einkommen aus den Bergwerken auf etwa 350 000, die Grenzzölle auf 866 000, die inneren Zölle und Accisen auf 390 000 D. S., dazu kamen noch die später zu erwähnenden Mantalspenningar, sowie einige kleinere Einnahmen. Der ordinäre und extraordinäre Ausgabenetat (für Schweden und Finland) belief sich auf etwa 4 473 000 D. S.

Der damalige Silbergehalt eines Thalers Silbermünze war ungefähr gleich dem von einem halben schwedischen Speciereichsthaler (sein Wert also 2 Kr. = 2,25 M.). Die Kaufkraft des Geldes war natürlich damals viel höher, wahrscheinlich vier- bis fünfmal so hoch wie die jetzige.

Die Zölle waren teils Ausfuhr-, teils Einfuhrzölle. Das Zollwesen war erst nach dem Tode Gustav Adolfs geordnet worden. Die Ansichten des damaligen Landesverwalters, des Kanzlers Oxenstjerna, wichen vielfach in liberaler Richtung von den merkantilistischen Grundsätzen seiner Zeit ab; unter Karl XI. gewann die Prohibitivpolitik wiederum mehr Boden. Die Einfuhr von Textilwaren wurde verboten u. s. f. Dies sollte sich während der folgenden 50 Jahre noch zweimal in entgegengesetzter Richtung ändern. Die Begünstigung der heimischen Schifffahrt vor der ausländischen sowie der grösseren, bestückten Schiffe vor den kleineren, unbewaffneten durch Verschiedenheit der Zollsätze, war dem Zeitalter eigentümlich und ist erst gegen die Mitte des jetzigen Jahrhunderts völlig abgeschafft worden.

Binnenzölle und Accisen, zum erstenmal unter Gustav Adolf eingerichtet und von Karl XI. um ein Viertel erhöht, kamen hauptsächlich bei dem Feilbieten der landwirtschaftlichen Produkte in den Städten vor. Es war den Bauern verboten (etwa mit Ausnahme einiger ländlichen Jahrmärkte) überhaupt anderswo als in den Städten ihre Erzeugnisse zu veräussern.

Zusammen mögen die erwähnten Abgaben damals die heimischen Produkte (die ausländischen waren von ihnen frei und zahlten statt dessen den Grenzzoll) mit etwa 6—8 % des Wertes belastet haben (der Thorzoll allein betrug 4 %). Unter die Accisen war auch die Besteuerung des damals noch wenig bekannten und hauptsächlich nur in den Städten erzeugten Branntweins einbegriffen, welcher in der Steuergeschichte des folgenden und noch mehr des jetzigen Jahrhunderts eine so grosse Rolle spielen sollte.

Dazu kam noch in den drei grössten Städten eine Mahlsteuer, welche im übrigen Lande durch die gleich zu besprechende Kopfsteuer ersetzt war.

Auch diese Steuer, die sog. Mantalspenningar[1]) ist zu Gustav Adolfs Tagen entstanden. Sie wurde anfangs abwechselnd als Klassensteuer und als prozentale Mahlsteuer erhoben. Schliesslich wurde sie in letzterer Form nur in den drei Städten Stockholm, Göteborg und Karlskrona beibehalten, für das übrige Land aber in eine Kopfsteuer verwandelt, die (seit 1634) mit „3 Mark weissem Geld", (= $^3/_4$ Thaler Silbermünze) dem damaligen Wert von einem Schaf, bezw. 8 Hühnern, zehn Pfund Butter u. s. w. — also etwa 8—10 Kronen des jetzigen Geldwertes — von jedem Mann nnd Weib über 12 Jahre erlegt werden sollte. Die Altersgrenze ist später um einige Jahre erhöht worden. Jene Steuer wurde mit Recht als eine der drückendsten der damaligen schweren Steuerlasten betrachtet und wirkte um so anstössiger, da der Adel — gegen Aufgabe seiner früheren Grenzzollfreiheit — mit seinem Hausgesinde von derselben befreit wurde. Auch die höhere Geistlichkeit zahlte keine Mantalspenningar, was bis zum Jahr 1809 so geblieben ist.

Ueber diese ordinären Einnahmen der Krone hinaus hat Karl XI. während der letzten Zeit seiner Regierung, wo die Reduktion grösstenteils schon vollendet war, keine extraordinären Kontributionen ausgeschrieben. Früher während der Kriegszeit und noch in den 80er Jahren hatten die Reichstage mehrfach solche bewilligt.

So sollten nach den Reichstagsbeschlüssen von 1686 und 89 u. a. alle, die einen jährlichen Gehalt bezogen, sowohl im öffentlichen,

---

1) Das Wort Mantal (Männerzahl) wird hier in seiner ursprünglichen Bedeutung von Kopfzahl als Steuereinhebungsgrundlage im Gegensatz zur einfachen Zahl der Höfe innerhalb eines gewissen Steuergebietes, verwendet. Durch eine eigentümliche Entwicklung hat es später die Bedeutung des Einheitsmasses bei der Aufschätzung der Grösse des landwirtschaftlichen Besitzes angenommen und ist mit „Hemman" (Hufe) synonym geworden.

wie im privaten Dienste bis zu Dienstboten, Soldaten, Bootsmännern u. s. w. herab, 10 % ihrer Löhne abgeben, und zwar musste, wenn der Lohn einen bestimmten kleinsten Betrag nicht erreichte, die für den letzteren berechnete Abgabe dennoch geliefert werden. Zahlungspflichtig waren die Hauswirte mit dem Rechte, die Steuer vom Lohne des Gesindes abzuziehen. Ebenso waren die Kätner, Einlieger u. s. w. sowie die Söhne und Töchter der Bauern entsprechenden Abgaben unterworfen.

Ein eigentümlicher Zug sowohl dieser wie mehrerer früheren und auch späteren Steuerverordnungen war die unverhältnismässige Härte, mit der „lose Leute, die um Tagelohn arbeiteten" behandelt wurden. Für dieselben waren mehrere Male (bis sechsmal) höhere Steuersätze ausgeschrieben wie für ihre Standesgenossen. Der Zweck war natürlich, dieselben zur Annahme von Jahresdiensten zu zwingen, wodurch sie unter die Gesindeordnung fielen, sich mit niedrigerem Lohne begnügen mussten u. s. w.

Als Kontribution der Städte wurde damals noch eine feste Summe bewilligt, die nachher auf die verschiedenen Städte nach deren Bevölkerung repartiert wurde. —

Am Ende des 17. Jahrhunderts waren dagegen die ordentlichen Einnahmen des Staates auf eine Höhe gebracht, die wenigstens in friedlichen Zeiten den Staatsbedürfnissen vollkommen entsprach, ja sogar die Mittel zu einer bedeutenden Schatzbildung liefern konnte. Eine wie grosse Festigkeit die Massregeln Karl XI. dem Staatswesen verliehen hatten, lässt sich daraus beurteilen, dass der Reichsetat von 1696 (der letzte während seiner Regierung) später während mehr als eines ganzes Jahrhunderts, nämlich bis 1809/10 als Normaletat allen Budgets zu Grunde gelegt wurde, ja sogar in den Konstitutionen von 1720 und 1772 grundgesetzliche Sanktion erhielt [1]).

Ob er nicht dabei an die Steuerkraft der Masse der Bevölkerung allzugrosse Forderungen gestellt hat? Die Hungersnöte während der letzten Jahre seiner Regierung, welche in dem einen Jahre 1697/98 mehr als 100 000 Menschen im Reiche das Leben gekostet haben sollen, zeugen von einem Zustand, in welchem breite Schichten

1) Allerdings mussten die Beamtengehälter, insofern sie in barem Gelde gezahlt wurden, bei den späteren Münzrealisationen entsprechend erhöht werden.

der Nation auf der untersten Stufe der Lebensnotdurft sich befanden.

Und dennoch, oder vielmehr eben deshalb sollten die kostspieligen Einrichtungen des Verteidigungswesens sich nur allzubald als unzureichend erweisen, um eine Grossmachtstellung zu erhalten, für welche die notwendige materielle Grundlage überhaupt nicht vorhanden war. —

Inwieweit die von den Ständen in die Hand Karls XI. gelegte Alleinherrschaft auch das Besteuerungsrecht umfasste, ist nicht ganz klar, da die Reichtagsbeschlüsse in diesem Punkte ziemlich unbestimmt abgefasst waren.

Jedenfalls hat der König selbst von diesem Rechte keinen Gebrauch gemacht. Auf dem Reichstage von 1693 wurde jedoch von den Ständen dem König die Vollmacht gegeben, für den Fall eines Krieges sowohl eine Bewilligung auszuschreiben, wie auch das nötige Geld zu leihen, wogegen sie sich verpflichteten, die Schuld nach Wiederherstellung des Friedens tilgen zu wollen.

Dieser Vollmacht hat sich Karl XII. in ausgedehntester Weise bedient, so dass er während seiner ganzen Regierungszeit kein einziges Mal den Reichstag zusammenberufen hat[1]), und das ganze Finanz- wie schliesslich auch das Münzwesen und sogar den gesamten Exporthandel seiner königlichen Gewalt unterstellte. Wie unerträglich die von ihm ausgeschriebenen Steuern auch waren — bekanntlich endete seine Regierung wie mit dem politischen, so auch mit einem vollständigen finanziellen und wirtschaftlichen Zusammenbruch des Landes — verspürt man doch unter ihm einigermassen das Bemühen, die Bürden der ökonomischen Lage jedes Steuerzahlers anzupassen — oder, vielleicht richtiger gesagt, die Höhe der Steuern hob zeitweise den Unterschied zwischen Arm und Reich, zwischen Adel und Nicht-Adel beinahe auf.

Unter „einfacher und gewöhnlicher“ Kontribution, die seit 1700 alljährlich ausgeschrieben wurde, verstand man damals eine der Regel nach zehnperzentige Abgabe von allen Löhnen und Einkommen; von den

1) Während seiner langen Abwesenheit im Kriege wurde allerdings vom Rate, ohne seine Zustimmung einzuholen, einmal ein Stände-Ausschuss, das andere Mal ein Reichstag einberufen. Letzterer ist jedoch auf des Königs Befehl wieder aufgelöst worden, ohne dass ein Reichstagsbeschluss zustande kam. Auf diesem Reichstage (1714) wurde übrigens schon der Entwurf der späteren Konstitution von 1719—20 heimlich abgefasst.

Kapitalzinsen und Hausmieten sollte jedoch „der fünfte Pfennig", also 20 Prozent erlegt werden. Und dieses Kontingent wurde mehrmals (1710, 1714, 1718) noch verdoppelt (von Kapitalzinsen und Hausmieten wurde jetzt sogar die Hälfte gefordert), seit 1711 mit einer Herdsteuer und seit 1716 mit einer Klassensteuer verbunden, welche den Zwecken des schon früher begonnenen Aufnehmens von Anleihen dienen sollte. Dazu kam während der letzten Jahre die fast vollständige Entwertung des Geldes durch massenhafte Emission der sog. Münzzeichen. Schon i. J. 1714 wurde geklagt, dass sich die Zahl der Bürger in den Städten bedeutend vermindert hätte und „Handel und Wandel" nahezu verschwunden wäre; das gewöhnliche Kontingent der Städte musste um ein Drittel herabgesetzt werden. In den letzten Jahren vor dem Friedensschluss mit Russland (1721 — Karl war schon i. J. 1718 gestorben) wurden die Verhältnisse noch schlechter, da die Russen fast alle Städte an der Ostseeküste niederbrannten.

Was er unter weniger verzweifelten Umständen hätte thun können oder thun wollen, ist schwer zu entscheiden. Einige seiner Verordnungen zeugen davon, dass er seiner Zeit voraus war. So wollte er die Grundsteuerprästationen durch feste Geldbeträge ersetzen und die frühere, meistens klassensteuerähnliche Bewilligung in eine rationelle Vermögenssteuer unter gegenseitiger Einschätzung der Steuerpflichtigen umwandeln. Keiner von diesen Vorschlägen konnte definitiv durchgeführt werden; dagegen blieb seine Reform des Zollwesens in freihändlerischer Richtung während der beiden ersten Dezennien der Freiheitszeit zum unzweifelhaften Nutzen des Landes erhalten.

Die Gewaltmassregeln am Schlusse seiner Regierung, den krankhaften Anstrengungen eines Fallierenden ähnlich, wo das Eigentumsrecht schliesslich aufgehoben war und das eigene Land etwa wie ein erobertes behandelt wurde, gehören wohl mehr der Kultur- und Zeitgeschichte, wie der Steuergeschichte i. e. S. an.

Beim Tode Karls XII. hatte das Reich eine Schuld, die auf etwa 60 Millionen Daler Silbermünze veranschlagt wird, wovon beinahe die Hälfte aus Münzzeichen bestand.

Der „Daler Silbermünze", eigentlich nur eine Recheneinheit, weil das Hauptgeld des Landes, wie zu Gustav Adolfs Zeit, jetzt wiederum aus Kupfer bestand, war i. J. 1715 an Wert um 50% verringert worden, es gingen 3 Daler auf einen Reichsthaler Specie (= 4 der jetzigen Kronen). Die obige Summe würde somit etwa 80 Millionen Kronen entsprechen; in Rücksicht auf die damaligen Preise muss jedoch ihr Wert etwa vier- bis fünfmal vergrössert werden. Ihre Bedeutung mag man daraus beurteilen, dass i. J. 1715, als die von Karl XII. verordnete (aber bald aufgegebene) Besteuerungsmethode zum erstenmal angewendet wurde, das ganze steuerpflichtige Vermögen im eigentlichen Schweden auf 59 693 000 Daler Silbermünze und mit Finnland zusammen auf 63 489 000 D. S. aufgeschätzt wurde (allerdings vor der im selben Jahre vorgenommenen Münzverschlechterung). Die damalige Einwohnerzahl des eigentlichen Schwedens ist nach neueren Schätzungen auf etwa 1 200 000 (i. J. 1718) zu veranschlagen, gegen etwa 1 360 000 i. J. 1697.

Eine solche Schuldenmasse zu tilgen oder nur zu verzinsen, hätte die Kräfte des verarmten, entvölkerten und um mehr als ein Drittel verkleinerten Landes weit überstiegen. Ein Teil der Schulden wurde abgeschrieben, die Münzzeichen zur Hälfte ihres nominellen Wertes durch Schuldzettel ersetzt und diese allmählich eingelöst, wobei die Gläubiger des Staates in mehrere Klassen oder sogenannte Nummern eingeteilt wurden, um nach der Reihenfolge der Dringlichkeit ihrer Ansprüche entschädigt zu werden. In der ersten Klasse standen die Minderjährigen, Hospitäler u. s. w., deren Mittel in den letzten Jahren von Karls Regierung mit herangezogen worden waren. Gegen das Ende der Freiheitszeit war diese Schuld der Hauptsache nach getilgt, freilich steckte der Staat damals schon fast ebenso tief in Schulden jüngeren Datums. —

Bekanntlich wurde der Tod Karls XII. das Signal zur Einführung eines ebenso uneingeschränkten Parlamentarismus, wie man früher uneingeschränkte Monarchie gehabt hatte. Der Umschwung war jedoch nicht so gross, wie es scheinen möchte, denn die Konstitution der Freiheitszeit war keineswegs eine demokratische. Vielmehr war dieselbe ursprünglich als eine Reaktion gemeint, eine Wiederherstellung der Macht des Adels, wie sie vor Einführung der Alleinherrschaft bestanden hatte. Die adligen Privilegien wurden gegen die Proteste der unteren Stände sanktioniert, etwa in der Form, wie sie ein Jahrhundert früher unter Gustav Adolf festgestellt waren. Der Adel erlangte aufs neue gänzliche Steuerfreiheit dem Staate gegenüber für seine eigentlichen Sitzgüter nebst unmittelbar zugehörigen Höfen, sowie für seine Häuser in den Städten. Er behielt das Recht, alle höheren Aemter zu besetzen u. s. w. Auf den Reichstagen lag die Führung der Geschäfte in mehrerlei Weise in seiner Hand, besonders weil der Bürgerstand im Kriege zu viel gelitten hatte, um sich sogleich geltend machen zu können. Was die Vertreter der Bauern betrifft, so waren sie anfangs ganz beiseite geschoben. In dem „sekreten Ausschusse", welcher besonders in allen Angelegenheiten der auswärtigen Politik im Namen des ganzen Reichstags Beschlüsse fasste, waren die Bauern am Beginne der Freiheitszeit überhaupt nicht vertreten. Jedoch blieb ihnen das wichtigste Recht erhalten: es konnten ihnen neue Steuern nicht gegen ihren Willen aufgezwungen werden, und es blieb verboten, andere Güter als die von der Reduktion geschonten unter die adlige (volle oder partielle) Steuerfreiheit zu bringen.

Thatsächlich zeigt nun auch die Geschichte der Freiheitszeit eine fortgehende Demokratisierung der gesetzgebenden Gewalt. Sogar die Regimentsveränderung v. J. 1738, wo die „Hüte" die Macht erhielten, hatte einigermassen diesen Charakter, denn diese bestanden hauptsächlich aus Mitgliedern der zahlreichen Adelsgeschlechter, die entweder in der Reduktion ihr Eigentum verloren hatten oder auch aus den sowohl damals wie später mitunter massenhaft vorgenommenen Nobilitierungen hervorgegangen waren, während früher die grossen gutsbesitzenden Adelsfamilien in der Wirklichkeit, wenn auch nicht nach dem Wortlaute der Konstitution von 1719—20, die Oberherrschaft im Ritterhause und im Reichstage behalten hatten. Da nun jene adlige Demokratie, relativ unbegütert und in betreff ihres Unterhalts auf die zivilen und militärischen Aemter des Staates oder auf bürgerlichen Erwerb hingewiesen, sich, um die Macht zu erlangen, mit einigen Vertretern des Grossgeschäfts, welche den Bürgerstand beherrschten, verbanden, so liegt in dieser Kombination der Schlüssel für die äussere wie innere Politik des Landes während der folgenden 27 Jahre — die beiden Kriege in Finnland und Pommern, die künstliche Erzielung eines Aufblühens der Manufakturen durch staatliche Unterstützung, sowie massenhafte Emission von Papiergeld. —

Als die Hutpartei durch innere und äussere Misswirtschaft[1]) sich unmöglich gemacht hatte, kamen zwar (1765) „die Mützen" wieder ans Ruder, aber letztere waren von der alten hochadligen Partei Arvid Horns sehr verschieden, ihre hauptsächliche Stütze lag nunmehr in den unteren Ständen, welche inzwischen an Bedeutung mehr und mehr gewonnen hatten -- nahmen doch jetzt sogar die Bauern an dem sekreten Ausschusse teil.

---

1) Die Lichtseiten ihrer Herrschaft, die Belebung des nationalen Geistes, welche sie in vielen Richtungen herbeiführte, sollen nicht geleugnet werden, gehören aber wenig in den Rahmen dieser kleinen Skizze.

Für einen wirklich demokratischen Parlamentarismus war jedoch das Zeitalter noch nicht reif, oder es fehlte an der nötigen Zeit, die Nation an einen solchen zu gewöhnen. Die neuen Machthaber erwiesen sich wenig geschickt, die wirtschaftlichen Schwierigkeiten zu beheben; im Gegenteil verschärften sie dieselben durch heute fast unbegreifliche, für die Geschichte des Geldwesens aber überaus lehrreiche Fehlgriffe der Finanzverwaltung, und da die wirtschaftliche Not infolge zweier schweren Missernten auf die Spitze getrieben war, so wurde es dem neuen Könige leicht, im Verein mit dem, um den Bestand seiner Privilegien bekümmerten Adel das parlamentarische System zu beseitigen (1772). —

Und jetzt beginnt sonderbarerweise der während der letzten hundert Jahre durchgemachte Entwicklungsgang sich gewissermassen zu wiederholen.

Die von Gustav III. durchgesetzte Konstitution v. J. 1772 sollte ausdrücklich die Machtverteilung zwischen König und Ständen in derselben Form wiederherstellen, wie sie vor der Einführung der Alleinherrschaft Karls XI. i. Jahre 1680 gewesen war, jedoch mit Ausnahme der früheren Macht des hochadligen Rates. Die gesetzgebende Gewalt sollte dem Könige und dem Reichstage zusammen gehören, das Steuerbewilligungsrecht der Stände aber in betreff aller neuen Bewilligungen, sowie auch die gegenseitigen ständischen Privilegien unangetastet bleiben. Sodann erfolgte auf dem stürmischen Reichstage v. J. 1789 unter Beihilfe der unteren Stände der zweite Staatsstreich des Königs. Die Privilegien der nicht adligen Stände, besonders des Bauernstandes wurden bedeutend erweitert. Die letzten Spuren der Einmischung der Krone in die Wirtschaft der selbeigenen Bauern fielen weg, was um so wichtiger war, als eben von diesem Zeitpunkte an durch die schon begonnene Gemeinheitsteilung, die Aufteilung der Allmanden u. s. f., der bäuerliche Privatbesitz sich erheblich erweiterte. Das Recht zum Freikauf der Krongüter, welches, am Anfange der Regierung Gustavs III. aufgehört hatte, wurde erneuert, der Erwerb von „Frälse"-gütern (ausser jedoch den Sitzgütern des Adels) wurde auch den Bauern gestattet u. s. f.

Zur selben Zeit aber wurde gegen den Protest des Adels durch ein Grundgesetz von überaus dehnbarem Inhalt eine Art Alleinherrschaft eingeführt, welche, durch den gewaltsamen Tod Gustavs III. (i. J. 1792) zeitweilig unterbrochen, bei der Thronbesteigung des mündiggewordenen Gustav Adolf IV. erneuert wurde[1]), sich in der Hand dieses wenig begabten Monarchen aber als völliger Anachronismus erweisen sollte, bis sie mit seiner Entthronung i. J. 1809 endgültig beseitigt wurde. —

Mit der politischen Geschichte des erwähnten Zeitraums können wir uns hier nicht näher beschäftigen; dagegen wollen wir über die Wirtschafts- und Münzpolitik des XVIII. Jahrhunderts, insofern sie mit dem Finanzwesen desselben im Zusammenhang steht, noch einige Worte äussern.

Die äussere Handelspolitik Karls XII., besonders gegen das Ende seiner Regierung, ist wesentlich eine freihändlerische gewesen. Die Zolltaxe v. J. 1715 enthält nur wenige Ausfuhrverbote, wie die auf gröberes Gusseisen, gewisse Holzwaren, rohe Häute, Getreide (jedoch nicht für Schonen), sowie auf Pferde während des Krieges; die Einfuhrzölle auf notwendige Verbrauchswaren wie Salz und Getreide, sowie auf die Rohstoffe der heimischen Manufakturen waren sehr niedrig oder fehlten ganz, wogegen Luxuswaren mit hohen Zöllen belegt waren, die im Verhältnis des Warenwerts berechnet wurden. Dieselbe Politik wurde auch während der ersten zwanzig Jahre der Freiheitszeit befolgt und scheint nach übereinstimmenden Berichten zum Emporblühen des allgemeinen Wohlstandes wie zur Konsolidirung des Finanz- und Münzwesens mächtig beigetragen, ja sogar die Inanspruchnahme von Geldsubsidien fremder Länder unnötig gemacht zu haben, welche sonst in der schwedischen Geschichte des XVII. und XVIII. Jahrhunderts eine so bedeutende — und verhängnisvolle Rolle gespielt hat. Allerdings war das befolgte System kein rein freihändlerisches. Schon im Jahre 1727 wurde nach dem Muster der Cromwellschen Navigationsakte ein sog. Produktenplakat ausgefertigt, welches fremden Schiffen nur die Einfuhr von Produkten ihrer Heimatländer gestattete. Daneben wurden alle Waren, welche im Inlande erzeugt werden konnten, mit einer Extra- (5 prozentigen) Abgabe belastet, die zur Bildung eines Fonds für die Unterstützung der heimischen Manufakturen dienen sollte, und zu demselben Zwecke wurde auch eine direkte Steuer von den Ständen bewilligt.

Jene Massregeln sollten aber unter der Regierung der Hüte in ein extrem protektionistisches System umgewandelt werden. Die

---

1) Sie wurde durch die Huldigung seitens des Adels als von diesem Stand genehmigt betrachtet.

Zollrolle vom J. 1739 enthält neben 20 Ausfuhrverboten nicht weniger als 470 Einfuhrverbote. Trotzdem wurden die Ansprüche der Fabriken auf direkte Unterstützung immer lauter. Um Einnahmen für den Manufakturfonds zu beschaffen, wurden sowohl die ausländischen Rohstoffe wie die eigentlichen Kolonialprodukte, Kaffee, Thee etc., mit speziellen Abgaben für diesen Zweck belegt, und die Unterstützungen wurden nicht mehr als Darlehen, sondern als Prämien, und besonders als Ausfuhrprämien, „um den heimischen Markt zu entlasten", gewährt.

Zu welchen absurden Missbräuchen dieses System mitunter führen konnte, geht aus der von Geijer als thatsächlich bezeichneten Angabe hervor, dass ganze Schiffsladungen schwedischen Porzellans, welches lediglich, um die hohe Exportprämie zu verdienen, verfertigt und eingeschifft war, sobald die Schiffe in See gekommen waren, über Bord geworfen wurden, weil die Ware überhaupt nicht verkäuflich war.

Es hat sich in dieser Weise die Nation 40 Jahre hindurch in fühlbarster Weise selbst besteuert, um ihre Tuche, Lederwaren, Tabak, Zucker u. s. f. sowohl um 60 bis 70 Prozent teurer, wie meistens auch viel schlechter zu beziehen, als sie vom Auslande her zu erhalten waren. Für alle Opfer tröstete man sich jedoch mit dem erzielten „nationalen Gewinn", indem der ganze Erzeugungswert der Manufakturen, nach Abzug des Preises der Rohstoffe, falls diese vom Auslande eingeführt waren, sonst aber ohne jeglichen Abzug, als „Reingewinn für das Land" aufgefasst wurde. Der Schleichhandel blieb der anerkannt schwache Punkt des Systems, konnte aber trotz furchtbarer Strafen, Haussuchungen u. s. w. niemals ausgerottet werden.

Da unter diesem Regime die Einkünfte des Staates natürlich stark zusammenschrumpften, die Ausgaben aber, vor allem infolge der beiden Kriege, sich mehrten, nahm man bald zu dem verhängnisvollen Schritt, welcher die Hüte anfangs an der Regierung erhalten, schliesslich aber unrettbar stürzen sollte, nämlich zur massenhaften Emission von Papiergeld seine Zuflucht.

Die unter Karl XI. errichtete Bank wurde nach vorläufigem Fallieren unter die Verwaltung der höheren Stände und zwar unter eine von den Reichstagen erwählte Direktion (Bevollmächtigte der Stände in der Bank) gestellt, was unter all den wechselnden

Schicksalen dieses Geldinstituts bis auf den heutigen Tag so geblieben ist. Der Bauernstand lehnte anfangs jede Garantie für die Bank ab und ist erst in dem jetzigen Jahrhundert als Anteilnehmer und Garant der Bank aufgefasst worden.

Jene Bank erfreute sich bald eines allgemeinen Vertrauens, wozu die Unhandlichkeit der damaligen Münzen, die grossenteils aus Kupfer bestanden, nicht wenig beigetragen haben mag.

Noch zu der hier betrachteten Zeit bestand die metallische Basis der Bank hauptsächlich nur aus Kupfer, welches in grösseren oder kleineren „Platten" als Geld zirkulierte, oder gegen auf grössere Beträge lautende sog. Transportzettel dort deponiert war. Schon bald nach dem verunglückten Revanchekriege gegen Russland wurde die Bank i. J. 1745 „in Anbetracht der grossen Dienste, welche sie dem Reiche während des Kriegs geleistet hatte", für jede Auslieferung von Kupferplatten geschlossen, wogegen sie nunmehr Zettel auf kleinere Beträge auszugeben ermächtigt wurde. Das entstandene Defizit durch neue Steuer zu decken, wagte man damals nicht wegen der Unruhen, welche der Ausfall des Krieges unter der Bevölkerung hervorgerufen hatte.

Jenes Mittel, Geld zu beschaffen, war ein viel zu bequemes, um nicht gemissbraucht zu werden, besonders zu dieser Zeit, wo alle Geldfragen, wie überhaupt alle öffentlichen Angelegenheiten unter dem Schleier des tiefsten Geheimnisses behandelt zu werden pflegten. Die Vorschüsse der Bank überstiegen bald jedes vernünftige Mass; teils wurden sie der Krone geleistet, gewöhnlich infolge von „Kreditiven", welche jeder Reichstag der Regierung für unvorhergesehene Ausgaben nachzulassen pflegte, teils privaten Personen und Korporationen sowohl gegen Waren, besonders Eisen, welches durch successive Reichstagsbeschlüsse zu immer steigendem Anteil des Wertes und zu immer sinkendem Zinsfusse (bis zu $^7/_8$ des ersteren und zu 3 %) beliehen werden durfte, wie auch (seit 1750) auf das feste Eigentum; die umlaufende Zettelmasse wuchs in den Jahren 1745—62 von 33 auf beinahe 150 Millionen „Daler Kupfermünze".

Die unausbleibliche Folge war, dass die Bankzettel allmählich im Wert zu sinken begannen. Dieselben lauteten auf „Daler Kupfermünze" (zu 4 „Mark"), von denen 9, oder nach der damals noch gewöhnlichen Rechnung, 36 Mark Kupfermünze als einem Reichsthaler Spezie entsprechend betrachtet wurden [1]). Schon im nächsten Jahr (1746) war der Kurs des Silberreichsthalers [2]) auf 48 Mark (Papiergeld) gestiegen. Um weitere Kurssteigerungen zu verhindern, wurden nun vielfach Kontrakte mit privaten Geldwechslern oder Kompagnien von solchen abgeschlossen, denen die Bank einen grossen Teil ihres Metallbestandes zur Verfügung stellte, wogegen diese sich verpflichteten, die Zettel unter einem bestimmtem Maximalkurse (des Metallgelds) einzulösen. Das Mittel erwies sich aber als untauglich, die Wechselkontore mussten nach und nach ihre Wirksamkeit einstellen, der Silberkurs stieg am Anfang der 1760er Jahre einmal bis auf 108 Mark und stand i. J. 1765, wo die Hüte schliesslich gestürtzt wurden, noch zwischen 80 und 90 Mark. Die Bankzettel waren somit auf weniger als die Hälfte ihres ursprünglichen Werts gesunken.

Zur selben Zeit war die Reichsschuld, nach dem damaligen Kurse gerechnet, auf über 600 „Tonnen Gold" (zu 100 000 Daler Silbermünze oder — bei pari — $33\,333\,^1/_3$ Reichsthaler Spezie) gestiegen und erforderte $21\,^1/_3$ Tonnen Gold an jährlichen Interessen. Die sämtlichen Staatseinnahmen aber wurden nur auf 107 Tonnen Gold veranschlagt, und die ordentlichen Ausgaben, ohne die Schuldzinzen, konnten nur wenig unter diesen Betrag herabgebracht werden.

Der einfachste Weg, diesen Schwierigkeiten zu entgehen, wäre nun zweifelsohne der gewesen, den Kurswert der Bankzettel auf dem thatsächlich schon erreichten Stand, oder etwas darüber, gesetzlich zu fixieren und die Bank sobald als möglich mit Einlösung derselben beginnen zu lassen. Dies geschah wirklich, und zwar ohne beträchtlichere Unannehmlichkeiten 10 Jahre später unter Gustav III., wobei zugleich die hauptsächlich durch Vorschüsse in Form von Bankzetteln entstandene Schuld des Staates an die Bank einfach abgeschrieben wurde. Die wichtigsten Einnahmen der Krone sowie der meisten öffentlichen Einrichtungen bestanden ja zum grossen Teil damals noch in Naturallieferungen oder wurden nach dem durchschnittlichen Marktpreise derselben berechnet und

1) Der nunmehr rein ideelle „Daler Silbermünze" war = 3 Daler Kupfermünze, also bei pari, wie erwähnt = $^1/_3$ Reichsthaler Spezie.

2) Eigentlich des Reichsthalers Hamburger Bco., welcher mit dem schwedischen Speciereichsthaler nahezu gleichwertig war.

waren folglich von dem Wechsel des Geldwertes ziemlich unberührt.

Wenn aber zunächst ein Herabdrücken des Silberkurses versucht werden sollte, hätte dasselbe doch an dem Punkt einsetzen sollen, wo die Ursache der Missstände eigentlich lag, nämlich den allzugrossen Vorschüssen der Bank an die Krone, besonders während des sehr kostspieligen pommerschen Krieges (1757—62). Die Konsolidierung der Staatsschuld durch Austausch eines Teiles der umlaufenden Zettelmasse gegen zinstragende Obligationen des Staates hätte voraussichtlich den Geldkurs allmählich auf das weit weniger erschreckende Niveau gebracht, welches derselbe während der ersten zehn Jahre nach dem Aufhören der Einwechselung der Bank noch eingenommen hatte. Das, wenn auch mit künstlichen Mitteln, hoch aufgetriebene Manufakturwesen, sowie überhaupt die zunehmende Geldwirtschaft hatte zweifelsohne den Bedarf an Umsatzmitteln bedeutend gesteigert, was zu der relativen Geringfügigkeit der Kursschwankungen vor dem pommerschen Kriege wohl mehr beigetragen haben dürfte, als die zweifelhaften Leistungen der Wechselkontore.

Freilich aber wäre für eine solche Operation eine Vergrösserung der Staatseinnahmen durch neue Steuern notwendig gewesen; eben dies aber blieb bei den Streitigkeiten der Parteien und infolge der Ständeprivilegien immer der wunde Punkt.

Statt dessen hat man sowohl i. J. 1762, wie noch mehr i. J. 1765, als die Mützen endlich ans Ruder gelangten, die ganze Kraft der Repressivmassregeln auf das p r i v a t e Leihgeschäft der Bank, welches doch relativ sehr wenig verschuldet hatte, konzentriert. Die Bank, damals das einzige eigentliche Geldinstitut des ganzen Landes, wurde einfach f ü r a l l e w e i t e r e n D a r l e h n e g e s c h l o s s e n, und die schon gegebenen sollten mit verschärftem Zinsfusse und stärkeren Amortisationsquoten eingezogen werden. Da nun die meisten privaten Inhaber der Bankzettel durch die jetzige Aussicht auf schnelles Sinken des Silberkurses verlockt, ihre Zettel zurückhielten, da alle Welt verkaufen, niemand etwas kaufen oder auf bald entwertete Hypotheken leihen wollte, so sollten die natürlichen Folgen hiervon sich nur allzubald zeigen. Der Kurs des Silberreichsthalers, welchen man a l l m ä h l i c h während etwa zehn Jahren auf seinen ursprünglichen Stand herabzubringen gedachte, ist in weniger als zwei Jahren auf 42 Mark, somit nur unbedeutend über pari (36 Mark) gefallen, und als dieses unerwartete Resultat einmal erreicht war, hat man g e g e n den anfangs ins Auge gefassten Plan, gegen die Warnungen der Bankdirektoren die fast unbegreifliche Blindheit gehabt, diesen Kurs nunmehr als Zwangskurs der Banknoten durch königliche Verordnung festzusetzen, wodurch nach dem Zeugnis eines Zeitgenossen „der Kredit auf einmal verfiel, alle heimischen Geschäfte stockten, unzählbare Bankrotte entstanden und die Preise der Waren sowie des festen Eigentums unter den halben Wert herabgedrückt wurden."

Trotz einer Reihe sehr guter Ernten wurde die Not auf dem Lande so gross, dass in einigen Orten die Landpolizei verstärkt werden musste, um die Steuerrestanten auszupfänden. Noch mehr, oder jedenfalls nachhaltiger haben die Manufakturen gelitten, trotzdem dass die Einfuhrverbote noch immer aufrecht erhalten, ja sogar vermehrt wurden.

Das Prohibitivsystem erreichte gerade am Ende der Freiheitszeit seinen Höhepunkt mit 36 Ausfuhr- und 870 Einfuhrverboten. In der folgenden Zeit wurden zwar die Fesseln etwas gelockert, aber noch in der Zolltaxe von 1816 kamen 300 Einfuhrverbote vor.

Die vielen neuen Fabriken, die stolze Schöpfung der Hüte, waren mit einem Mal wie weggefegt. Die Maschinen wurden exekutivisch meistens nach Russland verkauft. Die Arbeiter folgten nach. Die Zahl der „Stühle" in den Textilfabriken Stockholms sowie die Zahl der beschäftigten Arbeiter soll in den fünf Jahren 1762--67 auf weniger als die Hälfte gesunken sein — und die frühere Zahl sollte nachher während mehr als einem halben Jahrhundert nicht annähernd, ja im Verhältnis zur Kopfzahl der Bevölkerung erst in unseren Tagen wieder erreicht werden.

Erst auf dem folgenden Reichstage, 1769, wo die Hüte noch einmal obsiegten, wurde die Bank für Darlehen wieder eröffnet und der Kurs stieg aufs neue; allein der erlittene Schaden konnte nicht sobald wieder gut gemacht werden. In den letzten Jahren der Freiheitszeit wurde das Land infolge der schweren Missernten von 1771 und 1772 von einer Hungersnot heimgesucht, welche während des letzteren und des folgenden Jahres über die normale Sterblichkeit hinaus mehr als 70000 Personen (in einer Bevölkerung von etwa 2 Millionen!) hinwegraffte, und wohl mehr als irgend etwas anderes dazu beigetragen hat, das herrschende Regierungssystem verhasst zu machen und die Umwälzung vom August 1772 vorzubereiten.

Es unterliegt nämlich kaum einem Zweifel, dass jene entsetzliche Heimsuchung, zu der unsere Statistik kein Seitenstück kennt, weit weniger von den Naturverhältnissen, als von den schlechten wirtschaftlichen Zuständen und der Ratlosigkeit der Parteien verschuldet war. Die Ernten der vorangegangenen sechs Jahre, besonders der beiden vorletzten (1768 und 69) waren überaus günstige gewesen. Es ist daher kaum anders möglich (wenngleich Schweden während des ganzen 18. Jahrhunderts Getreide importierte), als dass bedeutende Mengen von Getreide im Lande selbst vorhanden gewesen sein müssen, als die Ernte von 1771 völlig, und die von 1772 beinahe vollständig fehlschlug. Allein der Getreidehandel im Innern des Landes war mit schweren Fesseln belegt, und der Privatkredit scheint durch die erwähnten finanziellen Fehlgriffe zur Zeit gänzlich brach gelegen zu haben. So hätten die Mittel zur Abhilfe der drohenden Not von den im Sommer 1771 wegen des Todes Adolf Fredriks zusammenberufenen Ständen beschafft werden müssen. Infolge der Parteistreitigkeiten wurde jedoch die hochwichtige Angelegenheit immer weiter hinausgeschoben — nicht einmal die gewöhnliche Notmassregel: ein Branntweinverbot zur Ersparung des noch vorhandenen Getreides, konnte ausgewirkt werden — und als schliesslich Geldmittel angewiesen wurden, war die gebotene Hilfe unzureichend und kam zu spät, um das hungernde Volk — und die schwankende Konstitution zu retten. —

Auch während der Regierung Gustavs III. traten Missernten sehr häufig ein. Von den sechs Jahren 1780—85 sind nicht weniger als fünf in den Ernteangaben mit der vorletzten Stufe einer zehngradigen Skala bezeichnet. Die Sterblichkeitsziffern aber dieser Periode zeigen nur eine wenig bedeutende Steigerung gegen die der unmittelbar vorangegangenen oder der nachfolgenden. Die Hauptursache dieses veränderten Verhaltens liegt wohl vor allem in der Freigebung des Getreidehandels im Innern des Landes, welche inzwischen eingetreten war — zum Teil vielleicht auch in der Einrichtung des staatlichen Branntweinmonopols, da die betr. Brennereien in grossem Massstabe mit ausländischem Getreide gespeist wurden. —

Der Sonnenglanz, welcher in einigen Hinsichten über die Regierungszeit Gustavs III. verbreitet ist, erstreckt sich leider wenig auf die Finanzen. Schon durch die unklaren Bestimmungen der Konstitution v. J. 1772 von jeder Kontrolle seitens des Reichstags — welcher übrigens nur nach des Königs Belieben zusammenberufen wurde — befreit, hat er die Reichsfinanzen beinahe nur als Anhängsel seiner Privatkasse betrachtet, durch kostspielige Hofhaltung, Reisen u. s. w. das Budget belastet und schliesslich durch den Krieg gegen Russland die Finanzen gänzlich in Unordnung gebracht.

Die schon erwähnte Valutaregulierung fand in den Jahren 1776—77 statt. Die Bankzettel wurden zu halbem pari, auf welchem Stand der Kurs während der letzten Jahre sich „gleichsam von selbst gesetzt" hatte, eingelöst, d. h. 6 Daler Silbermünze (= 18 Daler Kupfermünze = 72 Mark) wurden nunmehr als gleich 1 Reichsthaler Spezie betrachtet.

Letztere Münzsorte (in 48 Schillinge eingeteilt) sollte von nun an das Reichsgeld des Landes bilden, und der Münzfuss ausschliesslich Silber sein. Der Barbestand der Bank, hauptsächlich durch eine ausländische Silberanleihe herbeigeschaft, war nur 1,8 Mill. R. Sp. gegenüber einer Notenmasse von 8,4 Mill. R.), weshalb man denselben durch Verbot der Ausfuhr von Silber zu schützen suchte.

Zu gleicher Zeit wurde die Reichsschuld geordnet, und zwar in der Weise, dass die Forderungen der Bank zum Betrage von 40 und einige Millionen Daler Silbermünze grösstenteils abgeschrieben wurden; die gesamte in- und ausländische Schuld, erstere im Verhältnisse 6 D. S. auf 1 Reichsthaler Spezie devalviert, betrug dann nur noch etwa 6 Millionen R. Sp.

Die Zins- und Grundsteuereinnahmen der Krone wurden, insofern sie in Geld zahlbar waren, zum alten pari (d. h. zu 3 D. S. den Reichsthaler) evalviert, die Taxe der Zölle und Accisen entsprechend verändert u. s. w. Da zugleich seit 1777 die Einfuhr einiger früher verbotener Artikel freigelassen wurde, verbesserten sich die Staatseinnahmen so, dass sie i. J. 1785, wo sie vorläufig ihren höchsten Stand erreichten, etwas über 3 200 000 R. Sp. betrugen, von welchem Betrage die Zölle etwa ein Drittel ausmachten.

Dazu kamen noch ausländische (hauptsächlich französische, zu geringem Betrag auch ottomanische und endlich russische) Subsidien, welche sich während Gustavs Regierung zusammen auf etwa 6 100 000 R. Sp. beliefen.

Das alles wollte jedoch nicht für die Festungs- und Schiffsbauten, die sonstigen Kriegsrüstungen sowie für die äusserst kostspielige Hofhaltung des Königs ausreichen; dass letztere sich nach den im Reichsetat dafür veranschlagten Summen zu richten hätte, scheint dem Könige oder seinen Ratgebern keinen Augenblick eingefallen zu sein. Um sein Einkommen zu vermehren, hat er aus eigener Machtvollkommenheit die Branntweingewinnung für Rechnung der Krone monopolisiert, auch ist er mit der Absicht eines Tabakmonopols umgegangen, hat aber gegen den Widerstand der Städte diesen Plan nicht zu realisieren gewagt. Ob die ersterwähnte Einrichtung wirklich mit den sittlichen Schäden verbunden gewesen ist, die man ihr vielfach zugeschrieben hat, mag dahingestellt sein, dass aber der vorgespiegelte Gewinn des Staatsbetriebs gänzlich ausblieb, ist Thatsache. Vielmehr blieb der Staatsbetrieb schliesslich sowohl für die kostbaren Fabrikeinrichtungen wie für die meistens importierten Rohstoffe mit grossen Summen haftend. Wie ein solcher Misserfolg überhaupt möglich war, kann man nur zu raten suchen, da schon i. J. 1794, zwei Jahre nach dem Tode des Königs, die Rechnungen der betr. Einrichtung für mehrere Verwaltungsjahre fehlten.

Es blieb somit nur der Ausweg des Borgens, und dieser wurde in der That vom damaligen Finanzdepartement, welches unter der unmittelbaren Aufsicht des Königs stand, mit grossem Fleiss eingeschlagen, so dass schon vor dem Ausbruche des Krieges gegen Russland die Reichsschuld trotz den damals schon eingegangenen 4 Millionen R. Sp. Subsidien um nahezu 4 Millionen R. Sp. (darunter allerdings die Silberanleihe für die Bank mitzurechnen ist), erhöht war.

Als nun der Krieg kam, welcher etwa zwei Jahre dauerte und 24 Millionen R. Sp. verschlang, die Subsidienquelle aber wegen des gleichzeitigen Ausbruches der französischen Revolution grösstenteils versiegte, so war die Folge, dass das Reich beim Tode Gustavs III. mit einer Schuld von etwa 32 ½ Millionen Reichsthaler Spezie belastet war. In jetzigem Gelde würde dieselbe 130 Millionen Kr. (146 Mill. M.) entsprechen, in anbetracht der damaligen Güterpreise ist dieselbe aber wahrscheinlich zu verdoppeln, und sie fiel einer Bevölkerung zur Last, welche im eigentlichen Schweden damals nur 2,2 Mill. Menschen betrug.

Nur ein Teil, etwa zwei Drittel, jener Geldsumme bestand jedoch aus wirklichen, meist ausländischen Anleihen. Für den übrigen Teil hatte man schon auf das alte verhängnisvolle Mittel zurückgegriffen: auf die Notenpresse.

Auf dem schon erwähnten Reichstage vom Jahre 1789, welcher die Alleinherrschaft aufs neue einführte, wurde das Reichsschuldkontor, das die zur Verzinsung und Tilgung der Staatsschuld angewiesenen Mittel verwaltete, ermächtigt, in Erwartung der noch zu suchenden aus- oder inländischen Darlehne Obligationen zu emittieren, die in ein oder zwei Jahren eingelöst und mit 3 Prozent verzinst werden sollten. Der Betrag war anfangs auf die geringe Summe von $^1/_2$ Mill. Reichsthaler Sp. eingeschränkt, zugleich aber wurde dem Könige anheimgestellt, „wenn die Zettel für den beabsichtigten Zweck geeignet befunden würden" jene Summe zu vermehren. In wie hohem Masse er von dieser Vollmacht in blanco Gebrauch gemacht hat, ersieht man daraus, dass die Reichsschuldzettel schon am Ende des folgenden Jahres, in welchem der Friede geschlossen wurde, im (nominellen) Betrag von nicht weniger als 8 Millionen R.Sp. und im Jahre 1792, dem letzten Lebensjahre des Königs, von über 10 Millionen R.Sp. kursierten. Im letzteren Jahre wurden dieselben als nicht zinstragend, somit zum blossen Papiergeld erklärt. Da sie obendrein nicht eingelöst zu werden brauchten, bildete sich sehr bald ein Agio zwischen Reichsschuld- und Bankzetteln (welche letztere noch immer eingelöst wurden) aus, das, anfangs ziemlich gering, schliesslich, gegen das Ende des Jahrhunderts, wo die Reichsschuldzettel den Betrag von (nominell) 16 Millionen R. Sp. erreicht hatten, auf 50% gestiegen ist. Es könnte sogar wunder nehmen, dass ihr Wert nicht noch weiter sank; zur selben Zeit aber räumten die Bankzettel das Feld; von 6 Millionen i. J. 1789 (der Betrag war schon damals gegen 1776 um 2 Millionen gesunken) haben sie sich bis auf den winzigen Betrag von nur 1 Million im Jahre 1799 vermindert. (Der Barbestand der Bank war etwas grösser, nämlich 1,25 Million). Kurz nach dem Krönungsreichstage im Jahre 1800 wurde nun eine neue Realisation vorgenommen, indem die Reichsschuldzettel von der Bank zu $^2/_3$ ihres Nennwerts eingelöst werden sollten. Die Mittel dazu wurden teils durch eine allgemeine einmalige Vermögenssteuer von $1^1/_4$ Prozent des Vermögenswerts, welche etwas über drittehalb Millionen Reichsthaler einbrachte, teils durch die Verpfändung von Wismar und Umgegend an Mecklenburg-Schwerin „auf 100 Jahre", welche $1^1/_4$ Mill. Reichsthaler Hamburger B:co. [1]) einbrachte, beschafft.

---

1) Der Reichsthaler Hamburger B:co. war bei pari etwa 0,97 Reichsthaler Spezie schwed. Münze.

Die somit zustande gebrachte Ordnung des Geldwesens sollte nur einige Jahre vorhalten; die weiteren Schicksale desselben gehören jedoch der folgenden Periode an.

Das Steuerwesen des 18. Jahrhunderts spiegelt natürlich dessen wechselnde politische Verhältnisse einigermassen ab, jedoch in weit geringerem Grade, als man erwarten könnte, was sich daraus erklärt, dass ein grosser Teil der ausserordentlichen Ausgaben in der verkappten Steuerform der Münzverschlechterung oder der massenhaften Emission von Papiergeld, dessen Entwertung durch die später erfolgten Realisationen (Staatsbankerotte) eigentlich nur seine offizielle Bestätigung erhielt, gedeckt wurde. Dass die Lasten hierdurch nichts weniger als leichter wurden, bedarf nicht erst des Beweises. Es verdient jedoch hervorgehoben zu werden, dass sowohl die Papieremission in den 40er Jahren, wie die von 1789 von einem Aufschwung des Geschäftslebens begleitet war, der imstande war, das neu hinzugekommene Umsatzmittel grossenteils zu absorbieren. Nur die Uebertreibung sollte sich in dem einen wie in dem anderen Falle bitter rächen.

In betreff der ordinären Einkommen der Krone können wir uns hierbei kurz fassen, da dieselben während des ganzen Jahrhunderts prinzipiell keiner wesentlichen Aenderung unterworfen waren. Der Grundpfeiler des Staatshaushalts blieben immer die (meistens „eingeteilten") Grundsteuern und Zehnten, welche, entweder in natura geliefert oder nach dem Marktpreise berechnet, von den vielen Veränderungen des Geldwertes unberührt blieben. Nur insofern dieselben schon durch bestimmte Geldabgaben ersetzt waren, wie besonders in den eroberten, südlichen Landschaften, sind sie wegen der allmählichen Münzverschlechterung u. s. f. realiter erheblich vermindert worden, wenn auch bei der Valutaregulierung von 1777 zum Teil eine Verdoppelung ihres nominellen Betrages vorgenommen wurde. Aus demselben Grunde haben auch die „Mantalspenningar" nach und nach ihre frühere Bedeutung grösstenteils verloren.

Aber auch die Bürde der Naturalgrundsteuen wurde erleichtert, indem der abzugebende Betrag allmählich fixiert wurde und sich folglich bei den später erfolgenden Bodenmeliorationen und Erweiterungen des Anbaus relativ verminderte. In der That kann man schon aus der wachsenden politischen Bedeutung des Bauernstands während dieser Periode auf den zunehmenden Wohlstand desselben schliessen, wie auch umgekehrt die einmal anerkannten politischen Rechte der Bauern ihnen das kräftigste Mittel boten, um ihre ökonomische Lage zu verbessern.

Die Einnahmen aus den Bergwerken verminderten sich in hohem Grade infolge der abnehmenden Kupfergewinnung, dagegen nahm die Eisenproduktion erheblich zu; das Eisen war in der That während des ganzen Jahrhunderts die weitaus bedeutendste Ausfuhrware des Landes. Die betreffende Abgabe, ursprünglich ein Zehntel der Gusseisenproduktion (wenn das Erz auf nichtadligem Grund und Boden gewonnen war, sonst ein Dreissigstel), bald aber fixiert und durch verbesserte Einrichtung der Hochöfen auf 1—3 Prozent der Produktion herabgesunken, wurde ebenfalls in natura geliefert, und dann auf Auktionen verkauft oder von den Produzenten nach dem Marktpreise eingelöst. Bei der Veredelung des Eisens wurde dasselbe mit einer 1-prozentigen Hammersteuer belastet und zahlte dazu Ausfuhrzoll; die Ausfuhr von Roheisen war seit 1739 verboten.

Bei den grossen Vorteilen, welche besonders den älteren privilegierten Eisenwerken durch freie oder fast freie Benutzung der anliegenden Kronwälder, Kohlenbeziehung zu gesetzlich fixierten Preisen u. s. w. eingeräumt waren, unterliegt es wenig Zweifel, dass jener Erwerbszweig schon damals unverhältnismässig begünstigt war. Und dennoch haben die adligen Bergwerksbesitzer noch i. J. 1731 sich spezielle Steuerfreiheiten ausbedingt.

Die Zolleinnahmen konnten natürlich infolge der prohibitiven Handelspolitik, welche durch die Hüte eingeführt war, wenig zur Geltung gelangen; dazu kam noch, dass die Zölle seit dem Beginn der 1740er Jahre in Papier, statt wie früher in Speziegeld erlegt werden durften. Während der drei Jahre 1762—64 hat in der That „der grosse Seezoll“ durchschnittlich nur etwa 930 000 D. S. eingebracht, was nach dem damaligen Kurswert nicht einmal dem winzig kleinen Betrag von 130 000 R. Sp. (wenig mehr als $^1/_2$ Mill. M.) entsprach. Allerdings war jener Zoll damals nicht die einzige (wenn auch die wichtigste) Abgabe, welcher die vom Auslande eingeführten Waren unterworfen waren, sondern es kamen unter verschiedenen Namen: Tolag (Zulage), Licent, Lastgeld, Armlastgeld u. s. w. besondere, für spezielle staatliche oder für gemeindliche Zwecke eingeführte Aufschläge vor.

Zu Gustavs III. Zeit wurden einige derselben mit der Hauptabgabe vereinigt; teils dadurch, hauptsächlich aber wegen Gestattung der Einfuhr einiger früher verbotener Artikel sowie wegen der im Zusammenhang mit der Valutaregulierung vorgenommenen Umarbeitung der Zolltaxe erhöhten sich die Zolleinnahmen des Reichsetats so, dass sie i. J. 1785, wie schon erwähnt, etwa 1 Million R. Sp. ausmachten.

Unter den damaligen Zollsätzen[1]), welche jedoch, um mit den jetzigen vergleichbar zu sein, wegen der noch immer bestehenden Extraabgaben durchschnittlich um etwa $^1/_5$ erhöht werden müssen, mögen die hohen Abgaben auf Massenkonsumtibilien wie Salz, Heringe u. s. w. hervorgehoben werden. Der Zoll auf Salz betrug gegen 50 Perzent, der auf Heringe über 30 Perzent des angenommenen Warenwerts, was besonders gegen das Ende des Jahrhunderts, als der Heringsfang an der Westküste Schwedens gänzlich fehlschlug, eine überaus schwere Last für die ärmeren Klassen, deren animalische Nahrung damals weit mehr wie heute aus gesalzenen Fischen bestand, bedeutet haben mag.

Dagegen war der Getreidezoll ziemlich mässig, z. B. für Roggen, welcher damals auf 2 R. Sp. die schwedische Tonne (= 1,65 Hektoliter) geschätzt wurde, nur 12 Schillinge, d. h. etwa 12 Perzent des Warenwerts. Die Anstrengungen der adligen Grossgrundbesitzer, der durch Zehnten abgelöhnten Geistlichkeit u. s. w., auch das Getreide unter den Segen des Prohibitivsystems zu bringen, waren an dem Widerstand der übrigen Stände gescheitert.

Kaffee trug 75 %, Weine 75—100 % des Warenwerts an Zoll, Rohzucker schon weit weniger (Feinzucker war noch immer zur Einfuhr verboten), auch der Tabakzoll war, mit den heutigen Sätzen verglichen, ziemlich mässig: des schlechten heimischen Tabaks der Freiheitszeit scheint man am Ende des Jahrhunderts schon überdrüssig gewesen zu sein.

Sämtliche Manufakturwaren, Garne, Gewebe, Leder u. s. w. trugen, insofern die Einfuhr derselben überhaupt gestattet war, sehr hohe Sätze, meistens 30—75 % des Warenwerts; nur Seide und feinere Baumwollengewebe zeigen — wohl in Rücksicht auf den

1) Die im folgenden aufgeführten sind der Zollrolle von 1799 entnommen, deren Sätze indes, gegenüber denjenigen zu Gustavs Zeit, etwas erhöht waren.

Schmuggel — den auffallend niedrigen Satz von nur 8 Perzent des angenommenen Warenwerts.

Auch die Binnenzölle und Accisen verminderten sich wegen der Münzverschlechterung. Schon gegen den Schluss der Freiheitszeit waren die Meinungen über die ökonomische Zweckmässigkeit der Thorzölle sehr geteilt; sie erhielten sich jedoch bis zum Beginn der nächsten Periode i. J. 1809, sind aber dann samt den Accisen (ausser der Branntweinsteuer) definitiv gefallen.

Der Branntwein war bis 1731 nur wie andere Konsumtionsgegenstände der städtischen Accise unterworfen; in diesem Jahre wurde der erste Versuch gemacht, das betreffende Gewerbe auch auf dem Lande, wo es schon damals weit verbreitet war, zu besteuern, was anfangs durch eine fixe Abgabe (1—2 D. S.) für jeden benutzten Kessel geschah.

Unter den Hüten wurde anfangs das Hausbedarfsbrennen bis zu einer gewissen Maximumsquantität eingeschränkt und dabei auf jede Tonne in Branntwein verwandelten Getreides eine gewisse Abgabe (2—3 D. S.) gelegt. Das Verkaufsbrennen war weit höheren Abgaben (6 D. S. pro Tonne Getreide) unterworfen. Da das Hausbedarfsbrennen nur den Grundeignern gestattet war, so fiel die Steuer der Hauptsache nach auf die Klassen ohne Grundbesitz; und dies wurde noch mehr der Fall, als das Hausbedarfsbrennen einige Jahre später, gegen eine ziemlich geringe Abgabe, die sich nach der Hufenzahl richtete, wieder freigelassen, dagegen die Abgabe für das Verkaufsbrennen erhöht wurde. Auf diesem Standpunkte blieb die Gesetzgebung ohne wesentliche Modifikationen bis zum Jahre 1775, als das Branntweinbrennen von Gustav III. zum Regal erklärt und als Regierungsmonopol betrieben wurde. Von dem finanziellen Misserfolg dieser Massregel ist schon berichtet worden. Zu der Geringfügigkeit der damaligen Einnahmen aus dem Branntwein trugen natürlich vor allem die hohen Erzeugungskosten bei, zu einer Zeit, wo der Kartoffelbau noch sehr wenig verbreitet und der Getreidepreis, mit der durchschnittlichen Kaufkraft des Geldes verglichen, zweifelsohne ein sehr viel höherer als der heutige war. Der König bot i. J. 1786 den Ständen vergebens das Aufhören des Branntweinmonopols gegen eine jährliche Bewilligung von 800 000 D. S. (133 333$^1/_3$ R. Sp.) an. Nachher wurde das Hausbedarfsbrennen wiederum gegen Abgabe freigelassen, und das ganze Gewerbe kam am Beginn des nächsten Zeitabschnittes, wie später erörtert werden soll, unter das Regime der äussersten Freiheit. —

Wenden wir uns zuletzt dem eigentlich beweglichen Elemente der Besteuerung, den von einem Reichstag zum anderen übernommenen Bewilligungen zu. Man möchte glauben, dass dieselben in dem Masse zugenommen haben müssten, je weniger die übrigen Einnahmen des Staates mit den Ausgaben thatsächlich Schritt hielten. Dies war indes, wie wir sehen werden, keineswegs der Fall. Die Erklärung liegt in der damaligen politischen Machtverteilung. Die unteren Stände und vor allem der Bauernstand, welcher die grosse Masse der politisch berechtigten Bevölkerung vertrat, war mit Ausnahme der letzten Jahre der Freiheitszeit die ganze hier betrachtete Periode hindurch fast von jeder Teilnahme an der Leitung der öffentlichen Angelegenheiten und damit von jeder wirksamen Kontrolle über die Finanzverwaltung ausgeschlossen. Dagegen blieb ihnen sowohl in der Freiheitszeit wie unter Gustavs Regierung das mehr oder weniger anerkannte passive Recht der Verweigerung aller neuen (eigentlichen) Steuern. Für die Machthabenden, welche sich von den Traditionen der Eroberungszeit nicht loszureissen vermochten, denen aber die Gewaltmassregeln jener Zeit nicht mehr zu Gebote standen und welche andererseits die natürlichen Einnahmen und Steuerquellen des Landes durch eine verkehrte Wirtschaftspolitik selbst verstopften, blieb daher schliesslich nur der Ausweg offen, das Finanzwesen auf die immer verlockende Basis der ausländischen Subsidien, der Kreditwirtschaft, der Münzverschlechterung und Papiergeldemission zu stellen, welche in einem Jahrhundert das Reich dreimal zum Staatsbankrott bringen sollte.

Nach dem Tode Karls XII. musste das erschöpfte Land neben dem ordentlichen Einkommen der Krone noch mehrere Jahre hindurch ausserordentliche Steuern aufbringen, deren Betrag den während der Kriegszeit aufgelegten Bürden nur wenig nachstanden.

Die „allgemeine Kontribution" wurde 1719 und die folgenden Jahre in ihrer während Karls XII. Zeit als „einfach und gewöhnlich" bezeichneten Gestalt beibehalten, d. h. sie belief sich auf 10 Perzent aller Löhne und Pensionen bis hinunter zu den Einkommen der Dienstboten und Fabrikarbeiter von mehr als 20 D. S. (Geld-) Lohn (einige Kategorien, meist niedrige Beamte, zahlten nur 5 %), neben entsprechenden Abgaben der übrigen Gesellschaftsklassen oder Besteuerungsobjekte. Der Adel hatte jedoch in seinen erneuerten Privilegien für seine Sitzgüter neben Befreiung von allen Grundsteuern und Lasten auch die von jeder Kontribution erhalten. Die Bewilligung der Städte wurde noch immer kontingentiert und man erkennt in der gegen die vorangehende Periode um mehr als die Hälfte herabgesetzten Kontingentsumme die verschlechterte Lage der meisten Städte. Auch Finnland, welches während des Krieges furchtbar gelitten hatte, wurde nur mit der Hälfte der sonst erhobenen Steuersätze bedacht.

Bezeichnend auch für diese Kontributionsverordnung ist die Härte, mit welcher alle freien Arbeiter, wie etwa Insten, „Drescher und Deicher" u. s. w. behandelt wurden. Während sonst die unterste Stufe der Kontribution für Männer 1 Daler und für Weiber $^1/_2$ Daler betrug, sollten jene „sechs Daler Silbermünze" (= 2 Reichsthaler Spezie — eine nach den damaligen Verhältnissen durchaus unerschwingliche Summe) erlegen, „bei Strafe, dass der Kerl sonst unters Militär genommen und das Weib zu öffentlicher Arbeit gesetzt wird." Jene Barbarei ist jedoch in den späteren Steuerverordnungen der Freiheitszeit in Wegfall gekommen. Sie war lediglich im Interesse der adligen und bürgerlichen Nahrungen, sowie der billigen Rekrutierung während des Krieges erdacht, denn die Bauern durften nach den damaligen, erst i. J. 1789 aufgehobenen Verordnungen überhaupt nur eine bestimmte Zahl von Hilfspersonen halten.

Im Jahre 1727 wurde die allgemeine Kontribution für einige Klassen auf die Hälfte herabgesetzt, i. J. 1731 konnte dieselbe bis auf weiteres ganz nachgelassen werden, i. J. 1734 wurde aber, um das Verteidigungswesen und besonders die Flotte auf besseren Fuss zu bringen, eine ähnliche Steuer, jedoch mit nur 4 % auf die Löhne u. s. w., bewilligt.

Neben der allgemeinen Kontribution hatten nun aber die Stände von 1719, um die Reichsschuld zu verzinsen und zu tilgen, die Weitererhebung einer besonderen, schon in den letzten Jahren Karls XII. entrichteten personellen Abgabe beschlossen, welche unter der unmittelbaren Verwaltung der Stände verblieb und später unter wechselnden Namen, wie Bezahlungs- oder Reichsschuldabgabe, Friedenshilfe und schliesslich Lohn- und Bezahlungsabgabe während der ganzen Freiheitszeit, ja bis 1809/10 in wesentlich unverändertem (nominellem) Betrage erhoben wurde. Die Sätze wechselten von 45 Daler, die ein Mitglied des Reichsrates, bis zu 1 Daler herab, den „die Bauern nebst ihren Söhnen und männlichen Dienstboten" und überhaupt jedes männliche, über 15 Jahre alte Individuum zahlen sollte; Weiber, Töchter und weibliche Dienstboten zahlten die Hälfte davon. Die Abgabe war somit wesentlich eine Kopfsteuer, wenn auch mit abgestuften Sätzen, die jedoch keineswegs einer rein prozentalen Einkommensteuer entsprochen haben mögen. Ein „wohlbehaltener Edelmann" zahlte 6 Daler, ein „weniger vermögender (adliger) Grundbesitzer" 3 Daler, Inhaber kleinerer Pfarreien 2 Daler u. s. f. Jedenfalls war diese Steuer doch gegenüber den alten immer noch bestehenden „Mantalspenningar", welche damals von einem jeden mit $^3/_4$ Daler ohne Abstufung zu zahlen waren, und von denen der Adel und die höhere Geistlichkeit noch dazu gänzlich befreit waren — steuertheoretisch eine Verbesserung.

Die ordentliche Verwendung dieser Steuer zur Amortisation der Staatsschuld sollte übrigens unter der Regierung der Hüte und auch später nur zu sehr versäumt werden.

Auf dem Reichstage von 1727 wurde jene personelle Abgabe um drei Achtel erhöht. Der Zuwachs sollte zu zwei Dritteln unter dem Namen „Schlosshilfe" zur Fortführung der damals schon begonnenen Erbauung des (heutigen) königlichen Schlosses zu Stockholm vier Jahre hindurch verwendet werden. Thatsächlich aber blieb jene Steuer bestehen, nicht nur während der vieljährigen Bauzeit des Schlosses, sondern bis 1809/10, wo das Schloss bereits seit etwa einem halben Jahrhundert fertig war.

Das übrige Achtel, welches später in Wegfall kam, bildete zusammen mit einem Zollzuschlag auf gewisse Einfuhrwaren die oben erwähnte, zur Unterstützung der Manufakturgewerbe bestimmte „Landeshilfe."

Wenn wir schliesslich noch einige auf dem Reichstage von 1731 eingeführte Ueberflussabgaben erwähnen (auf Kutschen und Reifröcke — erstere Steuer, welche mit dem abnehmenden Range des Besitzers, und zwar im extremsten Falle für Personen ohne jeden Rang bis auf 50 Daler stieg, wurde später ermässigt; der Gebrauch von Reifröcken blieb für die bäuerlichen Weiber überhaupt verboten, sonst kostete er 1 Daler — es war dies der Anfang einer fast unübersehbaren Reihe von Ueberflusssteuern dieser Zeit), so ist die Liste der Kontributionen aus dem Anfange der Freiheitszeit abgeschlossen. Nach dem Wortlaute dieser Steuerverordnungen hatte nun z. B. ein gewöhnlicher Arbeiter, der 20 D. S. Geldlohn bezog, die folgenden direkten Abgaben an den Staat zu entrichten: Mantalspenningar $^3/_4$ D., Kontribution (à 10 %) 2 D., Lohn- und Bezahlungsabgabe 1 D., Schlosshilfe $^1/_4$ D., Landeshilfe $^1/_8$ D., Summe $4^1/_8$ Daler S.

War der (Geld-) Lohn „geringer oder gar keiner", so betrug die Kontribution nur 1 D., die übrigen Abgaben aber blieben die nämlichen, zusammen also $3^1/_8$ Daler S. Frauen über 15 Jahre zahlten meistens die Hälfte. Dazu kam (in den Städten) die Verteuerung aller Waren durch Thorzölle und Accisen sowie die jetzt auftauchende Branntweinsteuer. Und daneben hatten die Arbeiter noch Gemeindesteuern nebst Abgaben oder Tagewerken an die Geistlichkeit zu leisten. — Etwa auf derselben Stufe wie die Arbeiter stand aber damals wegen der Höhe der Grundsteuern und des geringen Wohlstandes fast die ganze bäuerliche und ein bedeutender Teil der städtischen Bevölkerung.

Drückend und wegen der Steuerfreiheit des Adels anstössig, wie solche Abgaben waren, reichten sie immerhin aus, um unter der sparsamen Verwaltung eines Arvid Horn die erschütterten Staatsfinanzen in Ordnung zu bringen. Dies sollte sich aber allzubald ändern.

Es war bekanntlich die Revanchesucht gegen Russland, welche die Gewalt in die Hände der Hüte überführte, und schon während des Reichstages von 1739 wurden die ersten Truppensendungen nach Finnland vorgenommen — allein von Kriegsvorbereitungen verspürt man in den damaligen Steuerverordnungen überhaupt nichts. Die frühere, schon bedeutend herabgesetzte Bewilligung wurde vielmehr noch um die Hälfte verringert, was allerdings durch die bald sehr erhöhte Branntweinsteuer aufgewogen wurde. Offenbar schmeichelte man sich mit der Hoffnung, den Krieg ausschliesslich mit den von Frankreich bewilligten Subsidien führen zu können, was jedoch nicht gelang.

Erst i. J. 1743 wurde die Kontribution auf 8 Perzent aller Staatsgehälter und auf 5 Perzent aller Privatgehälter „bis auf 20 Daler Silbermünze herab“ erhöht. Von Hausmieten und sonstigen Kapitalrenten sollten nunmehr nicht weniger als 20 Perzent erlegt werden. Auch die Bewilligung der allgemeinen „frälse“ (nicht Sitz-) Güter wurde erhöht, sonst aber wurden die früheren Klassensätze beibehalten, und von einer auf demselben Reichstage beschlossenen, ziemlich hohen Fenstersteuer wurde die Landbevölkerung schliesslich befreit. Das folgende Jahr brachte noch weitere Steuerherabsetzungen (wohl eine Konzession an das im vorigen Jahre durch mehrere gefährliche Aufstände bethätigte Missvergnügen unter dem Volke); dennoch stieg infolge der erhöhten Branntweinsteuer die Summe der Bewilligungen auf 950 000 Daler, was $13^1/_2$ % der gesamten Staatseinnahmen und die Hälfte des Betrags ausmachte, auf welchen die damaligen Grundsteuern (allerdings viel zu niedrig) berechnet wurden.

In der Steuerbewilligungsverordnung von 1746/47, welche mehrere Neuheiten aufweist — so wurde die frühere Kontingentierung der Städte aufgehoben und durch eine nach der Grösse der Städte und den Vermögensverhältnissen ihrer Einwohner abgestufte Klassensteuer ersetzt, was dann bis in die neuere Zeit hinein so geblieben ist —, geben sich die Stände selbst das Zeugnis, dass sie „die Auswege gesucht hätten, welche die natürlichsten sind, indem sie die Leistungsfähigkeit berücksichtigten und den armen Arbeiter am wenigsten beschwerten, aber den Ueppigen und den Verschwender ansehnlich belasteten." Inwieweit dieses selbstgespendete Lob verdient war, mag daraus beurteilt werden, dass auch die Dienstboten, sobald sie über 20 Daler Silbermünze Lohn bezogen, davon 10 %, und wenn sie weniger erhielten, immer noch $1^1/_2$ Daler zu zahlen hatten (für die Landbevölkerung wurden jedoch kleinere Beträge festgesetzt). Allerdings zahlten die Beamten damals noch 6 % ihrer Gehälter, allein auf den folgenden Reichstagen ist der Satz allmählich vermindert worden, und es wurde derselbe auf dem Reichstage von 1762 (unmittelbar nach dem pommerschen Kriege!) nur noch mit Beträgen angesetzt, die bei dem damaligen, um mehr als die Hälfte verringerten Geldwert keineswegs den Anforderungen des Ausgabenetats entsprachen.

Die Mützen, welche auf dem nächsten Reichstag die Regierung übernahmen, suchten allerdings, wie wir gesehen haben, durch mehr oder weniger gewaltsame Massregeln den gesunkenen Geldwert zu heben; die zerrütteten Reichsfinanzen in Ordnung zu bringen, was nur durch erhöhte Staatseinnahmen möglich gewesen wäre, versäumten sie, wenn sie auch durch eine sorgfältigere Redaktion der Bewilligungsverordnung den vielen früheren Missbräuchen und Steuerdefraudationen vorzubeugen suchten. Auf dem folgenden Reichstage wurde die Bewilligung wiederum herabgesetzt, so dass sie durchschnittlich kaum 1 Perzent des Einkommens entsprochen haben mag; die in Geld abgelöhnten Beamten zahlten sogar nur $^1/_2$ Perzent ihrer Gehälter. Auf diesem niedrigen Stand verblieb die allgemeine Kontribution, bis sie i. J. 1789 auf einmal — etwa versiebenfacht werden musste.

Ehe wir weiter gehen, wollen wir einige kleinere Steuern, die für die Zeit bezeichnend sind, kurz erwähnen. Es waren dies auf den Gebrauch von gewissen entbehrlichen Artikeln wie

Kaffee, Thee, Schokolade und Tabak gelegte Abgaben, welche nach den Gesellschafts- und Vermögensklassen abgestuft waren, allein kaum den Namen von Vermögenssteuern verdienten. Der Gebrauch der drei ersten Artikel war wohl noch i. J. 1752 nicht in die unteren Klassen eingedrungen, denn diese waren von den betreffenden Abgaben befreit (sie wurden später herangegezogen). Für den Gebrauch von Tabak aber zahlten neben den männlichen Personen aus dem Adel-, Priester- und höheren Bürgerstande, die 1 Daler pro Jahr erlegten, die Handwerksgesellen, Knechte und Arbeiter in den Städten noch $^1/_4$, auf dem Lande allerdings nur $^1/_{12}$ Daler. Die Sätze wurden vielfach verändert und sogar in Verbote umgewandelt.

Eine andere Abgabe, die mehr zufällig, aber nicht eben selten erhoben wurde, waren die bei allen königlichen Hochzeiten, Begräbnissen oder Krönungen vorkommenden Extrasteuern, zu welchen auch die kleinsten Leute in Stadt und Land ihren Daler nicht verweigern konnten.

Um die Kosten der Beerdigung Adolf Fredriks und der Krönung Gustavs III. zu bestreiten, musste sogar die allgemeine Kontribution vier Jahre hindurch um ein Drittel erhöht werden. Sechs Jahre später brachten die Stände, welche zu Gevattern des neugeborenen königlichen Prinzen (des späteren Gustav Adolf IV.) geladen wurden, „um ihre gute Gesinnung zu erweisen und die Erinnerung an die damals bewiesene königliche Gnade und Ehre zu bewahren“, der königlichen Familie ein Kapital von rund $^1/_2$ Million Spezie als Präsent dar und verdoppelten das „Handgeld“ des Königs. Um die erforderliche Summe zu beschaffen, wurde ein „freiwilliges Zusammenschiessen“ während der sechs Jahre 1779—85 beschlossen, woran jeder Reichsrat sich mit 2 Reichsthalern beteiligen sollte, während die übrigen Einwohner abgestufte Beträge zahlen mussten bis zu den Kätnern und Insten herab, auf welche 4 Schillinge (= $^1/_{12}$ Reichsthaler Spezie) entfielen. Weiber und Kinder von über 15 Jahren zahlten einen kleineren Betrag.

Durch weitere königliche Gnade wurde jedoch ein Teil der dargebotenen „Gevattergabe“ abgelehnt und der Anteil der letzterwähnten Klasse dementsprechend um einen Schilling, somit für erwachsene Männer auf nur drei Schillinge herabgesetzt, was nach den damaligen Verhältnissen in entlegeneren Orten vielleicht dem Wert eines halben Tagewerks entsprochen haben mag.

Eine ähnliche, aber noch weniger abgestufte und für die unteren Klassen noch drückendere Abgabe war aus gleichartiger Veranlassung schon i. J. 1752 und während der drei Jahre 1766—69 erhoben worden und wurde später, allerdings in etwas ermässigten Sätzen, während nicht weniger als neun Jahren, 1798—1805, ausgeschrieben, um zusammen die Kosten der Hochzeit Gustav IV. Adolfs, seiner Krönung, sowie die Kosten der i. J. 1792 erfolgten Beerdigung Gustavs III. zu decken. —

Wenden wir uns jedoch zur Geschichte der allgemeinen Kontribution zurück. Dieselbe belief sich während des grössten Teils der Regierungszeit Gustavs III. auf einen Gesamtbetrag von nur etwa 200 000 Reichsthalern Spezie, was zeitweise nur 3—4 % der damaligen (aus heimischen Quellen stammenden) Staatseinnahmen ausmachte, während zur selben Zeit trotz der zuströmenden Subsidien das Land jedes Jahr mehr und mehr in Schulden geriet. Die Ursache liegt auch hier in der politischen Machtverteilung. Nur wenn sie von der wahren Lage der Finanzen unterrichtet wurden, konnten die Stände zu neuen Steuerprästationen herangezogen werden; ersteres lag aber nicht im Interesse des Königs. Andererseits scheinen sich die Stände nur zu gern über den wahren Sachverhalt haben täuschen lassen, wenn sie dafür vor neuer Belastung verschont blieben. Es kam sodann mitten in dem (ohne ihr Anhören) begonnenen Krieg der merkwürdige Reichstag von 1789, wo die Kontribution mit einmal von 12 „Tonnen Gold“ (= 200 000 Reichsthaler Spezie)[1] auf 82 Tonnen Gold (1366 666⅔ R. Sp.) erhöht wurde.

Diese Summe — welche übrigens nicht voll aufkam, weil die Bauern den für sie vorgeschlagenen Anteil eigenmächtig um etwa 5—6 Tonnen Gold herabsetzten — wurde nach einer in fünf Artikeln abgefassten Steuerordnung aufgebracht.

Der erste von diesen verfügt eine persönliche Klassenabgabe von bestimmten Beträgen, welche von 20 Reichsthalern (Feldmarschälle, Bischöfe, die reichsten Grosshändler u. dgl.) bis zu ⅙ Reichsthaler (bäuerliche Weiber, Töchter und Mägde) wechselten.

Der zweite oder Hauptartikel bietet wie alle früheren derselben Art ein buntes Gemisch von Einkommen-, Ertrags-, Privilegien-, Produktions- und Klassensteuern, ja sogar eine Erbschafts-

---

1) Eine Tonne Gold war immer die Bezeichnung für 100000 Daler, was nach der Realisation von 1776 mit 16 666⅔ Reichsth. Spezie gleichkam.

steuer, die sich auf 1 % der Vermächtnisse an andere als Ehegatten und Brusterben belief, ist — zum erstenmal in unserer Steuergeschichte — darin eingeschlossen. Von den gegen früher um ein vielfaches erhöhten Steuersätzen mögen beispielsweise die der Gehälter angeführt werden, welche statt wie seit 1770 mit nur ½ Perzent, nunmehr mit 7 % belastet wurden, wobei allerdings zu bemerken ist, dass inzwischen die Gehaltserhöhung v. J. 1777 eingetreten war.

Der dritte Artikel verordnet eine klassifizierte Fenstersteuer.

Der vierte schreibt gleichfalls klassenweise abgestufte Ueberflussabgaben vor.

Der fünfte endlich spricht von einer besonderen Bewilligung als Kriegshilfe, welche jedoch nur von dem Adel, der Priesterschaft und teilweise von den Städten, nicht aber von den Bauern geleistet werden sollte. —

Ueberhaupt weist der Bauernstand von diesem Reichstag ab gegenüber den übrigen Ständen und besonders gegen den Adel eine ganz veränderte Haltung auf, deren Spuren sich allerdings schon bis ans Ende der Freiheitszeit, ja im Grunde schon bis auf den Bauernaufstand v. J. 1743 zurückverfolgen lassen. Die Bauern waren nicht mehr die Unterdrückten, welche sich nur mit Mühe und Not gegen neue Steuerlasten wehrten und um deren Meinung in Reichsangelegenheiten man nicht fragte; sie waren vielmehr die vollen Mitberechtigten der übrigen Stände geworden, welche ihre Bedingungen stellen konnten und von nun an auch stellten. Gegen die bedeutende Erweiterung ihrer Rechte, welche ihnen auf diesem Reichstage zu teil wurde — in der That hat der schwedische Bauer erst seit 1789 das volle, uneingeschränkte Eigentumsrecht an seinen Gütern erworben — haben sie dem Könige ihre moralische Unterstützung im Kampfe gegen den Adel gewährt, ohne besonders darauf zu achten, dass dieser Kampf auf der Seite der höheren Stände jetztmehr zum Teil ein ganz berechtigter war, indem diese für die Konstitution und für die Verantwortlichkeit der Regierung in Finanzsachen stritten. In betreff der materiellen Opfer aber, welche die ökonomische Lage erheischte, meinten vermutlich die Bauern, dass sie schon genug gethan hätten, da thatsächlich durch die Grundsteuern und die Einteilung der hauptsächliche Teil der civilen und militärischen Organisation des Staates allein auf ihren Schultern ruhte, und dass nunmehr die übrigen Stände an der Reihe wären.

Nur haben die Bauern damals und später allzusehr vergessen, dass neben und unter ihnen eine noch weniger begünstigte Klasse stand, welche, geschichtlich mit der ihrigen eng verbunden, gerade durch die ihnen allmählich eingeräumten Vorteile — wie die Aufteilung der Almenden, den Verkauf (oder vielmehr das Verschenken) der Krongüter — mehr und mehr unter den Bann der Eigentumslosigkeit gekommen waren, und um deren Leiden sich niemand kümmerte. Nur zu bald sollte der Bauernstand, in eine neue Aristokratie verwandelt, die unter schlichten Formen alle Ansprüche und Vorurteile der älteren bewahrte, den übrigen Ständen die Hand dazu reichen, einen immer beträchtlicheren Teil der allgemeinen Bürden auf die besitzlosen Klassen abzuwälzen [1]). Schon in der hier erwähnten Bewilligungsverordnung spürt man die Anfänge dieser Richtung. Wenigstens macht es einen eigentümlichen Eindruck, wenn man im ersten Artikel dieser Verordnung, deren Sätze die verschiedenen Vermögensverhältnisse der sämtlichen Einwohner widerspiegeln sollten, „Arbeitsleute" sogar auf dem Lande zu einer um die Hälfte höheren Abgabe verpflichtet findet, wie bäuerliche „Hauswirte."

Der folgende Reichstag von 1792, welcher der Ermordung des Königs kurz voranging, führte keine andere Aenderung mit sich, als dass die Stände auch die durch den Krieg verursachte neue Staatsschuld — die ganze Schuldenmasse war jetzt, wie erwähnt, $32^1/_2$ Millionen R. Sp. — „übernahmen", d. h. unter die Verwaltung des Reichsschuldkontors stellten. Da aber hinreichende Steuermittel nicht zugleich bewilligt wurden, so war letzteres auf den bedenklichen Ausweg hingewiesen, seine Zinsliquidationen teilweise durch Emission neuer Reichsschuldzettel zu bewerkstelligen, was die allmähliche Entwertung dieser Noten zur Folge haben sollte.

Auf dem Krönungsreichstage von 1800, dem einzigen unter Gustav IV. Adolfs Regierung, hat man nun allerdings grosse Anstrengungen gemacht, um in diese verwirrten Zustände wieder Ordnung zu bringen. Erstens wurde beschlossen, die ganze Masse der Reichsschuldzettel, deren Nominalbetrag damals etwa 16 Millionen R. Sp. ausmachte, durch die Bank einzulösen, und zwar nach einem Devalvationsverfahren, welches sie anfänglich auf $^5/_6$ ihres Nennwerts, bald aber auf $^2/_3$ desselben herabsetzte. Um den nötigen Metallfonds hierfür zu beschaffen, verpflichteten sich die Stände,

1) Von der einzigen, ganz sporadisch auftretenden Ausnahme dieser Regel werden wir bald sprechen.

$4^1/_2$ Millionen R. Sp. in Silber aufzubringen, was durch eine zwei Jahre zu erhebende Vermögenssteuer von je $1^1/_4$ % des Vermögensstammes geschehen sollte.

Wie oben erwähnt, wurde die zweite Hälfte dieser Kontribution nachgelassen und durch bequemere, wenn auch nicht eben ehrenvolle finanzielle Massregeln (die „Verpfändung", d. h. den Verkauf von Wismar an Mecklenburg-Schwerin) ersetzt. Die erste Hälfte war dann mit etwa $2^1/_2$ Millionen R. Sp. erhoben, was einem aufgeschätzten Vermögen von ca. 200 Millionen entsprach. Vermögen unter 50 R. Sp. sowie Hausgerät und Inventar, Maschinen, Werkzeug u. dgl. waren steuerfrei. Für Fideikommisse und verpachtetes Eigentum sollte die Abgabe auf 20 Jahre verteilt, aber vom Inhaber vorgeschossen werden u. s. f. Die für die betreffende Einschätzung des Vermögens mitgeteilten Vorschriften sind interessant, da sie von den früher üblichen (und bei der allgemeinen Kontribution dauernd befolgten) erheblich verschieden sind. Sie sind, wie bemerkt worden ist, zweifellos von der einige Jahre früher in England eingeführten Income tax beeinflusst worden. U. a. wurde die Selbsteinschätzung vorgeschrieben und den Einschätzungsbehörden stand es in allen Fällen offen, eidliche Erklärungen der Steuerpflichtigen einzufordern. Schulden durften in Abzug gebracht werden, sobald sie spezifiziert und beweislich angegeben waren u. s. w. — lauter Bestimmungen, die nach einem schnell vorübergehenden Versuche i. J. 1809/10, sie für die ganze direkte Besteuerung zu verwenden, leider bald und bis auf den heutigen Tag aus unserem Besteuerungssystem verschwunden sind.

Neben dieser einmaligen Abgabe sollte nun die allgemeine Kontribution in beiläufig derselben Weise wie früher geleistet werden, jedoch ist unter dem zweiten Artikel den Lohneinkommen eine erhebliche Erleichterung gewährt, indem sie unter 200 Rthlr. ganz steuerfrei wurden und von dieser Stufe ab einer progressiven, aber nur bis zu 4 % (bei 2500 Rthlr.) aufsteigenden Steuer unterlagen. Diese Ermässigung, welcher eine ähnliche für Arbeitsleute und Tagelöhner angereiht wurde, war wohl vor allem durch die erhebliche Entwertung des Papiergeldes und das Steigen aller Warenpreise, welches besonders diese Klassen getroffen hatte, bedingt [1]).

1) Hausmieten unterlagen, wie dies seit 1789 der Fall war, einer Abgabe von 6 % ihres Betrages. Die Erbschaftssteuer wurde auf 2—6 % erhöht. In der „Bewilligung als Kriegshilfe", den 5. Artikel der Verordnung, nahmen jetzt auch die Bauern teil.

Eine schon in 1789 vorgenommene Veränderung bestand darin, dass die erhobenen Kontributionsgelder nicht mehr der Staatskasse direkt zuflossen, sondern dem Staatsschuldkontor überwiesen wurden. Hierdurch war nun allerdings die Verzinsung und Tilgung der Schuld einigermassen gesichert; auf der andern Hand aber konnte dies wohl nicht ohne eine Schwächung des Staatswesens abgehen, die sich in der folgenden Kriegszeit, besonders 1808/9, verhängnisvoll erweisen sollte.

In diesem ungleichen Kampfe, wo Schweden ohne hinreichende Unterstützung (sein einziger Verbündeter war England) auf einmal von Napoleon, Dänemark und Russland angegriffen wurde und die nationale Selbständigkeit des Landes der äussersten Gefahr ausgesetzt war, haben es die Ratgeber Gustav Adolfs nicht einmal für nötig befunden, den Reichstag einzuberufen; sie haben sich damit begnügt, unter Bezugnahme auf einen Paragraphen in der Konstitution von 1772 für das Jahr 1808 eine Kriegshilfe von $^3/_4$ der gewöhnlichen (allgemeinen) Kontribution auszuschreiben. Sonst wurde der Krieg durch Vorschüsse der Bank, sowie durch weitere Emission von Reichsschuldzetteln (trotz des i. J. 1800 dagegen erlassenen Verbots) zum Teil auch durch englische Subsidien und endlich durch das Privatvermögen des Königs bestritten.

Im Januar 1809 wurde sodann eine neue Kriegssteuer verordnet, welche mit gewissen Ausnahmen nicht weniger als das Fünffache der Kontribution des vorangehenden Jahres betragen sollte.

Die Zeiten Karls XII. waren aber vorüber. Die neue Kriegssteuer sollte in drei Terminen, März, Mai und Juli, gezahlt werden. Allein schon am 13. März wurde der König von seinen eigenen Offizieren entthront. Die Steuer kam nicht zur Erhebung. Am 1. Mai d. J. traten die Stände zusammen.

ZWEITE ABTEILUNG.

Die Zeit nach 1809.

I. Einleitung.

Die Umwälzung i. J. 1809 ist von Anfang an kaum mehr als eine Art Palastrevolution gewesen. Von den Ratgebern Gustav IV. Adolfs hat kaum einer seinen Abschied genommen, und die Revolutionsmänner forderten selbst den Oheim des Königs, den bejahrten Herzog Karl von Södermanland auf, sich ohne weiteres als König ausrufen zu lassen.

Nach Zusammentreten des Reichstags zeigte sich jedoch bald, dass es ohne eine eingreifende Veränderung der Konstitutionen von 1772 und 89 nicht abgehen würde. Die Bauern forderten sogar die völlige Abschaffung der Privilegien der höheren Stände, begnügten sich aber schliesslich mit einigen kleineren Zugeständnissen[1]) sowie mit unbestimmten Versprechungen für die Zukunft, deren Erfüllung noch mehr als fünfzig Jahre auf sich warten lassen sollte.

Die Konstitution v. J. 1809, deren Bestimmungen in betreff der Machtverteilung zwischen Regierung und Reichstag, der Ver-

1) Das wichtigste von diesen bestand in der Aufgabe des ausschliesslichen Besitzrechts des Adels auf die adligen Sitzgüter.

antwortlichkeit der Minister u. s. f. durch die spätere Repräsentationsveränderung v. J. 1865 nur sehr wenig modificirt wurden, interessiert uns hier zunächst nur insofern, als sie die Verhältnisse der Besteuerung neu regelte. Letztere wurde nun dem Reichstage gänzlich überlassen. Die Konstitution spricht in feierlichen Ausdrücken vom „uralten Recht des schwedischen Volkes, sich selbst zu besteuern", welches Recht „vom Reichstage allein ausgeübt wird". Aus vielerlei Ursachen, besonders aber wegen der grossen Eile, mit welcher die neue Konstitution zustande gebracht werden musste (sie wurde in ungefähr 3 Wochen ausgearbeitet und war nicht etwa, wie die von 1719/20 mehrere Jahre vorher in ihren Grundzügen entworfen worden), ist allerdings im Wortlaut des Gesetzes nicht jeder Möglichkeit verschiedener Auslegung vorgebeugt worden, und es hat auch in späterer Zeit an diesbezüglichen Verfassungsstreitigkeiten nicht ganz gefehlt.

Der wichtigste Streitgegenstand war die Unterscheidung einerseits der Einnahmen in „ordentliche" Staatseinnahmen und Bewilligungen, andererseits der Ausgaben in „ordentliche" und „ausserordentliche".

Die erstere Einteilung ist in der Verfassung selbst getroffen. Dieselbe schreibt vor, dass die Regierung „auf jedem ordentlichen Reichstage den Zustand des Staatswesens in betreff Einnahmen und Ausgaben, Forderungen und Schulden darzulegen" und „im Zusammenhang damit dem Reichstage Vorschläge zu machen" hat „über die Art und Weise, wie durch Bewilligungen zu decken ist, was für den Staat neben den ordinarien Einnahmen noch erforderlich sein könnte."

Als Bewilligungen werden dann sofort aufgezählt: Einnahmen aus den Zöllen und Accisen, der Post, den Stempelsteuern, dem Branntwein, „sowie das, was jeder Reichstag noch darüber hinaus als Bewilligung besonders auf sich nimmt".

Die ordentlichen Einnahmen werden dagegen nicht specifiziert, sie umfassten um das Jahr 1809—1810 hauptsächlich die Grundsteuern und grundsteuerähnlichen Abgaben nebst den damals noch sehr geringen, später infolge Einziehung der Wohnstellen etwas bedeutenderen Einnahmen aus Domänen und Forsten. Die in späterer Zeit aufgekommenen Einnahmen aus Telegraph und Eisenbahnen sind gleichfalls, wiewohl mit geringer Konsequenz, unter die ordentlichen Einnahmen des Staates einbezogen worden.

Die Frage, inwieweit eine Veränderung dieser Einnahmen vom Reichstage allein (wie die gewöhnlichen Bewilligungen, also unter der 1865er Verfassung ev. durch gemeinsame Abstimmung der Kammern) beschlossen werden dürfe, oder ob sie wie neue Gesetze die Sanktion der

Regierung (nebst übereinstimmenden Beschlüssen beider Kammern) erfordere, ist lange Zeit lebhaft debattiert worden, ohne dass sich etwa darüber eine bestimmte parlamentarische Praxis ausgebildet hätte. Heutzutage, wo die Aufhebung sämmtlicher Grundsteuern schon beschlossen ist und in wenigen Jahren bewerkstelligt sein wird, sodass die „ordentlichen Einnahmen" des Staates ausser etwa der Mantalspenningar fast nur aus „privatwirtschaftlichen" Einnahmen bestehen, kann die ganze Frage als weniger wichtig betrachtet werden.

Die sämtlichen „Bewilligungen" — nunmehr der weitaus wichtigsten Einnahmequelle des Staates — liegen dagegen, wie gesagt, ganz in der Hand des Reichstags — jedoch mit einer Ausnahme, die man sich schon gewöhnt hatte als veraltet anzusehen, bis sie von der jetzigen Regierung i. J. 1895 wieder aufgefrischt wurde, nämlich in betreff „des Zolles auf ein- und ausgehendes Getreide". Nach dem Wortlaute der Konstitution steht der Regierung das Recht der Erhöhung oder Erniedrigung dieses Zolles „ohne die Genehmigung des Reichstags" zu — ob nur zwischen den Reichstagssessionen oder auch gegen den Willen der Vertretung wird leider nicht gesagt. —

Was die Staatsausgaben betrifft, so ist deren Einteilung in ordentliche und ausserordentliche eine rein gewohnheitsmässige. Es ist Sitte geworden, die Beamtenbesoldungen und sonstige stehende Ausgaben auf „ordentlichen Etat", die einmaligen oder doch nicht ganz festen Ausgaben dagegen auf „Extra-Etat" zu nehmen. Es ist nun allerdings vielfach, besonders in den Regierungskreisen, eine beliebte Doktrin, dass die erstere Klasse von Ausgaben nur unter Genehmigung der Regierung verändert, bezw. herabgesetzt werden könnte, und es hat auch nicht ganz an Versuchen gefehlt, diese Ansicht zur Regel für die parlamentarische Praxis zu erheben. Irgend eine Stütze dafür ist jedoch in der Verfassung nicht vorhanden und mit dem „Selbstbesteuerungsrecht des schwedischen Volkes" verträgt sich offenbar eine derartige Auffassung nur schlecht.

Zu erheblicheren Verfassungskonflikten ist es bisher in keiner von diesen Hinsichten gekommen.

Der Hauptsache nach kann die Machtvollkommenheit des schwedischen Reichstags rücksichtlich der Finanzen nicht wohl bezweifelt werden und ist auch niemals ernstlich angefochten worden. Insbesondere wurde der gefährliche Satz der Konstitution von 1772, welcher dem Könige das Recht gab, im Kriege[1]) die nötigen Mittel einfach ohne Anhören der Stände auszuschreiben, in der Verfassung von 1809 vorsorglich gestrichen.

---

1) Allerdings nur, wenn das Land mit Krieg „überfallen" wurde — eine Bestimmung, die sich jedoch unter Gustav III. als leerer Buchstabe erwiesen hatte.

Auf der anderen Hand war man sich schon i. J. 1809 dessen wohl bewusst, dass die alte Ständeverfassung eigentlich schon veraltet wäre. Der Adel war überhaupt im e. S. kein „Stand" mehr, wenngleich er nach wie vor einen bedeutenden Teil des Vermögens und der Intelligenz des Landes darstellte, die Geistlichkeit konnte mit der steigenden Aufklärung des Volkes ihre frühere politische Rolle nicht mehr behaupten, der Bürger- und der Bauernstand machten schon den eigentlichen Kern der (besitzenden) Bevölkerung aus, auch war der frühere, sehr scharfe Interessengegensatz zwischen Stadt und Land teilweise schon sehr gemildert und sollte nachher mit der Aufhebung des Zunftzwanges und der Einführung der Gewerbefreiheit mehr und mehr verschwinden. Wenn noch dazu kam, dass einige der wichtigsten Funktionen des Reichstages und vornehmlich — im Gegensatze zu den Verfassungen des vorigen Jahrhunderts — die Besteuerung oder wenigstens die Bewilligung neuer Steuern nicht mehr ständeweise, sondern definitiv in den sog. verstärkten Ausschüssen (welche aus gewählten Mitgliedern sämtlicher Stände zusammengesetzt waren) durch Abstimmung per capita ausgeübt wurden, so trug die Verfassung von 1809 den Keim ihrer Auflösung schon im Schosse. Es mag sogar wunder nehmen, dass sie sich thatsächlich bis in die 60er Jahre hinein fortschleppen konnte. Dass sie jedoch bei all ihrer Unbehilflichkeit und ihren inneren Widersprüchen einige Vorzüge besass, welche mit der Einrichtung des Zwei-Kammer-Systems i. J. 1865 verloren gingen, wird sich heute kaum anzweifeln lassen; dabei können wir uns aber hier nicht aufhalten. Ihr Hauptmangel, dass sie den unteren Volksklassen, der eigentlichen Arbeiterbevölkerung in Stadt und Land überhaupt keinen politischen Einfluss gestattete, ist in der neuen Konstitution jedenfalls nicht gehoben worden — vielmehr sind im Gegenteil nicht unbeträchtliche Volksschichten, welche in dem Bürger- und Bauernstand noch vertreten waren, durch die neue Verfassung ihres Repräsentationsrechts verlustig gegangen, und die von den Verfassern der letzteren vielfach eröffnete Aussicht, der für das Wahlrecht zur unteren Kammer aufgestellte Census (800 Kronen Einkommen oder Grundbesitz oberhalb des Wertes von 1000 Kr. u. s. w.) werde mit dem sinkenden Geldwerte bald von selbst ein sehr erweitertes und schliesslich das allgemeine Wahlrecht (der Männer) herbeiführen, hat sich bei der veränderten Wertbewegung des Geldes seit dem Uebergange zum Goldfuss i. J. 1873 bisher als illusorisch erwiesen, so dass noch immer drei Viertel der erwachsenen männlichen Bevölkerung ohne politische Rechte dastehen.

Wie schon erwähnt und besonders hervorzuheben ist, waren die unteren Volksklassen des vorigen Jahrhunderts nicht in demselben Massstabe vom politischen Leben ausgeschlossen, wie dies die Periode seit 1809 mehr und mehr kennzeichnet. Die „arbeitenden Klassen" von damals waren eben die Bauern selbst und die kleinen Handwerker in den Städten, und diese waren nicht aller Vertretung beraubt. Wenn auch der Bauernstand besonders während des grössten Teils der Freiheitszeit in den eigentlichen politischen Angelegenheiten des Reiches wenig zu Rate gezogen wurde, was übrigens seiner geringen Bildung wegen vielleicht nicht immer mit Nutzen hatte geschehen können [1]), so stand den Bauern doch das wichtigste aller politischen Rechte zu, dass ihnen nämlich neue Steuerlasten ohne ihre eigene Zustimmung nicht aufgedrungen werden konnten.

Ein eigentliches Arbeiterproletariat im modernen Sinne war nur spärlich vorhanden, obwohl die Manufaktur-Schwärmerei der Freiheitszeit sich ehrlich bemüht hatte, ein solches grosszuziehen [2]).

Die Lage der unteren Klassen war schlecht, viel schlechter als heute, allein sie bildeten noch nicht eine Nation ausserhalb der Nation, die scharfe Grenzlinie zwischen Besitzenden und Nichtbesitzenden war noch nicht vorhanden, wenigstens nicht in demselben Masse wie heutzutage.

Allerdings hat durch die in unserem Jahrhundert gestattete freie Aufteilung der bäuerlichen Hufen, sowie durch Verkauf und Zerstückelung grösserer, meistens adliger Güter die Zahl der Grund-

---

1) Unter den bäuerlichen Mitgliedern des Reichstags gab es damals viele, die nicht schreiben und Geschriebenes nur mit Mühe lesen konnten.

2) Es ist dies leider nur zu buchstäblich zu nehmen. In zahlreichen ökonomischen Schriften dieser Zeit wird die Armut und vollständige Abhängigkeit der Fabrikarbeiter als volkswirtschaftliches Postulat und Grundbedingung des Gedeihens der Industrie gefeiert. Um die dabei überhandnehmende Sterblichkeit der Arbeiterkinder zu hemmen, wurde vorgeschlagen, Kinderhäuser zu errichten, in denen die Kinder bis zum Alter von fünf Jahren unterhalten werden sollten. Wenn sie das fünfte Jahr erreicht hätten, sollten sie den Eltern wiedergegeben werden, um im väterlichen Hause mit geeigneter Arbeit, Spulen u. dgl., ihr Brot zu verdienen.

eigner nicht wenig zugenommen, allein in viel grösserem Verhältnisse haben sich in der seit 1809 verdoppelten Bevölkerung die besitzlosen Klassen vermehrt. Diese Mehrbevölkerung, welche hauptsächlich auf dem Lande entstanden ist, da die Städte erst in unseren Tagen einen beträchtlicheren Nativitätsüberschuss zu zeigen anfingen, und welche ohne die riesenhafte Auswanderung der drei letzten Dezennien noch viel grösser sein würde, ist teilweise von der Landwirtschaft selbst als Lohnarbeiter, Häusler (Tagelöhner) u. s. f. absorbiert worden, teils bildete sie den Arbeiterstamm der vielen auf dem Lande entstandenen neuen industriellen Einrichtungen, endlich hat sie in den letzten Jahrzehnten trotz der überseeischen Auswanderung ein rasches Emporwachsen unserer Städte herbeigeführt[1]).

Es hat in dieser Weise unser Land zuletzt das erhalten, was es früher kaum besass, eine eigentliche Arbeiterbevölkerung, Leute, welche ohne die Hoffnung, jemals ein Stück Land oder sonst irgend etwas ausser vielleicht einem winzigen Hausgerät, ihr eigen nennen zu können, in betreff ihres Unterhalts ausschliesslich auf Lohnarbeit angewiesen sind. Diese Bevölkerung ist — und war freilich immer, aber bei der Vermehrung ihrer Zahl, sowie infolge der Verbreitung der Volksbildung, ist die Sachlage doch eine wesentlich andere geworden — vom gesetzmässigen politischen Leben gänzlich ausgeschlossen; die stolze Formel vom „Selbstbesteuerungsrecht des schwedischen Volkes" ist nicht für sie geschrieben, und sie hat bisher nicht vermocht, ihre Ansprüche darauf mit hinreichendem Nachdruck geltend zu machen.

Da nun aber diese Bevölkerung, wie gesagt, an Zahl bedeutend herangewachsen war und ihre Lebensverhältnisse sich mit dem steigenden Volkswohlstande teilweise verändert und verbessert hatten, lag, wie immer in solchen Fällen, die Versuchung nahe, jenen Klassen einen immer grösseren Teil der öffentlichen Lasten aufzubürden. Dass sie auch früher in dieser Hinsicht nicht verschont geblieben waren, haben wir schon erwähnt; bei ihrer gänzlichen Armut hatte dies aber kaum eine erheblichere Steuererleichterung der übrigen Klassen bewirken können. Dies sollte aber jetzt ganz anders kommen, wie wir bald sehen werden. —

Der ökonomisch-finanzielle Hintergrund, gegen den sich die Besteuerungsverhältnisse der Zeit nach 1809 abspiegeln, ist im

1) Die schwedischen Städte umschlossen bis in die sechziger Jahre hinein zusammen kaum ein Achtel, jetzt aber ein Fünftel der Gesamtbevölkerung.

grossen Ganzen der möglichst hellste und günstigste gewesen. Seitdem die drückende, ausländische Schuld in der gleich zu beschreibenden Weise auf einmal getilgt worden war, ist das Land während mehrerer Jahrzehnte ganz frei von eigentlichen Staatsschulden gewesen. Die jetzige Staatsschuld rührt ausschliesslich von den seit den 50er Jahren vorgenommenen Eisenbahnunternehmungen her.

Dazu kam vor allem der Segen eines ununterbrochenen Friedens, dessen das Land sich nunmehr länger als 80 Jahre erfreut, während es im 17. Jahrhundert und bis zum Tode Karls XII. beinahe ununterbrochen in Krieg verwickelt gewesen war und in den folgenden 90 Jahren vier, zum Teil sehr langwierige und kostspielige Kriege geführt hatte. Dass unter solchen Verhältnissen die verschiedenen Nährzweige kräftig aufblühen konnten, ist selbstverständlich. Vor allem hat sich die Landwirtschaft sowohl quantitativ wie qualitativ wesentlich gehoben. In letzterer Hinsicht mag darauf hingewiesen werden, dass während z. B. unter den 53 Jahren 1748—1800 (einschl.) nicht weniger als 19, also etwa 36 % als Missjahre bezeichnet werden, in unserem Jahrhundert und besonders in neuerer Zeit eine wirkliche Missernte zu den grössten Seltenheiten gehört, ja eine allgemeine und vollständige kaum vorgekommen ist. Die Ausfuhr von landwirtschaftlichen Produkten überragt auch heute trotz der verdoppelten Bevölkerung die Einfuhr solcher um ein bedeutendes, während im vorigen Jahrhundert die Hälfte der jetzigen Bevölkerung sich bei weitem nicht aus dem Ertrage der damaligen Landwirtschaft zu ernähren vermochte.

In demselben Masse, ja verhältnismässig noch stärker, hat sich die Industrie gehoben, besonders seit der Mitte des jetzigen Jahrhunderts. Vor allem hat die Holzwarenindustrie an Bedeutung gewonnen; mit Forstprodukten und Holzwaren (einschl. Papiermasse u. dgl.) bezahlt Schweden heute etwa die Hälfte seines ganzen Imports.

Die Schattenseite dieses erfreulichen Bildes sowie die hauptsächliche ökonomische Gefahr für die Zukunft liegt bei uns wie in den meisten europäischen Ländern in einem Umstande, welcher, selbst aus dem Wachstum des Volkswohlstandes hervorgegangen, diese ihre Quelle unausgesetzt zu zerstören droht, nämlich in dem starken Bevölkerungszuwachs. Oberflächlich betrachtet, könnte derselbe zwar als nicht übergross gelten, da die Bevölkerung während der letzten 90 Jahre sich thatsächlich nur etwa verdoppelt hat.

Die natürliche Vermehrung durch die jährlichen Nativitätsüberschüsse ist jedoch eine viel grössere gewesen und hätte an und für sich eine Verdoppelung in etwa 60 Jahren herbeigeführt, so dass die jetzige Bevölkerung statt ca. 4,8 Millionen über 6 Millionen betragen würde. Der Unterschied rührt her von der Auswanderung, welche seit der Mitte des Jahrhunderts beinahe $^3/_4$ Millionen Menschen dem Lande entzogen hat, was einschliesslich deren Nachkommenschaft in Amerika und anderswo jetzt wohl eine Bevölkerung von vielleicht anderthalb Millionen Menschen ausmachen dürfte.

Die aus diesem Verhältnisse entspringenden Uebelstände gehören allerdings hauptsächlich der Zukunft an, wenn die Möglichkeit der Auswanderung voraussichtlich erheblich abnehmen wird, und sie sind dann um so mehr zu befürchten, als der erwähnte Ueberschuss nicht etwa aus einer ungewöhnlich hohen Ehe- oder Geburtsfrequenz herrührt (die erstere ist vielmehr in Schweden überaus niedrig), sondern lediglich durch die in neuerer Zeit erreichte, gegen die frühere um mehr als ein Drittel zurückbleibende niedrige Sterblichkeit bewirkt ist[1]).

Allein auch in der Vergangenheit, hat jener Umstand in so fern eine verhängnisvolle Wirkung ausgeübt, als dadurch das Aufblühen des Volkswohlstandes wesentlich gehemmt, die relative Zahl der Besitzlosen vergrössert und die heimische Kapitalbildung verzögert wurde, welches letztere sich u. a. darin kundgiebt, dass mitten im Frieden eine ausländische Schuld aufgenommen worden ist, die heute auf etwa 600 Millionen Kronen beziffert werden kann[2]).

II. Die Zeit von 1809—1850.

Wenden wir uns jetzt der Finanz-Geschichte des betreffenden Zeitraums zu, so kann derselbe passend in zwei Perioden eingeteilt und entsprechend behandelt werden, nämlich vom J. 1809 bis 1850 und von da bis zur Gegenwart.

1) Die relative Sterblichkeit war in den Jahren 1750—1820 durchschnittlich 27‰; seit 1840 ist dieselbe auf etwa 20‰, seit 1880 auf etwa 17‰ gesunken.

2) Die eigentliche Staatsschuld (welche allerdings nicht ausschliesslich, aber doch überwiegend sich in den Händen des Auslandes befindet) betrug Ende 1893 278,7 Millionen.

Erstere Periode weist, trotz des erheblichen Zuwachses der Bevölkerung (1810:2·38 Mill., 1850:3·48 Mill.) und wohl auch des Volkswohlstandes, eine auffällige Stabilität der Staats-Einnahmen und -Ausgaben auf, welche gegen die rasche Zunahme beider während des folgenden Zeitabschnittes stark kontrastiert.

Die Staatseinnahmen des Jahres 1810 werden je nach den verschiedenen Berechnungsgrundlagen auf 14 bis 15 Millionen Kronen in heutigem Gelde veranschlagt.

Es wurde hierbei der Reichsthaler Spezie (Papier) nach dem damaligen Kurswert (= $^{48}/_{79}$ Reichsthaler Hamburger B:co) auf den späteren Realisationswert des Reichsthalers Banko (= $^{48}/_{128}$ = $^{3}/_{8}$ Reichsth. Hamb. B:co) evalviert und nachher in Kronen (= $^{2}/_{3}$ schwed. Reichsthaler Banko = $^{1}/_{4}$ des ursprünglichen Reichsthalers Spezie) ausgedrückt. (Der Pariwert des schwed. Reichsth. Spezie wird in den Kursberechnungen dieses und des vorigen Jahrhunderts einem Reichsth. Hamburger B:co gleichgesetzt. Eigentlich war er jedoch etwas grösser, da die Silbergehalte der beiden Münzen sich wie 48:46½ verhielten). Der damalige Reichsthaler war somit etwa = 2½ der heutigen Kronen. Der Kurswert des Reichsthalers schwankte aber unausgesetzt. Er war i. J. 1809 noch 48:60½ gewesen, fiel jedoch i. J. 1811 auf nur 48:112½. Der Kurswert (48:128), zu welchem die Realisation i. J. 1830 beschlossen, aber erst i. J. 1834 durchgeführt wurde, entsprach dem Durchschnittskurse der Jahre 1819—1828. Unterdessen stieg jedoch der Kurs auf Hamburg (fiel der Kurswert des schw. Reichsthalers) ununterbrochen, so dass man i. J. 1833 für einen Reichsthaler Hamb. B:co auf der Stockholmer Börse 144 Skilling, somit gerade drei schwedische Reichsthaler geben musste. Nach der Realisation kamen natürlich nur unbedeutende Schwankungen um den neuen Parikurs (48:128) vor.

Es verteilte sich jene Summe folgendermassen:

Die sogenannten ordentlichen Einnahmen der Krone:

		Kronen (à 1,125 M.)
Grundsteuer	rund	4 600 000
Abgaben von den Bergwerken	„	340 000
Spezielle Abgaben für das Rechtswesen	„	150 000
Salpeterabgabe	„	140 000
Militär- (bes. Pferde-)Vakanzabgaben .	„	320 000
Domänen und Forsten (letztere brachten überhaupt nichts)	„	100 000
Lotto	„	90 000
Mantalspenningar (Kopfsteuer)	„	530 000
Diverse Einnahmen	„	610 000
	Sa. rund	6 900 000

Steuerbewilligungen:

Zölle und Accisen	rund	3 390 000
Post	„	400 000
Stempel	„	270 000
Branntweinsteuer	„	820 000
Allgemeine Kontribution	„	2 710 000
	Sa. rund	7 600 000
	Gesamtsumme	14 500 000

Diesen Einnahmen standen nun erstens die ordentlichen Staatsausgaben mit rund 11 Millionen Kronen gegenüber, darunter:

Hof	rund	1 140 000
Rechtswesen und Gefängnisse	„	290 000
Auswärtiges Amt	„	240 000
Heerwesen	„	4 200 000
Flotte	„	1 200 000
Landwirtschaft, Handel und Gewerbe .	„	190 000
Civilverwaltung	„	450 000
Unterrichts-, Sanitäts- und Kirchenwesen	„	1 090 000
Pensionen und Aussterbeetat	„	1 420 000
Sonstige Ausgaben (darunter Steuerunkosten 190 000 Kr.)	„	770 000
	Sa. rund	11 000 000

Der Ueberschuss der Einnahmen, etwa $3^1/_2$ Millionen Kronen, wurde für Kriegskosten sowie für Rentenzahlungen an die Staatsgläubiger verwendet, erwies sich aber für diese Zwecke völlig unzureichend, so dass mehrere Millionen durch Kreditoperationen, Emission von Bank- und Reichsschuldzetteln u. s. w. beschafft werden mussten.

Die scheinbare Geringfügigkeit der obigen Summen darf nicht beirren. Erstens ist nämlich der Einnahme- und Ausgabe-Etat von 1810 in mehreren Hinsichten ein Netto-Etat, was schon aus dem unbedeutenden Betrag der Steuerunkosten hervorgeht. So hat z. B. das Postwesen der Staatskasse nur eine Ausgabe von etwa 80 000 Kronen verursacht, weil die übrigen Ausgaben der Post direkt durch die Posteinnahmen bestritten wurden, wozu die eigentümliche Einrichtung der „Posthufen“ kam, deren Inhaber gegen gewisse

Steuererleichterungen u. s. w. zur Weiterbeförderung der Post verpflichtet waren.

Die Zolleinnahmen sind überhaupt reines Einkommen, da die Zölle damals, wie dies auch früher mit wenigen Unterbrechungen der Fall gewesen, noch verpachtet waren (gegen eine bestimmte Pachtsumme sowie gewisse Teile des Gewinns). Neben den Zöllen war übrigens der ausländische Handel, wie oben bemerkt wurde, noch anderen Abgaben unterworfen, die teils von den Seestädten direkt bezogen wurden (Zulage), teils einem besonderen in der Staatsregulierung nicht eingeschlossenen Fonds, dem sog. Handels- und Seefahrtsfond zu gute kamen, und welche zusammen etwa $^1/_5$ der Grenzzölle ausmachten.

Die Geringfügigkeit der Einnahmen aus Domänen (und Forsten) erklärt sich daraus, dass die noch vorbehaltenen Staatsdomänen grösstenteils als Wohnstellen militärischer und civiler Beamten verwendet wurden. Sie bildeten somit einen Teil der Ablöhnungen dieser Beamten, welcher im Reichshaushalt nicht zum Ausdruck kommt.

Noch ist zu bemerken, dass ein Teil der Einkommen der Civilbeamten aus Sporteln bestand, deren Betrag im Reichs-Etat gleichfalls nicht auftritt; auch mag daran erinnert werden, dass die aufgeführten Ausgaben für Militär-Zwecke nur einen Teil der wirklichen Kosten für das Verteidigungswesen bezeichnen, indem das Stellen und der Unterhalt von Soldaten und Pferden noch hauptsächlich den bäuerlichen Hufen oblag, allerdings in betreff der Kavallerie gegen „Unterstützung“ vom Staate in Form von teils nachgelassenen (obwohl immer in den Büchern geführten), teils überwiesenen Grundsteuern und -Zinsen.

Zieht man dies alles in Betracht und bedenkt man ferner, dass die damalige Bevölkerung nur die Hälfte der jetzigen betrug, dass der Wert der Edelmetalle ein entschieden höherer als der jetzige war — wieviel ist allerdings schwierig zu sagen, da die gegenseitigen Werte der wichtigsten Waren von den jetzigen erheblich abweichen, wahrscheinlich aber kann man die damalige Kaufkraft des (Metall-)Geldes als etwa doppelt so hoch wie die heutige annehmen — und erinnert man sich schliesslich, dass der damalige Stand des Volksvermögens ein unvergleichlich niedrigerer als der heutige war, so unterliegt es wenig Zweifel, dass die Ansprüche des Staates an die Steuerkraft der Bevölkerung erheblich höher gespannt waren, als dies später bis in die neueste Zeit hinein der Fall gewesen ist. Fürs erste sollten jedoch die Steueranforderungen noch mehr gesteigert werden. Die Kontribution wurde in den folgenden Jahren (nominell) verdoppelt bis verdreifacht, allerdings aber in einem noch mehr entwerteten Papiergelde eingehoben.

Drückend wie diese Steuern waren, hätten sie, wenn die i. J. 1810 angenommenen, unten zu beprechenden Grundsätze folgerichtig durchgeführt worden wären, zweifelsohne ausgereicht, um die Staatsschuld zu verzinsen und das durch den Krieg nochmals in Unordnung gebrachte Geldwesen zu retten.

Schon i. J. 1812 wusste jedoch die Regierung, deren leitende Kraft damals der i. J. 1810 erwählte Thronfolger, der ehemalige französische Feldmarschall Bernadotte war, ein bequemeres Mittel anzuweisen, um den grössten Teil der Schuldenlast los zu werden. Die Hauptmasse der Staatsschuld war in Holland, Brabant und Genua aufgenommen [1]); diese Staaten aber unterstanden der Napoleonischen Herrschaft. Aus dem Umstande nun, dass einige schwedische Unterthanen Forderungen an den französischen Staat besassen — allerdings nur zum Betrag von 3 Millionen Francs —, deren Einlösung nach dem Ausbruche des Krieges verweigert wurde, nahm man Veranlassung, zwei Drittel der betreffenden Schulden an Holland, Brabant und Italien einfach zu streichen. Die Berechtigung dieser Massregel wollte allerdings den Betroffenen nicht klar werden: der schwedische Reichsthaler ist seitdem auf der Amsterdamer Börse bis in die jüngste Zeit hinein nicht mehr notiert worden, und es mag fraglich sein, ob jenes gewaltsame Mittel den ausländischen Kredit unseres Landes nicht ebensosehr geschädigt, als die Steuerlast erleichtert hat. Das übrige Drittel der Schuld sowie einige kleinere in Leipzig und Hamburg aufgenommene Anleihen wurden einige Jahre später ordentlich getilgt, nämlich aus dem Erlös für die von England im Vertrage v. J. 1813 abgetretene Insel Guadeloupe, welche i. J. 1815 an Frankreich verkauft wurde. In dem Bericht der Regierung an den Reichstag von 1815 wurde diese Abtretung eigentümlicherweise als dem Könige und dem Kronprinzen persönlich bewilligt bezeichnet, sie sollte besonders dem letzteren

1) Sie wurde folgendermassen spezifiziert: in Holland (rund) 4,2 Millionen Rthlr. Holl. Courant, in Brabant 7,5 Millionen Gulden Brabant. Wechselmünze, in Genua 9,5 Millionen Lire, daneben in Leipzig 1,4 Millionen Rthr. Konventionsmünze, schliesslich in Hamburg zusammen etwa 1 Million Rthr. Hamb. B:co. Die ganze Summe entsprach etwa 11 Millionen Rthr. Sp. Silber oder Hamb. B:co mit einem jährlichen Zinse von etwa 600 000 Rthlr Hamb. B:co (44 bezw. 2,4 Millionen Kr.)

als Schadenersatz für seine verloren gegangenen „Dotationen" in Deutschland und Italien dienen, eine Deutung, die vom damaligen Reichstag acceptiert wurde. Als nun der Kronprinz dessen ungeachtet sich erbot, die betreffende Summe, 24 Millionen Francs, zur Einziehung und Tilgung der noch „anerkannten" ausländischen Staatsschuld zu verwenden, so haben die Stände „mit tiefster Ehrfurcht und aufrichtigster Erkenntlichkeit" dieses Anerbieten angenommen und beschlossen, dass „als Beweis ihrer Dankbarkeit und um die Verluste und die Opfer, welche Seine Königl. Hoheit und deren Gemahlin für das Wohl Schwedens gebracht hätten, einigermassen zu ersetzen, Seiner Königl. Hoheit und Deren Erben nach der Successionsordnung v. J. 1810 eine Summe von 200 000 R:thr Banko (d. h. Speciepapier) jährlich ausbezahlt werden sollte." Nach dem damaligen Kurswerte entsprach jene Summe etwa 5 bis 6 Perzent Zinsen auf die Hälfte der fraglichen Lösesumme, was auch von seiten der Regierung gefordert war. Seitdem ist der Betrag durch die folgende Münzverschlechterung auf 300 000 Kronen gesunken, wird aber in dieser Gestalt, also ausserhalb der Civilliste, noch heute der königlichen Familie jährlich gezahlt. Ob die ganze Transaktion berechtigt war oder nicht, ist später vielfach erörtert worden, kann aber hier ausser Betracht bleiben.

Trotz der erwähnten Schuldenerleichterungen und trotz der gleichzeitigen Einziehung des Erlöses für das abgetretene Pommern (4 800 000 R:thr B:co) wollte das Geldwesen des Landes noch lange nicht in Ordnung kommen.

Nicht nur das Reichsschuld-Kontor, sondern auch die Reichsbank hatte während des unglücklichen Krieges von 1808—9 für die Rechnung des Staates grosse Zettelemissionen vornehmen müssen. Die Noten der letzteren waren seit 1809 thatsächlich uneinlösbar, obwohl die Bank erst einige Jahre später formell für jede Silberauslieferung geschlossen wurde. Der ausländische Kredit des Reiches hatte durch die obenerwähnten Massregeln selbstverständlich sehr gelitten.

Das einfachste und unter Umständen das beste Mittel wäre wohl gewesen, auch jetzt wie 1776 und 1803 den thatsächlich erreichten Kurswert der Reichsbank- und Staatsschuldzettel gesetzlich festzulegen, wonach die Barzahlung wahrscheinlich ohne längere Verzögerung hätte aufgenommen werden können. Auf diesen einfachen Plan wollten jedoch die leitenden Männer der Zeit und vor allem die Regierung nicht eingehen, vielmehr schob man den Termin der Einlösung immer weiter hinaus, indem man sich der eitlen Hoffnung hingab, dass sich der Kurswert von selbst auf pari erheben würde, oder gar die vergeblichen Praktiken des 18. Jahrhunderts zum „Steuern des Kurses" erneuerte. Wie immer, wenn die einfache Regulierung des Geldwertes durch Metalleinlösung fehlt, bildeten sich nun zwei Parteien aus, von denen die eine aus mehrerlei Gründen auf Erhaltung und sogar Vermehrung der Kreditmittel hindrängte, die andere mehr oder weniger gewaltsamen restriktiven Massregeln das Wort redete. Erstere Partei behielt während der ersten Jahre des neuen Staatswesens die Oberhand. Neben der Reichsbank funktionierten seit einigen Jahren noch zwei Privatbanken, die sog. Diskonten in Gothenburg und Malmö, und eine dritte wurde in Zusammenhang mit der 1809 beschlossenen Ausgrabung des Göta-Kanals octroyiert[1]). Jene Diskontogesellschaften hatten zwar nicht das Recht zur eigentlichen Notenemission; durch laufende Schuldverschreibungen auf kleine Beträge sowie durch Assignationen auf die Reichsbank (bis zum Betrag von 5 R:thr herab), welche ihnen Kreditive gegen sehr niedrigen Zins bewilligt hatte, waren sie thatsächlich in der Lage, die Summe der Umsatzmittel zu vergrössern.

Als nun i. J. 1817 die Malmöer Gesellschaft durch unordentliche und unredliche Verwaltung insolvent wurde, erhielt das allgemeine Geschäftsvertrauen, welches schon zwei Jahre früher durch eine schwere Krisis erschüttert war, einen solchen Stoss, dass ein ausserordentlicher Reichstag zusammenberufen werden musste. Auf diesem hat nun die Restriktionspartei den Sieg davon getragen. Nicht nur die Malmöer Diskontobank, sondern auch die Gothenburger Bank, die überhaupt nichts verschuldet hatte und schliesslich ohne jeglichen Verlust liquidieren konnte, sowie die eigentümliche Götakanal-Diskontobank, welche allerdings wenig bankmässig betrieben war (der grösste Teil ihrer Mittel war in der That als Anleihe für die Kanalarbeit selbst verwendet), jedenfalls aber ihre Befugnisse nicht überschritten hatte, wurden aufgehoben. Letzteres hatte u. a. zur Folge, dass die Arbeit am Kanal, dem einzigen grösseren Unternehmen dieser Zeit, welche i. J. 1811 begonnen, schon i. J. 1817 mehr als zur Hälfte fertig war, seitdem nur äusserst langsam fortrückte und erst i. J. 1832, somit nach 21 Jahren zu Ende geführt werden konnte.

---

1) Es sollten nämlich die Gewinnste des Diskonto-Geschäfts zur Förderung der Kanalarbeit verwendet werden, nach Vollendung des Unternehmens aber den Mitgliedern, welche zugleich Aktionäre des Kanals waren, anheimfallen.

Neben diesen Massregeln wurde auch das zirkulierende Kapital der Bank durch Einziehen von bewilligten Anleihen erheblich vermindert; da aber zur selben Zeit die Bank auch formell und auf unabsehbare Zeit für Einlösung der Noten geschlossen wurde, ist deren Kurswert statt gestiegen noch mehr gefallen.

Ueberhaupt zeigt diese Zeit auf dem ökonomischen Gebiete das Bild gänzlicher Ratlosigkeit und Verwirrung. Das Geldwesen wurde allerdings durch die Valuta-Regulierung v. J. 1834 endlich in Ordnung gebracht und zwar in der oben angegebenen Weise, dass die Bankzettel zu $^3/_8$ ihres Nennwerts, die Reichsschuldzettel aber zu $^2/_3$ jenes Werts, also zu $^1/_4$ ihres ursprünglichen, aber schon 1803 um ein Drittel reduzierten Werts eingelöst wurden. Als Recheneinheit wurde dabei die letztere Münzsorte angenommen, so dass der „Riksdaler Riksgälds" (Reichsschuld), nunmehr Reichsthaler Reichsmünze, später Krone genannt, sich gerade auf ein Viertel des Reichsthalers Specie der früheren Jahrhunderte stellte.

Allein der Unternehmungsgeist sollte noch lange fehlen, vor allem in betreff der öffentlichen Unternehmungen. Der Staat, welcher bei allen Gelegenheiten, sowohl Ausländern wie Inländern gegenüber, sein Wort nur schlecht gehalten hatte, wurde schliesslich von der Geschäftswelt beinahe verabscheut, was allerdings auf der anderen Hand den Nutzen hatte, dass man sich gewöhnen musste, sich mehr auf die Privatinitiative als auf die Beihilfe des Staates zu verlassen. Das erste Aufkommen der heutigen Privatbanken sowie der Hypothekenvereine für den landwirtschaftlichen Kredit gehört der letzteren Hälfte dieses Zeitraums an. Infolge der geringen Kapitalbildung innerhalb des Landes mussten freilich letztere Institutionen sich dem ausländischen Kapital zuwenden, was später in noch viel erheblicherem Masse geschehen sollte.

Die Landwirtschaft hat sich jedoch schon während der ersten Hälfte der Periode kräftig gehoben, was um so mehr Beachtung verdient, als der Getreidezoll eben damals ziemlich niedrig war, nämlich in den Jahren 1826—41 nur 0,88 Kr. pro Tonne Roggen (à 1,65 Hektoliter) betrug. Derselbe wurde seit 1842 (einschliesslich) auf 2 Kr. erhöht, dann seit 1849 (einschliesslich) auf 1,50 Kr. ermässigt, welcher Zollsatz sich bis 1857 (einschliesslich) erhalten hat, wo die Getreidezölle gänzlich aufgehoben wurden. Der Weizenzoll war während des ganzen Zeitraumes etwa 50 % höher als der Roggenzoll.

Zur Hebung der Landwirtschaft hat natürlich vor allem die allmähliche Verwendung der am Ende des vorigen Jahrhunderts entdeckten rationellen landwirtschaftlichen Methoden beigetragen. Sodann haben auch die fortgesetzte Gemeinheitsteilung, die gesetzliche Erleichterung der Zerteilung der Höfe, welche dieser Periode angehört, sowie die Errichtnng der landwirtschaftlichen Kreditanstalten in derselben Richtung gewirkt und zur Erhöhung der Grundwerte mächtig beigetragen.

Unter dem Einflusse der erhöhten Holzpreise auf dem europäischen Markte hat die Ausfuhr von Forstprodukten gegen die Mitte des Jahrhunderts ihren ersten kräftigen Aufschwung erhalten, ohne jedoch mit der jetzigen verglichen werden zu können. Die eigentliche Industrie wurde fortwährend durch zahlreiche Einfuhrverbote (auf Eisenwaren, Gewebe u. s. f.) oder durch prohibitive Zollsätze begünstigt. Seit 1823 wurden allerdings die Verbote allmählich durch Zölle ersetzt, einzelne derselben haben sich jedoch bis in die fünfziger Jahre hinein erhalten. Da sie meistens nur die gröberen Qualitäten der Manufakturwaren betrafen und die Konsumtion der feineren Sorten sich überdies durch einen sehr verbreiteten Schleichhandel zu helfen wusste, lag in diesem System zweifelsohne eine schwere Uebervorteilung der ärmeren Konsumenten. Der Uebergang zum Freihandel oder vielmehr zur gemässigten Protektion gehört dem Anfange der nächsten Periode an.

Wenden wir uns der Entwicklung der Staats-Ausgaben und -Einnahmen während der betreffenden Zeit zu, so ist diese, wie oben bemerkt wurde, als eine relativ unbeträchtliche zu bezeichnen. Die Summe der in der eigentlichen Staatsregulierung enthaltenen Ausgaben (also mit Ausschluss der für Kriegskosten, Schuldentilgung u. dgl. verwendeten Mittel) haben sich allerdings von etwa 11 Millionen Kronen (1810) auf etwa 20 Millionen (1850) vermehrt; allein der Zuwachs ist grossenteils ein nur scheinbarer.

Erstens nämlich sind die Kosten des Zollwesens und des Postwesens nunmehr im Reichshaushalt aufgeführt und deren Einnahmen brutto berechnet, was für die richtige Vergleichung eine Reduktion der thatsächlichen Ausgaben (und Einnahmen) um etwa 2 400 000 Kr. notwendig macht.

Sodann ist zu bemerken, dass ein grosser Teil der Löhnungen noch immer (wenigstens formell) in natura geliefert wurde (sog. eingeteilte Löhne). Der vergrösserte Geldwert dieser Prästationen hat die betreffenden Geldposten nominell vergrössert, ohne dass sie in Wirklichkeit entsprechend erhöht wären. Dieser Umstand im Verein mit der Uebernahme seitens des Staats von gewissen Leistungen (wie Salpeterbeschaffung, Unterhalt der Soldaten während der Uebungen u. s. f.), welche früher der Bevölkerung oder gewissen Klassen derselben direkt oblagen, giebt zu weiteren Reduktionen Anlass, welche zusammen jedenfalls über 1 Million Kr. betragen.

Nach Abzug dieser Beträge würde somit der wirkliche Zuwachs des Ausgabebudgets während des erwähnten Zeitraums (1810 — 1850) sich auf die mehr bescheidene Summe von rund 5 500 000 Kr. einschränken, und dabei muss noch daran erinnert werden, dass die erwähnte Erhöhung der Warenpreise (etwa 50 %) die Bemessung der eigentlichen Geldlöhne und der sonstigen Ausgaben des Staates selbstverständlich mit beeinflusst hat. Man wird daher kaum sagen können, dass die Ausgabenwirtschaft des Staates während dieser Periode von 40 Jahren mit der Zunahme der Bevölkerung oder des Volkswohlstandes irgendwie Schritt gehalten hätte.

Unter den wirklich neuzugekommenen Ausgaben sind vor allem diejenigen für das Gefängniswesen zu bemerken, welche 1810 nur den winzig kleinen Betrag von etwas über 80 000 Kronen erreichten, im Reichshaushalt von 1850 aber nicht weniger als etwa 1 160 000 Kr. ordentliche und darüber noch 300 000 ausserordentliche (einmalige) Ausgaben, zusammen also beinahe $1^1/_2$ Millionen Kr. betragen.

Der grösste Teil dieser bedeutenden Summe, welche noch heute wenig überschritten wird, rührte von der in den vierziger Jahren vorgenommenen Reorganisation des Strafgerichtswesens her. Die alten barbarischen Körper- oder qualifizierten Gefängnis- (Wasser- und Brot-)strafen wurden durch die neueren menschenwürdigeren Strafarten grösstenteils ersetzt. Es bezeichnen somit jene vergrösserten Ausgaben zweifelsohne einen bedeutenden Schritt vorwärts in humanitärer Richtung, wie andrerseits der relativ geringe Zuwachs derselben in neuerer Zeit trotz der Bevölkerungsvermehrung u. s. w. ein erfreuliches Zeugnis für die verminderte Kriminalität abgiebt.

Auch auf dem Gebiete des Unterrichtswesens ist während der Periode ein Fortschritt zu verzeichnen, nämlich die am Beginn der vierziger Jahre erfolgte Einführung der Schulpflicht und die Verstaatlichung der Volksschule, welche letztere früher ausschliesslich eine Angelegenheit der Gemeinden gewesen war. Die betreffenden Kosten wurden jedoch noch nicht im Reichshaushalt aufgeführt, sondern sie wurden durch eine von den Gemeinden direkt erhobenen besondere Schulabgabe (Kopfsteuer) gedeckt, welche i. J. 1850 insgesamt nur etwa $^1/_2$ Million Kr. betrug.

Unter dem betreffenden Haupttitel (nach der heutigen Einteilung des Budgets dem achten) findet sich auch eine neue Staatsausgabe für die Universitäten, welche sich noch i. J. 1810 ganz aus ihren „eigenen" Mitteln (teils Erträgen der von den früheren Regierungen geschenkten Domanialgüter, teils speziell angewiesenen Kirchenzehnten u. dergl.) unterhalten hatten, sowie für die neue medizinische Akademie in Stockholm, zusammen (nach Abrechnung nur scheinbarer Posten) etwa 210 000 Kronen[1]).

Die grösste Ausgabenvermehrung fällt auf die Haupttitel 4 und 5, welche die Ausgaben für Heer und Flotte umfassen, nämlich 2 700 000 Kr. bezw. 1 350 000 Kr. Wenn man jedoch die erwähnte nur scheinbare Erhöhung gewisser Ausgaben in Betracht zieht, so erscheint auch dieser Zuwachs als ein wenig beträchtlicher. Es ist vielfach kommentiert worden, dass Karl Johann, „der Feldherr auf dem Throne", um die Erweiterung des schwedischen Verteidigungswesens sehr wenig beflissen gewesen ist. Allerdings wurde 1812 eine Art allgemeine Wehrpflicht (die sog. allgemeine Beväring) eingeführt. Dieselbe ist jedoch mehr als Ersatz aufzufassen für die i. J. 1809—10 aufgehobene Pflicht der soldatenstellenden Bauern, in Kriegszeit Rekruten zu beschaffen und Verdoppelungsmannschaft zu stellen. Die ganze Uebungszeit der „Beväring" blieb in der That bis zum Schlusse der fünfziger Jahre auf nur 12 Tage beschränkt, und die gesamten Staatskosten dieser Institution sind im Reichsetat von 1850 mit nicht ganz 400 000 Kronen aufgeführt.

1817 erfolgte auf Grund freiwilligen Uebereinkommens mit den Grundbesitzern Schonens, welche Provinz früher nur Kavallerie unterhielt, sonst aber vom Soldatenstellen gegen Zahlung einer sehr geringen Abgabe befreit war, die Aufstellung zweier neuer Fussregimenter.

1) Auch die erste Errichtung einiger anderen, technischen u. dgl. Unterrichtsanstalten gehört dieser Zeit an.

Im übrigen blieb alles so ziemlich auf dem alten Fusse, und die effektive Friedensstärke der Armee war noch um die Mitte des Jahrhunderts auf etwa 23 000 Mann eingeteilte und etwa 6000 Mann geworbene Truppen (beides ausschliesslich Offiziere) eingeschränkt, von denen die ersteren ihren Unterhalt aus den im Reichshaushalt nur teilweise zum Vorschein kommenden Prästationen der „Rust-och Rotehållare“ (der je einen Reiter bezw. Infanteristen stellenden Bauern oder Bauernverbände) erhielten.

Die übrigen Anschlagstitel (mit Ausnahme vielleicht der Kosten der jetzt kräftiger fortgesetzten Gemeinheitsteilung) weisen keine anderen Erhöhungen auf als solche, die von der Bevölkerungsvermehrung und dem Preiszuwachs der wichtigsten Verbrauchsgegenstände notwendig bedingt waren, und kaum noch diese. Staats-Telegraphen und -Eisenbahnen waren überhaupt noch nicht vorhanden. Auf der anderen Hand zeigt das Pensionswesen und der Aussterbeetat gegenüber dem Jahre 1810, wo er aus mehreren Gründen (Dynastiewechsel, Krieg u. s. w.) sehr hoch angeschwollen war, im Jahre 1850 eine wirkliche Verminderung um nicht weniger als etwa 600 000 Kronen.

Wie oben erwähnt, wurde von den Einnahmen des Jahres 1810 ein Betrag von etwa 3 700 000 Kr. ausserhalb der eigentlichen Staatsregulierung für Kriegsrüstungen, Schuldzahlungen u. dgl. ausgegeben. Die entsprechenden Ausgaben v. J. 1850, welche teils „ausserhalb der Haupttitel“ angewiesen (Darlehnen an Gemeinden und Privatpersonen für Bodenmeliorationen u. dgl.), teils als durch das Reichsschuldkontor direkt ausbezahlt (Schulden, Reichstagskosten und — damals noch — zufällige militärische Ausgaben) bezeichnet werden, weisen im Reichshaushalt (oder vielmehr unter den wirklich gemachten Ausgaben) dieses Jahres nur noch den kleineren Betrag von nicht ganz 1 200 000 Kronen auf. Von diesem kommt auf eigentliche Schuld-Zinsen und -Tilgungen nur die kleine Summe von 317 000 Kr., und auf die früher erwähnte, von dem Reichsschuldkontore ausgehende Jahresrente an den König, von der man kaum weiss, ob sie als Schuldzahlung oder als Erhöhung der sonst seit 1810 nahezu unveränderten Civilliste aufzufassen ist, 300 000 Kronen. Der Rest besteht aus zufälligen Rüstungskosten, diversen Darlehnen u. s. w.

Die gesamten Ausgaben der beiden Jahre 1810 und 1850, bezw. 14 900 000 und 21 800 000 Kr., geben folglich eine Differenz von

6 900 000 Kr., aber nach Abzug der früher erwähnten, nur scheinbaren Vermehrung bloss von etwa 3 500 000 Kronen.

Dabei haben wir jedoch von den Ausgaben abgesehen, die i. J. 1810 allerdings von den Ständen „angewiesen" wurden, aber, da sie aus den Einnahmen nicht bestritten werden konnten, auch niemals ausgingen. Es war dies vor allem die Rückzahlung der „Vorschüsse", welche die Bank und das Reichsschuldkontor während des Krieges geleistet hatten. Selbstverständlich fielen auch diese Ausgabeposten in der Wirklichkeit und zwar in der schlimmsten Weise der Bevölkerung zur Last, da die Ueber-Emission von Banknoten und Reichsschuldzetteln die schnelle Entwertung der gesetzlichen Zahlungsmittel herbeiführte. Aber sogar von diesem Umstande und selbst von sämtlichen Kriegsausgaben abgesehen, geht aus dem angestellten Vergleich unzweideutig hervor, eine wie bedeutend drückendere Last der Bevölkerung durch den Unterhalt der Staatseinrichtungen im Anfang des Jahrhunderts als in der Mitte desselben verursacht wurde.

Dies wird noch klarer hervortreten, wenn wir die einzelnen Einnahmequellen ins Auge fassen.

Unter den sog. ordentlichen Einnahmen des Staates nahmen die Grundsteuern fortwährend die erste Stelle ein. Ihr Betrag, welcher für 1810 auf einen Geldwert von 4 600 000 Kr. geschätzt werden kann, war 1850 auf 5 500 000 Kr., somit nominell um 900 000 Kr. gestiegen. Die Vermehrung ist aber eine nur scheinbare, einmal, weil einige Staatseinnahmen, die früher noch nicht budgetiert waren, nunmehr als Grundsteuern bezeichnet sind, hauptsächlich aber infolge des erhöhten Geldwerts der Naturalleistungen. Die meisten der betreffenden Steuern wurden nämlich noch immer nach alter Weise in einer grossen Zahl verschiedener „Persedlar" (Parzellen, Warenartikel), hauptsächlich Getreide, dann Butter, Eisen u. s. w., auch Frohndiensten berechnet, wenn auch nunmehr durch mehrere, während der fraglichen Periode erlassene Verordnungen den Steuerpflichtigen das Recht zugestanden war, wenigstens der Krone gegenüber die betreffenden Lieferungen nach dem festgestellten Marktpreise des Jahres in Geld zu leisten.

Die wirkliche Last der Grundsteuern ist thatsächlich während der Periode eher vermindert als vergrössert worden, indem die Erhöhung des Betrags sich neben den schon erwähnten Ursachen aus der erfolgten Anlegung neuer Hufen mehr als genügend erklärt. Milderungen der Steuerlast traten u. a. in betreff der Prästationen, welche schon früher durch feste Geldabgaben ersetzt waren, einfach infolge der Münzverschlechterung ein, indem man bei der Realisation von 1834 nicht mehr, wie dies 1776 der Fall gewesen war, eine entsprechende Erhöhung jener Geldzinse vornahm, sondern lediglich ihren nominellen Betrag einforderte. Als ferner z. B. jetzt zum erstenmal seit dem 17. Jahrhundert das freie Anlegen von Hausbedarfsmühlen (und Sägemühlen) der Landbevölkerung zugestanden wurde, dadurch aber das thatsächliche Privileg der seit älterer Zeit bestehenden Mühlen, für die Umgebung zu mahlen, eingeschränkt wurde, erhielten die betreffenden Mühlenbesitzer die Berechtigung, eine entsprechende Verminderung ihrer Grundsteuern nachzusuchen.

Ueberhaupt wurde während der fraglichen Periode die Lage der bäuerlichen Grundbesitzer durch die Gesetzgebung erheblich gebessert. Schon im Jahre 1789 war den Bauern zugesichert worden, dass niemals eine Erhöhung der einmal festgestellten Grundsteuer vorgenommen werden würde. Zur selben Zeit wurde den Domänenbauern, wie oben erwähnt, das schon früher bestehende, aber zeitweise aufgehobene Recht von neuem zugestanden, das volle Besitztum ihrer Güter gegen eine einmalige Abgabe zu erwerben. Diese Abgabe war auf 6 bis 10 Jahresrenten festgestellt; da aber die Jahresrente hierbei nach dem alten, aus dem Beginn des 17. Jahrhunderts herrührenden sog. Kronwert berechnet wurde und sich dadurch allmählich nur auf etwa ein Siebentel oder weniger des wirklichen Geldwerts der Rente stellte, so wurden thatsächlich die betreffenden Güter den Inhabern so gut wie geschenkt, und es kamen diese letzteren in jeder Beziehung auf den gleichen Fuss wie die übrigen, selbsteigenen Bauern.

Als nun 1809/10 alle Standesprivilegien in betreff des Besitzes von Grund- und Boden gefallen waren, war auch jeder Zusammenhang zwischen dem Betrag der Grundsteuer und der sozialen Stellung des Gutsbesitzers gelöst, die Grundsteuer war endgiltig in eine Reallast verwandelt, welche gewissen Grundstücken als solchen mit einem ein für allemal bestimmten (Natural-)Betrag anhaftete. Ob sie dadurch auch ihren steuerlichen Charakter völlig eingebüsst hatte und fortan nur etwa als Rente in privatwirtschaftlicher Beziehung anzusehen war, ist eine Frage, die später während der mehrjährigen Debatte über die beabsichtigte Ablösung und spätere Aufhebung jener Steuer lebhaft diskutiert worden ist, die aber freilich, aus verschiedenen Gesichtspunkten betrachtet, wesentlich verschieden beantwortet werden muss.

Neben den Grundsteuern und diesen ebenbürtig, aber nur zum Teil im Reichshaushalt zum Vorschein kommend, standen die Leistungen für das Heerwesen, die Unterhaltung von Soldaten und Reitern (bezw. Bootsmännern).

Auch diese Bürde blieb, wie schon gesagt, mit Ausnahme der i. J. 1817 errichteten zwei neuen „eingeteilten" (eig. rottierten) Infanterieregimenter während der ganzen Periode beinahe unverändert, denn die i. J. 1825 eingeführte sog. „Extra-Rottierung" der früher privilegierten Grundstücke war nur eine Verpflichtung, die erst in Kriegszeit zur Geltung kam. Ueberaus geringfügig wurde dabei allmählich die Belastung der Städte für die Zwecke des Heerwesens, denn neben der Einquartierungspflicht gegenüber den garnisonierten Truppen, welche mehr und mehr in Wegfall kam, in dem Masse wie Kasernen erbaut wurden, hatten sie bei ihrer wachsenden Einwohnerzahl nur immer noch die Unterhaltungskosten von etwa 880 Bootsmännern unter sich zu reparticren.

Neben diesen Steuerlasten, welche somit unverändert blieben, während das Steuerobjekt bedeutend an Wert zunahm, wurden auch gewisse Abgaben, die früher teils den Besitzern von Grund und Boden, wie die Naturallieferung von Salpeter, teils der Landbevölkerung überhaupt, wie die Landrichterrente, teils endlich den Soldatenstellern, wie der Unterhalt der Mannschaft während der Uebungen oblagen —, mit einem Gesamtwert von über 800 000 Kronen im Laufe der Periode abgeschafft.

Die Vakanzabgaben (aus dem Einteilungswerke) erfuhren eine meistens rein nominelle Erhöhung von etwa 300 000 Kr. auf etwa 400 000 Kr. Der Ertrag der verpachteten Domanialgüter nahm von 100 000 auf 230 000 Kr. zu. Die Staatsforsten, von denen die ungeheuren Waldstrecken im nördlichen Teile des Landes unter der eigenen Verwaltung der Krone standen, warfen fortwährend gar keinen Ertrag ab. Am Beginn der Periode wurden, um die Kolonisation Norrlands zu fördern, grosse Teile des Landes unter die bereits ansässigen Hufenbesitzer und die neu zugezogenen Kolonisten, teils ohne Entgelt, teils gegen eine sehr geringe Abgabe verteilt. In der Provinz Jemtland wurde in dieser Weise fast das ganze Areal unter die wenig zahlreichen Bewohner aufgeteilt, so dass fast jeder Bauerhof Wälder im Umfang von 1500 bis 16 000 Hektaren erhielt. Auch in den übrigen Provinzen Norrlands ist man nach demselben Plan vorgegangen, doch sind dort noch bedeutende Flächen im Besitze der Krone verblieben. Weniger günstig gelegen, blieben dieselben jedoch lange ein so gut wie unfruchtbares Kapital, während die Privatforsten bald erhebliche Summen abzuwerfen anfingen. Näheres über diesen Gegenstand folgt im nächsten Abschnitt.

Von den sonstigen privatwirtschaftlichen Einnahmen der Krone kam der Ertrag der Staatslotterie mit Aufhebung dieser Einrichtung i. J. 1840 in Wegfall; er wurde damals auf etwa 110 000 Kr. geschätzt.

Das einzige eigentliche Staatsmonopol war die Pulverfabrikation, deren Ertrag von nicht ganz 90 000 Kr. auf beinahe 180 000 Kr. gestiegen ist. Unter dem Titel Leuchtturm- und Bakenmittel ist ein Betrag von rund 150 000 Kr. im Reichshaushalt von 1850 aufgeführt. (Die entsprechende Summe belief sich 1810 einschliesslich gewisser Lootsenabgaben auf etwa 70 000 Kr.) Jene Abgaben, welche für die Fahrzeuge zu erlegen waren, wurden seit 1830 der betreffenden Institution gänzlich zur Verfügung gestellt. Die ebenfalls obligatorischen Lootsenabgaben fliessen den Lootsen direkt als Beitrag zum Lohn zu.

Verschiedene kleinere Einnahmen des Staates (darunter etwa 60 000 Kr. an Geldbussen gegen etwa 40 000 Kr. i. J. 1810) ergaben 1850 zusammen den Betrag von etwa 210 000 Kr.

Noch ist die alte, unter den ordentlichen Staatseinnahmen enthaltene Kopfsteuer, „Mantalspenningar", zu erwähnen. Ihr Ertrag, 540 600 Kr., war 1850 trotz der Bevölkerungszunahme ungefähr derselbe wie 1810, was sich daraus erklärt, dass einerseits die Abgabe auf derselben nominellen Höhe geblieben und somit wegen der Entwertung des Geldes thatsächlich erniedrigt war, andererseits die Altersgrenzen der Steuerpflichtigen 1841 von 15 bis 63 Jahren in 17 bis 63 Jahre verändert waren. Der Steuersatz war im allgemeinen 12 Skilling B:co. pro Person, was am Ende des vorigen Jahrhunderts etwa 1 Krone und i. J. 1810 noch etwa 0,60 Kr. entsprach, nach der Valutaregulierung vom J. 1834 aber nur 0,37 Kr. (37 Oeren) gleichkam. In einigen Gegenden war der

Steuersatz seit älterer Zeit noch geringer, in anderen, wo die betreffende Steuer in natura (Kohlen) geliefert wurde, dagegen erheblich höher.

Die Gesamtsumme der sog. ordentlichen Einnahmen des Staates wird i. J. 1850 auf rund 7 600 000 Kr. berechnet, etwas über ein Drittel der damaligen Bruttoeinnahmen des Staates. Ihr Betrag ist gegen die Schätzung von 1810 nominell um etwa $^3/_4$ Million Kr. gewachsen, thatsächlich aber war er gesunken.

Wenn wir zu der zweiten Abteilung der Staatseinnahmen, den sog. Bewilligungen, übergehen, so ist hier erstens der Einnahmetitel Zölle und Accisen zu bemerken. Derselbe ist von rund 3 400 000 Kr. i. J. 1810 auf 7 000 000 Kr. i. J. 1850 gestiegen. Die wirkliche Erhöhung ist jedoch eine weit geringere, indem, wie oben bemerkt wurde, die betr. Einnahmen von 1810 netto aufgeführt wurden. Es sind daher von der letzten Summe die Kosten des Zollwesens i. J. 1850, rund 1 500 000 Kr., abzuziehen. Die wirkliche Steigerung dieses Einnahmepostens verringert sich deshalb auf nur etwa 2 100 000 Kr. Andererseits ist zu bemerken, dass unter den Zolleinnahmen von 1810 ein Betrag von beinahe 400 000 Kr. aus den sog. kleinen Zöllen und Accisen herrührt, d. h. den Abgaben, welche bei der Zufuhr landwirtschaftlicher Produkte in die Städte erhoben wurden. Letztere wurden im nämlichen Jahre der Hauptsache nach abgeschafft und gegen eine feste Abgabe etwa desselben Betrags, die zu $^3/_5$ auf die Städte, zu $^2/_5$ auf das Land entfiel, vertauscht, aber auch diese Abgabe wurde bald nachgelassen. Es existierten somit 1850 (bis auf einen ganz unbedeutenden Rest der sog. Verkaufs-Accisen) überhaupt nur See- und Grenzzölle.

Die Zunahme der Zolleinnahmen rührt natürlich von der Vermehrung des ausländischen Handels her, welche mit der allmählich, aber sehr langsam eintretenden freieren Handelspolitik im Zusammenhang stand, indem die Einfuhrverbote, deren es in der Zolltaxe von 1816 noch über 300 gab, nach und nach zum grössten Teil gegen Einfuhrzölle vertauscht wurden und die weniger zahlreichen Ausfuhrverbote gleichfalls wegfielen.

Einigermassen zuverlässige Angaben über den Betrag der Ein- und Ausfuhr liegen erst seit den 30er Jahren vor; dieselben weisen für beide während der zwanzig Jahre 1831 - 50 (einschl.) ungefähr eine Verdoppelung auf, indem die Einfuhr von etwa $13^1/_2$ Mill. Kr.

auf $24^1/_2$ Mill., die Ausfuhr von 12 Mill. auf 24 Mill. gewachsen ist. Merkwürdig ist, dass die Einfuhrziffern, statt normalerweise grösser zu sein, da sie, im Gegensatz zu den anderen, Fracht- und Versicherungskosten mit einschliessen, während dieses ganzen Zeitraumes durchgehend kleiner sind als die der Ausfuhr. Da das Land in dieser Zeit, ausser vielleicht der schwebenden Handelsschuld, gar keine ausländischen Schulden hatte und sicher auch keine nennenswerten Forderungen auf das Ausland erwarb, vielmehr gegen den Schluss der Periode nicht unbedeutende Summen als Darlehne (durch die landwirtschaftl. Hypothekenvereine) vom Auslande bezog, lässt sich das erwähnte Verhalten wohl nicht anders erklären, als dass neben den deklarierten auch bedeutende Mengen zollpflichtiger oder gar verbotener Waren auf dem Wege des Schleichhandels eingingen. Dies stimmt durchaus mit den damals allgemein gehegten Ansichten über die Verbreitung dieser Ungesetzlichkeit überein. Es wurde z. B. behauptet, dass die Hälfte der im Lande verbrauchten (feineren) Tuchwaren trotz des Einfuhrverbots ausländischen Ursprungs waren; dieselben konnten also doch nur unter Verletzung der Zollgesetze importiert worden sein.

Es braucht nicht erst bewiesen werden, in wie hohem Grade Zustände, wo fast jeder Kaufmann ein Schmuggler und folglich nach der Strenge des Gesetzes ein Verbrecher war, für die Moralität des Handelsstandes und der Bevölkerung überhaupt schädlich gewesen sein mussten. Für die Staatsfinanzen hatten sie nicht nur die allgemeine Verringerung der Einkünfte neben unverhältnismässiger, aber fruchtloser Steigerung der Zolleinhebungskosten zur Folge, sondern sie führten besonders den Uebelstand herbei, dass gerade die Wohlhabenden für ihre Konsumtion sich den ihnen zukommenden Steuern teilweise entzogen.

Neben den eigentlichen Zöllen ging noch ein während dieser Zeit auf 10 % des Zollsatzes festgestellter Zuschlag einher, welcher für einen ausserhalb der Staatsregulierung verwalteten Handels- und Seefahrtsfond bestimmt war, sowie die mehrerwähnte „Zulage", welche von gewissen Städten direkt bezogen wurde und ebenfalls etwa 10 % der Staatszölle betrug. Es war somit ein Einfuhrwert von etwa 24 Mill. Kr. mit nicht weniger als 8,4 Mill. Kr. Zöllen oder zollähnlichen Abgaben belegt, und von diesen gingen wiederum etwa 18 %, als Steuereinhebungskosten ab. Dass unter solchen Verhältnissen das zweifelhafte Blühen einiger Tuchfabriken und

Zuckerraffinerien in der That zu teuer bezahlt war, liegt heute wohl auf der Hand.

Die wichtigsten Importwaren während der Periode waren Zucker (der Rohzuckerzoll wurde während der Periode von $4^1/_2$ Oere[1]) auf 9 Oere pro Pfund — 21 Oere pro kg — erhöht; die Einfuhr von Feinzucker war bis ans Ende der Periode verboten), Kaffee, Tabak, Wein, Wolle, Baumwolle, Baumwollengarn und Häute; Ausfuhrartikel Eisen, Kupfer und Holzwaren. Auch die Getreideausfuhr (Gerste und besonders Hafer) erhöhte sich während der letzten Jahre der Periode nicht unbedeutend, und der Einfuhrüberschuss an Roggen war meistens sehr klein, obwohl der Zollsatz ein relativ mässiger war, nämlich 2 Kr., später 1,50 pro Tonne (à 165 Liter) mit nur 10 % Zuschlag für Mehl. Der Durschnittspreis des Roggens an der Stockholmer Börse betrug während der letzten Hälfte der Periode etwa 14 Kr.

Weizen wurde im Lande überhaupt sehr wenig geerntet und fast noch weniger verbraucht. Die später so bedeutende Ausfuhr von Schlachtvieh und Meiereiprodukten hatte noch nicht begonnen.

Die Einnahmen des Postwesens waren von etwa 560 000 Kr. brutto (wovon nur ein Teil im Reichshaushalt von 1810 zum Ausdruck kam) auf 1 150 000 Kr. gestiegen, hatten sich somit mehr als verdoppelt. Die Nettoeinahmen der Post waren indessen i. J. 1810 bedeutend höher wie i. J. 1850 (320 000 Kr. bzw. 170 000 Kr.), indem der Reichstag, welcher nach der Verfassung über die Mittel der Post verfügte, nunmehr den grössten Teil derselben für die Erweiterung und Verbesserung der Institution selbst zu verwenden beschlossen hatte. Die wichtige Einrichtung des uniformen Briefportos gehört jedoch dem Anfange der nächsten Periode an.

Die Einnahmen der Stempelsteuer, welche im Jahre 1810 270 000 Kr. netto betrugen, sind in den Rechnungen vom J. 1850 mit 530 000 Kr. aufgeführt, welche Summe jedoch zufälligerweise wegen veränderter Buchführung bei weitem nicht den wirklichen Einnahmen dieses Jahres entspricht; letztere betrugen vielmehr etwa 900 000 Kr., oder, wenn man die betr. Erhebungskosten, etwa 170 000 Kr. abzieht, etwa 730 000 Kr. netto. Dieser Einnahmeposten hatte sich folglich mehr als verdoppelt, was ausschliesslich dem gesteigerten Geschäftsleben und der Zunahme des Wohlstandes zuzuschreiben ist, da die inzwischen eingetretene Erhöhung der betr.

---

1) 100 Oere = 1 Krone = 1,125 M.

Abgaben kaum der Entwertung des Geldes entsprach. Unter diesen Auflagen war auch ein Erbmassenstempel mit enthalten. Derselbe wurde nach der ganzen Summe der Nachlassenschaft, und zwar gegen das Ende der Periode nach progressiven Sätzen berechnet, von denen der höchste (für Beträge von 75 000 Kr. und darüber) jedoch nur $^2/_3$ Prozent betrug.

Neben dieser Abgabe bestand auch auf Vermächtnisse und Legate eine direkte, in der allgemeinen Bewilligung (s. unten) eingeschlossene Steuer, die jedoch nur von entfernteren Verwandten oder Nichtverwandten erhoben wurde.

Uebrigens ist zu bemerken, dass die obige Summe nicht alle thatsächlich eingehobenen stempelähnlichen Abgaben umfasst, indem die für allerlei Ausfertigungen nach Taxe zu zahlenden Gebühren den betr. Beamten direkt als Sporteln angewiesen waren.

Eine Einnahmengattung, bei deren Betrage man in Anbetracht der Vermehrung der Bevölkerung und des Wohlstandes eine starke Zunahme hätte erwarten können, nämlich die Branntweinsteuer, ist ganz im Gegenteil völlig stationär geblieben, denn sie ist von 820 000 Kr. i. J. 1810 auf nur 840 000 Kr. i. J. 1850 gewachsen, eine Summe, die mit dem fast verzwanzigfachten Betrag von heute sehr stark kontrastiert. Die betreffenden Einnahmen waren jedoch in der Zwischenzeit bis auf 1 100 000 Kr. (1837) gestiegen. In wie weit der verminderte Betrag von 1850, welcher 1853 sogar auf 720 000 Kr. sank, aus verminderter Produktion und Konsumtion des betreffenden Genussmittels herrührte oder aus anderen Ursachen, ist bei der sehr unvollständigen Kontrolle und der ganzen Art der damaligen Besteuerung sehr schwierig zu entscheiden.

Wie schon oben angedeutet worden ist, wurde 1810 das Branntweinbrennen auf dem Lande und bald darauf auch in den Städten völlig freigelassen. Die zu zahlenden Abgaben standen anfangs in keinerlei Beziehung zu den wirklich hergestellten Mengen der Ware. Später suchte man allerdings die Besteuerung nach dem verfertigten Quantum zu bemessen; bei der Unmöglichkeit aber, eine Industrie, welche noch um die Mitte des Jahrhunderts in 30 bis 40 Tausend kleinen Brennereien oder Kesseln betrieben wurde[1]), ordentlich zu überwachen, konnte dies nur in der Weise

1) Im J. 1829 soll die Zahl der taxierten Branntweinkessel ihr Maximum mit nicht weniger als 170 000 erreicht haben. Sie sank später beträchtlich, hauptsächlich infolge der Konkurrenz der fabrikmässigen Branntweinbereitung.

geschehen, dass als unmittelbare Berechnungsgrundlage der Steuer der Kesselraum angenommen und je nach der verschiedenen Einrichtung der Brennereien die mutmassliche Erzeugungsmenge zu einem gewissen Multiplum des Kesselraums berechnet wurde. Durch die stetigen Verbesserungen des Brennverfahrens wurde jedoch das Leistungsvermögen der Anlagen mehr und mehr in die Höhe getrieben, so dass von der beabsichtigten Steuer — welche übrigens mit höchstens 2 Sk. B:ko. pro Kanne (etwa $2^1/_2$ Oere pro Liter — die jetzige Erzeugungssteuer ist 50 Oere pro Liter) à 50 % Alkohol veranschlagt wurde — nur ein Teil wirklich der Staatskasse zugute kam.

Fast ebenso gemütlich waren die Bestimmungen über den Verkauf des Branntweins. Es stand derselbe eigentlich ohne weiteres jedermann zu. Allerdings war die Einschränkung vorgeschrieben, dass die kleinste Menge, welche von Personen ohne Ausschankgerechtigkeit verkauft werden dürfte, eine Kanne ($= 2^2/_3$ Liter) sein sollte. Allein auch hier gab es eine wichtige Ausnahme, indem Landwirte an ihre Hintersassen oder Arbeiter bis auf $^1/_4$ Kanne (etwa $^2/_3$ Liter) herab veräussern konnten. In der That war nichts gewöhnlicher, als dass der bedungene Gesindelohn zum Teil in Branntwein bestand oder geleistete Arbeit in dieser Ware statt in Geld gelöhnt wurde.

Dass solche Verhältnisse, besonders wegen der Verbilligung der Ware infolge verbesserter Herstellungsmethoden vielfach zu gefährlichen Missbräuchen der Branntweinkonsumtion führen mussten, kann nicht wunder nehmen; die Klagen hierüber waren zu laut und zu allgemein, als dass sie unbegründet gewesen sein können[1]).

Der Kampf damaliger hervorragender Aerzte gegen die gesundheitsschädlichen Wirkungen dieser nationalen Schwäche ist allbekannt.

Es kann jedoch in Frage gestellt werden, ob nicht gegen Ende der Periode infolge der erhöhten Volksbildung die Zustände schon wesentlich bessere geworden waren. Die oben angeführten Ziffern über den successive verminderten Betrag der Branntweinsteuer

---

1) In dem Bericht des Justizministers v. J. 1830 wird der Trunk als Hauptursache der gestiegenen Kriminalität angegeben und es wird versichert, dass in dem nächst vorangegangenen Jahre kaum je ein Verbrechen vorgekommen sei, wo nicht übermässiger Genuss von Branntwein oder die Begier nach solchem sich unter den mitbestimmenden Ursachen hätte feststellen lassen.

widersprechen zum mindesten einer solchen Annahme nicht. Jedenfalls kann nicht bezweifelt werden, dass der Drang nach vergrösserten Staatseinnahmen eine wenigstens eben so wirksame Ursache zu der schliesslichen Reform der Branntweinbesteuerung gewesen ist, wie das lobenswerte Streben, der Trunksucht zu steuern.

Bei dem letzten Posten des Einnahmebudgets, der sog. Allgemeinen Bewilligung oder Kontribution, müssen wir uns etwas länger aufhalten.

Wenn man ihren Betrag i. J. 1810, welcher nach dem damaligen Kurswerte auf etwa 2 700 000 Kr. geschätzt werden kann, mit demjenigen i. J. 1850 vergleicht, der sich auf etwa 2 900 000 Kr. beziffert (abgesehen von einer mehr zufälligen Erhöhung um 470 000 Kr. zur Deckung der Kriegsrüstungen i. J. 1848), so ist sie anscheinend fast stationär geblieben. Die zwischenliegende Zeit weist indessen mehrere Veränderungen sowohl in der Höhe wie in den Bestimmungsgrundlagen dieser Steuer auf, welche für die Entwickelung des ganzen Steuerwesens Schwedens von ausschlaggebender Bedeutung gewesen sind.

Die finanziellen Schwierigkeiten und die Notwendigkeit, den Folgen der Ueberemission von Kreditmitteln vorzubeugen, machten es schon auf dem Reichstage 1809/10 notwendig, die bisherige jährliche Kontributionssumme auf einen berechneten Betrag von ($2^1/_2$ Mill. R. B:ko. oder Specie Papier =) etwa 6 000 000 Kr. zu erhöhen, d. h. mehr als zu verdoppeln. Um einen so erheblichen Betrag, welcher mehr als der Hälfte der sämtlichen übrigen budgetierten Staatseinnahmen entsprach, in möglichst wenig drückender Weise zu verteilen, haben die damaligen Stände ganz neue, leider nur zu schnell wieder aufgegebene Grundlagen für die Abmessung dieser Steuer vereinbart.

Die Stände erklärten, „dass nach ihrem Befinden die bisher geltenden Bewilligungsverfassungen weder eine dem Vermögen und den Verhältnissen jedes Mitbürgers angepasste Besteuerungsweise herbeizuführen, noch den beabsichtigten Zweck zu erfüllen geeignet seien. Es sei daher ein neues Bewilligungssystem unumgänglich erforderlich, welches den niederen und ärmeren Volksklassen Schonung und Erleichterung brächte, die vermögenderen aber mittels einer progressiv steigenden Abgabe zu einer um so wirksameren und kräftigeren Leistung an den Staat heranzöge."

Es ist dies meines Wissens das erste und bisher auch das letzte Mal, dass sich aus dem Schosse der schwedischen Reichsversammlung als solcher eine derartige Gesinnung vernehmen liess. Um sie zu begreifen, muss man an die damaligen Zeitumstände denken, an die das ganze Land durchzitternde tiefe Beschämung über die Untauglichkeit der bisherigen Staatsverwaltung und an die dadurch wachgerufene Ueberzeugung, dass die Versöhnung und Einigung der verschiedenen Volksklassen das einzige Mittel sei, um gegenwärtige und kommende Gefahren zu beschwören. Wir können uns hier über diesen Gegenstand nicht weiter verbreiten und ebensowenig über die verschiedenen Ursachen, welche innerhalb nur zweier Jahre, ja teilweise schon nach einigen Monaten die auflodernde patriotische Stimmung in blinde Reaktion und kleinlichen Parteigeist umwandeln sollten.

Die alte buntscheckige „allgemeine Kontribution", welche, wie oben bemerkt wurde, sich thatsächlich fast aus allen möglichen Steuerarten zusammensetzte, wurde prinzipiell durch eine einzige und zwar progressive Einkommensteuer ersetzt, die nunmehr ohne irgend welche Exemptionen oder Standesrücksichten nach dem behaltenen Einkommen bemessen werden sollte. Unter letzterer Benennung wurde der jährliche Nettoertrag jedes Besitzes oder Erwerbes nach Abzug der sämtlichen notwendigen Unkosten, Schuldzinsen und (sonstigen) Steuern, nicht aber der Unterhaltskosten des Steuerpflichtigen selbst und seiner Familie verstanden, (der Mietzins „für eigenen und des Geschäftes Behuf" durfte jedoch in Abrechnung kommen).

Was die Steuerprogression betrifft, so war dieselbe eine sehr weitgehende.

Das kleinste steuerbare Einkommen betrug 50 Reichsth. B:co. Specie, was ursprünglich 200 Kronen (ein nach den damaligen Verhältnissen wohl noch auskömmliches Einkommen), bei dem aktuellen Kurswerte aber nur etwa 125 Kr. entsprach. Dasselbe wurde mit 1 Perzent besteuert. Für 100 R. Sp. (250 Kr.) war der Steuersatz $1^1/_2$, für 1000 R. Sp. (2500 Kr.) $3^1/_2$, für 10 000 R. Sp. (25 000 Kr.) schon 8, für 20 000 R. Sp. (50 000 Kr.) 10 Perzent. Der Steuersatz stieg nachher um $^1/_8$ Perzent für jede weiteren 1000 R. Sp. Einkommen, so dass er für 40 000 R. Sp. $12^1/_2$ Perzent betrug, darnach um $^1/_{16}$ Perzent für jede neuen 1000 R. Sp. bis zu 80 000 R. Sp. (200 000 Kr.) Einkommen, wo er 15 Perzent betrug, dann um je $^1/_{32}$ Perzent bis zu 150 000 R. Sp. und endlich um $^1/_{64}$ Percent für jede weiteren 1000 Kr. Einkommen.

Er war somit theoretisch unbegrenzt, was jedoch keine praktische Bedeutung hatte, da schon Einkommen von 80000 bis 150 000 R. Sp. damals zu den seltensten Ausnahmen gehört haben dürften.

Aus mehreren Gründen, vornehmlich aber wegen der in breiten Schichten der Bevölkerung noch überwiegenden Naturalwirtschaft war jedoch die genannte Steuerskala wenigstens in den unteren Einkommenskategorien vorläufig nur als eine ideelle anzusehen. Es wurde deshalb neben derselben auch noch ein zweiter Tarif aufgestellt, welcher die Steuerpflichtigen nach alter Weise in verschiedene Klassen (je nach dem sichtbaren Umfang der bürgerlichen Nahrung oder dem aufgeschätzten Werte des ländlichen Besitzes u. s. w) einteilte und für jede Klasse gewisse Minimalabgaben feststellte, über die nach unten hin nicht hinausgegriffen werden durfte, — wohl aber nach oben hin, wenn die in jedem Falle vorzunehmende Einschätzung nach dem ersten (dem eigentlichen Einkommensteuer-) Tarif einen höheren Betrag erwies. Von den hierher gehörigen Steuersätzen wollen wir nur die untersten erwähnen. Verheiratete Arbeiter[1]) auf dem Lande zahlten, der Mann 24 Sk., das Weib 8 Sk., zusammen also 32 Sk. oder $^2/_3$ Reichsd. Sp.. Nimmt man hierzu die unter den ordinären Einnahmen der Krone erwähnte Kopfsteuer „Mantalspenningar", welche damals für jedermann, Mann wie Frau $^1/_4$ R. Sp. betrug, so beliefen sich somit die gesamten direkten Steuern an den Staat für eine solche Familie auf $1^1/_6$ R. Sp. oder nach dem damaligen Kurswerte etwa 3 Kronen, was bei dem ausserordentlich grossen Steuerbedürfnis des Staates noch als relativ wenig betrachtet werden darf.

Für die Staatsbeamten sollte die Steuer ausschliesslich nach dem ersten Tarife berechnet werden; die betreffenden Steuersätze wurden jedoch für kleinere Gehälter (unter 600 R. Sp.) auf die Hälfte, für grössere auf $^5/_8$ bis $^3/_4$ der sonst festgestellten Sätze herabgesetzt, wogegen eine Berücksichtigung von Schuldzinsen den Beamten nicht zugestanden wurde.

Der allgemeinen Bewilligung i. e. S. wurden noch einige spezielle Abgaben angereiht, wie die schon früher bestehende grundsteuerähnliche (aber viel geringere) Abgabe von den (ursprünglich adligen) „Frälse"-Hufen, von den privilegierten Diskonto-Gesellschaften, von den Zuckerfabriken u. s. w. Unter diesen Abgaben befand sich auch die früher erwähnte Erbsteuer, welche zu 3 bis 6 % des Betrages, aber nur von entfernteren Verwandten oder Nicht-

1) Für kinderreiche Familien waren besondere Erleichterungen gestattet. Kinderlose Witwer und Unverheiratete zahlten dagegen bedeutend mehr.

verwandten erhoben werden sollte. Ihr Ertrag war jedoch äusserst gering [1]).

Was die Einschätzungsweise betrifft, so wurde die schon bei der Einhebung der früher erwähnten Vermögenssteuer i. J. 1800 vorgeschriebene Selbstdeklaration insofern beibehalten, als es jedem Steuerpflichtigen unter Geldstrafe oblag, den Taxationsbehörden eine summarische Angabe seines behaltenen Einkommens während des vergangenen Jahres einzureichen [2]). Allein die wichtige Bestimmung in der Verordnung von 1800, dass den Behörden das Recht zustände, in zweifelhaften Fällen den Betreffenden persönlich vor sich zu laden und nähere Auskunft einzufordern, ohne welche Bestimmung die Selbsteinschätzungspflicht fast nur ein leerer Buchstabe werden musste, wurde nicht erneuert.

Dessenungeachtet wäre wohl die erwähnte Steuerordnung, wenn gewissenhaft durchgeführt, ein vorzügliches Mittel gewesen, um die begüterten Klassen in Stadt und Land, welche in sehr geringem Masse von den Grundsteuern und den Militär-Lasten getroffen waren, um so kräftiger zu den sonst erforderlichen Leistungen für den Staat heranzuziehen und die ganz besitzlosen Klassen möglichst zu schonen; es scheint aber bei der Durchführung des soeben gefassten volksfreundlichen Beschlusses die patriotische Stimmung bald wieder verduftet zu sein. Die ersten Spuren einer eintretenden Reaktion zeigten sich schon im selben Jahre auf der ausserordentlichen Reichstagsversammlung, welche zur Wahl eines Thronfolgers für den jäh gestorbenen Karl August einberufen wurde.

Die Taxationsbehörden haben die veränderten Bestimmungen der neuen Verordnung vielfach nicht begriffen oder nicht begreifen wollen, in einigen Teilen des Landes musste das ganze Einschätzungsverfahren wiederholt werden, da die eingeschätzte Steuersumme, statt wie berechnet und entsprechend anderen Ortschaften den früheren Betrag um das Doppelte und sogar Dreifache zu übersteigen, denselben nicht einmal erreicht hatte. Der Gesamtertrag der Steuer blieb schliesslich hinter der erwarteten Summe von $2\frac{1}{2}$ Mill. R. Sp. um ein Viertel zurück.

---

1) Was wohl damit zusammenhängt, dass die Erbteilung in Schweden ein rein privates Geschäft ist und oft erst mehrere Jahre nach dem Tode des Erblassers stattfindet.

2) Nur die untersten Steuerkategorien, welche wohl überhaupt ausschliesslich nach dem zweiten Tarife eingeschätzt wurden, waren davon befreit.

Statt zu versuchen, diesem Uebelstand durch verschärfte Bestimmungen hinsichtlich des Einschätzungsverfahrens abzuhelfen, nahm denselben der Reichstag v. J. 1812[1]) zur wahrscheinlich willkommenen Veranlassung, das ganze Kontributionssystem v. J. 1810 über den Haufen zu werfen und eine neue, aber nicht verbesserte Auflage der früheren Bewilligungsverfassungen ins Werk zu setzen.

Die personellen Abgaben, welche während des 18. Jahrhunderts teils ausserhalb der allgemeinen Kontribution unter verschiedenen Namen wie Lohn- und Bezahlungsabgabe, Schlosshilfe u. s. w., teils als integrierender Teil derselben eingehoben wurden, waren durch die Steuerverordnung von 1810 gänzlich abgeschafft. Dieselben waren übrigens nicht wirkliche Kopfsteuern gewesen, denn es wurden die Sätze für die verschiedenen Volksklassen verschieden bemessen.

Die in der Verordnung v. 1810 enthaltene „Persönliche Schutzabgabe“ war lediglich die Benennung der oben erwähnten alternativen, an Stelle der eigentlichen Einkommensteuer aushilfsweise fungierenden klassensteuerartig abgestuften Tarife.

Jetzt aber wurde unter diesem Namen im ersten Artikel der Bewilligungsverordnung neben der eigentlichen Kontribution eine neue wirkliche Kopfsteuer geschaffen, welche ohne Rücksicht auf Stand oder Vermögen von Männern über 19 Jahre mit 1 R. Sp., zwischen 15 bis 18 Jahre mit $^2/_3$ R. Sp. und von Weibern über 15 J. mit $^1/_2$ R. Sp. erlegt werden musste, und somit den damaligen Betrag des Mantalsgeldes 2 bis 4mal übertraf.

In der eigentlichen Einkommensteuer wurden durch Artikel II der Verordnung nicht weniger erhebliche Veränderungen eingeführt. Die progressive Steuerskala fiel als solche weg und wurde (prinzipiell) durch eine einfach proportionale, 5perzentige Steuer ersetzt, was für kleinere und mittlere Einkommen (bis zu 2500 R. Sp.) eine Erhöhung, (für Einkommen unter 300 R. Sp. sogar eine Verdoppelung oder Vervielfältigung der früheren Steuer), dagegen für

---

1) Ebenfalls eine ausserordentliche Reichstagsversammlung — die ordentlichen fanden damals nur alle fünf Jahre, später alle drei Jahre statt — welche der politischen Lage wegen berufen wurde und sich durch mehrere reaktionäre Massregeln, u. a. durch eine erhebliche (verfassungswidrig eingeführte) Beschränkung der i. J. 1809 wiederhergestellten Pressfreiheit gekennzeichnet hat. Es war auch dieser selbe Reichstag, welcher gegen das Votum des Bürgerstandes die Abschreibung von etwa $^2/_3$ der ausländischen Schuld beschloss.

alle Einkommen über 2500 R. Sp. eine Erleichterung bedeutete. Allerdings wurde als Artikel III der Verordnung eine besondere progressive Abgabe festgesetzt, welche für sehr hohe Einkommen (über 8000 R. Sp.) den gesamten Steuersatz auf 6 bis 8 Perzent erhöhte, allein diese, übrigens schon nach 3 Jahren aufgehobene Abgabe entsprach bei weitem nicht den progressiven Steuersätzen v. J. 1810.

Weiter sollte nicht mehr das behaltene, sondern das ganze sichtbare Einkommen der Einschätzung zu Grunde gelegt werden, dafür aber dem Schuldner das Recht zustehen, bei Zahlung von Schuldzinsen den entsprechenden Betrag abzuziehen. Als Einkommen aus Grundeigentum wurden dabei 5 Perzent (seit 1815 aber nur 4 Perzent) des aufgeschätzten Wertes des Eigentums selbst berechnet, so dass die Steuer $2^1/_2$ pro Mille (bezw. seit 1815 nur 2 pro M.) dieses Wertes betrug.

Für Lohn-Einkommen war ein besonderer und zwar ein progressiver Steuertarif festgestellt, jedoch enthält auch dieser für kleinere und mittlere Lohneinkommen erheblich höhere Beträge wie i. J. 1810.

Auch die Lohneinkommen-Bewilligung wurde 1815 etwas herabgesetzt. Bei der fortgehenden Entwertung des Geldes kamen indessen besonders die kleinen Beamten, deren Löhnung nur in Geld bestand, unter sämtlichen Steuerzahlern fast am schlechtesten weg, um so mehr, als die Einschätzung der übrigen Steuerkategorien, wie wir sehen werden, bald hinter dem wirklichen Einkommen zurückblieb, wogegen die Einschätzung der Beamten wohl zumeist das volle Einkommen erfasste.

Als Hauptresultat der Bewilligungsverordnung v. J. 1812, wie sie prinzipiell eingerichtet war, ergiebt sich somit die wenig erbauliche Thatsache, dass, um ein angebliches, oder doch jedenfalls nicht besonders grosses Defizit der Kontributionssumme zu decken, sämtliche kleine Einkommen bis zum doppelten oder mehr als doppelten Betrag gegen früher besteuert wurden, die höheren und höchsten Einkommen dagegen beträchtliche Nachlässe davontrugen.

Neben den erwähnten wurden allerdings i. J. 1812 noch einige Abgaben für den Gebrauch gewisser Ueberfluss-Artikel, wie Seidenwaren, Tabak (später auch Kaffee und Thee), Taschenuhren, Hunde u. s. w. verordnet, und es behaupteten die Stände bei dieser Gelegenheit, dass sie „wegen der Höhe der aufzubringenden Steuersumme sich veranlasst gefunden hätten, den Ueberfluss zu besteuern"; was ihnen jedoch angesichts der oben hervorgehobenen Thatsachen kaum nachgerühmt werden kann.

Die erwähnten Abgaben — von denen einige, wie die auf Tabak, auf die seidenen Kopftücher der Mägde u. s. f. kaum als etwas anderes wie eine neue Kapitationsabgabe zu betrachten sind — waren übrigens nicht besonders einträglich und wurden nach einem Jahrzehnte meistens wieder abgeschafft.

Thatsächlich aber blieb diese prozentale Einkommensteuer (ausser vielleicht den Beamten gegenüber) nur ein ideelles Steuermass, da man sich scheute, eine genaue Steuerkontrolle einzuführen, — vielmehr die schon vorhandenen hierhergehörigen Bestimmungen wie die Selbstdeklarationspflicht wieder aufgab. Teilweise kehrte man, z. B. in betreff der Städte, in Wirklichkeit zur alten Klassensteuer zurück.

Die Inhaber der bürgerlichen Nahrungen wurden in gewisse Klassen eingeteilt und für jede Klasse „zur Leitung bei der Einschätzung" ein Minimalsatz der Steuer festgestellt, welche Sätze sich aber bald zu unveränderlichen Abgaben fixierten, die schliesslich in keinerlei Beziehung zum wirklichen Einkommen standen, wenn auch von Zeit zu Zeit eine neue (höchste) Klasse mit höherer Abgabe zugefügt wurde.

Thatsächlich sank, trotz des bedeutenden Zuwachses des Wohlstandes und der Bevölkerungsziffer, die Bewilligungssumme der Kaufleute und Handwerker von etwa 800 000 Kr. (evalviertem Wert) i. J. 1813 auf kaum 500 000 Kr. i. J. 1850, obgleich für sie keine Veränderung im nominellen Steuerfuss (5% des Einkommens) eingetreten war.

In ähnlicher Weise verfuhr man mit dem Grundeigentum. Anfangs um eine gleichmässige Einschätzung des Grund und Bodens in den verschiedenen Ortschaften zu sichern, wurde für jedes „Län"[1]) ein Minimalbetrag der eingeschätzten Wertsumme des Grundbesitzes festgestellt. Auch dieser Betrag wurde fast sogleich und zwar von den Ständen selbst als unveränderliche Repartitionssumme aufgefasst. Einige Jahre später wurde dieselbe um 10% vermindert und die so bestimmten Taxwerte der verschiedenen Lehen nachher bis zum Schluss der Periode, ja bis in die 60er Jahre hinein beibehalten.

---

1) Schweden ist in administrativer Beziehung (die Hauptstadt unberechnet) in 24 Län (Lehen) eingeteilt, deren Gebiete vielfach, aber nicht überall, mit den alten Landschaften zusammenfallen.

Die Folge hiervon, sowie von der gleichzeitigen Entwertung des Geldes war die, dass der landwirtschaftlich benutzte steuerpflichtige Grund und Boden, welcher 1813 auf etwa 650 Mill. Kr. (evalvierten Wert) aufgeschätzt wurde und eine Bewilligung (ungerechnet natürlich die Grundsteuern u. s. w.) von rund 1 600 000 Kr. zahlte, 1850 auf einen Taxationswert von nur 400 Mill. Kr. herabgesunken war und somit nach dem i. J. 1815 herabgesetzten Steuerfusse des festen Eigentums eine Bewilligung von 800 000 Kr., also gerade nur die Hälfte der früheren zu zahlen hatte.

Dagegen stieg allerdings sowohl der Taxationswert wie die Bewilligungssumme des städtischen Grundeigentums; sie beliefen sich aber noch i. J. 1850 auf nur 140 Mill. Kr. bezw. 280 000 Kr. (gegen 90 Mill. Kr. bezw. 220 000 Kr. i. J. 1810).

In der That war um die Mitte des Jahrhunderts der Taxwert eines Grundeigentums etwas vom wirklichen Wert (Verkaufs- oder Hypothekarwert) desselben ganz verschiedenes geworden, indem letzterer den ersteren durchschnittlich um ein mehrfaches übertraf. Zugleich aber zeigten sich in den verschiedenen Landesteilen in dieser Beziehung die grössten (von den Fortschritten der Bebauung, der Wertsteigerung des Waldes u. s. w. abhängenden) Differenzen, so dass, während in einigen Provinzen der Taxwert durchschnittlich noch $1/3$ oder mehr als $1/3$ des Hypothekarwerts betrug, er in anderen nur $1/6$ oder $1/7$ desselben ausmachte.

In einzelnen Fällen zeigten sich noch erheblichere Verschiedenheiten. Es ist oftmals vorgekommen, dass ein ländliches Grundeigentum mit dem 10-, 20- ja mit beinahe dem 50fachen seines Taxwertes bezahlt wurde, andererseits aber auch, dass es nur gerade diesen oder sogar noch weniger galt.

Dass solche Verhältnisse sich überhaupt erhalten konnten, war einerseits eine Folge des verbesserten finanziellen Status des Reiches, indem einmal die Zolleinkünfte reichlicher zu werden begannen, dann auch die Staatsausgaben seit der Abschreibung oder Tilgung der Staatsschuld entsprechend vermindert waren; andererseits aber lag in dem vorerwähnten Vorgang offenbar eine Verkennung der wahren Bedeutung einer Einkommensteuer, und indem man die allgemeine Bewilligung jeder Beweglichkeit beraubte und dieselbe fast in eine neue Art Real- oder Grundsteuer verwandelte, hat man zweifellos die finanzielle und wirtschaftliche Kraft des Staates erheblich geschwächt, was sich auch darin zeigt, dass während dieses Zeitraumes die Wirksamkeit des Staates für die volkswirtschaftliche Entwickelung des Landes fast gänzlich ausblieb.

Schliesslich aber und vor allem lag darin eine schlimme Uebervorteilung der ärmeren Volksklassen. Wenn dieselben 1812 vielfach mit einer Verdoppelung ihrer früheren Abgaben bedacht wurden, konnte man sich, wenigstens anscheinend, auf das vorhandene Defizit im Staatshaushalt berufen. Sobald nun aber die Zustände in dieser Hinsicht sich gebessert hatten, wäre es wohl recht und billig gewesen, dass eine eventuelle Steuererleichterung in erster Linie ihnen hätte zugute kommen sollen. Dies geschah jedoch nicht.

Allerdings erfuhren auch die Abgaben der Arbeiter durch die Entwertung des Geldes eine entsprechende Verminderung und wurden auch direkt um eine Kleinigkeit herabgesetzt.

Im J. 1815 wurde die „persönliche Schutzabgabe" für Frauen im Alter von 15 bis 18 Jahren von $^1/_2$ R. Sp. auf $^1/_8$ R. Sp. vermindert; 1823 bestimmte man die Altersgrenzen auf 17 bis 60 Jahre, und die Altersklassen über 18 Jahre sollten nunmehr zahlen: Männer 44 Skilling (statt 1 R. Sp. = 48 Sk.), Frauen 22 Sk. (statt 24 Sk.).

Allein diese Erleichterungen waren gering im Vergleich mit denen, welche zur selben Zeit den besitzenden Klassen zugestanden wurden. So ergab sich die seltsame Thatsache, dass „die Bewilligung nach dem ersten Artikel", d. h. die neue Kopfsteuer, welche schon 1813 fast ein Drittel der gesammten Bewilligungssumme ausmachte, 1815 bis 1841 (einschl.) volle fünf Zwölftel derselben betrug, ja dass sie die ganze Bewilligung der Grundeigner in Land und Stadt um ein Drittel überstieg und derselben zusammen mit der Bewilligung der Kaufleute und Handwerker mitunter gerade gleichkam, ein Verhältnis, welches wohl als schwere Anomalie bezeichnet werden muss.

Erst auf dem in mehrfacher Hinsicht bemerkenswerten Reichstage von 1840/41, wo die Oppositionsparteien die Oberhand bekamen, wurde die persönliche Schutzabgabe endlich auf die Hälfte des ursprünglichen Betrages herabgesetzt [1]), und Arbeiter mit minderjährigen Kindern wurden von der Bewilligung nach Artikel II (d. h.

---

1) Somit auf 24 Sk. B:co (= 75 Oere) für den Mann und 12 Sk. B:co für die Frau. Die Altersklasse von 17 bis 18 Jahren kam jetzt völlig frei.

der eigentlichen Einkommensteuer) befreit. Eine nochmalige Herabsetzung der Kopfsteuer auf die Hälfte (somit auf 12 Sk. B:co für den Mann und 6 Sk. B:co für die Frau, was später auf 40 bezw. 20 Oere abgerundet wurde) geschah 1844/45. Dieselbe war jedoch eine nur scheinbare, indem die andere Hälfte an die Gemeinden für die Zwecke der Volksschule überwiesen wurde.

Die Gesamtsumme der „Allgemeinen Bewilligung", welche für 1813, wo sie ihr Maximum erreichte, auf etwa 6 400 000 Kr. geschätzt werden kann, war durch diese Veränderungen i, J. 1850 auf weniger als die Hälfte oder nur 3 000 000 Kr. herabgesunken. Von den weiteren Schicksalen dieser Steuer und der Reform derselben am Anfang der 60er Jahre, wird unten die Rede sein.

Fassen wir die sämtlichen Einnahmetitel zusammen, so geben zunächst die sämtlichen sog. „Bewilligungen" für 1850 eine Summe von etwa 12,9 Mill. Kr. brutto (gegen 7,6 Mill. Kr., zumeist netto, i. J. 1810), was zusammen mit den sog. ordentlichen Einnahmen des Staates, 7,6 Mill. Kr. (gegen 6,9 Mill. Kr. i. J. 1810), eine gesamte Bruttosumme von 20,5 Mill. Kr. ergiebt. Die Nettosumme derselben ist vielleicht auf 17,6 Mill. Kr. zu veranschlagen (gegen etwa 14,3 Mill. Kr. netto i. J. 1810).

Wenn man die Bruttosumme der Einnahmen von 1850 mit der Summe der (ordentlichen und ausserordentlichen) Ausgaben desselben Jahres vergleicht, erscheint letztere um etwas über eine Million Kr. grösser. Es war jedoch kein wirkliches Defizit vorhanden, indem der Staatsregulierung noch eine, im Reichshaushalt nicht erscheinende Einnahmequelle zur Verfügung stand, nämlich der jährliche Geschäftsgewinn der Reichsbank („Bank der Reichsstände"), welcher zu dieser Zeit beinahe $1^1/_2$ Million Kr. betrug.

Fragt man nach der Verteilung der damaligen Staatseinnahmen, so springt erstens das grosse Uebergewicht der direkten Steuerformen in die Augen. Dieselben bilden je nach verschiedener Berechnung sowohl 1810 wie 1850 wenigstens 60% oder sogar mehr der Gesamtsumme, während Zölle und Branntweinabgaben zusammen i. J. 1810 (wo erstere netto berechnet wurden) etwa 30%, i. J. 1850 rund 36% derselben betrugen. Der Rest fällt auf sonstige Einnahmen des Staates. In der Zwischenzeit, wo der Ertrag der allgemeinen Bewilligung viel grösser war, hatten die direkten Steuern noch entschiedener das Uebergewicht gehabt.

Was die relative Steuerlast der verschiedenen Volksklassen betrifft, so ist es natürlich schwierig, darüber bestimmte Zahlen anzugeben. Die unverhältnismässige Ueberbürdung der unteren Klassen mit Steuern, die relative Steuerfreiheit der Reicheren dem Staate gegenüber um die Mitte des Jahrhunderts kann kaum in Zweifel gezogen werden, wenn man bedenkt, dass sowohl die Grundsteuern, wie die nicht budgetierten Kosten des Verteidigungswesens, die zusammen noch 1850 dem Nettoertrag der sämtlichen übrigen Staatseinnahmen fast das Gleichgewicht hielten, ganz überwiegend von den Kleinbauern getragen wurden.

Es ist schon erwähnt worden, wie der Bauernstand 1809/10 vergebens eine Ausgleichung jener Bürde durchzusetzen suchte. Statt dessen willigten aber damals die übrigen Stände ein, dass wenigstens in betreff der allgemeinen Bewilligung (sowie der nunmehr allerdings weniger bedeutenden „Mantalspenningar") keine Standesprivilegien mehr gelten sollten, erstere Steuer vielmehr in rationeller Weise ausschliesslich nach Einkommen und Vermögen bemessen werden sollte. Dass diese Verpflichtung ganz ernst genommen war, dafür bürgt sowohl der hohe absolute Betrag der damals beschlossenen Kontribution, welche mehr als ein Drittel der sämtlichen Staatsausgaben decken sollte, wie die scharfe Progression der betreffenden Steuersätze. Hätte man nun jene progressive Einkommensteuer v. J. 1809/10 beibehalten oder doch den allerdings erheblich schlechteren Ersatz derselben vom Jahre 1812 ehrlich aufrecht erhalten, so hätte sich unter den verbesserten finanziellen Zuständen, die bald eintreten sollten, von selbst ein Mittel geboten, eine partielle Erleichterung und Ausgleichung der Grundsteuern durchzusetzen und zugleich die für die allerärmsten so drückenden Kopfsteuern zu vermindern oder abzuschaffen. Statt dessen hat man eben die wertvollste finanzielle Schöpfung von 1809, welche freilich den Besitzenden sehr unbequem war, die Einkommensteuer, gänzlich verfallen, sonst aber fast alles beim alten bleiben lassen, so dass, wenn auch die Steuerbürden um die Mitte des Jahrhunderts durchgehend erträglicher geworden waren, keineswegs behauptet werden kann, dass ihre Verteilung eine gerechtere geworden wäre, als sie sich am Anfang des Jahrhunderts stellte. Im Vergleich mit der Zeit unmittelbar nach 1809/10 ist sogar eine direkte Verschlechterung derselben nachzuweisen.

Es zeigen sich hierin, wie mir scheint, deutlich die Wirkungen einer Verfassung, welche die Hälfte der Vertretung einer privilegierten Minderzahl überantwortete, deren soziale Bedeutung schon der Vergangenheit angehörte, während die andere Hälfte, die Bürger und Bauern, zwar an Bedeutung mehr und mehr gewann [1]) und daher ihre eigenen Interessen immer besser zu schützen vermochte, dabei aber, wenn auch zeitweise von dem Geiste des Fortschritts beseelt, die untersten Klassen, die völlig unvertretene Mehrheit der Nation, nur zu sehr im Stiche liess. Wir werden sehen, wie diese Bewegung unter den stark veränderten ökonomischen Verhältnissen der nächsten Periode sich zwar in neue Formen kleiden, thatsächlich aber, und zwar trotz der anscheinenden Demokratisierung des Staatswesens, sich zu einer noch grösseren Uebervorteilung der besitzlosen Volksklassen ausgestalten sollte.

III. Die Zeit von 1850—1890.

Die zuletzt verflossenen fünftehalb Jahrzehnte haben unserem wie den meisten europäischen und vielen aussereuropäischen Ländern eine ökonomische Entwicklung gebracht, welche diejenige nicht nur der zunächst vorangehenden, sondern überhaupt aller früheren Zeiten weit in den Schatten stellt. Diese Entwickelung in ihre Einzelheiten zu verfolgen, hiesse den Rahmen dieser Skizze überschreiten; ich be-

1) Es geschah dies u. a. durch die Erschliessung des Bauernstandes für die gesamten nichtadligen Gutsbesitzer, sowie des Bürgerstandes für nichtadlige Bergwerksbesitzer. (Jene beiden Klassen waren früher ganz ohne Vertretung gewesen.) Unter dem Priesterstand nahmen während der Periode Vertreter der Universitäten Platz, was jedoch den Einfluss jener völlig veralteten politischen Korporation nicht zu retten vermochte. Der Adel hatte seit dem Aufgeben der adligen Besitzprivilegien als separater Stand keine innere Berechtigung mehr, und wurde immer mehr von der Gunst der Regierung abhängig. Von einzelnen hervorragenden Mitgliedern, die übrigens meistens in den Reihen der Opposition zu finden waren, abgesehen, ging er bald seiner früheren Bedeutung innerhalb der Repräsentation mehr und mehr verlustig.

gnüge mich damit, die Kräfte kurz anzudeuten, welche sie herbeigeführt haben. Es sind die folgenden zwei: erstens der Eisenbahnbau, welcher, um die Mitte des Jahrhunderts bei uns noch kaum begonnen, später in einem solchen Massstabe ausgeführt worden ist, dass Schweden bekanntlich heute nach der Kopfzahl seiner Bevölkerung fast doppelt so viel — allerdings nur einspurige — Eisenbahnen besitzt wie z. B. Deutschland, welches ja sonst diesbezüglich in Europa fast an der Spitze steht; zweitens die am Anfang der Periode erfolgte Freigebung der Nahrungen und des inneren Handels nebst einer freieren Gestaltung der äusseren Handelspolitik.

Durch letztere Massregeln (welche besonders die fünfzehn Jahre 1850/65 zu einem wahren Lichtfeld unserer ökonomischen Geschichte — durch die Weltkrisis vom J. 1857 nur gelegentlich unterbrochen — gemacht haben) sind die wirtschaftlichen Kräfte der Nation in einer früher nicht geahnten Weise in Wirksamkeit gesetzt worden; alle die natürlichen Erwerbsquellen des Landes wurden in vergrössertem Massstabe und nach verbesserten Methoden ausgebeutet, der Wert der Jahresproduktion der meisten Fabriken ist um ein mehrfaches gestiegen, der des ausländischen Handels hat sich von 1850 bis heute fast verzehnfacht u. s. w.

Die Schattenseite dieser erfreulichen Zustände liegt vornehmlich auf drei Gebieten. Die schwedische Industrie, besonders diejenige, welche für den Export arbeitet, ist zum grossen Teil eine extraktive. Dies ist noch überwiegend der Fall bei der überaus wichtigen Holzwarenerzeugung, welche ihre Produkte grösstenteils in wenig veredelter Gestalt als ungehobelte Bretter oder Zimmerholz verschifft. Auch in der Eisenwarenindustrie ist in letzter Zeit eine Tendenz in derselben Richtung rege geworden, indem das schwedische Roh- und Stangeneisen, welches seine vorzüglichen Eigenschaften hauptsächlich der Verwendung von Holzkohle beim Schmelzprozess und bei der folgenden Bearbeitung verdankt, seit einigen Jahren mit dem weit billigeren und infolge der neuesten technischen Fortschritte fast eben so guten ausländischen (Steinkohlen-) Eisen kaum mehr wetteifern kann. Es ist daher auch die Ausfuhr von Stangen- und Roheisen in den letzten Jahren zurückgegangen, wogegen die von Eisenerz, besonders nach Eröffnung der Gellivara-Bahn im nördlichsten Teile des Landes sich ungeheuer vergrössert hat.

Es liegt jedoch auf der Hand, dass eine rein extraktive Industrie weit eher die ihr durch die Naturverhältnisse vorgeschriebenen Grenzen erreichen wird, als dies mit den veredelnden Industrien der Fall ist. Obgleich es sehr schwierig ist, hierüber genaue Daten zu erhalten, erscheint es doch äusserst wahrscheinlich und wird von mehreren Seiten zugegeben — von anderen freilich immer noch bestritten —, dass jene Grenze auf einem Gebiete und gerade dem wichtigsten schon erreicht, vielleicht sogar ein wenig überschritten ist, nämlich in betreff der Holzabfuhr. Gesteigerte Holzpreise würden allerdings für die nächste Zukunft den Nachteil einer eventuell verminderten Produktion in etwas aufwiegen, auf der anderen Hand aber durch ihren Einfluss auf die Kohlenpreise die Eisenindustrie um so weniger konkurrenzfähig machen.

Ein anderer Missstand ist der, dass der wirtschaftliche Aufschwung der Neuzeit zum grossen Teil durch Benutzung ausländischer Kapitalien bewirkt wurde. Der Bau der Staatseisenbahnen hat das Reich mit einer Schuld von rund 275 Mill. Kr. belastet, welche fast ausschliesslich im Auslande aufgenommen wurde und sich wahrscheinlich noch heute grösstenteils in ausländischen Händen befindet. Wegen der grossen volkswirtschaftlichen und kulturellen Bedeutung der Eisenbahnen — der ökonomische Nutzen einiger derselben, z. B. der im nördlichsten Teile des Landes belegenen, welche, wie behauptet wird, „aus strategischen Rücksichten" geflissentlich entfernt von der einigermassen bevölkerten Küstenstrecke, durch öde Gegenden geführt worden sind, erscheint allerdings etwas zweifelhaft — mag jedoch auf diesen Umstand weniger Gewicht zu legen sein.

Bedenklicher aber ist wohl die beträchtliche Verschuldung dem Auslande gegenüber, mit welcher sich private Personen und Korporationen, vor allem die landwirtschaftlichen Kreditvereine (Hypothekenvereine und Hypothekenbank), hauptsächlich während des betr. Zeitraumes, belastet haben. Die Gesamtsumme der ausländischen Schulden (Ueberschuss über Forderungen), einschliesslich der Staatsschuld, wurde am Ende der 80er Jahre auf etwas über 600 Mill. Kr. geschätzt mit einer jährlichen Verzinsung von rund 30 Mill. Kr., welche letztere allerdings später durch Konvertierungen etwas geringer geworden ist.

Ein so bedeutendes Schuldenmachen bei durchaus friedlichen äusseren Verhältnissen weist zweifellos auf eine allzu geringfügige heimische Kapitalbildung hin, welche wiederum ihre Hauptursache in dem dritten und letzten hier zu erörternden

Uebelstande gehabt hat, nämlich der schon früher berührten allzu schnellen Zunahme der Bevölkerung. Letztere ist zwar in den Jahren 1850—90 (einschl.) scheinbar nur um etwa 37 Percent, nämlich von etwa 3480000 auf 4780000 Personen gewachsen und hat auch in den folgenden Jahren nur wenig zugenommen; dieses mässige Ergebnis ist aber, wie oben erwähnt wurde, eine Folge der starken Auswanderung; wenn die seit 1850 ausgewanderten Personen zu Hause geblieben wären und dort ihr Auskommen hätten finden können, so würde die jetzige Bevölkerung wenigstens um eine Million grösser sein.

Diese Emigration ist nun allerdings für die unteren Volksklassen eine kaum hoch genug zu schätzende Wohlthat gewesen, indem das Los der Ausgewanderten sich im allgemeinen ausserordentlich verbessert hat, und zur selben Zeit für die zu Hause Gebliebenen eine sonst unumgängliche Preisherabdrückung auf dem überfüllten Arbeitsmarkt bisher verhindert worden ist; weswegen auch die heutige relative Verschliessung Nordamerikas gegen die Einwanderung die nächste Zukunft unserer Arbeiter überaus kummervoll zu gestalten droht.

Andererseits aber ist klar, dass die meisten guten Folgen der Auswanderung auch durch eine etwas mässigere Nativität hätten erzielt werden können. Zugleich wäre dabei die Kapitalbildung des Landes, welche bisher durch die Kosten der Erziehung künftiger Emigranten, durch die Erbbeteiligung ausgewanderter Bauernsöhne u. s. f. grossenteils verhindert wurde, wahrscheinlich eine viel kräftigere und dadurch der Wohlstand der Bevölkerung ein grösserer und vor allem ein soliderer geworden, als heute der Fall ist, und es würde dennoch sehr wahrscheinlich die Bevölkerungszahl die faktisch erreichte eher übersteigen als hinter ihr zurückbleiben. Der relative Stillstand der landwirtschaftlichen Entwicklung in den letzten Jahren ist zweifelsohne zum grössten Teil auf Kapitalmangel zurückzuführen, indem die in- und ausländische Verschuldung unserer Landwirtschaft vielfach schon dicht an die Grenze der Solvenz herangerückt ist.

Eine besondere Konsequenz der Grösse der Auswanderung, welche bekanntlich vornehmlich die Altersklassen von 15 bis 30 Jahren betrifft, ist auch die, dass die Proportion der höheren Altersklassen sowohl unter den Männern wie den Frauen eine ganz abnorm hohe geworden ist (was vor allem die letzte Volkszählung von 1890 deutlich zeigt), ein Umstand, mit welchem u. a. die erheblich gesteigerte

Armenlast, wovon später ausführlicher die Rede sein wird, zweifelsohne in unmittelbarem Zusammenhang steht.

Sehr deutlich zeigt sich das eben erwähnte Verhalten, wenn man die Verteilung der Bevölkerung auf die verschiedenen Altersklassen i. J. 1865, wo die Emigration kaum noch begonnen hatte, mit derjenigen v. J. 1890 vergleicht. Die Gesamtbevölkerung war am Ende des ersteren Jahres rund 4 114 000 gegen 4 785 000 i. J. 1890 und hatte folglich in diesen 25 Jahren um etwa 16 % zugenommen (während in den vorangehenden 15 Jahren dieselbe um 18 % gewachsen war). Fasst man indessen diejenigen männlichen Altersklassen, welche vorzugsweise die arbeitsfähige Bevölkerung vertreten, nämlich von 20 bis 45 Jahren ins Auge, so zeigt sich, dass diese von rund 722 000 Personen nur auf 735 600 zugenommen hatten, was einem Zuwachs von nicht ganz 2% entspricht. Der Teil der Bevölkerung, aus dessen Arbeit die übrigen Altersklassen mehr oder weniger erhalten werden, ist m. a. W. fast völlig stationär geblieben. Für die übrigen Altersklassen unter 60 Jahren bleibt der Zuwachs mehr oder weniger in der Nähe der erwähnten durchschnittlichen Vermehrung (16 %) — die Zahl der Kinder unter 15 Jahren war z. B. um nur 14½ % gestiegen —, während andererseits die männlichen Altersklassen von über 60 Jahren eine Zunahme von nicht weniger als 70 % aufweisen, diejenigen (allerdings wenig zahlreichen) von über 80 Jahren sogar eine solche von 107 %!

Man sieht hier die vereinigte Wirkung der verbesserten Lebensverhältnisse, welche die Sterblichkeit innerhalb der greisen Altersklassen vermindert, und die der Auswanderung, welche die kräftigeren, besonders männlichen Altersklassen dezimiert. Eine derartige Verrückung der natürlichen Verteilung der Altersklassen muss aber nach mehreren Richtungen hin wenig gesunde soziale Verhältnisse im Gefolge haben.

Die Zahl der unterstützten Armen betrug i. J. 1850 auf dem Lande nur noch 3,37 %, in den Städten 5,06 % der einschlägigen Bevölkerung. Im J. 1893 sind diese Zahlen auf 4,50 % bezw. 8,24 % der Bevölkerung gestiegen. Im ganzen Lande war der Prozentsatz i. J. 1850 3,56 %, i. J. 1893 dagegen 5,24 % der Gesamtbevölkerung. —

Wenn somit die nächste Zukunft, besonders für die arbeitenden Klassen des Landes, gefahrdrohend genug erscheinen mag, so ist doch das zuletzt verflossene halbe Jahrhundert im ganzen als eine ökonomische Blütezeit zu bezeichnen, wie unsere Geschichte keine zweite kennt und wie sie sich, wenigstens in quantitativer Hinsicht, wahrscheinlich nicht bald wiederholen wird.

Diese kräftige Entwickelung hat nun auch auf das Finanzwesen Schwedens den grössten Einfluss ausgeübt, ja in der That demselben eine ganz veränderte Gestalt gegeben.

Die succesive Steigerung des Staatsbudgets geht aus der folgenden Zusammenstellung hervor, in welcher die wirklich erfolgten Ausgaben und Einnahmen, wie sie aus der Staatsverrechnung (Rikshufvudboken) hervorgehen, wiedergegeben sind [1]).

Rechnungsmässige Einnahmen der Jahre 1850, 1860, 1870, 1880 und 1890.

Ordentliche Einnahmen:	1850 Mill. Kr.	1860 Mill. Kr.	1870 Mill. Kr.	1880 Mill. Kr.	1890 Mill. Kr.
Grundsteuer	4,21	4,93	4,94	4,36	4,17
Zehnten	1,29	1,74	1,86	1,65	0,22 [2])
Militär-Vakanzabgaben	0,40	0,52	0,51	0,75	0,84
Bergwerkszehnte	0,42	0,31	0,15	0,01	—
Staatsdomänen	0,23	0,34	0,43	2,96	2,70
Forsten	—	—	0,32	1,34	3,15
Mantalspenningar	0,54	0,65	0,62	0,71	0,73
Leuchtturm u. Bakenmittel	0,15	0,46	0,80	1,19	1,51
Telegraph u. Telephon	—	0,48	0,77	1,23	1,44
Staatseisenbahnen	—	0,89	6,79	16,49	21,97
Verschiedene Einnahmen	0,37	1,13	0,82	1,13	0,44
	7,62	11,44	18,02	31,82	37,17
Steuerbewilligungen:					
Zölle	6,99	12,05	15,78	27,62	42,68
Post	1,15	1,62	2,45	5,13	7,30
Stempeltaxe	0,53	1,54	1,35	3,11	3,53
Branntweinsproduktionssteuer	0,84	5,99	10,99	15,21	16,29
Zuckerrübenaccise	—	—	—	0,07	1,00
Allgemeine Kontribution	3,71	2,72	3,05	6,14	4,89
	13,23	23,91	33,62	57,28	75,67

1) Weiter spezifiziert in Fahlbeck, Das Finanzwesen Schwedens (Schantz, Finanzarchiv, elfter Jahrg. S. 196).

Die kleinen Differenzen zwischen den im vorigen (nach Rydin) angeführten Ziffern für das Jahr 1850 und den in den folgenden Tabellen angegebenen beruhen einmal darauf, dass erstere teilweise die im Reichsetat aufgeführten, also nicht die wirklich gemachten, Ausgaben bezeichnen, sodann aber auch darauf, dass im vorigen gewisse einmalige Ausgaben in anbetracht der damaligen dreijährigen Budgetperioden auf drei Jahre verteilt worden sind.

Was die allgemeine Kontribution anbelangt, so belief sich, wie erwähnt, deren ordinärer Ertrag um das Jahr 1850, auf etwa 3 Mill. Kr.; die 700000 Kr., welche in der Tabelle mehr verzeichnet sind, rühren von zufälligen Abgaben für Rüstungszwecke u. dergl. in diesem Jahre her.

2) Nach der i. J. 1885 begonnenen Abschreibung ist die Hauptmasse der Zehnten mit den Grundsteuern zusammengefasst.

Rechnungsmässige Ausgaben der Jahre 1850, 1860, 1870, 1880, 1890.

	1850		1860		1870		1880		1890	
	Ordentl. Ausgaben	Ausserord. Ausgaben	Ordentl. Ausgaben	Ausserord. Ausgaben	Ordentl. Ausgaben	Ausserord. Ausgaben	Ordentl. Ausgaben	Ausserord. Ausgaben	Ordentl. Ausgaben	Ausserord. Ausgaben
	Mill. Kr.									
Erster Haupttitel.										
Zivilliste	1,03		1,32		1,42		1,22		1,32	
Zweiter Haupttitel.										
Justiz- und Gefängniswesen	1,53		2,05	0,20	2,74	0,06	3,77	0,10	3.81	0,15
Dritter Haupttitel.										
Auswärtiges Amt . .	0,34		0,47		0,64		0,62		0,60	
Vierter Haupttitel.										
Heerwesen	5,93		9,32	0,68	9,31	1,11	17,34	0,98	20,74	1,01
Fünfter Haupttitel.										
Flotte	2,19		3,17	0,54	5,79	0,52	5,56	0,72	6,93	1,33
Sechster Haupttitel.										
Depart. d. Innern . .	1,45		2,32	0,55	3,42	0,70	4,61	1,10	4,95	1,21
Eisenbahnen, Verwaltung und Dienst .	—		0,67		3,88		10,08	—	15,49	—
Eisenbahnen, neue Anlage	—		—	7,55	—	4,70	—	9,25	—	2,90
Siebenter Haupttitel.										
Finanzdep., Post, Telegraph, Zoll, Forsten und Domänen . .	3,14		4,77		6,74	0,23	13,41	2,67	17,10	0,42
Achter Haupttitel.										
Kirchen- u. Schulwesen	1,87		3,35	0,18	4,99	0,37	10,07	0,89	12,87	1,53
Neunter Haupttitel.										
Pensionen	0,76		1,20		1,57	0,41	2,64	0,70	3,45	1,38
Ausser den Haupttiteln.										
Verschiedene Ausgaben	0,3		0,09	1,39	0,26	0,21	—	0,51	—	0,93
Reichstags- und Revisionskosten, Annuitäten der fundierten Staatsschulden etc.	2,61		3,85		6,85		10,97		12,42	—
Sa. ord. Ausg. . .	20,88		32,57	—	47,61	—	80,29	—	99,61	—
Sa. ausserord. Ausg.	—	1,47	—	11,09	—	8,31	—	16,91	—	10,85

Zusammenfassung

Ausgaben:

	1850	1860	1870	1880	1890
		Millionen Kronen.			
Ordentliche Ausg.	20,88	32,57	47,61	80,29	99,61
Ausserordentliche (meistens einmalige) Ausg.	1,47	11,09	8,31	16,71 [1]	10,86
Sa.	22,35	43,62	55,92	97,00	110,47
Ab: Eisenbahnanlagen, durch Staatsanleihen bestritten	— —	7,55	4,70	9,25	— — [2]
Bleibt	22,35	36,07	51,22	87,75	110,47

Einnahmen:

	1850	1860	1870	1880	1890
		Millionen Kronen.			
Sog. ordentliche Einnahmen	7,62	11,44	18,02	31,82	37,17
Sog. Bewilligungen	13,23	23,91	33,62	57,28	75,67
Sa.	20,85	35,36	51,63	89,10	112,84
Somit pro Kopf der Bevölkerung Kronen	5,98	9,16	12,39	19,51	23,58

Es ist nun allerdings ein nicht ganz unbedeutender Teil dieser, sonst fast unbegreiflich schnellen Steigerung ein nur scheinbarer. Sowohl auf Seite der Ausgaben wie der Einnahmen befinden sich Posten, die auch in älterer Zeit vorhanden waren, aber nicht budgetiert wurden.

1) Dies gilt z. B. für die Wohnstellen der Beamten, welche mit Ausnahme derjenigen der Geistlichkeit während der Periode eingezogen wurden, wobei den früheren Inhabern eine entsprechende

1) Darunter eine Restitution von Branntweinsteuer, die 2,41 Mill. Kr. betrug.

2) Für Eisenbahnen wurden 1890 2,9 Mill. Kr. ausgegeben, die ausschliesslich aus den Staatseinahmen gedeckt wurden.

Gehaltsaufbesserung zu teil wurde. Zur selben Zeit wurde das Einkommen aus den Staatsdomänen um den Ertrag der eingezogenen Wohnstellen vergrössert, was den scheinbaren Zuwachs dieses Postens zwischen den J. 1860 und 1870 um rund 2 270 000 Kr. erklärt.

2) Von derselben Art ist die Gehaltsaufbesserung, besonders der zur Justizverwaltung gehörigen Beamten, welche durch das Aufhören gewisser, teils in Stempelgebühren verwandelter, teils nachgelassener Sporteleinahmen u. dgl. Abgaben veranlasst wurde. Wenn man diese Abgaben nach ihrem Betrage zu den Zeitpunkten, wo sie aufhörten (in den 70er Jahren) berechnete, würde dies zu einer Reduktion um zusammen etwa 1 Mill. Kr. führen; es ist aber klar, dass ihr Ertrag, wenn sie noch beständen, ein bedeutend grösserer geworden sein würde.

3) Was sonst die meist stark erhöhten Beamtengehälter betrifft, so ist es schwieriger zu entscheiden, inwieweit der Zuwachs nur mit den erhöhten Preisen der wichtigsten Verbrauchsgüter und der persönlichen Dienste Schritt gehalten. Das noch i. J. 1850 in grossem Umfange erhaltene System der Naturalablöhnung der Beamten durch direkte Lieferungen seitens der (Grund-)Steuerpflichtigen wurde gleich am Anfang der 50er Jahre aufgegeben, und es wurde den letzteren gestattet, jene Lieferungen nach durchschnittlichen Marktpreisen abzulösen. Die alten Lieferungen und Dienstlichkeiten wurden jedoch der Hauptsache nach einerseits als Steuer-, andererseits als Lohnberechnungsgrundlage beibehalten. Aber auch dies hörte bald auf. Die Löhne wurden allmählich in feste Gehälter umgewandelt, und i. J. 1869, zwei Jahre nach der Eröffnung der ersten Zweikammer-Session, wurden auch die Grundsteuern durch feste Geldabgaben der betr. Steuerpflichtigen ersetzt. Nachher fehlt jeder unmittelbare Zusammenhang zwischen den Löhnen der eigentlichen Staatsbeamten und den Warenpreisen. In den 70er Jahren wurde allerdings aus Teuerungsgründen eine allgemeine Gehaltsaufbesserung um 20—30 Perzent vom Reichstage bewilligt. Seitdem ist jedoch das Niveau der Durchschnittspreise bedeutend gefallen, ohne dass etwa eine Verminderung der Gehälter eingetreten wäre.

4) Weiter ist ein Teil des Unterrichtsbudgets in Abrechnung zu bringen, indem einige i. J. 1850 von den Gemeinden direkt eingehobene Volksschulabgaben seit den 70er Jahren durch Ueberweisung von Staatsmitteln ersetzt worden sind. Die betreffende Reduktion kann auf etwa 700 000 Kr. veranschlagt werden.

5) Noch ist zu erinnern, dass auch in betreff der Zölle, welche 1850 mit nur etwa 6,99 Mill. Kr. aufgeführt wurden, schon i. J. 1860 aber auf etwa 12,05 Mill. Kr. gestiegen sind, die Steigerung zum Teil nur eine scheinbare ist, da nämlich in der Zwischenzeit sowohl der 10perzentige Zuschlag auf die Zölle, welcher früher dem ausserhalb der Staatsregulierung verwalteten „Handels- und Seefahrtsfonds" direkt anheimfiel, als auch der ebenfalls etwa 10prozentige Zuschlag, welcher von gewissen Städten eingehoben wurde, abgeschafft worden war, sodass nunmehr sämtliche Zollabgaben an die Staatskasse gezahlt wurden. Die Funktionen des erwähnten Fonds sind (seit 1868) vom Staate übernommen[1]) und die entspr. Ausgaben über mehrere der Haupttitel (bes. den 3., 5. und 9.) verteilt worden. Bei Aufhebung des städtischen Zuschlags wurde den betreffenden Städten (1858) ein noch jetzt gezahlter Ersatz zuerkannt, welcher einmal ihren damaligen Einnahmen aus der „Tolag" entspricht und für weitere Steigerungen der Zollerträge mit 5 Perzent dieser Steigerungen berechnet wird. Der Ersatz ist somit relativ kleiner als die zu ersetzende Zulage. Der Unterschied, welcher i. J. 1890 auf etwa 1 600 000 Kr. berechnet werden kann, ist folglich als ein neu geschaffenes Einkommen der Staatskasse zu betrachten.

Die betr. Reduktion, welche i. J. 1860 auf beinahe 20 Perzent der Zolleinnahmen (etwa 2 400 000 Kr.) zu schätzen ist, stellt sich somit für die spätere Zeit relativ viel geringer, zumal die Ausgaben, welche heute den Funktionen des früheren Handels- und Seefahrtsfonds entsprechen, nicht entfernt 10 Perzent der Zolleinnahmen gleichkommen.

6) Schliesslich muss in betreff der Staatsregulierung von 1890 an die 1885 beschlossene Abschreibung von 30 Perc. der Grundsteuern und des Einteilungswerks gedacht werden. Diese Abschreibung hatte einen Gesamtwert von etwas über 3 Mill. Kr., wovon die grössere Hälfte als vermindertes Staatseinkommen, gegen $1^1/_2$ Mill. Kr. aber als Ersatz an die Stellungspflichtigen und somit als entsprechende Vergrösserung der Staatsausgaben von da an zu betrachten sind. (Durch die i. J. 1892 beschlossene vollständige Abschreibung der Grundsteuern und des Einteilungswerks sind, wie wir später sehen werden, die

1) In der Zeit von 1858 bis 68 wurde der Fonds mit 750000 Kr. aus der Staatskasse subventioniert.

Budgets der folgenden Jahre in derselben Richtung noch weiter beeinflusst worden).

Allein sogar wenn man alle jene Posten zusammenrechnet (mit Ausnahme der unter 3 erwähnten, in betreff welcher es fast unmöglich ist, eine genaue Schätzung ihres Geldwertes vorzunehmen), so kommt man doch nur zu einer Summe von etwa zehn Millionen Kronen, um welche der Betrag der Einnahmen oder Ausgaben i. J. 1890 vermindert werden müsste, um mit den Ziffern v. 1850 vergleichbar zu werden. Auch so sind nun erstere Summen fast das Fünffache derjenigen v. J. 1850 und geben mit der Zahl der Bevölkerung dividiert Quoten, welche dreimal so gross sind wie die entsprechenden Quoten v. J. 1850. —

Der wichtigste Teil dieses erheblichen Zuwachses ist jedoch auf Rechnung der modernen Entwickelung der Verkehrsmittel zu setzen, von welchen neben Post und Telegraph (in den letzten Jahren mit einem sehr ausgedehnten Telephonnetze verbunden) die Eisenbahnen des Landes, wenn nach der Schienenlänge berechnet, mehr wie zum Drittel, nach dem Trafikvermögen aber etwa zur Hälfte im Besitze des Staates sind.

Rechnet man in dem Einnahmenbudget von 1890 die (Brutto-) Einnahmen aus Eisenbahnen, Post und Telegraph, sowie den Leuchturm- und Bakenmitteln zusammen, so findet man, dass diese vier Einnahmequellen für sich allein mehr als 32 Mill. Kr. und somit von den in der oben angedeuteten Weise um etwa 10 Mill. Kr. verkürzten Gesamteinnahmen nahezu ein Drittel betragen, während unter den entsprechenden Einnahmenquellen von 1850 fast nur die Post zu verzeichnen ist, welche mit Leuchtturm- und Bakenmitteln zusammen nur etwa 1 300 000 Kr. oder wenig über 6% der damaligen Staatseinnahmen lieferte.

Da nun jene Einnahmen bei uns, wie sonst allenthalben, in der Form von Taxen oder bei den Bakenmitteln durch sonstige spezielle, nur für die Zwecke der fraglichen Einrichtungen zu verwendende Abgaben eingehoben werden, so könnte man, wie dies vielfach gebräuchlich ist und bei der schwedischen Staatsregulierung in betreff der Eisenbahnen thatsächlich geschieht, die Verwaltungskosten der betreffenden Werke aus dem eigentlichen Staatsbudget ausscheiden und folglich unter den Staatseinnahmen nur die etwaigen Reinerträge derselben aufführen. Hierbei ist zu bemerken, dass die Staatseisenbahnen zwar regelmässig einen Ueberschuss der Betriebseinnahmen über die laufenden Ausgaben aufweisen, welcher jedes Jahr in die Staatskasse fliesst, — derselbe betrug i. J. 1890 etwa $6^1/_2$ Millionen Kr., — dass aber die Eisenbahnschuld, deren Verzinsung bedeutend mehr erfordert, — i. J. 1890 erforderte diese allein etwa 10 Millionen Kr. — vom Reichsschuldkontor separat verwaltet wird.

Letzteres bezieht übrigens selbst Zinsen, — 1890 im Betrage von etwa $2^2/_3$ Millionen Kr., meistens für Darlehen an Privat-Eisenbahnen, — so dass die vom Staate wirklich auszuzahlenden Zinsen (ausschliesslich der Amortisationen) in Wirklichkeit wenig über den Nettoertrag der Staats-Eisenbahnen hinausgehen.

Die Post lieferte 1890 einen Ueberschuss von etwa $^1/_2$ Mill. Kr., das Telegraphenwesen dagegen keinen solchen, der Ueberschuss des Feuer- und Lotsenwesens wurde für dieses reserviert.

Es würde in dieser Weise folglich die Summe der Einnahmen und die der Ausgaben für das Jahr 1890 um etwa 25 Mill. Kr. verringert werden, oder, wenn gleichzeitig die früher motivierte Reduktion um 10 Mill. Kr. bewerkstelligt wird, auf 78 bezw. 75 Mill. Kr. herabsinken, während dieselben Summen für 1850, um die Ausgaben für die Post und das Feuer- und Lotsenwesen — zusammen etwa 1 Millionen Kr. — vermindert, noch 20 bezw. 21 Mill. Kr. betragen würden, so dass die Summe der eigentlichen, nicht aus Taxgeldern zu deckenden Staatsausgaben seit 1850 sich nicht ganz vervierfacht und pro Kopf der Bevölkerung[1]) nur etwa im Verhältnisse 3 : 8 zugenommen hätten. Jene Verhältniszahlen würden sich sogar noch etwas zu Gunsten des ersteren Jahres verschieben, wenn man den nicht budgetierten Teil der Kosten des Einteilungswerkes berücksichtigte, welcher allerdings in der Zwischenzeit etwas zugenommen hatte, aber fast nur in dem Masse, wie die Rekrutierung und der Unterhalt von Soldaten und Pferden infolge gesteigerter Arbeitslöhne und Warenpreise teurer geworden war, da die numerische Stärke der betreffenden Truppen sich inzwischen fast gar nicht verändert hatte.

Schliesslich aber könnte man wohl die Zinsen der Staatsschuld, da diese thatsächlich lediglich um des Eisenbahnbaues willen aufgenommen wurde, um den Betrag der Nettoeinnahmen der Staats-Eisenbahnen vermindern, wodurch die faktische Ausgabensumme (v. J. 1890) noch um etwa $6^1/_2$ Millionen Kr. verringert würde.

---

1) 1850: 3,48 Mill., 1890: 4,78 Mill.

Thatsächlich steht, wie soeben erwähnt wurde, jenen Zinsen das Zinsen-Einkommen aus den Darlehnen gegenüber, die den Privat-Eisenbahnen bewilligt worden sind. Dieses Einkommen (1890 im Betrage von 2,7 Mill. Kr.) erscheint jedoch nicht im Reichsbudget und ist unter den in der Tabelle spezifizierten Einnahmen nicht mit einbegriffen.

Man hätte also den erwähnten 21 Millionen Kr. Ausgaben v. J. 1850 nur noch etwa 69 Millionen Kr. i. J. 1890 gegenüberzustellen, während die Bevölkerung inzwischen um etwa 37 Perzent zugenommen hat.

Nach allen Reduktionen betrugen somit die Ausgaben von 1890 pro Kopf der Bevölkerung immer noch mehr wie das Doppelte derjenigen von 1850.

Ich halte es nicht für berechtigt, bei einem solchen Vergleich, wie dies mitunter geschieht, etwa die eigentlichen Steuereinhebungskosten, die Kosten des Zollwesens, der Branntwein-Kontrolle u. s. w. in Abrechnung zu bringen, da jene Kosten unzweifelhaft zu den notwendigen Ausgaben des Staates gehören und für die Einwohner eine ganz reale Steuerlast bilden, wiewohl nur der Nettoertrag der betreffenden Einnahmen für die Staatszwecke i. e. S. verfügbar wird.

Es ist hierbei zu bemerken, dass einige Ausgabe-Titel, wie die Civilliste, das Auswärtige Amt und sogar die Justizverwaltung teils nur relativ geringe Erhöhungen zeigen, teils solche, welche zu den früher erwähnten und schon in Abrechnung gebrachten scheinbaren gehören, indem z. B. die Sporteleinnahmen der betreffenden Beamten durch Gehaltserhöhung ersetzt worden sind. Um so grösser ist daher der (wirkliche) Zuwachs unter den übrigen Haupttiteln des Budgets. Wenn man nun von der stattgefundenen (wirklichen) Gehaltsaufbesserung der meisten Beamten, bei denen es schwierig ist, zu entscheiden, inwieweit sie nur mit der allgemeinen Preisverschiebung der Waren und persönlichen Dienste Schritt gehalten hat oder derselben vorgeeilt ist, sowie von der reichlicheren Ausmessung der Pensionen und Ruhegehälter absieht, sind es eigentlich zwei Felder, auf denen jene schnelle Entwickelung des Budgets sich vollzogen hat, nämlich einerseits das Unterrichts- und Medizinalwesen, andererseits das Verteidigungswesen. Die Ausgaben des Kirchen-Departements, zu welchem die ersteren beiden Zweige der Staatswirksamkeit gehören[1]), sind von weniger

---

1) Die staatlichen Ausgaben für kirchliche Zwecke i. e. S. sind relativ gering, indem die Kirchen und die Geistlichkeit fast ausschliesslich von den Gemeinden unterhalten werden.

als 2 Millionen Kr. i. J. 1850 auf mehr als 14 Millionen Kr. i. J. 1890 gewachsen, und zwar ist jener Zuwachs grösstenteils ein realer. In betreff des Volksschulunterrichts, wofür die ordentlichen Ausgaben 1890 etwa $4^1/_2$ Millionen Kr., 1850 dagegen fast gar nichts betrugen, ist allerdings an die damals direkt von den Gemeinden zum Betrage von etwa $^1/_2$ Millionen Kr. erhobenen, später abgeschafften personellen Schulabgaben zu erinnern; auf der anderen Hand aber sind die Ausgaben unter dem neunten Haupttitel wegen Pensionierung der Volksschullehrer um fast denselben Betrag gewachsen. Uebrigens liefern die Gemeinden noch immer sehr bedeutende Beiträge für den Volksschulunterricht, indem sie ein Drittel der Lehrergehälter bezahlen und den Bau und Unterhalt der Schulgebäude (sowie in den Städten der Gebäude für den höhern Elementarunterricht) aus eigenen Mitteln bestreiten. Schliesslich sind auch unter den übrigen Haupttiteln einige Ausgabeposten vorhanden, welche gleichfalls dem Unterrichtswesen zuzurechnen sind, für landwirtschaftliche, nautische u. s. f. Unterrichtsanstalten. An den öffentlichen Ausgaben für das Medizinalwesen nehmen neben dem Staate, dessen ordentliche Ausgaben für diesen Zweck etwa $1^1/_2$ Millionen Kr. betragen, aber wegen fortgehender Erweiterungen und Neubauten besonders von Irrenanstalten in den letzten Jahren stark wechselten, auch die Provinzialvertretungen („Landsting") mit anderen $1^1/_2$ Millionen teil.

Auf dem Gebiete sowohl des höheren, wie des elementaren Unterrichts und auf dem der sanitären Anstalten sind in der That erfreuliche Fortschritte zu verzeichnen, womit allerdings nicht gesagt sein soll, dass der jetzige Zustand auch allen mässigen Ansprüchen genüge. Die Gehälter fast sämtlicher Volksschullehrer, sowie eines stetig wachsenden Teiles der Lehrer an den höheren Schulen, sind noch heute überaus dürftig, und eine baldige Verbesserung derselben wäre im Interesse der Volksbildung lebhaft zu wünschen. Bei dem alles andere verschlingenden Interesse, Mittel für die neuen militärischen Anforderungen zu beschaffen, ist aber eine solche in der nächsten Zukunft kaum zu erwarten.

Noch bedeutender wie die erwähnte ist die Zunahme bei dem vierten und fünften Haupttitel, den Budgets von Heer und Marine, die zusammen von 8 Millionen Kr. i. J. 1850 auf 30 Millionen Kr. i. J. 1890 gewachsen sind, was um so beachtenswerter ist, als die neue Heeresorganisation im letzteren Jahre noch nicht beschlossen war. Allerdings ist auch jene Vergrösserung teilweise eine nur scheinbare. Die Wohnstellen der Offiziere wurden während der Periode gegen Ersatz durch Gehaltserhöhung an die Staatskasse eingezogen, was eine scheinbare Erhöhung des Budgets um beinahe 2 Millionen Kr. herbeiführte (andererseits aber auch den Ertrag der Staatsdomänen und somit die Summe der Staatseinnahmen entsprechend vermehrte). Auch muss hier an die i. J. 1885 beschlossene 30perzentige Verminderung der Einteilungslast erinnert werden, welche ebenfalls eine scheinbare Vergrösserung der militärischen Ausgaben um gegen $1^1/_2$ Million verursacht hat.

Unter den Ausgaben des 5. Haupttitels sind bedeutende Posten vorhanden, welche eigentlich dem Handel und der Seefahrt zugehören, vor allem die seit 1850 sehr stark gestiegenen Ausgaben für das Feuer- und Lotsenwesen; und von den eigentlichen Marine-Ausgaben waren einige i. J. 1850 noch nicht budgetiert, weil sie damals aus dem separat verwalteten Handels- und Seefahrtsfonds bestritten wurden. Es ist somit auch hier eine Reduktion vorzunehmen, welche auf rund $1^1/_2$ Millionen zu veranschlagen ist.

Andererseits ist zu bedenken, dass die Erhöhung der militärischen Ausgaben teilweise auch unter dem neunten Haupttitel (Pensionswesen und Aussterbe-Etat) sich kundgiebt.

Schliesslich aber muss daran erinnert werden, dass jene Erhöhung der Ausgaben für Militärzwecke, wie gesagt, vor der i. J. 1892 beschlossenen Reorganisation der Landesverteidigung erreicht war, welche, wie wir später sehen werden, eine nochmalige Vermehrung der Militärlast um mehrere Millionen erheischen sollte.

In der That bestand 1890 neben den eingeteilten und geworbenen Truppen nur noch eine Wehrpflichtarmee, die seit 1885 42 Tage (früher, etwa seit 1860, nur 30 Tage) zu Uebungen einberufen wurde.

Die Erhöhung der Kosten, soweit sie nicht scheinbar ist oder von Prästationen herrührt, die früher von der Bevölkerung und besonders von den stellungspflichtigen Hufenbesitzern direkt geleistet, allmählich aber während dieses Zeitraumes vom Staate übernommen wurden, ist somit fast ausschliesslich auf die gegen früher weit kostspieligeren Einrichtungen des modernen Militärwesens zurückzuführen. —

Fragt man nach der Verteilung der Staatsausgaben in Rücksicht auf die Interessen der verschiedenen Volksklassen, so ist es allerdings überaus schwierig, zumal ohne Eingehen in Details, — wovon wir hier absehen müssen — in diesem Punkte eine bestimmte Ansicht zu äussern. So viel liegt jedoch auf der Hand, dass die

Fürsorge des Staates für das Wohl der unteren Volksschichten immer noch nur einen ziemlich unbedeutenden Raum in dem Budget findet. Allerdings ist die Einführung des obligatorischen Volksschulunterrichts — mag man über die Zweckmässigkeit der befolgten Schulpläne, die gänzliche Absonderung des sog. höheren Schulwesens vom eigentlichen Volksschulunterricht u. s. w., so oder so denken — für die Arbeiterbevölkerung von der allergrössten Bedeutung gewesen und hat in der That die ganze geistige Physiognomie unseres Volkes erheblich umgewandelt. Auch die Bedeutung der Verbesserungen des Sanitätswesens ist nicht abzuleugnen. Allein die entsprechenden Staatsausgaben, von welchen übrigens selbstverständlich nur ein Teil den eigentlichen Arbeitern zu gute kommt, bilden doch nur einen sehr bescheidenen Teil der gesamten Staatsausgaben oder der (wirklichen) Vergrösserung derselben seit 1850.

Nach irgend einem Gegenstück zu den in einigen anderen Ländern (z. B. in Deutschland) vorkommenden öffentlichen Ausgaben zu Schutz und Unterstützung der arbeitenden Klassen sieht man sich bei uns noch i. J. 1890 vergebens um (thatsächlich sind die hierher gehörigen Massregeln auch noch heute im vorbereitenden Stadium). Es ist dies um so mehr festzuhalten, als, wie wir sehen werden, jene Klassen in der Zwischenzeit im allergrössten Massstabe zur Mitbeschaffung der Staatseinnahmen herangezogen worden sind.

Wenden wir uns jetzt zu den Einnahmen, durch welche die erwähnten, bedeutend vermehrten Ausgaben gedeckt wurden, so könnte man a priori erwarten, dass dieselben durch eine organische, einigermassen gleichmässige Erweiterung und Entwickelung der früher bestehenden Einnahmequellen erlangt sein würden. Ein Blick auf die Tabelle der Einnahmen genügt aber zur Einsicht, wie wenig stichhaltig eine solche Vermutung wäre. Zwar kehren dieselben Namen der verschiedenen Einnahme-Posten fast unverändert wieder, allein ihre relative Bedeutung für die Staatsregulierung — und selbstverständlich auch für die betreffenden Steuerpflichtigen oder die Bevölkerung im allgemeinen — ist eine völlig veränderte geworden. Schon die Verhältniszahl der beiden altherkömmlichen Hauptgruppen der Einnahmen, der sog. ordentlichen Einnahmen und und der sog. Bewilligungen, zeigt dies.

Allerdings hat auch die Summe der ordentlichen Einnahmen anscheinend eine erhebliche Vergrösserung erfahren, nämlich von

$7^1/_2$ Millionen Kr. i. J. 1850 auf 37 Millionen Kr. i. J. 1890. Allein von diesem Zuwachs fallen nicht weniger als etwas über 27 Millionen Kronen auf das Eisenbahn-, das Telegraphen-[1]), sowie das Feuer- und Lotsen-Wesen, welche wir aus angeführten Gründen von dem Vergleich ausgeschlossen haben, sowie auf die Domänen, deren vergrösserter Ertrag, wie oben bemerkt wurde, grösstenteils ein nur scheinbarer ist.

Es bleibt somit hier nur eine wirkliche Vergrösserung von etwas über 2 Millionen Kr. übrig, und diese entspringt lediglich dem Ertrag der Staatsforsten, welcher von einem sehr bescheidenen Anfange i. J. 1870 auf etwa 3 Millionen Kr. i. J. 1890 angewachsen ist. Die Zunahme ist übrigens auch hier nicht durchweg eine reale. Ein Teil der betreffenden Forsten gehörte früher den Beamtenwohnstellen zu, und den Einnahmen im Budget von 1890 stehen fast eine Million Kr. Verwaltungskosten gegenüber.

Der Gesamtbetrag der übrigen ordentlichen Einnahmen der Krone ist thatsächlich nicht nur nicht gewachsen, sondern vielmehr gesunken. Die Grundsteuern, jene Hauptstütze aller älteren Staatsregulierungen, um die sich die übrigen Staatseinnahmen nur gewissermassen als Strebepfeiler gruppierten, und die noch i. J. 1850, bei einer ziemlich niedrigen Geldaufschätzung der betreffenden Lieferungen, dem Betrage der damaligen (Staats-)Zölle nur wenig nachstanden, sind nicht nur relativ, sondern, nach einer vorläufigen Steigerung bis an den Anfang der 70er Jahre, auch absolut und zwar um mehr als 1 Million Kr. zurückgegangen, nämlich von etwa $5^1/_2$ Millionen Kr. i. J. 1850 auf nicht ganz $4^1/_2$ Millionen Kr. i. J. 1890. Die Ursache der Verminderung liegt einerseits in der am Beginn der 70er Jahre durchgeführten Fixierung dieser Steuern, welche mit einer thatsächlichen Steuerermässigung verbunden war, dann und hauptsächlich in der partiellen (30perzentigen) Abschreibung v. J. 1885.

Die Militärvakanzabgaben (aus dem Einteilungswerke) sind

1) Die eigentümliche Anordnung, dass Telegraphen und Eisenbahnen unter den ordentlichen Einnahmen aufgeführt werden, die Post dagegen unter den Bewilligungen, rührt, wie früher erwähnt, von dem Umstande her, dass letztere Einrichtung in der Konstitution von 1809 ausdrücklich als „Bewilligung“ bezeichnet wurde. Folgerichtig hätte man wohl nun bei der Einrichtung von Staats-Telegraphen und Eisenbahnen auch deren Einnahmen eine ähnliche konstitutionelle Stellung einräumen müssen, was jedoch nicht geschehen ist. Von dem verfassungsmässigen Unterschied zwischen ordentlichen Einnahmen und Bewilligungen ist oben gleichfalls die Rede gewesen.

noch immer etwas gestiegen, kommen aber samt den Grundsteuern von 1892 ab in einigen Jahren gänzlich in Wegfall.

Der Bergwerkszehnte ist (nebst einigen kleineren Einnahmen) während der Periode successiv nachgelassen worden und kommt im Budget von 1890 nicht mehr vor.

Gestiegen ist nur wegen Zunahme der Bevölkerung die alte, noch heute pietätvoll beibehaltene Kopfsteuer, die „Mantalspenningar“, sowie der Betrag der Strafgelder.

Diese beiden werden thatsächlich neben dem Einkommen aus Domänen und Forsten (alles zusammen für 1896 auf etwa 6 Mill. Kr. berechnet) nunmehr bald die einzigen, für die eigentlichen Staatszwecke verwendbaren „ordentlichen“ Einnahmen des Staates sein, das einzige Ueberbleibsel jener „ordentlichen Einnahmen“, von denen noch die Verfassung von 1809 dem Wortlaute nach etwa nur als eine Möglichkeit voraussetzt, dass sie für die Aufgaben des Staates nicht ganz hinreichen würden, sondern von den Ständen durch Bewilligungen zu ergänzen sein könnten.

Um so gewaltiger ist nun letztere Einnahme-Kategorie während dieser Periode gestiegen, nämlich, wenn wir von den Einnahmen der Post absehen, von 12 Millionen Kr. i. J. 1850 auf 68 Mill. Kr. i. J. 1890.

Man bemerkt aber sofort, dass auch hier die Steuerarten, welche sich auf Einkommen oder Vermögen beziehen, einen relativ sehr unbeträchtlichen Zuwachs aufweisen. Die Stempelabgaben sind allerdings anscheinend von $^1/_2$ Million Kr. auf $3^1/_2$ Millionen Kr. angewachsen, allein, wie oben bemerkt, ist diese Vermehrung in bedeutendem Masse durch den Vertausch von Beamtensporteln gegen Stempelabgaben verursacht, also teilweise eine nur scheinbare.

Was die „allgemeine Bewilligung“ (nunmehr hauptsächlich Einkommenssteuer nebst Ertragssteuer des Grundeigentums) betrifft, so ist diese, abgesehen von einer ganz zufälligen Steigerung i. J. 1880 (50perzentiger Zuschlag in diesem Jahre), 1890 wiederum auf den geringen Betrag von nicht ganz 4,9 Millionen Kr. gesunken. Das entspricht gegenüber den 3,7 Millionen Kr. i. J. 1850 nicht einmal dem Bevölkerungszuwachs, doch ist freilich an die Abschaffung (1883) der persönlichen Schutzabgabe (der zweiten vom Staate erhobenen Kopfsteuer) zu erinnern.

Die Zunahme der Einnahmen fällt mithin fast allein auf die zwei noch zu erwähnenden Einnahmetitel, nämlich die Zölle (nebst Zuckerrübensteuer) und die Branntweinproduktionssteuer.

Erstere sind von etwa 7 Millionen Kr. i. J. 1850 auf etwa $42^1/_2$ Millionen Kr. i. J. 1890 gestiegen, wozu noch die Zuckerrübensteuer mit etwa 1 Million Kr. hinzukommt. Die Vergrösserung ist somit eine mehr als sechsfache, oder, wenn man in Anbetracht der i. J. 1850 noch erhobenen, nicht budgetierten oder nicht staatlichen Zollabgaben die Einnahmesumme dieses Jahres um etwa 20 % erhöhen will, jedenfalls eine mehr als fünffache.

Es ist wahr, dass die Zolleinnahmen d. J. 1890 (und 1889) aus verschiedenen, später zu berührenden Ursachen ein ungewöhnlich hohes, nachher nicht wieder erreichtes Niveau einnahmen, während andererseits die Zuckerrübensteuer später beträchtlich, wenn auch nicht in entsprechendem Masse zugenommen hat. Wie wir sehen werden, bezeichnet jedoch diese Veränderung keinen wirklichen Nachlass der betr. indirekten Besteuerung der Masse des Volkes.

In noch höherem Grade aber ist der Ertrag der Branntweinsteuer gesteigert worden, nämlich von nur 840 000 Kr. i. J. 1850 auf fast 16,3 Millionen Kr. i. J. 1890, wovon allerdings etwa 400 000 Kr. restituiert wurden. Es ist hier somit eine Einnahmequelle von der grössten finanziellen Bedeutung so gut wie neu geschaffen worden. Die Erhöhung ist nicht etwa durch eine vergrösserte Konsumtion von Branntwein mit verursacht worden, vielmehr ist letztere seit der Mitte der 70er Jahre relativ stark zurückgegangen. Die vergrösserten Einnahmen sind also lediglich eine Folge der erhöhten Besteuerung sowie überhaupt der verschärften Vorschriften über Erzeugung und Verschleiss von Branntwein gewesen. Und zwar wurde dabei neben der erwähnten Einnahmequelle des Staates zur selben Zeit eine solche von der grössten Ergiebigkeit für die Gemeinden, besonders die Stadtgemeinden eröffnet, wie später erörtert werden soll.

Zusammen repräsentieren also die erwähnten staatlichen Verbrauchsauflagen i. J. 1890 eine Summe von rund 60 Mill. Kr. gegen nicht ganz 8 Millionen Kr. oder, nach der angedeuteten Erhöhung, etwas über 9 Mill. Kr. i. J. 1850.

Der Zuwachs entspricht vollständig[1]) derjenigen Zunahme des Ausgaben-Budgets, die ich im vorigen als die wirkliche bezeichnet habe. M. a. W.: Aus den wachsenden Einnahmen der

---

1) Wenn man nämlich in Betracht zieht, dass das Budget von 1850 einen Ueberschuss der Ausgaben, dasjenige von 1890 einen solchen der Einnahmen aufweist. Ersterer wurde durch den nicht budgetirten Reichsbankgewinn gedeckt, letzterer für die folgenden Staatsetatisierungen aufgespart.

Zölle und der Branntweinsteuer sind fast sämtliche neuen Ausgaben der Periode bestritten worden, die Gehaltsaufbesserung der gesammten zivilen und militärischen Beamtenhierarchie, die vielen sonstigen neuen Kosten der Armee und Flotte, Panzerschiffe, Festungsbauten u. s. f., die Verzinsung der Eisenbahnschuld, die Kosten des höheren und niederen Unterrichts, der Pflege von Kunst und Wissenschaft, des verbesserten Sanitätswesens, der Irrenasyle und anderes mehr.

Zölle und Branntwein sind nicht nur das geworden, was die direkten Steuern am Anfang und noch gegen die Mitte des Jahrhunderts waren: die Grundpfeiler des finanziellen Gebäudes, sondern sie bilden jetztmehr die Hauptmasse des Mauerwerks desselben, während die übrigen Steuerarten nach und nach entweder ganz weggefallen oder zu halb überflüssigen äusseren Zieraten dieses Gebäudes eingeschrumpft sind.

Es braucht aber kaum besonders hervorgehoben zu werden, wie sehr die Grundlagen der ganzen Struktur hierdurch verrückt worden sind. Während am Anfang des Jahrhunderts die Grundsteuern und noch mehr die Einkommensteuer, wie letztere 1809—10 eingerichtet wurde, hauptsächlich die besitzenden Klassen trafen oder wenigstens die untersten Volkstufen schonten, so ist heute, wie aus der folgenden Analyse der Zollabgaben hervorgehen wird, gerade das Gegenteil der Fall. Sämmtliche Klassen haben sich mehr oder weniger von Steuern befreit oder sonst das Staatswesen zu ihrem Privatvorteil ausgebeutet — ausser gerade die steuerunfähigsten Klassen. Die Klein- und Grossgrundbesitzer, die Kaufleute der Städte, die Grossindustriellen, die meistens gut besoldeten Beamten haben sich, wie ich mich oben ausgedrückt habe, die Hand gereicht, um die Bürden des Staatslebens, aus dem sie die nährendsten Früchte ernten, auf die arbeitenden Klassen in einem Massstabe zu überwälzen, wie dies kaum in irgend einem anderen europäischen Lande in der neueren Zeit vorgekommen ist.

Dass so etwas überhaupt geschehen konnte, ohne den heftigsten Widerstand im Volke zu erwecken, ist teilweise daraus zu erklären, dass die betreffenden Massregeln mit einer wirklichen Hebung des Volkswohlstandes Hand in Hand gegangen sind. Die Zolleinnahmen vermehrten sich grösstenteils allmählich, wenigstens bis zum J. 1888 ohne Erhöhung oder sogar unter Erniedrigung der Zollsätze infolge gesteigerter Konsumtion an zollpflichtigen Waren. Sodann hat man auch — vielleicht mehr oder weniger unbewusst — die Vorsicht gehabt, eben die empfindlichsten Steuermassregeln, wie die successive Erhöhung der Branntweinsteuer und später die Wiedereinführung der Getreide- und sonstigen Nahrungsmittelzölle mit der „schützenden Verkleidung" zu versehen, dass man Nüchternheit und Sittlichkeit fördern oder die „nationale Arbeit" heben wolle.

Dazu kommt noch die wohlbekannte Thatsache, dass die indirekten Steuern weniger „gefühlt", d. h. nicht als Steuern empfunden oder aufgefasst werden; die durch sie verursachte Verteuerung der wichtigsten Verbrauchsartikel wird allerdings ebenso schmerzlich gefühlt, wie je eine Verminderung des Einkommens infolge direkter Steuern, allein die unwissende Masse macht sich im ersteren Falle den wahren Grund ihrer verschlechterten Lage niemals oder erst allmählich hinreichend klar.

Vor allem aber liegt selbstverständlich die Hauptursache in dem noch heute bestehenden völligen Ausgeschlossensein der arbeitenden Klassen vom politischen Leben, und es kann, wie mir scheint, die Steuergeschichte Schwedens auch in neuerer Zeit als lehrreiches Beispiel dafür gelten, wie das Ringen der Kräfte im politischen Interessenkampf immer zuletzt eine Resultante nach der Richtung hin schafft, wo jene Interessen schwach oder gar nicht vertreten sind, — ohne dass etwa dabei als bewusstes Ziel verfolgt worden wäre, das Los der arbeitenden Klassen zu verschlechtern oder auch nur die Verbesserung ihrer Lage zu verhindern.

Dies alles wird noch klarer werden, wenn wir die Entwickelungsgeschichte der verschiedenen Einnahmearten etwas näher betrachten.

Unter den ordentlichen Einnahmen sind die Abgaben der Bergwerke seit der Mitte der Periode in Wegfall gekommen. Es war dies, wie schon oben bemerkt wurde, eine Folge der freieren Grundsätze auf dem Gebiete der Nahrungsgesetzgebung, die sich seit dem Anfang der 50er Jahre allmählich Bahn brachen. Da nämlich die Eisenfabrikation sowohl ausserhalb wie innerhalb der früher privilegierten Ortschaften freigegeben und die Verbote gegen Einfuhr von Eisenwaren abgeschafft wurden, glaubte man nicht länger für diesen Nahrungszweig andere Steuerbürden beibehalten zu sollen als die allgemeine Einkommensteuer; was vielleicht zu weit ging, da das Erlegen von Bergwerkszehnten und Hammersteuern thatsächlich von Anfang an mit Befreiung von Grundsteuern und derartigen Lasten, die jetzt nur zum geringen Teil den betreffenden

Gütern wieder auferlegt wurden, sowie mit freier Benutzung der Kronwälder und anderen Privilegien verbunden gewesen war.

In ähnlicher Weise verfuhr man mit den unter den eigentlichen Grundsteuern aufgeführten speziellen Abgaben der Mehl- und Sägemühlen, als die betreffenden Gewerbszweige am Anfang der 60er Jahre gleichfalls freigegeben wurden.

Sonst erfuhren die Grundsteuern bis zum Jahre 1885 keine weiteren Veränderungen als die 1855 beschlossene Vereinfachung derselben, nach welcher die vielen verschiedenen Naturallieferungen in einige wenige umgesetzt und jedem Steuerpflichtigen das Recht eingeräumt wurde, letztere nach dem durchschnittlichen Marktpreise abzulösen, sowie die 1869 erfolgte „Fixierung" der Grundsteuern auf einen ein für allemal bestimmten Geldbetrag. Erstere Massregel führte keine Verminderung des Ertrages der betreffenden Steuern herbei, die letztere aber, bei welcher nicht die gleichzeitigen, sondern etwas ältere Durchschnittspreise der Lieferungen zu Grunde gelegt wurden, verursachte gegen den Ertrag der letzten Jahre ein Sinken der Grundsteuern um etwa 10 %, welches jedoch bei den später, besonders nach 1880 eingetretenen niedrigeren Getreidepreisen wohl auch sonst zu stande gekommen wäre.

Von den Kämpfen, welche seit Einführung der Zweikammer-Vertretung i. J. 1867 um diese Steuern und das damit verwandte Einteilungswerk geführt wurden, und welche 1885 eine partielle, 1892 eine totale, freilich erst mit 1904 ganz durchgeführte Abschreibung jener Steuern und Lasten zur Folge hatten, kann hier nur in aller Kürze berichtet werden.

An und für sich konnten diese Lasten, deren Gesamtwert am Anfang der 1880er Jahre auf etwa 10 Millionen Kr. berechnet wurde (davon „der Krone vorbehaltene Grundsteuer" — „Renten" und „Zehnte" — zu etwa $4^1/_2$ Millionen Kr.[1]) und die Lasten der Einteilung zu $5^1/_2$ Millionen Kr.) und folglich etwa $^1/_2$ Perzent

---

1) Diese Summe erscheint gegenüber dem unter den Staatseinnahmen (1880) aufgeführten Betrag der Grundsteuern (nebst Zehnten) um etwa $1^1/_2$ Millionen Kr. zu gering, was hauptsächlich davon herrührt, dass die Renten und Zehnten, welche den (ursprünglich) reiterstellungspflichtigen Hufen als „Staatsunterstützung" zugewiesen waren, in die Staatskasse nicht wirklich eingingen, sondern nur buchmässig geführt wurden. Dieselben werden bei Einziehung der Abgaben aus dem Einteilungswerk zwischen der Krone und den Stellungspflichtigen einfach verrechnet und sind somit in jenen Abgaben eigentlich mit eingeschlossen.

des Taxwerts der landwirtschaftlich benutzten Grundstücke ausmachte[1]), nicht gerade als eine übermässige Belastung der Landwirtschaft betrachtet worden, besonders, da sie fast die einzigen direkten Staatssteuern derselben bildeten.

Allein die Summe war, wie mehrfach bemerkt worden ist, in sehr ungleichmässiger Weise verteilt, sowohl zwischen den verschiedenen Landesteilen (und zwar so, dass die älteren Provinzen besonders die des Mälarthals im allgemeinen höher belastet waren), wie zwischen den einzelnen Gütern, von denen die ehemals adligen (etwa ein Drittel der gesamten Hufenzahl) teils fast gar nicht, teils in viel geringerem Masse wie die gemeinen bäuerlichen Hufen von den betreffenden Bürden getroffen waren.

Es zahlte 1879 nach einer Berechnung, welche die verschiedenen Bodenarten: Wald, Wiese u. s. w. auf Ackerland reducirt hat, ein Tunnland (etwa = ½ Hektar) Ackerland an Grundsteuern und Lasten der Soldatenstellung,

	Kr.
wenn einem gewöhnlichen Bauergut („Kronoskatte") anhörig	1,40
wenn einem früheren adligen Bauergut („Allmänt Frälse") anh. . . .	0,61
wenn einem früheren adligen Sitzgut („Ypperligt Frälse") anh. . . .	0,17

Der Taxwert eines nach demselben Massstabe reduzierten Tunnland innerhalb der drei erwähnten Güterkategorien war bezw. 183 Kr., 166 Kr. und 229 Kr., somit eigentümlicherweise für die zweite Kategorie trotz der geringeren Besteuerung etwas kleiner als für die erste, was wohl mit der verhältnissmässig stärkeren Parzellierung der gemeinen Bauergüter zusammenhängen mag.

Dies sind die Mittelzahlen für das ganze Reich; die verschiedenen Provinzen aber zeigen unter sich bedeutende Abweichungen. Ein gemeines Bauergut in Malmöhus Län (Schonen) zahlte nur 0,45 Perzent und in Vesterbottens Län (im Norden) nur 0,53 Perzent, dagegen in Upsala Län (Mälarthal) sogar 1,9 Perzent des Taxwerts, somit, wenngleich der Taxwert in diesem Falle eben der Steuer willen sehr herabgedrückt war, (nur 112 Kr. pro reduziertes Tunnland) jedenfalls einen sehr beträchtlichen Teil des Bruttoertrags.

Eine Ausgleichung jener Lasten ist von seiten der Bauern seit 1809 mehrfach angestrebt worden; aktuell wurde jedoch diese Frage erst nach dem i. J. 1865 beschlossenen und i. J. 1867 bewerkstelligten Uebergang zum Zweikammersystem.

Die Mitglieder der ersten Kammer werden auf neun Jahre ge-

1) Der Taxwert des gesamten festen Eigentums Schwedens betrug i. J. 1880 etwa 3000 Millionen Kr., wovon auf die landwirtschaftlich benutzten Grundstücke etwa 2100 Millionen kamen. Im J. 1890 war die erstere Ziffer auf etwa 3600 Mill. Kr., die letztere jedoch nur auf 2160 Mill. Kr. gestiegen.

wählt. Wählbar sind nur Personen, welche über 35 Jahre alt sind und Grundeigentum zum Wert von mindestens 80 000 Kr. besitzen oder Einkommen von mindestens 4000 Kr. beziehen. Die Wahlen sind indirekt, und zwar werden die Wahlkorporationen (auf dem Lande die sog. Landstinge, in den grösseren Städten die Kommunalvertretungen) mit Hilfe der sog. Gemeindestimmenskala erkoren, nach welcher ein jeder Stimmberechtigte eine seinem direkten Steuerbetrag proportionale Anzahl von Stimmen auf sich vereinigt, in den Städten jedoch mit der Begrenzung, dass niemand mehr als 100 Stimmen (bei einem Einkommensteuerbetrag von 100 Kr. oder mehr) besitzen darf. Es überwiegt somit bei der Zusammensetzung dieser Kammer in hohem Grade der Einfluss der vermögenden Klassen.

Die Mitglieder der zweiten Kammer werden meistens direkt und zwar durch Abstimmung per Kapita gewählt. Das Recht zu wählen hat jedoch hier hauptsächlich nur derjenige, welcher festes Eigentum zu einem Minimalbetrag von 1000 Kr. besitzt oder ein Einkommen von 800 Kr. hat und zu gleicher Zeit nicht mit der Zahlung von Staats- oder Gemeindesteuern im Rückstande ist. Thatsächlich ist nur etwa ein Viertel der erwachsenen Männer des Landes wahlberechtigt. Die Zahl der Mitglieder der beiden Kammern ist nunmehr auf 150 in der ersten und 230 in der zweiten Kammer fixiert. Von letzteren werden 80 von den Städten und 150 von der Landbevölkerung gewählt.

In Fragen der Gesetzgebung und der Konstitution haben beide Kammern ein gegenseitiges Veto (ebenso wie die Regierung ein solches hat); in Steuerfragen (oder vielmehr Bewilligungsfragen) dagegen wird bei verschiedener Beschlussfassung der beiden Kammern noch einmal abgestimmt und die Stimmen werden zusammengerechnet, wonach einfache Majorität entscheidet. Es kann somit die erste Kammer schon mit Beihilfe einer sehr kleinen Minorität (äussersten Falles etwa eines Sechstels) der zweiten Kammer den Sieg davon tragen, was in der That unzählige Male der Fall gewesen ist.

Trotzdem die Bauern nunmehr die zweite Kammer beherrschten, zeigte sich jedoch bald, dass sie zu schwach waren, um ihre Wünsche, welche sich anfangs nur in der bescheidenen Form einer Forderung auf Ablösung der Grundsteuerlasten kundgaben, durchzusetzen. Um so weniger konnte dies gegen den Widerstand der ersten Kammer geschehen, als die Grundsteuern zu den „ordinären Einnahmen des Staates" gerechnet wurden und daher nach der üblichen Auffassung nicht zu gemeinsamer Abstimmung der Kammern gebracht werden durften.

Es sollte jedoch diese Frage schliesslich — und zwar in der für die kleineren und mittleren Grundbesitzer allerdings viel angenehmeren Form einer einfachen Abschreibung sowohl der Grundsteuern wie der Lasten der Einteilung — gelöst werden, nachdem sie mit einer anderen Frage innerlich verknüpft worden war, mit der sie eigentlich nur in einem äusserlichen Zusammenhang stand, nämlich denjenigen betreffend die Kräftigung der militärischen Organisation des Landes, welche Frage nach den grossen europäischen Kriegsereignissen in den 60er und 70er Jahren in weiten Schichten und vor allem in den Regierungskreisen eine brennende geworden war.

Allerdings wäre, so lange man noch eine durchgreifende Reorganisation des ganzen Landesverteidigungswesens auf Grundlage der allgemeinen Wehrpflicht im Sinne hatte, das Aufhören des Einteilungswerks eine notwendige Folge gewesen, allein die Naturallieferungen des letzteren hätten natürlich dabei, wie schon früher vielfach geschehen war, durch grundsteuerähnliche Vakanzabgaben der betreffenden rekrutierungspflichtigen Hufen ersetzt werden können. Schliesslich aber wurde der ganze Reorganisationsplan auf unbestimmte Zeit vertagt, da sich zeigte, dass die höheren Klassen die „zuverlässige" eingeteilte Armee doch nicht missen wollten, und es wurde von seiten der Regierung nur eine Erweiterung der schon bestehenden allgemeinen Wehrpflicht nebst Verstärkung der Spezialwaffen vorgeschlagen.

Damit war eigentlich jeder organische Zusammenhang zwischen den beiden „grossen Fragen" gelöst; es bestand aber der rein politische Interessenverband weiter, welcher sich um so kräftiger erwies, als einerseits die bäuerliche Majorität der zweiten Kammer auf irgend welche neuen militärischen Bürden nur zum Preise einer Abschreibung der Grundsteuern und der Einteilung eingehen wollte, andererseits aber die erste Kammer ohne Genehmigung verlängerter Uebungszeit der Wehrpflichtigen, sowie der sonstigen militärischen Neuerungen, die angestrebte Steuerermässigung gutzuheissen nicht gesinnt war.

Es entstand aus diesem Interessenstreit das vielerwähnte „Kompromiss", welches i. J. 1885 seine erste Frucht trug, indem auf Vorschlag der damaligen Regierung (Ministerium Themptander) einerseits eine partielle Abschreibung von 30 Perzent der Grundsteuern und der Einteilung (letzteres als Ersatz für 30 % der Kosten der Stellungspflichtigen), andererseits eine Verlängerung der Uebungen der Wehrpflichtigen auf 42 (statt der früheren 30) Tage von beiden Kammern beschlossen wurde.

Die damalige Lage der Staatsfinanzen erlaubte, den entstehenden Ausfall von etwa 3 Millionen nebst den erhöhten Uebungskosten ohne Einführung neuer Steuern zu decken; die inzwischen eingetretene Vergrösserung der Einnahmen war aber hauptsächlich nur eine Folge der seit 1878 vorgenommenen Erhöhung der Branntweinsteuer von (etwa) 30 Oeren auf 40 Oere pro Liter, also um $33^1/_3$ Perzent. Man kann daher ohne Uebertreibung behaupten, dass die erwähnte Steuerermässigung (welche hauptsächlich den kleineren und mittleren, im geringeren Masse aber auch den Grossgrundbesitzern zu gute kam) grösstenteils auf Kosten der ärmsten Volksklassen geschah; und dabei hatten die letzteren noch unter dem verminderten Arbeitsverdienst während der 12 Uebungstage, welcher ihnen in keinerlei Weise vergütet wurde, zu leiden. Auf die schliessliche Durchführung des Kompromisses i. J. 1892 werde ich im nächsten Abschnitte zurückkommen. —

Von den sonstigen ordentlichen Einnahmen ist für die in Rede stehende Periode weniger zu berichten. Die „Mantalspenningar" wurden beibehalten und teilweise um eine Kleinigkeit erhöht, so dass sie jetzt mit 40 Oeren per Mann ausgehen; Frauen zahlen jedoch (seit 1863) nur halb so viel.

Die Staatsdomänen lieferten seit Einziehung der Beamten- (hauptsächlich Militär-) wohnstellen in den 70er Jahren einen bedeutend höheren Ertrag. Die kleineren derselben sind jedoch später verkauft worden. Der allmähliche Verkauf sämtlicher Domänen wurde mehrfach innerhalb der zweiten Kammer beantragt; die Frage ist aber bisher immer an dem Widerstande der ersten Kammer gescheitert. Von den Gründen für und wider gilt hier natürlich etwa dasselbe, was auch in anderen Ländern über diese viel debattierte Frage vorgebracht worden ist. Doch scheinen mir die Gründe für in diesem Falle überwiegend. Ohne eigentlich schlecht bewirtschaftet zu sein, können unsere Staatsdomänen noch viel weniger als Musteranstalten gelten, da das ziemlich veraltete System ihrer Verpachtung die Einführung notwendiger Verbesserungen vielfach erschwert. Dieser Gesichtspunkt ist m. E. der entscheidende, denn wenn der Staat auf dem privatwirtschaftlichem Gebiete eine erziehliche Wirksamkeit nicht auszuüben versteht, thut er gewiss besser, sich gänzlich davon fernzuhalten.

Auch die Verwaltnng der Staatsforsten ist in den letzten Jahren vielfach angegriffen worden, hauptsächlich jedoch aus finanziellen Gründen. Das während der vorigen Periode befolgte obenerwähnte System der Aushändigung, oder richtiger gesagt, Verschenkuug der Kronwälder ist in neuerer Zeit verlassen worden, vielmehr strebt der Staat heute nach Vergrösserung seiner Waldbesitzungen. Neben den noch übriggebliebenen grossen Waldstrecken im Norden besteht dieser Besitz aus zahlreichen kleinen

Waldungen in den übrigen Teilen des Landes, hauptsächlich aus den eingezogenen Wohnstellen gebildet oder abgesondert. Die Verwaltung dieser über grosse Flächen zerstreuten kleinen Wäldchen erfordert selbstverständlich ein sehr zahlreiches Personal, dessen Ablöhnungskosten in keinerlei Verhältnis zu dem geringen Ertrage dieses Teils der Staatsforsten stehen.

Ob überhaupt das finanzielle Resultat der schwedischen Staatsforstverwaltung ein befriedigendes ist, muss ich wegen mangelnder Sachkenntnis dahin gestellt sein lassen. Nach neueren Schätzungen umfassen die unter direkter Verwaltung des Staates stehenden Forsten nicht weniger als über 2 Mill. Hektar produktiven Waldbodens, und es ist allerdings auffallend, dass ein solcher Besitz kaum einen Nettoertrag von 2 Mill. Kr. abwirft. Man muss aber bedenken, dass der weitaus grösste Teil desselben in den nördlichsten Landschaften liegt, und zwar in den am wenigsten günstig situierten Gegenden. Die vorteilhaftesten Waldstrecken wurden, wie schon erwähnt worden ist, während der vorigen Periode an die Bauern verschenkt, welche im allgemeinen ihrerseits das Abholzungsrecht auf längere Zeit (gewöhnlich 50 Jahre) den grossen Sägewerkgesellschaften gegen eine meistens geringe Geldsumme abgetreten haben. Aus jener bedeutenden Einnahmequelle, welche bei grösserer Bedachtsamkeit dem Staate voll und ganz hätte erhalten werden können, bezieht derselbe somit überhaupt kein Einkommen (ja, wie später berührt werden soll, thatsächlich sogar keine Einkommensteuer).

Wenden wir uns den Bewilligungen zu, so ist von der successive eingetretenen Steigerung der Zolleinnahmen schon die Rede gewesen. Dieselbe war eine unmittelbare Folge der Hebung des auswärtigen Handels, welche ihrerseits durch den Umschlag der Handelspolitik bewirkt war, der, schon auf dem Reichstage von 1853/54 begonnen, später mit kräftiger Hand von dem genialen Staatsmanne, dem damaligen Finanzminister Freiherrn Gripenstedt fortgesetzt wurde und im Abschluss des Handelsvertrages mit Frankreich i. J. 1865 gipfelte. In diesem Zeitraume von etwa 12 Jahren wurde das alte, teilweise mehrhundertjährige handelspolitische System Schwedens völlig umgewandelt, die sämtlichen noch bestehenden Einfuhr- und Ausfuhrverbote, sowie die Ausfuhrzölle fielen weg, die Begünstigung der heimischen Schiffe vor denen fremder Nationalität u. s. w. wurde abgeschafft, so gut wie alle Zollsätze mit alleiniger Ausnahme einiger Finanzzölle, wie auf Zucker,

Kaffee und Tabak, wurden erheblich herabgesetzt und — was für die folgende Entwickelung von einschneidender Bedeutung war — für die sämtlichen eigentlichen Nahrungsmittel wie Getreide, Fleisch, Hering und Salz trat Zollfreiheit ein. Das nunmehr befolgte System kann folglich als ein finanzzöllnerisches oder vielmehr — da die Textil- und einige andere Fabriken noch einen ziemlich hohen (obgleich gegen früher wesentlich niedrigeren) Zollschutz behielten — ein gemässigt protektionistisches bezeichnet werden.

Von den noch besteuerten Artikeln war der Zucker, welcher auf den noch heute beibehaltenen Zollsatz von 33 Oeren pro Kilogramm raffinierten Zuckers (Rohzucker 23—23,5 Oere, Syrup 9—10 Oere) gebracht wurde, der gewinnbringendste, indem er für sich allein mehr als ein Drittel der Zolleinnahmen eintrug. Da der Zucker noch in den 50er und 60er Jahren wegen seines hohen Preises (über 70 Oere pro kg Raffinat ohne den Zoll) noch als Luxusartikel betrachtet werden konnte und thatsächlich von den unteren Klassen nur in sehr geringem Masse verbraucht wurde, war gegen diese Steuer in sozialpolitischer Hinsicht nicht viel einzuwenden; dieselbe wirkte zweifellos einigermassen wie eine rationell angelegte Einkommensteuer. Dieses Verhalten hat sich jedoch seitdem ganz und gar geändert. Der Zuckerkonsum ist wegen Verbilligung der Rohware trotz der hohen Zollauflage um mehr als das Dreifache gestiegen; während derselbe i. J. 1861 nur 3,20 kg Zuckerraffinat und 0,90 kg Sirup pro Einwohner betrug, war er schon i. J. 1888 auf bezw. 10,43 und 2,49 kg gestiegen. Dies deutet offenbar darauf hin, dass der Artikel aus dem Luxuskonsum der Reicheren in den täglichen Gebrauch der Massen übergegangen ist.[1] Aus den hierüber gemachten (leider bis jetzt nur ganz sporadischen) Untersuchungen geht in der That hervor, dass ein jährlicher Verbrauch von 20 bis 30 kg Zucker (nebst einigen Kilogramm Sirup) pro Familie sogar unter den landwirtschaftlichen Arbeitern ein ganz gewöhnliches Vorkommnis ist.

Wenn man nun auch getrost annehmen kann, dass der Zuckerkonsum in den wohlhabenden Familien zwei- oder dreimal so gross ist (ein noch grösserer, auf 100 kg oder mehr steigender, kommt wohl nur ganz ausnahmsweise vor, wenn man nämlich, was m. E.

---

1) In der That steht der Zucker bei seinem heutigen Preis eben auf der Grenze zwischen Nahrungs- und Genussmittel. Ohne den Zoll wäre er sogar wegen seines hohen Nährwerts mit dem Brot völlig vergleichbar.

in diesem Zusammenhange das einzig Richtige ist, nur den Verbrauch der Familienmitglieder selbst in Betracht zieht), so besteht doch offenbar kein Verhältnis mehr zwischen dem inviduellen Anteil in der betreffenden Auflage und der Höhe des Einkommens. Der betreffende Zoll ist vielmehr heutzutage unzweifelhaft als eine umgekehrt progressive Steuer zu betrachten.

Aehnliches gilt vom Kaffee, dessen Steuersatz noch bis in die 80er Jahre hinein etwa 26 Oere pro Kilogramm betrug, heute allerdings auf nur 12 Oere herabgesetzt ist.

Auch der Thee ist ziemlich mässig besteuert, mit nur 50 Oeren pro Kilogramm. Leider ist dieser wertvolle Ersatz spirituöser Getränke bisher nur sehr wenig in den Massenkonsum der Bevölkerung Schwedens eingedrungen.

Noch bedenklicher stellt sich in sozialpolitischer Hinsicht die Verteilung der Zollsteuer auf Tabak. Auch dieser Artikel ist Gegenstand des Massenkonsums, und zwar hauptsächlich in der ziemlich unsauberen und auch gesundheitswidrigen, aber wenig kostspieligen Form von Kau- und Schnupftabak.[1])

Wie ganz überwiegend diese Form des Tabakverbrauchs stattfindet, geht daraus hervor, dass z. B. von den 1888 in Schweden fabrizierten 5,5 Millionen kg Tabakwaren nicht weniger als 5 Millionen auf Kau- und Schnupftabak entfielen, wogegen Cigarren und Pfeifentabak zusammen nur $^1/_2$ Million kg, somit nur etwa $^1/_{11}$ der Gesammtmenge betrugen. Der Import von fertigen Fabrikaten ist wegen des für alle anderen als die feinsten Sorten als Sperrzoll wirkenden Cigarrenzolls sehr unbedeutend, i. J. 1888 nur 78 000 kg Cigarren.

Selbstverständlich werden jene billigeren Tabakwaren fast ausschliesslich aus den allerbilligsten Rohstoffen fabriziert, wie z. B. aus dem sehr schlechten Tabak heimischer Provenienz, oder aus eingeführten Stengeln. Am Anfang der Periode trugen Stengel noch einen mässigeren Zollsatz (etwa 29 Oere pro Kilogramm — Blätter 52 Oere).

„Aus zolltechnischen Rücksichten“ wurden jedoch beide Arten bald gleichgestellt und der Zollsatz wurde allmählich erhöht, so dass

---

1) Auch letzterer wird übrigens von den schwedischen Arbeitern gewöhnlich nicht zum Schnupfen gebraucht, sondern in den Mund gesteckt.

er heute für allen Rohtabak 1 Krone pro Kilogramm beträgt (fertige Cigarren 4 Kr. pro Kilogramm). Da ein Kilogramm Tabakstengel durchschnittlich vielleicht etwa 20—25 Oere kostet, beträgt somit der Zollsatz nicht weniger als 400—500 Perzent des Einfuhrpreises, wogegen für feinere Blätter nur einige wenige Perzent desselben gezahlt werden (bis auf nur 5 Perzent für echte Havannablätter).

Es soll hiermit keineswegs geleugnet werden, dass der Tabak sich vorzüglich als Objekt indirekter Besteuerung eignet, nur sollte man stets im Gedächtnisse behalten, dass dergleichen Auflagen immerhin Steuern sind. Wieviel von dieser Steuer auf den Tagelöhner, der sich mit seiner Rolle Tabak oder aus seiner Schnupftabak-Dose erquickt, wieviel auf den Konsumenten der Havannacigarre entfällt, ist allerdings schwierig zu entscheiden; dass aber die Tabaksteuer überhaupt in sehr hohem Grade zum Geschlecht der umgekehrt progressiven Steuern gehört, darüber kann nach dem oben Gesagten kaum ein Zweifel herrschen.

Ein ganz ähnliches Bild bekommt man von den Zöllen und Steuern auf Weine und spirituose Getränke. Infolge des Handelsvertrags mit Frankreich, welcher mehrmals erneuert wurde und dem ähnliche Verträge mit Spanien und Portugal folgten, war der Weinzoll, sowie der Zoll auf Branntwein französischen Ursprungs (Kognak) während eines beträchtlichen Teiles der Periode überaus niedrig (bezw. 15[1]) — 30[2]) Oere und 55[3]) Oere pro Liter), wogegen die Sätze der Branntweinsteuer zur selben Zeit immer in die Höhe gingen und schliesslich auf 50 Oere pro Liter (Zollsatz 75 Oere) festgesetzt wurden. Die Zolltaxe von 1890 enthält daher die seltsame Erscheinung, dass der gemeine Kornbranntwein, dessen Erzeugungswert etwa 15 Oere pro Liter beträgt, dem fünffachen und, wenn heimischen Ursprungs, immer noch mehr als dem dreifachen absoluten Steuerbetrag unterworfen war wie der beste Champagner! Nach dem Aufhören der erwähnten Verträge sind allerdings bedeutend höhere Weinzölle eingeführt (0,50—1,50 Kr. pro Liter) und ist auch der französische Kognak demselben Zollsatz wie andere Branntweinarten unterworfen worden; selbstverständlich aber besteht hier gar kein Verhältnis zwischen Zollsätzen und Warenwert.

Eine strikte Durchführung des Wertzollsystems ist freilich auf diesem Gebiete wie auf den meisten anderen aus mehreren Gründen

1) Wenn unter 21 % Alkohol enthaltend.

2) Wenn zwischen 21 % und 25 % Alkohol enthaltend.

3) Wenn über 25 % Alkohol enthaltend (Kognak).

weder möglich noch an sich wünschenswert; daraus folgt aber nur, dass die schreienden Ungleichmässigkeiten der fraglichen Besteuerung auf irgend eine andere Weise kompensiert werden sollten. Dieselben ohne weiteres damit rechtfertigen zu wollen, dass die Branntweinbesteuerung nicht finanzielle, sondern sittliche Zwecke verfolgt, wäre offenbar nur die reinste Heuchelei, sogar wenn es nicht aktenmässig feststände, dass die successiven Erhöhungen jener Steuer so gut wie immer aus rein finanziellen Rücksichten geschehen sind. Auf dieses Thema werden wir übrigens gleich zurückkommen.

Von den übrigen vor 1888 bestehenden Zöllen waren noch diejenigen auf Textil- und Lederwaren auch in finanzieller Hinsicht von Bedeutung, weil dieselben zwar hoch genug waren, um für die billigsten Erzeugnisse den heimischen Markt zu sichern, aber zu niedrig, um die Einfuhr der feineren Qualitäten zu verhindern, freilich auch zu niedrig, um nicht den früher so verbreiteten Schleichhandel mit diesen Waren grösstenteils zu beseitigen. (Die heutigen, teilweise erheblich höheren Industriezölle traten erst i. J. 1892 ein.) Auch von dieser Gruppe gilt nun ganz dasselbe wie von fast allen Gegenständen unserer Zollgesetzgebung, dass die Zollsätze fast ohne jegliche Abstufung nur nach dem Gewicht oder der Stückzahl der Waren abgemessen werden, ohne irgend welche Beziehung zur Qualität und zum Preis des Artikels. Als ein einziges Beispiel unter vielen mag an den Zoll auf Hüte erinnert werden. Derselbe wurde i. J. 1892 von der später zu erwähnenden Zollkommission zu niedrig befunden, da er „nur“ 40 Oere pro Stück betrug, was, wie hervorgehoben wurde, „lediglich 4 Perzent des Preises eines besseren Filzhuts“ ausmacht. Thatsächlich besteht jedoch die grosse Masse der bei uns verbrauchten Hüte nicht in solchen, die zehn Kronen, sondern in solchen, die sogar trotz der Verteuerung durch den Schutzzoll im Grosshandel nur etwa anderthalb Kronen[1]) kosten, so dass der Zollsatz hier nicht weniger als etwa 40 % des ursprünglichen und somit gegen 30 % des durch den Zoll erhöhten Preises betrug. (Dessen ungeachtet wurde der Zollsatz i. J. 1892 auf 75 Oere erhöht).

Aehnliches gilt nun in höherem oder niedrigerem Masse in betreff der ganzen Reihe von Bekleidungsgegenständen, einschliesslich der Fussbekleidung: durchgehend zahlen die Verbrauchsgegen-

---

1) 1,33—1,65 Kr. per Stück (1892).

stände der Arbeiter eine 4—10mal so hohe relative Steuer wie die der Wohlhabenden. Der für die ersteren so wichtige Sohllederzoll, welcher während der ersten Hälfte der Periode successive herabgesetzt wurde, ist gegen das Ende derselben wieder erhöht, die momentane Zollfreiheit der Grobstiefeln wieder abgeschafft worden u. s. w.

Wenn wir noch das Petroleum erwähnen, haben wir die wichtigsten zollpflichtigen Gegenstände des Regimes vor 1888 aufgezählt. Der Zoll auf diesen Artikel (welcher mit vegetabilischen Oelen auf eine Linie gestellt war) betrug anfangs 5 Oere, später 2 Oere pro Liter, um i. J. 1888 völlig aufgehoben zu werden, — neben der gleichzeitig eingetretenen Herabsetzung des Kaffeezolles wohl der einzige Lichtpunkt, den man in dem damals inaugurierten, durchaus reaktionären handelspolitischen System zu entdecken vermag.

Wie wir gesehen haben, hatte das vorhergehende System, ohne auch entfernt eine gerechte Steuerverteilung zu erzielen, den Arbeitern gegenüber wenigstens den grossen Vorzug, die eigentlichen Lebensmittel frei zu lassen. Dies sollte nun in dem denkwürdigen Jahre 1888 gänzlich anders werden. Auf dem damaligen Reichstage, wo eine schutzzöllnerische Majorität in der bekannten, halb komischen Weise durch die Annullierung der Stockholmer Wahlen wegen der entdeckten Nichtwählbarkeit eines der 22 gewählten Abgeordneten und Gewählterklärung der Kandidaten der Minorität zustande gekommen war, wurden sämtliche Lebensmittel (ausser Salz, Heringen und gedörrten Fischen) mit Zoll belegt, und im besonderen das Getreide (Weizen, Roggen, Gerste, Mais, Erbsen und Bohnen), wenn unvermahlen, mit einem Zollsatze von 2,50 Kr., wenn vermahlen, mit 4,30 Kr. pro 100 kg belegt; gesalzenes Schweinefleisch mit 20 Oeren pro Kilogramm u. s. w. Eine wie erhebliche Kostenvergrösserung dies für das Ausgabebudget der Lohnarbeiter bedeutete, braucht nicht erst hervorgehoben zu werden. Der durchschnittliche Konsum an Mehl und Brot in einer Arbeiterfamilie von mittlerer Grösse kann bei uns auf 10 bis 15 kg pro Woche veranschlagt werden (während derselbe in wohlhabenden Familien bekanntlich weit weniger zu betragen pflegt). Der Zoll auf Schweinefleisch fiel fast ausschliesslich auf die Arbeiter, welche damals noch erhebliche Mengen amerikanischen Schweinefleisches verbrauchten.

Die Staatskasse gewann hierdurch eine Mehr-Einnahme, die an sich 7—8 Millionen Kr. und nach Abzug der Einnahme-Verminderung vom Kaffee und Petroleum noch etwa 5 Millionen Kr. betrug. Zusammen mit der gleichzeitig beschlossenen Erhöhung der Branntweinsteuer haben jene Zollerhöhungen das Einnahmebudget von 1889 und 90 auf eine früher niemals erreichte Höhe gebracht. Im Gegensatz aber zu den ein Jahrzehnt früher eingeführten deutschen Lebensmittelzöllen war die erwähnte Massregel grösstenteils nicht durch irgend welche finanzielle Schwierigkeiten bedingt. Es wurde daher auch von seiten der Regierung versprochen, dass die erhöhten Einnahmen wenigstens teilweise zur Verbesserung der Lage der arbeitenden Klassen verwendet werden sollten. Dieses Versprechen ist jedoch unerfüllt geblieben, vielmehr wurden die neuen Einnahmen bald durch allerlei ausserordentliche Bewilligungen, vor allem zur Fortsetzung des Eisenbahnbaues in den nördlichsten Landesteilen, dann für Panzerschiffe, zur Bildung eines Fonds für ein neues Reichstagsgebäude, zur Aufführung eines zeitgemässeren königl. Marstalles u. s. f. in Anspruch genommen.

Bei den Neuwahlen i. J. 1890 wurde allerdings die Majorität der zweiten Kammer auf ein freihändlerisches Programm gewählt. Zugleich aber war innerhalb der ersten Kammer — bei deren Zusammensetzung, wie früher hervorgehoben, die grösseren Grundbesitzer, die Grossindustriellen und überhaupt die Vermögenden überwiegen — die während der vorangehenden Jahrzehnte angefachte protektionistische Strömung fast völlig durchgedrungen. Die Majorität dieser Kammer konnte daher im Verein mit der schutzzöllnerischen Minorität der zweiten Kammer der sog. neuen Landmännerpartei) die gemeinsamen Votierungen und damit das Budget und die Steuergesetzgebung vollständig beherrschen. Die Folgen hiervon sollten sich bald zeigen, gehören jedoch dem folgenden Zeitabschnitt an.

Neben den Steuern ist noch die Rübenzuckeraccise zu erwähnen. Dieselbe erhielt jedoch erst gegen das Ende der Periode einige Bedeutung. Sie wurde anfangs mit einem fast nur nominellen Betrage, dann mit $^2/_5$ des Zollsatzes auf Rohzucker (23,5 Oere pro Kilogramm) berechnet, wobei noch der rechnungsmässige Ertrag der Rüben auf nur $6^1/_4$ Perzent Rohzucker festgestellt war, während derselbe schon 1886/88 thatsächlich über 10 Perzent betrug. Infolgedessen stieg der Ertrag der Rübenaccise noch i. J. 1890 auf nicht ganz 1 Mill. Kr. Zur selben Zeit waren die Gewinnste der Rübenzuckerfabriken und des Rübenbaus (für welchen sich bisher nur die südlichsten Teile des Landes als geeignet erwiesen haben) nachdem diese Industrie sich einmal eingebürgert und das erste Versuchsstadium passiert hatte, überaus glänzende. Die natürliche Folge hiervon ist gewesen, dass der Rübenbau sich in den nächsten Jahren schleunigst ausbreitete, so dass die heimische Zuckererzeugung heute imstande ist, den Konsum des Landes vollständig zu decken, was aber wieder zur Folge gehabt hat, dass die Einfuhr von Zucker nunmehr auf eine Kleinigkeit herabgesunken und damit eine der bedeutendsten Einnahmequellen des Staates grösstenteils versiegt ist. Die hieraus entstandenen noch nicht gelösten finanziellen Verwickelungen, welche auch einer gewissen politischen Bedeutung nicht entbehrten, werde ich bei dem folgenden Zeitabschnitt zu besprechen haben.

Gehen wir jetzt zu dem nach den Zöllen wichtigsten Einnahmeposten des Staates, der Branntweinsteuer, über. Wie früher erwähnt worden ist, nahm diese Besteuerung auf dem Reichstage von 1853/54 eine ganz veränderte Gestalt an, indem die Abgabe für Erzeugung von Branntwein mit einmal verachtfacht oder auf 50 Oere pro Kanne (= 2,6: Liter) erhöht wurde. Die hierdurch erzielte Vergrösserung der Staatseinnahmen war eine zu willkommene, als dass sie nicht hätte dazu anregen sollen, auf der eingeschlagenen Bahn zu verharren. Schon auf dem nächsten Reichstage von 1856/58 wurde die Steuer auf 60 Oere pro Kanne erhöht; i. J. 1867, auf dem ersten Reichstage seit Einführung der Zweikammervertretung erfolgte sodann eine Erhöhung auf 70 Oere, 1871 auf 80 Oere, 1879 auf eine Krone pro Kanne, welcher Satz bei Annahme des neuen Masssystems auf 40 Oere (statt etwa 38 Oere) pro Liter ausgeglichen wurde, um durch den mehrerwähnten Reichstag von 1888 auf 50 Oere pro Liter erhöht zu werden. Der Steuersatz ist somit seit 1854 fast verdreifacht worden und beträgt über 20mal so viel wie i. J. 1850.

Teilweise als Folge hiervon sowie der verschärften Bestimmungen über die Kontrolle der Erzeugung, teilweise wegen der Fortschritte der Technik ist die Erzeugung von Branntwein jetzt mehr auf einige wenige kapitalistische Unternehmungen (i. J. 1891/92 auf 142) eingeschränkt, was seinerseits für die Kontrolle eine wesentliche Erleichterung bedeutet. Dieselbe darf heute im grossen ganzen als eine genügende bezeichnet werden, obgleich noch vor wenigen Jahren schwere Unterschleife, die längere Zeit betrieben waren, in einigen Branntweinbrennereien aufgedeckt wurden.

Geheime Brennereien kommen wohl kaum mehr vor oder doch höchstens in den entlegensten Gegenden der nördlichen Landesteile.

Merkwürdigerweise haben weder die so bedeutend erhöhte Erzeugungssteuer noch die gleich zu besprechenden Ausschanks- und Verkaufsabgaben auf den Branntweinkonsum anfangs irgend eine sichtbare Einwirkung gehabt. Derselbe ist vielmehr in den Jahren 1861—78, auf den Kopf der Bevölkerung berechnet, fast völlig stationär geblieben, wenn auch die schlechten Jahre 1867—69 eine Verminderung, die guten Jahre 1872—76 hingegen eine Vergrösserung der verbrauchten Menge herbeiführten. Seit 1878 ist jedoch eine erhebliche, successive fortschreitende Verminderung des Verbrauches unverkennbar[1]; allerdings muss hierbei auch die durch die Auswanderung hervorgebrachte relative Abnahme in der Zahl der erwachsenen Männer berücksichtigt werden.

Es scheint daher vorläufig der Punkt erreicht zu sein, wo eine nochmalige Verteuerung der Ware möglicherweise eher zur Verminderung, wie zur Vergrösserung der Staatseinnahmen beitragen würde, wenn nicht etwa die geplante Besteuerung des Bieres einen erhöhten Branntweinkonsum veranlassen sollte.

Neben den verschärften Bestimmungen über die Erzeugung von Branntwein wurden gleichzeitig solche über dessen Verkauf und Ausschank erlassen. Der freie Branntweinhandel wurde auf ein Minimalquantum von anfangs 15, dann 100 Kannen (heute 250 Liter) eingeschränkt; übrigens wurde das Recht zum Handel oder Ausschank von Branntwein von der Genehmigung der Provinzialbehörden (in den grösseren Städten der Kommunalverwaltung) abhängig gemacht und mit Abgaben belastet, deren Ertrag nach gewissem Massstabe unter die Gemeinden, die Provinzialverwaltungen und die „Hushållningssällskap“ (gewisse halboffizielle Gesellschaften zur Förderung der Landwirtschaft) verteilt wurde. Allmählich haben diese Bestimmungen dazu geführt, dass in den meisten Städten der eigentliche Verschleiss (von mindestens 1 Liter) des gemeinen Branntweins, sowie das Halten der für die Arbeiter bestimmten Schnapsschenken von gewissen sog. patriotischen Gesellschaften übernommen worden ist, welche nach Deckung ihrer Selbstkosten (einschl. etwa 6% Zins auf ihr Wirtschaftskapital) den ganzen entstandenen

1) Der Branntweinkonsum (einschl. Arrak, Rum und Kognak) betrug pro Einwohner 1877/78: 10,5 Liter, 1887/88 6,9 Liter (à 50% Alkohol).

Gewinn abzugeben haben. Letzterer wird dann in der oben beschriebenen Weise verteilt, so dass die Stadtgemeinden davon durchschnittlich etwa $^3/_5$ (die grössten Städte jedoch etwas mehr) beziehen, der Rest aber auf die Landgemeinden und die erwähnten Körperschaften verteilt wird. Auf dem Lande selbst wird jetztmehr nur sehr ausnahmsweise das Recht zum Branntweinhandel bewilligt.

Es ist dies die unter dem Namen des Gothenburger Systems[1]) bekannte Einrichtung. Neben gewissen Vorzügen haften derselben jedoch die Nachteile an, welche mit jeder Monopolwirtschaft verbunden sind. Die Feststellung des Preises bei Verkauf oder Ausschank liegt an jedem Ort in den Händen der Branntweingesellschaft selbst. Da nun jede Preiserhöhung thatsächlich einer neuen Besteuerung gleichkommt, so hat somit eine Handvoll Privatpersonen die Macht, den sämtlichen Einwohnern einer Stadtgemeinde sowie auch der Bevölkerung in der Umgebung eine beliebig hohe indirekte Steuer aufzuerlegen. Man mag übrigens die betreffenden Gesellschaften noch so geflissentlich als „patriotische" oder „philantropische" ausgeben, so hindert dies natürlich nicht, dass sie innerhalb der gesteckten Grenzen ihr Geschäft nach dem Prinzip des grösstmöglichen Privatgewinns betreiben, was ja in mehrerlei Weise geschehen kann, wenn nicht eine besonders scharfe Kontrolle entgegensteht. Von jedem Einfluss auf diese, weil von jedem Einfluss auf die Zusammensetzung der Kommunalvertretung sind aber diejenigen ausgeschlossen, welche an der Sache am meisten interessiert wären, nämlich die grosse Masse der Branntweinkonsumenten, d. h. die Arbeiter.

Uebrigens wird immerhin nur ein Teil, etwa $^3/_5$ des zur Konsumtion verfügbaren Branntweins (Arrak, Kognak u. s. f. mit eingerechnet) durch die Gesellschaften direkt veräussert, die übrigen $^2/_5$ werden durch andere Inhaber von Verkaufsrechten (z. B. die feineren Restaurants, welche gewöhnlich eine feste jährliche Abgabe zahlen) durch den Partiehandel, sowie in anderer (unerlaubter) Weise den Konsumenten zur Verfügung gestellt; und es wird in dem offiziellen Berichte des betreffenden Regierungsbureaus für 1888—90 hervorgehoben, dass, während in diesen drei Jahren die von den Gesellschaften direkt abgesetzte Spirituosenmenge eine Reineinnahme (über die Erzeugungssteuer hinaus) von bezw. 28,7, 27,7 und 31,7 Oeren pro Liter geliefert hatte, die übrigen $^2/_5$ der konsumirten

---

1) Es streiten sich übrigens mehrere Ortschaften in Schweden um die Ehre, dieses System zuerst eingeführt zu haben.

Menge lediglich eine solche von bezw. 7,9, 9,2 und 7,1 Oeren abwarfen.

Bedenkt man ferner, dass der Preis beim Ausschenken in den hauptsächlich von Arbeitern besuchten, von den patriotischen Gesellschaften verwalteten Branntweinschenken bedeutend höher gehalten wird wie in den Verkaufsstellen, wo die kleinste Verkaufsmenge 1 Liter beträgt (z. B. in Stockholm bezw. 1,60 Kr. und 1,10 Kr. pro Liter), so erkennt man, in wie unvergleichlich höherem Masse die Arbeiterbevölkerung für ihre Konsumtion von spirituösen Getränken besteuert wird als die wohlhabenden Klassen.

Welche Bedeutung in fiskalischer Hinsicht die Branntweinabgaben heute besitzen und welche erhebliche Steuerlast der Masse der Bevölkerung dadurch auferlegt ist, geht aus den folgenden Angaben hervor. Es betrugen im Kalenderjahr 1890

die Branntweinerzeugungssteuer nach Abzug von Restitutionen	15730000 Kr.
die Zolleinnahmen vom Branntwein (Kognak, Arrak etc.)	1460000 „
Verkaufsabgaben nebst abgeliefertem Gewinn der Gesellschaften . . .	6980000 „
Sa.	24 170 000 Kr.[1]),

was etwas über 5 Kr. pro Einwohner ausmacht. Verteilt man die Summe auf die männliche Bevölkerung von über 18 Jahren, so kommt auf jede Person ein Betrag von etwa 17 Kr. Es ist jedoch sicher, dass die Arbeiter und besonders die städtischen Arbeiter weit mehr beitragen.

Wenn z. B. ein Arbeiter jeden Werkeltag in den Stockholmer Schenken drei „grosse Schnäpse" trinkt — was[2]) $^1/_6$ Liter Branntwein à 46 Prozent Alkohol, somit im ganzen 77ccm oder 61 gr Alkohol pro Tag gleichkommt und folglich einem zwar beträchtlichen aber keineswegs abnorm hohen Alkoholkonsum entspricht — und in den Feiertagen ein entsprechendes, in den Verkaufsstellen eingekauftes Quantum Branntwein zu Hause geniesst, so bezahlt er diesen Genuss mit ($50 \times 1,60 + 11 \times 1,10 = 92,10$, also rund) etwa 92 Kr.

Die Erzeugungskosten jener Menge von 61 Liter schwedischem Branntwein betrugen nach den durch das Kontroll-Bureau angestellten Berechnungen für das Jahr 1890 nur etwa 8 Kronen (à 13,03 Oere pro Liter).

1) Der Durchschnitt der vorangehenden 7 Jahre beträgt etwa 20000000 Kr.

2) Nach den früher üblichen, alten Mässen berechnet.

Die betreffenden Berechnungen beziehen sich allerdings auf die Materialkosten des Rohbranntweins von 50 Perzent Alkohol. Nach der gewöhnlichen (auch in dem Bureau - Bericht gemachten) Annahme werden jedoch die eigentlichen Fabrikationskosten durch den Abfall gedeckt, und es kann ferner angenommen werden, dass die Reinigungskosten nur dem Unterschiede im Alkoholgehalt zwischen dem Rohbranntwein und der gereinigten Ware (50—46 %) entsprechen.

Der ganze Unterschied, etwa 84 Kr., setzt sich folglich neben der dem Staate zufliessenden Erzeugungssteuer, welche (61 $\times$ 0,50 =) 30,50 Kr. beträgt, aus den Transport- und Handelskosten und schliesslich aus dem an die Gemeinde u. s. w. abgelieferten Reingewinn der Gesellschaft zusammen. Die Kosten können nun nach den Rechnungen der letzteren für das Verkaufsjahr 1889/90 mit etwa 37 Oeren pro Liter[1]) berechnet werden, betrugen somit für das betreffende Quantum etwa 22,50 Kronen. Der Rest oder 31 Kr. bezeichnet folglich den Beitrag unseres Arbeiters zu den Jahreseinnahmen der Gemeinden vom Branntweinhandel. Im ganzen hätte derselbe also an Steuer für diesen einzigen Artikel nicht weniger als 61,50 Kr. zu zahlen, während sein gesamtes Jahres-Einkommen vielleicht 7—800 Kr. oder auch weniger beträgt.

Sogar wenn diese Abgaben die einzigen auf den unteren Klassen lastende Steuern für staatliche und kommunale Zwecke wären, würden sie für manchen Arbeiter, der durchaus nicht etwa als Trunkenbold bezeichnet werden kann, wohl eine unverhältnismässig schwere Steuerbürde bedeuten; wie nun erst, wenn man noch den Gesamtbetrag der vielen sonstigen, ihn auch oder sogar ihn besonders treffenden indirekten, wie direkten Steuern hinzunimmt? Ich werde am Ende dieser Arbeit eine solche Zusammenstellung versuchen.

Von den übrigen Bewilligungen bleiben nur noch zwei, nämlich die Stempelgebühren und die „allgemeine Bewilligung“ zu erörtern.

Die erstere Steuerart erfuhr während der hier behandelten Periode keine wesentlichen Veränderungen. In mehreren Beziehungen wurden die Sätze herabgesetzt, so in betreff der Uebertragung von festem Eigentum und der Beamtenvollmachten; bei der Erbmassen-

1) Durchschnittskosten für das gesamte abgesetzte Branntweinquantum. Möglicherweise sind die Kosten für den ausgeschenkten Branntwein etwas höher zu veranschlagen.

(Inventar-)Gebühr wurde der Anteil der überlebenden Ehehälfte seit 1863 steuerfrei. Die Zunahme des ganzen betreffenden Einnahmepostens, welcher immerhin 1890 nur etwa 3,5 Millionen Kr. betrug, ist somit einerseits aus der Zunahme des Wohlstandes und des Verkehrs, andererseits aus dem oben erwähnten Umstande zu erklären, dass die früheren Beamtensporteln grösstenteils durch dem Staate zufliessende Stempelgebühren ersetzt worden sind.

Wenden wir uns schliesslich der sog. allgemeinen Bewilligung zu, so ist schon berichtet worden, wie diese Steuergattung, welche am Anfang der neuen Verfassungsära 1809/10 zur wesentlichsten unter sämtlichen Einnahmequellen des Staates erhoben wurde, nach und nach zu einer der unbedeutendsten herabsank. Und zwar geschah das nicht so sehr durch Erniedrigung des nominellen Steuerfusses, welcher vielmehr seit 1815 unverändert blieb, nämlich 5 Perzent des Einkommens aus Arbeit, Gewerbe [1]), und (beweglichem) Kapital, und 2 pro Mille des Taxwertes des festen Eigentums (was unter Annahme einer vierperzentigen Verzinsung 5 Perzent des Ertrages gleichkommt). Der allmähliche Verfall jener Steuer rührte vielmehr davon her, dass das feste Eigentum, besonders auf dem Lande, nicht zu seinem wahren Werte eingeschätzt wurde, sondern im allgemeinen die i. J. 1823 festgestellten Taxwerte beibehielt, und dass an Stelle wirklicher Einschätzung des Einkommens der bürgerlichen Nahrungen gewisse klassenweise Abgaben eingeführt worden waren, die gleichfalls meist unverändert blieben. Es ist auch oben hervorgehoben worden, eine wie verhältnismässig bedeutende Rolle die nach dem sog. Artikel I der Bewilligungsverordnung erhobene Kopfsteuer, die „persönliche Schutzabgabe" gespielt hat, indem dieselbe, wohlgemerkt ungerechnet die unter den ordentlichen Einnahmen des Staates aufgeführten „Mantalspenningar", bis zum Jahr 1841 nicht weniger als $^2/_5$ der ganzen Bewilligungssumme einbrachte. Im letzteren Jahre wurde allerdings die Schutzabgabe auf die Hälfte erniedrigt (also auf etwa 75 Oere pro Mann und 38 Oere pro Frau); die folgende Herabsetzung i. J. 1845 war aber, wie erwähnt, eine nur scheinbare, indem allerdings die eine Hälfte der damaligen Schutzabgabe aus dem Reichsbudget verschwand, dieselbe aber dafür von den Gemeinden für Schulzwecke erhoben werden durfte.

---

1) Jedoch mit Ausnahme des landwirtschaftlichen Gewerbes, welches ausser Grundsteuer u. s. f. nur der Eigentumssteuer unterlag.

Als nun auf dem Reichstage 1853/54 die oben besprochene grosse Erhöhung der Branntweinsteuer stattfand und dadurch die Mittel nicht nur zu den geplanten neuen Staatsausgaben (vor allem zur Verzinsung der von da an kontrahierten Eisenbahnschuld) sondern darüber hinaus noch zu Steuererleichterungen gewonnen waren, hätte man wohl erwarten sollen, dass eine Steuerermässigung in erster Linie denjenigen Klassen zu Gute kommen würde, welche durch die neue Konsumtionssteuer am empfindlichsten getroffen waren, kurz dass die persönlichen Abgaben in Wegfall kommen oder wenigstens herabgesetzt werden würden.

Dies geschah jedoch nicht, vielmehr wurde die einzige Steuererleichterung auf einem Gebiete vorgenommen, wo eine solche wohl am wenigsten dringend war, nämlich bei dem II. Artikel der Bewilligungsverordnung, der Eigentums- und Einkommensteuer. Beide wurden um die Hälfte herabgesetzt, diejenige auf die Beamtengehälter sogar auf ein Drittel ihres früheren Betrages, was freilich relativ berechtigt war, insofern die Beamten meistens nach ihrem wirklichen Einkommen eingeschätzt wurden und somit unverhältnismässig hoch besteuert waren.

Das feste Eigentum hatte nunmehr nur 1 pro Mille des Taxwerts zu zahlen, wobei letzterer auf dem früheren, hinter dem wirklichen Wert weit zurückbleibenden Betrag festgehalten wurde.

Die Einkommensteuer wurde gleichfalls von 5 Perzent auf nur $2^1/_2$ Perzent des Einkommens erniedrigt[1]). Auch dieser Steuersatz blieb übrigens in den meisten Fällen ein nur nomineller, weil die vielfach noch erheblich niedrigeren Klassenabgaben beibehalten wurden. Auf dem betr. Reichstage wurden sogar diese unter gewissen Bedingungen um die Hälfte vermindert, vom nächsten Reichstage jedoch auf ihre frühere Höhe zurückgebracht.

Die Folge hiervon war nun, dass i. J. 1855, als diese Bestimmungen zur Anwendung kamen, die ganze Eigentumsbewilligung auf nicht ganz 700 000 Kr. und die ganze Einkommensteuer auf etwas über 700 000 Kr., zusammen also auf etwa 1 400 000 Kr. herabging, während zur selben Zeit die beiden Hälften der Schutzabgabe (die für den Staat und die auf die Gemeinden übertragene) zusammen beinahe 1 Million (978 000) Kr., somit etwa $^2/_5$ der ganzen Bewilligungssumme ausmachten, gerade so wie vor 1841. Ja, wenn man noch den Betrag der Mantalspenningar, i. J. 1855 etwa

---

1) Die der Beamtengehälter von 3 Perzent auf nur 1 Perzent.

600 000 Kr., hinzurechnet, gelangt man zu dem eigentümlichen Resultat, dass die sämtlichen, ursprünglich dem Staate zukommenden Kopfsteuern (somit ausschliesslich derjenigen, welche für eigentliche Gemeindezwecke bestimmt waren) bedeutend mehr betrugen wie die gesamte allgemeine Eigentums- und Einkommensteuer — ein Verhalten, das in der neueren Steuergeschichte wohl ohne Seitenstück dasteht.

Wenn somit die allgemeine Bewilligung für die besitzenden Klassen als nichts weniger wie eine drückende Bürde betrachtet werden konnte, war indessen eine Reform derselben auch für diese Klassen eine Notwendigkeit geworden, besonders weil einerseits die immer mehr anwachsenden Gemeindesteuern grösstenteils nach gewissen Multipeln der „Bewilligungskrone", d. h. der staatlichen Bewilligung, berechnet wurden, andererseits das (damalige) politische und kommunale Stimmrecht in den Städten, das letztere teilweise auch auf dem Lande, nach dem Betrage jener Bewilligung sich richtete. Um eine solche Reform anzubahnen, wurde auf Antrag des Reichstags von 1856/58 eine Kommission eingesetzt, deren Vorschläge in betreff neuer Vorschriften über die Bewilligung vom Reichstage 1859/60 im wesentlichen angenommen wurden. Die daraus entsprungene Bewilligungsverordnung v. J. 1861 gilt in ihren Hauptzügen noch heute.

Die wichtigste Veränderung, welche damals vorgenommen wurde, war die Bestimmung, dass das feste Eigentum durch zeitweise (alle 3 Jahre) erneuerte Taxierungen aufgeschätzt und für die Einkommensteuer das wirkliche Einkommen zugrunde gelegt werden sollte, so dass die Klassenabgaben gänzlich abgeschafft wurden.

Da indessen eine wesentliche Erhöhung des Steuerbetrages nicht beabsichtigt war, derselbe vielmehr auf seiner früheren absoluten wie relativen Höhe erhalten werden sollte, wurde der Steuerfuss in entsprechendem Masse erniedrigt. Für das Einkommen aus Arbeit und Kapital wurde ein Steuersatz von einem Perzent festgestellt, was gegen 1850 eine nominelle Erniedrigung auf ein Fünftel bedeutete. Einkommen unter 400 Kr. wurden jedoch steuerfrei —, so dass die betr. Personen nur noch die Bewilligung nach dem I. Artikel, d. h. Kopfsteuer zu zahlen hatten, — und bei Einkommen unter 1800 Kr. durften 300 Kr. in Abzug kommen.

Die Veränderungen, welche in dieser Hinsicht später eingetreten sind, werden sogleich besprochen werden.

Das Grundeigentum wurde nach wie vor in Prozenten seines Taxwertes besteuert, und zwar wurde der Steuersatz für städtische oder sonstige nicht landwirtschaftlich benutzte Grundstücke auf 0,5 pro Mille, für landwirtschaftlich benutzte (einschl. der zugehörigen Gebäude) dagegen nur auf 0,3 pro Mille des Taxwertes festgesetzt.

Schuldzinsen durften, was die Einkommensteuer anbelangt, nur beim gewerblichen Einkommen, nicht aber beim Lohneinkommen in Abzug[1]) gebracht werden. Bei der Eigentumssteuer war ein solcher Abzug überhaupt nicht zulässig.

Andererseits aber hatten die ländlichen Grundbesitzer noch immer weder für den Ertrag ihrer persönlichen Arbeit noch für den ihres landwirtschaftlich benutzten Kapitals (Viehbestand, Gerätschaften u. s. f.) überhaupt etwas zu zahlen. Ihre steuerrechtliche Stellung war insofern eine überaus günstige geworden. Wenn dies in Anbetracht der Grundsteuern und grundsteuerähnlichen Verpflichtungen, die noch auf den kleineren Besitzungen lasteten, einigermassen gebilligt werden konnte, so war die Entlastung der grossen, früher adligen Besitzungen, welche an Grundsteuer u. dergl. nur wenig, oft fast gar nichts zahlten, um so weniger zu rechtfertigen; wenn auch zugegeben werden muss, dass dieselbe durch die Verordnung von 1861 nicht erst neugeschaffen, sondern in der Hauptsache nur bestätigt wurde. Wie sehr jedoch die Dinge während des vorangehenden halben Jahrhunderts verändert waren, mag die folgende Zusammenstellung lehren.

Nach dem Wortlaut der Steuerverordnung von 1810 (welche allerdings Abzug für Schuldzinsen gestattete) hatte ein schuldenfreier Grossgrundbesitzer, dessen Eigentum (ausschliesslich Inventar) nach jetzigem Gelde auf 3 Millionen Kr. mit einem jährlichen Reinertrag des ganzen Vermögens von 150000 Kr. aufgeschätzt war, vom letzteren an den Staat etwa 14 Perzent Steuer, oder 21000 Kr. zu zahlen. Nach der Verordnung von 1812 zahlte er noch etwa 8 Perzent, somit ca. 12000 Kr., seit 1815 nur 5 Perzent oder 7500 Kr., seit 1823 nur 4 Perzent oder 6000 Kr., seit 1854 nominell 2 Perzent oder 3000 Kr., (in Wirklichkeit jedoch weit weniger), nach der Verordnung von 1861 aber, welche in dieser Beziehung

1) Das frühere Recht eines Schuldners, beim Zahlen von Zinsen 5 Perzent derselben abzuziehen, sobald der Zinsfuss auf 6 oder mehr Perzent bestimmt war, wurde jetzt aufgehoben.

bis 1892 geltend blieb, hatte er nur noch 0,3 Perzent des erwähnten Reinertrags oder 900 Kr. zu zahlen, was wohl praktisch mit Steuerfreiheit beinahe gleichkommt. Die Steuer war jedenfalls auf weniger als ein Zwanzigstel ihres ursprünglichen Betrags gesunken.

Thatsächlich aber waren, wie schon mehrmals erwähnt worden ist, die taxierten Werte seit 1823 auf dem Lande durchaus unverändert geblieben; die Folge hiervon ist gewesen, dass, trotz der nominellen Erniedrigung des Steuerfusses auf weniger als ein Drittel des früheren (i. J. 1854 bestimmten), die Bewilligungssumme der landwirtschaftlichen Grundstücke nicht unerheblich (etwa um $^1/_5$) sich steigerte. Die Bewilligung des übrigen festen Eigentums, sowie die des Einkommens, wo der Steuerfuss im Verhältnisse 5:2 erniedrigt wurde, erfuhr dagegen einen gewissen, aber ganz unbedeutenden Rückgang[1]), wobei übrigens bezüglich des Einkommens noch an die jetzt gestatteten steuerfreien Abzüge zu erinnern ist.

Die erwähnte Steuerverordnung blieb während des folgenden Jahrzehntes unverändert, und da, wie wir gesehen haben, der Ertrag der Einkommen- und Eigentumssteuer (der Bewilligung nach dem II. Artikel) durch die Steuerreform fast unberührt blieb, so war noch i. J. 1871 der Gesamtertrag dieser Steuern nur sehr wenig höher als das, was die beiden Hälften der Schutzabgabe zusammen mit den Mantalspenningar einbrachten. Nachdem im selben Jahre die an die Gemeinden abgetretene Hälfte der Schutzabgabe wiederum an die Staatskasse eingezogen worden war (wogegen der Staat die Zahlung eines Teiles der Volksschullehrergehälter übernahm), wurde i. J. 1872 die andere Hälfte jener Abgabe nachgelassen.

Die betreffende Massregel kann gewissermassen als eine erzwungene erachtet werden. Es war nämlich auf eben diesem Reichstag innerhalb der zweiten Kammer ein Antrag auf Abschaffung der für alle in gleicher Höhe ausgehenden Mantalspenningar eingebracht und von dieser Kammer angenommen, von der ersten Kammer dagegen abgelehnt worden. Es entstand nun die Frage, ob nicht diese Angelegenheit wie die eigentlichen Bewilligungsfragen durch gemeinsame Abstimmung zu entscheiden wäre. Die (von der Regierung ernannten) Vorsitzenden (Talmän) der beiden Kammern weigerten sich jedoch, eine solche Abstimmung vorzunehmen weil verfassungsmässig die Mantalspenningar nicht zu den Bewilligungen sondern zu den ordentlichen Einnahmen des Staates gehörten.

1) Die Bewilligung der Beamten, rücksichtlich deren der Steuerfuss schon i. J. 1854 auf 1 Perzent im Allgemeinen festgesetzt wurde, ist gestiegen, weil Gehälter unter 1800 Kr. früher nach einem absteigenden Tarif besteuert wurden, wähernd später nur die obenerwähnten Abzüge statthaft waren.

Der innere Grund des Widerstandes war selbstverständlich der, dass man in dem ganzen Antrage nur eine Art Versuchsballon erblickte, welcher für eine eventuelle gemeinsame Abstimmung über die Aufhebung der Grundsteuern ein Präjudiz schaffen sollte.

Wenn man nun schliesslich statt der Mantalspenningar die erwähnte (halbe) Schutzabgabe fallen liess, geschah dies seitens der Majorität der zweiten Kammer wohl hauptsächlich, um ihren guten Willen zu bezeugen.

Jene Freigebigkeit des Reichstags dauerte übrigens, genau genommen, nur ein Jahr, denn schon in den nächsten Jahren wurde den Gemeinden gestattet, die persönlichen Abgaben (Kopfsteuern), welche sie teils für Schulzwecke, teils für die Krankenpflege aufzuerlegen berechtigt waren, bis auf einen Betrag zu erhöhen, welcher, wenn voll in Anspruch genommen, denjenigen der soeben nachgelassenen (halben) Schutzabgabe nicht nur erreichte, sondern übertraf.

Uebrigens war schon seit 1857 bei einer dritten persönlichen Gemeindesteuer, der Armenpflegeabgabe, der erlaubte Höchstbetrag verdoppelt worden (von 25 auf 50 Oere pro Mann und von $12^1/_2$ auf 25 Oere pro Frau). Der Gesamtbetrag der Kapitationssteuern ist somit in dem betreffenden Zeitraum nicht nur nicht vermindert, sondern eher vergrössert worden.

In dieser Gestalt verblieb die allgemeine Bewilligung bis zum Jahr 1883. Alle Versuche seitens einzelner Mitglieder des Reichstags, die noch bestehenden personellen Steuern zu beseitigen oder sonst irgendwie den ärmeren Volksklassen, deren Bürden man auf dem Wege der indirekten Besteuerung inzwischen immer mehr vergrössert hatte, wenigstens auf dem Gebiete der direkten Steuern Linderung zu verschaffen, wurde bald unter diesem, bald unter jenem Vorwand vom Reichstage, und zwar eben so gut von der zweiten, wie von der ersten Kammer zurückgewiesen.

Am Ende der 70er Jahre, als sich die Bestrebungen nach Lösung der kombinierten Verteidigungs- und Grundsteuerfragen mit neuer Kraft geltend machten, wurde von der Regierung eine, aus hervorragenden Mitgliedern beider Kammern bestehende grosse Steuerregulierungskommission eingesetzt mit dem wichtigen Auftrag, „nach vollständiger Erörterung aller Steuerverhältnisse im Reiche[1]) einen auf diese Erörterung begründeten Vorschlag zur gerechten Verteilung der Steuerbürden zu machen."

1) Von mir hervorgehoben.

Es hat diese Kommission während ihres mehr als dreijährigen Bestandes über gewisse Teile des damaligen Steuersystems, vor allem über die Grundsteuern und das Einteilungswerk, sowie über gewisse kommunale Steuern ein sehr schätzbares, wenngleich nicht besonders gründlich bearbeitetes, statistisches und sonstiges Material zusammengebracht. Der ihr ausdrücklich gestellten eigentlichen Aufgabe ist sie jedoch in einer Weise aus dem Wege gegangen, wie sie sich wohl aus ihrem lebhaften Wunsch, einer schnellen Lösung der mehrerwähnten „grossen" Fragen möglichst wenige Hindernisse in den Weg zu legen, erklären lässt, die aber sonst m. E. in jeder Hinsicht geradezu unverantwortlich war.

Die Kommission beginnt ihr wesentlichstes, im Herbste 1882 abgegebenes Gutachten mit der offenen Erklärung, dass sie sich lediglich mit „denjenigen Verhältnissen" beschäftigt habe, „welche die direkten Steuern berühren. Auf eine nähere Erörterung der indirekten Steuern (ausser der Stempelsteuer) eingehen zu dürfen", habe „die Kommission um so weniger geglaubt, als die hauptsächlichsten unter den letzteren" — d. h. Zölle und Branntweinabgaben — „neuerdings Gegenstand der Verhandlungen innerhalb für diese Zwecke besonders eingesetzten Kommissionen gewesen" seien.

Dies war nun insofern ganz richtig, als in den nächst vorangehenden Jahren sowohl eine Branntwein- als eine Zollkommission wirklich getagt hatte. Allein in den Gutachten dieser beiden Kommissionen sucht man vergebens nach irgend welcher Erörterung über die Verteilung der Belastung durch die betr. indirekten Steuern [1]), was übrigens nicht wunder nehmen kann, da eine solche Aufgabe in den Instruktionen dieser Kommissionen nicht enthalten war. Aber sogar wenn dies der Fall gewesen wäre, so war wohl eine Zusammenstellung der verschiedenen indirekten wie direkten Steuern eine notwendige Voraussetzung für jede Untersuchung über den relativen Steuerdruck, sowie für jeden Vorschlag einer gerechteren Steuerverteilung.

Das Versäumnis seitens der Kommission, über den thatsächlich ungleich grösseren Teil der Staatseinnahmen auf irgend welche Auseinandersetzungen einzugehen, kann daher kaum anders erklärt werden, als dass sie nur zu wohl herausfühlte, ihr Streben, die Inhaber

---

1) Höchstens trifft man in dem, im Februar 1882 abgegebenen Berichte der Zollkommission einige Spuren einer ursprünglich geplanten, aber weniger gut ausgeführten und daher schliesslich aufgegebenen Untersuchung dieser Art.

der mit Grundsteuern und Einteilung belasteten Grundstücke als diejenige Klasse darzustellen, welcher in erster Linie eine Steuerlinderung zu gute kommen müsse, würde durch ein sorgfältiges Abwägen des Druckes der gesamten Steuerbürde nicht nur erschwert, sondern einfach unmöglich gemacht werden.

Jene Selbstbeschränkung der Kommission auf das Gebiet der direkten Steuern wäre übrigens einigermassen berechtigt gewesen, wenn es etwa in ihrer Absicht gelegen hätte, für die zur Abschreibung empfohlenen Grundsteuern etc. sowie zur Kostendeckung der beabsichtigten neuen Heeresordnung lediglich andere direkte Steuern vorzuschlagen. Davon war jedoch keine Rede. Vielmehr findet man unter den geplanten neuen Staatseinnahmen, welche während der nächsten 15 Jahre (während welcher Zeit die neue Heeresordnung durchgeführt sein sollte) die voraussichtliche Erhöhung an Ausgaben und den Ausfall an Einnahmen, zusammen etwa $12^1/_2$ Millionen Kr. [1]), zu ersetzen bestimmt waren, direkte Steuern nur zum Betrage von nicht ganz $1^1/_2$ Millionen Kr. (darunter Erhöhung der Eigentums-Bewilligung 630 000 Kr., Erhöhung der früher ganz unbedeutenden Erbschaftssteuer 700 000 Kr.). Alles übrige sollte gedeckt werden teils durch gewerbliche Einnahmen des Staates sowie durch Uebertragung gewisser Einnahmen der Gemeinden, besonders der Städte, auf die Staatskasse, teils und vor allem durch neue oder erhöhte indirekte Auflagen, Stempelabgaben, Malz-, Tabak- und Branntweinsteuern.

Und dies alles ohne die mindeste Untersuchung über die mutmassliche Verteilung und den relativen Steuerdruck, sei es der vorgeschlagenen neuen, sei es der alten bestehenden indirekten Steuern! Dies also war nach der Auffassung jener Kommission ein „auf vollständige Erörterung aller Steuerverhältnisse im Reiche begründeter Vorschlag zur gerechten Verteilung der Steuerbürden". Wie die damalige Regierung (Ministerium Posse) eine so seltsame Auslegung des Wortlautes der von ihr gegebenen Instruktion seitens der Kommission gutheissen konnte, habe ich hier nicht zu erörtern; es scheint aber, als ob schon innerhalb der Kommission selbst das elementarste Rechtsgefühl sich gegen eine derartige Behandlung

1) Die Abschreibung der Grundsteuern und des Einteilungswerks sollte nach dem damaligen Plane erst in 37 Jahren geschehen. Für den grössten Teil dieser Kosten wurde daher überhaupt keine Deckung vorgeschlagen, sondern diese der Zukunft überlassen.

ihrer hochwichtigen Aufgabe hätte sträuben müssen. Dass dies nicht geschah, mag als weiterer Beleg dafür gelten, wie im politischen Interessenkampf zwischen den Machthabenden die unvertretenen Klassen mit psychologischer Notwendigkeit schliesslich immer die Kriegskosten zahlen müssen.

Es versteht sich von selbst, dass der hier gemachte Vorwurf überhaupt nicht oder nur teilweise die Minorität der Steuerregulierungskommission treffen kann. Von dieser hat ein Mitglied, der bekannte Stockholmer Abgeordnete Ad. Hedin innerhalb der Kommission in ebenso warmherziger wie beredter Weise die Interessen der unbemittelten Volksklassen verteidigt. Seine diesbezüglichen Aeusserungen gehören m. E. zu dem Schärfsten und Besten, was in Steuersachen überhaupt bei uns ausgesprochen worden ist. — Zu den Reservanten gehörte auch der damalige Upsalaer Professor des Staatsrechts und Reichstagsabgeordnete H. L. Rydin. Derselbe hat als Beilage seiner Reservation eine sehr vollständige geschichtliche Uebersicht des gesamten Steuerwesens Schwedens ausgearbeitet, ein Werk, aus dem ich für die vorliegende Arbeit, besonders in betreff der älteren Zeitabschnitte, mit vollen Händen zu schöpfen mir erlaubt habe.

Uns interessieren hier zunächst nur die Vorschläge der Kommission auf dem Gebiete der allgemeinen Bewilligung, übrigens der einzige Teil ihrer Vorschläge, welcher auf dem folgenden Reichstag im wesentlichen angenommen wurde, da die Voraussetzung der übrigen, die Durchführung der neuen Heeresordnung, damals nicht genehmigt wurde.

In betreff der Eigentumsbesteuerung wurde überhaupt keine Veränderung vorgenommen. Die von der Kommission vorgeschlagene Erhöhung der Bewilligung der landwirtschaftlichen Grundstücke auf dasselbe Niveau wie des übrigen festen Eigentums, somit auf 0,5 statt 0,3 pro Mille des Taxwertes, war nämlich durch sie von der eventuellen Aufhebung der Grundsteuern abhängig gemacht worden.

Bezüglich der Einkommensteuer wurde das steuerfreie Minimum auf 500 Kr. statt nur 400 Kr. festgesetzt, und das zu steuerfreiem Abzug berechtigte Einkommen wurde in zwei Klassen eingeteilt, nämlich Einkommen unter 1200 Kr., wo 450 Kr., und solches über 1200 aber unter 1800 Kr., wo (wie früher) nur 300 Kr. abgezogen werden durften. Ueberdies wurde bestimmt, dass die steuerfreien Abzüge (einschl. des steuerfreien Minimums) ausnahmsweise um noch weitere 200 Kr. erhöht werden könnten, wenn entweder besonders missliche Umstände, wie zahlreiche Familie, langwierige Krankheit u. s. f. vorlägen, oder auch am betreffenden Orte die Mieten ungewöhnlich hohe wären.

Die Kommission hatte nur den ersteren Ermässigungsgrund gelten lassen wollen, und zwar in der Meinung, dass die höheren Mietzinse und sonstigen Kosten des Lebensunterhalts in den Städten durch die „grossen Erleichterungen, welche das Zusammenwohnen in Stadtgemeinden in mehrfacher Hinsicht — wie Kauf und Verkauf, Krankenpflege u. a. — mit sich bringe", im wesentlichen aufgewogen werden. Wie ganz unzutreffend diese Behauptung und wie absurd die von der Kommission vorgeschlagenen Bestimmungen über das steuerfreie Minimum waren, geht aus den innerhalb der Kommission gelieferten Angaben über die damaligen Mietverhältnisse in Stockholm hinreichend hervor. Es betrug nämlich die Miete einer gewöhnlichen Arbeiterwohnung (eines Zimmers mit Küche) in den entlegensten Gegenden Stockholms 240 bis 300 Kr., während eine entsprechende Wohnung auf dem Lande, einschliesslich Feuerung, auf etwa 50 Kr. pro Jahr geschätzt wurde.

Allein auch die vom Reichstage angenommenen Bestimmungen sind wenigstens für die grösseren Städte gänzlich unbefriedigend, was u. a. dazu geführt hat, dass z. B. in Stockholm in den Einkommenklassen unter 1800 Kr. die jährlichen Steuerrestanten mehr wie die Hälfte der Steuerpflichtigen ausmachen. Da nun das Versäumnis des Erlegens der direkten Staats- und Gemeindesteuern den Verlust des Stimmrechtes mit sich führt, wird thatsächlich aus diesem Grunde der allergrösste Teil der Stockholmer Arbeiterbevölkerung ihrer bürgerlichen Rechte gegenüber Staat und Gemeinde permanent beraubt.

In betreff der personellen Abgaben ist das Raisonnement der Kommission zu bezeichnend, als dass es hier übergangen werden könnte. Die Kommission hat dabei sowohl die für Staatszwecke wie die für Gemeindezwecke ausgehenden Kopfsteuern im Zusammenhang betrachtet. Erstere waren einmal die Mantalspenningar, dann die mehrerwähnte zweite Hälfte der Schutzabgabe, jede mit 40 Oeren pro Mann und 20 Oeren pro Frau.

Die für Gemeindezwecke erhobenen Kapitationssteuern waren, abgesehen von gewissen Abgaben für die Besoldung der Geistlichkeit und der Kirchenbeamten, noch von dreierlei Art, nämlich für die Krankenpflege, über welche Abgabe von den Provinzialvertretungen disponiert wird, für das Armenwesen und für Schulzwecke. Jede dieser Abgaben war auf einen Maximalbetrag von 50 Oeren pro Mann und 25 Oeren pro Frau festgesetzt[1]). Zusammen lieferten

---

1) Dazu kam noch Schulgeld mit höchstens 50 Oeren pro schulpflichtiges Kind. Diese Abgabe wurde jedoch nur in etwa der Hälfte der Gemeinden erhoben.

die beiden Kopfsteuern, soweit sie für den Staat erhoben wurden, i. J. 1878 1,4 Millionen Kr., und die für die Gemeinden bestimmten 3,7 Millionen Kr. Von letzteren entfielen auf das Land über 3 Mill. Kr. oder etwa 12 Percent der sämtlichen damaligen für Gemeindezwecke (Armen- und Schulwesen, Kirchen und Geistlichkeit, Wegeunterhalt u. s. w.) in Anspruch genommenen Steuern und Naturallieferungen (letztere in Geld aufgeschätzt).

Ueber diese ganze Steuerform fällt nun die Kommission auf der ersten Seite ihres diesbezüglichen Gutachtens ein verwerfendes Urteil, wie es kaum abfälliger formuliert werden könnte. Sie „drücke die unbemittelten Mitglieder der Gesellschaft am schwersten“ und sei überhaupt „die roheste aller Steuerformen“, sie „gehöre der Kinderzeit der Staaten an“, sei das Merkmal „einer erst beginnenden und niedrigen Kultur“, werde aber „immer weniger verwendbar und berechtigt in dem Masse, als sich die Einnahmequellen der Gesellschaft mannigfaltiger entwickeln“. Dies klingt nun alles sehr versprechend; schon auf der nächsten Seite wird man jedoch belehrt, dass „die theoretischen Gründe, welche in so erheblicher Stärke gegen die Kapitationssteuer angeführt werden können, in der einen oder anderen praktischen Hinsicht eine gewisse Modifikation erfahren müssen.“

Dies sei speziell der Fall „in betreff der Stellung der Steuerpflichtigen gegenüber dem grösseren Gesellschaftsverbande, dem Staate.“ Hier lasse sich „wenigstens eine, aber eine mässige Steuer aus dem Gesichtspunkte rechtfertigen“, — ich citiere wörtlich die nicht besonders glückliche Formulierung eines übrigens wohlbekannten Arguments seitens der Kommission — „weil die Vorteile, welche eine vom Staate geschützte Gesellschaftsordnung bereitet, eben wegen der Sicherheit für den Genuss jener Vorteile, welche (Sicherheit) der Staat verleiht, nicht für einen jeden so handgreiflich sind, dass nicht eine Erinnerung daran in Form einer Steuer erforderlich sein könne“. Ueberdies werden noch die „verwickelten Verhältnisse der modernen Gesellschaft“ herangezogen, die „mit einer gewissen Notwendigkeit eine früher unbekannte Mannigfaltigkeit in den Steuerformen erheischen als Bedingung für das Erreichen des grossen Zieles: der möchligst gerechten und gleichmässigen Verteilung der Steuerbürden.“

Es wird somit „die mannigfache Entfaltung der Einnahmequellen“, welche auf der vorigen Seite die Abschaffung der personellen Steuern bedingen sollte, hier gewissermassen als Grund für deren Beibehaltung angeführt. Was aber „die möglichst gerechte und gleichmässige Steuerverteilung" betrifft, so mag nur daran erinnert werden, dass die indirekten Auflagen, über deren Verteilung die Kommission, wie gesagt, kein Wort verloren hat, schon damals nicht unbedeutend mehr betrugen, wie die sämtlichen von ihr in Betracht gezogenen staatlichen und kommunalen Steuern und Lieferungen.

Mit dieser, wohl etwas fragwürdigen Deduktion wurde nun unter Beibehaltung der Mantalspenningar die noch bestehende Schutzabgabe (die zweite Hälfte der ursprünglichen) zur Aufhebung empfohlen, welche letztere auch vom folgenden Reichstage beschlossen wurde. Der hierdurch weggefallene Steuerbetrag kann auf etwa 700 000 Kr. geschätzt werden.

Auch in betreff „der grösseren Gemeinde", d. h. der Provinz oder Statthalterschaft (Län) hat die Kommission die Beibehaltung der bestehenden Kopfsteuer, d. h. der von den Provinzialvertretungen (Landsting) und in den vier grössten Städten von diesen direkt verwalteten Abgaben für die Krankenpflege, „mit keinerlei wirklichen Missständen verbunden oder in irgend welchem Masse unbillig" erachtet, „um so weniger, als die Förderung des betreffenden Zweckes [1]) allen Gesellschaftsklassen, und nicht am wenigsten den weniger bemittelten, gleich sehr am Herzen liegen müsse". Dies ist natürlich wahr, ob aber dadurch eben auf diesem Gebiete das Beibehalten der „rohesten aller Steuerformen" gerechtfertigt wird, ist doch sehr fraglich. Man möge übrigens nicht etwa glauben, dass jene Steuer die einzige sei, welche für den erwähnten Zweck den unteren Volksklassen auferlegt wird. Die Provinzialvertretungen beziehen nämlich noch Branntweinverkaufsabgaben (bezw. Teile der Gesellschaftsgewinne), mit jährlich etwa 1 Million Kr., und da ihre durch Steuern zu deckenden Ausgaben (hauptsächlich für den Unterhalt der Provinzialkrankenhäuser, dann für Erziehungszwecke, Verkehrswesen u. dergl.) nur etwa 2,4 Millionen Kr. betragen (1890), werden dieselben somit zu $^3/_4$ aus Steuern bestritten, die entweder Kopfsteuern sind oder sogar eine noch schärfere umgekehrte Progression bezeichnen, während nur $^1/_4$ (damals, i. J. 1882, allerdings etwa $^1/_3$) der betr. Steuersumme nach Einkommen und Eigentum

1) Der ursprüngliche Zweck dieser Kopfsteuer war die Behandlung der Geschlechtskrankheiten gewesen. Dieser Zweck nimmt jetztmehr nur einen sehr geringen Teil der verfügbaren Mittel in Anspruch, insbesondere, weil die betreffenden Krankheiten, laut den statistischen Angaben, in den letzten Jahren sowohl an Frequenz wie an Bösartigkeit erheblich abgenommen haben.

umgelegt wird. Um „die möglichst gerechte und gleichmässige Steuerverteilung“ auf diesem Gebiete zu erzielen, war somit die Beibehaltung der personellen Abgabe nicht gerade unerlässlich. Der Reichstag ist jedoch auf diesem Punkte den Ansichten der Kommission beigetreten.

In betreff der für eigentliche Gemeindezwecke ausgehenden Kopfsteuern sollten dagegen die erwähnten theoretischen Bedenken der Kommission gegen jene Steuerform etwas mehr zur Geltung gelangen. Die persönlichen Abgaben für kirchliche Zwecke wurden allerdings unangetastet gelassen; ebensolche aber für das Armenwesen zu erheben, ist nach der Meinung der Kommission „eine wirkliche Unbilligkeit“ und in betreff derjenigen für das Schulwesen bemerkt dieselbe sehr richtig, dass ein möglichst guter und umfassender Volksschulunterricht im Interesse der bemittelten Klassen selbst liege, und dass der Schulzwang an und für sich an unbemittelte Eltern Anforderungen stelle, die schon hinreichend gross und mit Opfern verbunden seien, als dass es sich empfehle, dieselben noch obendrein durch eine persönliche Steuer zur Erhaltung des Schulwesens zu vermehren. Zum Ueberfluss spricht noch die Kommission in betreff der persönlichen Abgaben an „die kleineren Gemeinden“ (die Kirchspiele) — im Gegensatz zu den für den Staat und die grössere Gemeinde (die Provinz) erhobenen — ihre Zuversicht aus, dass „ein jeder a u c h o h n e d i e s e l b e n[1]) sich leicht als Mitglied der Gemeinde fühlen“ werde, da er sich „täglich und stündlich im Genusse der mannigfachen Vorteile findet, welche aus diesem Vereinigungsbande für ihn entspringen.“

Trotz einer so kräftigen Motivierung hat der Reichstag schliesslich nur die erstgenannte Abgabe (für das Armenwesen) aufgehoben; die Schulabgabe wurde beibehalten, statt dessen aber kam das damals noch erlaubte, aber nicht überall erhobene, und überhaupt viel weniger ergiebige Schulgeld in Wegfall. Daneben wurden einige kleinere persönliche Abgaben an die Gemeinden[2]) abgeschafft, und es wurde gegen die von der Kommission bemerkte, damals sehr häufige (und noch heute nicht ganz beseitigte) a u s s e r g e s e t z l i c h e Ausschreibung von personellen Abgaben seitens der Gemeinden für allerlei Zwecke schärfer ein-

1) Von mir hervorgehoben.
2) Hauptsächlich für Kirchenbau.

geschritten, so dass die Summe der kommunalen Kopfsteuern schliesslich um etwa ein Drittel vermindert wurde, während die für den Staat ausgehenden um die Hälfte erniedrigt waren. Wenn man noch den Ausfall an Steuern, welcher durch die Erhöhung der steuerfreien Beträge verursacht wurde, hinzurechnet, kommt man auf einen Gesamtbetrag von ungefähr 2 Millionen Kr. Es ist dies sozusagen die einzige Steuererleichterung gewesen, welche von 1841 bis zum heutigen Tage den ärmeren Klassen zu gute gekommen ist [1]) — wahrlich ein Tropfen im Vergleich zu der immer steigenden Hochflut der indirekten Steuern, mit denen sie sowohl vor wie nach dem betreffenden Zeitpunkte (1883) belastet worden sind.

Schon nach zwei Jahren erfolgte die obenerwähnte Abschreibung von 30 Percent der Grundsteuern und des Einteilungswerks, wodurch etwa 3 Millionen Kr. an Steuern den ländlichen Grundbesitzern ohne jeglichen Ersatz nachgelassen wurden, während die Bürde der allgemeinen Wehrpflicht sich um mehr als ein Drittel vergrösserte. Im J. 1888 geschah sodann die Einführung der Getreide- und sonstigen Lebensmittelzölle sowie die Erhöhung der Branntweinerzeugungssteuer von 40 auf 50 Oere pro Liter.

Die Folge hiervon zeigt sich in dem Verzeichnisse über die Staatseinnahmen von 1890, nach welchem die Zölle nebst Zuckerrübenaccise $43^1/_2$ Millionen Kr., die Branntweinsteuer (nach den Restitutionen) $15^1/_2$ Millionen Kr., zusammen also 59 Millionen Kr. betragen, während der noch verbliebene Teil der Grundsteuern und des Einteilungswerks auf etwa 7 Millionen Kr. veranschlagt werden kann, die allgemeine Bewilligung etwa 4,9 Millionen Kr. und die Stempelsteuer 3,5 Millionen Kr., diese drei zusammen also etwa $15^1/_2$ Millionen Kr. ergeben. Bedenkt man ferner, dass die Zolleinnahmen von damals in ganz überwiegendem Masse aus solchen Posten sich zusammensetzen, bei denen die arbeitenden Klassen entweder, wie bei der Getreide- und (Schweine-)Fleischsteuer, absolut, oder wenigstens, wie bei der Tabak-, der Zucker-, der Kaffeesteuer etc., relativ stärker beteiligt waren, dass ferner

1) Es soll hiermit nicht geleugnet werden, dass diese Klassen — sowie die Bevölkerung überhaupt — aus dem Uebergang zu freieren Grundsätzen betreffend Handel und Gewerbe in den 50er und 60er Jahren einen grossen indirekten Vorteil gezogen haben. Ihre ökonomische Lage hat sich zweifellos gebessert, ihr Anteil an der Besteuerung ist jedoch in einem weit höheren Verhältnis gewachsen.

neben den sicht- und greifbaren Zöllen noch eine mehr oder weniger entsprechende Preiserhöhung aller geschützten Artikel heimischer Erzeugung stattfand, welche notwendig in erster Linie die Konsumenten der gröberen Warenqualitäten, also wiederum die arbeitenden Klassen, treffen musste; bedenkt man schliesslich, dass jene Klassen noch eine (allerdings wenig beträchtliche) Kopfsteuer, die mehrfach erwähnten Mantalspenningar — welche ihnen ja das Gefühl der vollen Mitbürgerschaft sichern sollte — an den Staat zu zahlen hatten, so gewinnt man eine wahrhaft seltsame Vorstellung von dem, was bei uns noch am Ende des 19. Jahrhunderts als „die möglichst gerechte und gleichmässige Verteilung der Steuerbürden" dem Staate gegenüber gilt, und man fragt sich, ob es denn überhaupt möglich sein könne, den Arbeitenden und Bedrückten den Becher der Unrechtigkeit noch voller zu schenken. In dieser Hinsicht wird jedoch die folgende Darstellung leider jeden Zweifel beseitigen müssen.

IV. Die Zeit nach 1890.

Wegen der einschneidenden Veränderungen unseres Steuerwesens während der letzten 5 Jahre erscheint es angemessen, diesen Zeitraum gesondert zu behandeln, wobei ich jedoch nur die wichtigsten der betreffenden Thatsachen, und zwar in aller Kürze und in chronologischer Reihenfolge besprechen werde.

Bei den Neuwahlen i. J. 1890 wurde, wie erwähnt, die Majorität der zweiten Kammer auf ein freihändlerisches Programm gewählt. Zur selben Zeit aber war in der ersten Kammer, deren Mitglieder auf neun Jahre gewählt werden, die protektionistische Strömung, welche unter den Grossgrundbesitzern und Grossindustriellen vornehmlich ihre Anhänger hat, durch die vorgenommenen Ersatzwahlen immer vollständiger zum Durchbruch gekommen. Mit Hilfe der schutzzöllnerischen und meistens auch streng konservativen Minorität der zweiten Kammer konnte daher die immer kompakter werdende Majorität der ersten Kammer die gemeinsamen Abstimmungen und damit die Steuergesetzgebung beherrschen. Es gelang infolgedessen zunächst der freihändlerischen Majorität der Zweiten Kammer nicht, irgend eine Veränderung der 1888er Zollsätze zu bewirken. Unter dem Drucke der stark erhöhten Getreidepreise aber, welche infolge der russischen Missernten eingetreten waren, wurden auf dem Reichstage von 1892 die Lebensmittelzölle bis auf weiteres um etwa die Hälfte herabgesetzt, der Getreidezoll somit auf 1,25 Kr., der Mehlzoll auf 2,50 Kr. (früher 4,30 Kr.) pro 100 kg, der Fleischzoll auf 10 Oere pro Kilogramm erniedrigt.

Zugleich wurden jedoch auf dem Gebiete der Industriezölle weitgehende Erhöhungen vorgenommen. Der schutzzöllnerische Sieg i. J. 1888 war durch ein Bündnis der Agrar- und der Industrieprotektionisten gewonnen worden. Dass die damals auferlegten Zölle wesentlich nur die landwirtschaftlichen Erzeugnisse betroffen hatten, war eine Folge der noch bestehenden Tarifverträge (bes. mit Frankreich), welche auf mehreren Punkten die freie Verfügung über die Zolltaxe hinderten. Dieses Hindernis war nun durch den Ablauf jener Verträge i. J. 1892 beseitigt. Schon i. J. 1888 war auf Antrag des Reichstags eine Kommission mit der Aufgabe eingesetzt worden, solche Veränderungen der geltenden Tarife vorzuschlagen, welche „den Gewerbszweigen des Landes einen wohl abgewogenen Zollschutz verschaffen“ würden. Das Gutachten dieser Kommission, deren Zusammensetzung eine fast rein schutzzöllnerische war, lag schon seit dem Beginn des Jahres 1891 vor. Es zeichnet sich durch eine überaus knappe allgemeine Motivierung aus, die mit dem Gewicht der Sache selbst und der Tragweite der vorgeschlagenen Massregeln nur wenig im Einklang zu stehen scheint.

Es wird in dieser Hinsicht die Kommission nur noch von dem Bewilligungsausschusse des 1888er Reichstags übertroffen, der unter dem Vorsitze des damaligen Abgeordneten, späteren Staatsministers E. G. Boström die damals geplanten Veränderungen der Zollgesetzgebung vorzubereiten hatte und dabei statt jeder sachlichen Motivierung seiner Vorschläge sich in der Hauptsache damit begnügte, „das bekannte Uebergewicht der schutzzöllnerischen Partei auf dem Reichstage“ in Erinnerung zu bringen.

Die Kommission beruft sich einfach auf ihre Instruktion, nach welcher es „ihr obgelegen“ habe, „als leitendes Prinzip den Grundsatz aufrecht zu erhalten, dass der Schutz der nationalen Arbeit einer der Zwecke der Zollgesetzgebung“ sei, ein Grundsatz, welcher nach der Meinung der Kommission „während der letzten Jahrzehnte in betreff vieler Gebiete des Gewerbslebens nicht immer hinreichend berücksichtigt worden“ sei. Letzterer Ausdruck ist wenig zutreffend, denn die Handelspolitik der vorhergehenden 30 Jahre war ja vielmehr bewusst von dem Grundsatz ausgegangen, dass die heimische Industrie am besten durch freie Konkurrenz mit dem Auslande gefördert werde, obwohl dieser Grundsatz allerdings nicht auf allen Gebieten folgerichtig durchgeführt worden war. Zu beachten ist übrigens, dass der Zweck, welcher sonst als Rechtfertigungsgrund für Schutzzölle angeführt zu werden pflegt, nämlich die Ermöglichung des Aufkommens neuer Industrien, von der Kommission ausdrücklich verworfen wird, dieselbe also nur für die Erzeugnisse der schon im Lande bestehenden Industrien Schutzzölle eingeführt wissen will, was immerhin etwas bedenklich klingt. Von dieser Regel werden der Hauptsache nach nur zwei Ausnahmen gemacht, nämlich in betreff der Eisenbahnschienen, welche damals im Lande nur in einer einzigen Fabrik und zwar für Rechnung des Staates verfertigt wurden, und betreffend Seidenwaren, deren Erzeugung bei den durch die Verträge mit Frankreich festgestellten niedrigen Zollsätzen auf eine Kleinigkeit herabgesunken war. Bezüglich der letzteren wurde aber auch der vorgeschlagene Zoll nicht so sehr als Schutzzoll wie als Finanzzoll motiviert, indem der Charakter der Seidenwaren als Luxusartikel [1]) stark hervorgehoben wird.

Diese Motivierung muss freilich als eine verfehlte bezeichnet werden, denn es hätte sonst notwendig auch die Rohseide mit einem entsprechenden Zoll belegt werden müssen, weil anderenfalls ein hoher Zollsatz auf fertige Fabrikate natürlich als Sperrzoll wirkt, der finanzielle Erfolg der Massregel also sehr problematisch wird.

Der Reichstag hat jedoch die vorgeschlagenen Zölle auf Seidenwaren, wenn auch mit etwas mässigeren Sätzen [2]) genehmigt, was den Fabrikanten dieser Waren zweifellos sehr angenehm gewesen ist, die Einfuhr solcher aber mit einem Schlage um etwa die Hälfte vermindert hat. —

Der vorgeschlagene Schienenzoll wurde dagegen vom Reichstage nicht angenommen, da er das Interesse der Privateisenbahnen offenbar zu stark geschädigt hätte. Wohl aber ist der wichtige,

---

1) Zum bedeutenden Teil allerdings ein Luxusartikel der ärmeren Klassen, deren Weiber ihre als Hochzeitsschmuck benutzten seidenen Kopftücher noch nicht allgemein durch Hüte ersetzen.

2) Gewebe, 8 Kr. pro Kilogramm, statt der vorgeschlagenen 12 Kr. — früher 2,35 Kr. — Rohseide, welche zur Zollfreiheit vorgeschlagen war, bekam schliesslich einen Zoll von 2 Kr. pro Kilogramm.

früher zollfreie Artikel: Maschinen und Gerätschaften mit einem Zollsatze von 10 % des Wertes bedacht worden, und überdies erhielt die Eisenindustrie das überaus zweideutige Geschenk eines Roh-(Guss)eisenzolles [1]).

Auch sonst sind die vorgeschlagenen neuen Zollsätze oder Zollerhöhungen meistens genehmigt worden und haben, wie früher bemerkt wurde, auf sehr vielen Gebieten die schon vorher unverhältnissmässig hohen Zollsteuern der ärmeren Konsumenten noch erheblich (teilweise auf 50, 60 bis 80 Perzent des Warenwertes) vergrössert.

In einem Punkte, nämlich in betreff des Sohlleders, gelang es trotz der heftigsten Agitation nicht, eine Erhöhung des schon bestehenden Zollsatzes (24 Oere pro Kilogramm) zu bewirken — eine Ironie des Schicksals, da eben die Bestrebungen der Gerber, gegen die Fortschritte des Auslands innerhalb ihrer Industrie geschützt zu werden, in den vorangegangenen Jahren am allerlautesten gewesen waren und wohl nicht wenig dazu beigetragen hatten, für einen Umschwung auf dem Gebiete der ganzen Zollpolitik Stimmung zu machen.

Ueberdies wurden noch wegen des Aufhörens der Zollverträge einige andere rein finanzielle Zollerhöhungen vorgeschlagen und vom Reichstage genehmigt, vor allem auf Wein, für welchen der (niedrigste) Zollsatz auf 50 Oere pro Liter (früher nur 15 Oere) festgestellt wurde; für die Zolleinnahmen der zunächst folgenden Jahre hatte dies freilich wenig Bedeutung, da den Weinhändlern erlaubt wurde, ihre Lager zu den alten Sätzen zu füllen.

Die mutmassliche Vergrösserung der Zolleinnahmen wurde von der Kommission unter Zugrundelegung der früheren Einfuhr auf nicht weniger als etwa 5,6 Millionen Kr. berechnet, somit beinahe auf denselben Betrag, welchen die neuen Lebensmittelzölle in den vorigen 3 Jahren durchschnittlich geliefert hatten, und weit mehr als zur Deckung der von demselben Reichstag beschlossenen Herabsetzung dieser Zölle um die Hälfte erforderlich gewesen wäre. Es blieb jedoch sowohl wegen der Nichtgenehmigung einiger der vorgeschlagenen Zollsätze wie aus anderen Ursachen die wirkliche Einnahme-Erhöhung nicht unbedeutend hinter den Erwartungen zurück.

Auf der anderen Hand wurde eine von der Kommission als partielle Kompensation vorgeschlagene Herabsetzung des Zuckerzolles auf 27 Oere statt 33 Oere pro Kilogramm Feinzucker [2]) welche

1) 80 Oere pro 100 kg, vorgeschlagen 1 Kr. — früher zollfrei.

2) Rohzucker und Syrup 18 bezw. 8 Oere statt 23,5 bezw. 10 Oere pro Kilogramm.

einen Ausfall an Zöllen im Betrage von etwa $2^1/_2$ Mill. Kr. bewirkt haben würde, vom Reichstage nicht genehmigt. Wenn man aber dadurch etwa die Staatseinnahmen auf dieselbe Höhe wie in den Jahren 1888—90 zu bringen hoffte, hat man sich nicht nur getäuscht, sondern eine mässige Erniedrigung des Zuckerzolles wäre vielmehr wahrscheinlich das geeignete Mittel gewesen, um das gänzliche Versiegen dieser Einnahmequelle, welche seit jeher und bis vor kurzem als der ergiebigste von allen Zöllen bezeichnet werden konnte, zu verhindern. In der That ist wegen gesteigerter heimischer Erzeugung von Zucker die Einfuhr dieses Artikels, welche in den Jahren 1889 und -90 noch über 40 Mill. Kilogramm pro Jahr betrug, schon i. J. 1891 auf etwa $31^1/_2$ Mill. Kilogramm gesunken, was einen Steuerausfall bedeutete, der auf etwa 2 Millionen Kr. beziffert werden kann; und diese Entwickelung sollte in den folgenden Jahren sich noch mehr verschärfen, so dass heute die Einfuhr von Zucker fast ganz aufgehört hat.

Die von der Kommission vorgeschlagene Herabsetzung des Zuckerzolles war von dem Nachweis begleitet, dass die heimische Rübenzuckerfabrikation, welche nominell eine Accise von $^2/_5$ des Rohzuckerzolls zu erlegen hatte, thatsächlich weit weniger zahle, da das Rendement der Rüben, welches gesetzlich auf nur $6^1/_4$ Perzent Rohzucker berechnet wurde, in Wirklichkeit etwa 10,2 Perzent betrage. Der Reichstag hat sich jedoch zu keinerlei unmittelbarer Erhöhung der betreffenden Abgabe veranlasst gesehen sondern sich damit begnügt, eine diesbezügliche Vorlage von der Regierung zu verlangen. Dieselbe ist jedoch erst i. J. 1894 erschienen, so dass die Rübenbauer und Rübenzuckerfabrikanten sich noch zwei Jahre eines Zollschutzes erfreuten, welcher auf etwa 17,5 Oere (ca. 19,7 Pf.) pro Kilogramm Rohzucker aufgeschätzt werden kann, — allerdings aber durch die indirekten Zuckerprämien des Auslandes um etwas verkleinert wurde.

Die milde Behandlung des Rübenzucker-Interesses ist höchst wahrscheinlich aus politischen Gründen zu erklären, indem man in dieser Weise die tonangebenden Schichten der südlichsten Landesteile, die sich bisher sowohl gegen die Zollerhöhungen, wie gegen die in der Schwebe befindliche Lösung der „grossen Fragen" (die kombinierten Abschreibungs- und Heeresordnungsfragen) ablehnend verhalten hatten, hierfür zu gewinnen hoffte. Jener Plan — wenn sonst ein solcher bewusst vorgelegen hat — ist, wie wir gleich sehen werden, vollständig gelungen, hat aber zur selben Zeit die finanzielle Grundlage des aufzuführenden Gebäudes notwendig etwas erschüttert. Aus dem Gesichtspunkte der gerechten Steuerverteilung ist allerdings eine Politik, welche fast bei jedem Schritte die Ermächtigung zum Auferlegen neuer Bürden auf die grosse Masse der Bevölkerung durch Gaben an die besitzenden Klassen erkauft, der strengsten Verurteilung zu unterwerfen.

Der Beschluss des ausserordentlichen Reichstags von 1892 und seine Folgen.

Seit dem Beginn der erwähnten Reichstagsperiode machten sich die Anstrengungen der Regierung wieder geltend, die seit mehr als 20 Jahren debattierte Reorganisation des Heerwesens endlich durchzusetzen. Der ersten Kammer zuliebe wurde das vorläufige Beibehalten der eingeteilten Armee als solcher, trotz ihrer von den militärischen Autoritäten hervorgehobenen Mängel, gutgeheissen, so dass die wirkliche Veränderung lediglich in einer Vermehrung der Spezialwaffen (Artillerie und Kavallerie) sowie in der mehrerwähnten verlängerten Uebungszeit der Wehrpflichtigen (90 Tage statt nur 42 Tage) bestand. Auch eine Erweiterung der Dienstpflicht der letzteren, wodurch die Kriegsstärke der Armee auf etwa 200 000 Mann erhöht werden könnte, wurde vorgeschlagen, — ob die Ausrüstung und der Unterhalt so bedeutender Truppenmassen mit den finanziellen Kräften des Landes vereinbar sei, ist freilich niemals näher untersucht worden.

Dafür aber sollte nun auch die langersehnte vollständige Abschreibung der Grundsteuern und des Einteilungswerks zur Thatsache werden und zwar in betreff der ersteren so, dass von den noch nicht nachgelassenen 70 Perzent derselben in den beiden ersten Jahren und dann alle 2 Jahre je 10 Perzent nachgelassen werden, die ganze Abschreibung also in 12 Jahren vollendet sein würde, während in gleichen Perioden ein entsprechend steigender Teil der Lasten der Einteilung den Soldaten-Stellern vom Staate vergütet werden sollte, unter von Zeit zu Zeit erfolgender Neuaufschätzung dieser Lasten.

Da der Vorschlag i. J. 1891 an dem Widerstande u. a. der Repräsentanten von Schonen in der zweiten Kammer scheiterte [1]), wurde

---

1) Als Gesetzvorlage und wegen der verfassungsmässigen Stellung der Grundsteuern konnte derselbe nicht etwa durch gemeinsame Abstimmung angenommen werden.

in dem neuen Vorschlage den Reiterstellern in Schonen eine besondere Vergünstigung dadurch eingeräumt, dass die dortige Kavallerie „auf Vakanz gesetzt", d. h. ganz und gar vom Staate übernommen werden sollte.

In dieser Gestalt wurde der Antrag dem ordentlichen Reichstage v. J. 1892 vorgelegt, von diesem aber wiederum, jedoch mit erheblich geringerer Majorität abgelehnt. Private Unterhandlungen, deren Inhalt noch heute nicht näher bekannt ist, in denen aber die eben damals brennend gewordene unionelle Konfliktsfrage (die Forderung Norwegens auf Anteil an der Leitung der auswärtigen Angelegenheiten der vereinigten Reiche) wahrscheinlich eine Hauptrolle gespielt hat, wurden nun während des folgenden Sommers gepflegt und scheinen die erforderliche Stimmenmehrheit bald gesichert zu haben, denn auf dem hierfür besonders einberufenen ausserordentlichen Reichstage (Urtima Riksdag) im Herbste desselben Jahres wurde die Vorlage fast ohne jede weitere Veränderung von beiden Kammern angenommen.

Der einzige Steuerersatz, welcher von den ländlichen Grundbesitzern gefordert und bewilligt wurde, bestand in einer Verdoppelung ihrer allgemeinen Bewilligung, die somit fortan 0,6 statt nur 0,3 pro Mille des Taxwertes betragen sollte.

Es ist dabei, wenn nicht gesetzlich bestimmt, so doch in den bezüglichen Erläuterungen hervorgehoben worden, dass der Ertrag der betreffenden Grundstücke selbst auf 4 Percent ihres Taxwertes, derjenige des landwirtschaftlich benutzten Kapitals und der persönlichen Arbeit des Besitzers zusammen auf 2 Percent dieses Wertes aufzuschätzen seien, sodass nach dieser Berechnung der Grundbesitzer vom Ertrage seines Grundstückes und seinem Einkommen vom „Kapital und Arbeit" zusammen wie die übrigen Steuerpflichtigen 1 Percent dem Staate abgeben würde.

Die hierdurch entstandene neue Staatseinnahme konnte jedoch nur auf etwa 600 000 Kr. geschätzt werden, während die durch den „Urtima"-Beschluss bewilligten neuen Anforderungen an die Staatskasse nicht weniger als etwa 11 Millionen Kr. betrugen, davon etwas über 7 Mill. Kr. zum Ersatz für die Abschreibung der Grundsteuern und des Einteilungswerks und etwa 4 Millionen Kr. für die Reorganisation des Heerwesens, und zwar sollte letztere in fünf Jahren (bis 1897) durchgeführt sein, die Abschreibung dagegen, wie oben erwähnt, in den zwei ersten Jahren und dann in den Jahren 1896, 1898, 1900, 1902 und 1904 mit je 10 Percent des ursprünglichen Betrages stattfinden, so dass mit dem letzterwähnten Jahre die Reform vollständig durchgeführt sein würde.

Einen vollständigen Finanzplan zur Deckung dieses Bedürfnisses jährlich von über 10 Millionen Kr. wurde dem ausserordentlichen Reichstag nicht vorgelegt, man begnügte sich mit dem allgemeinen Hinweis des Finanzministers auf die schon von der Steuerregulierungskommission ins Auge gefassten, noch nicht in Anspruch genommenen neuen Steuerquellen; dagegen wurde sowohl von der Regierung wie von den beiden Kammern das feierliche Versprechen gegeben, das entstehende Steuerbedürfnis, insofern es durch die Abschreibung der Grundsteuern und -Lasten hervorgerufen sei, lediglich durch solche Steuergattungen befriedigen zu wollen, welche vorzugsweise die besitzenden Klassen treffen würden — wogegen allerdings in betreff der neuen Verteidigungskosten kein solches Versprechen abgegeben wurde.

Die Steuerarten, welche in ersterer Hinsicht in Frage kommen konnten, waren einerseits die allgemeine Bewilligung, die jedoch behufs einer mehr oder weniger permanenten Erhöhung, um der erwähnten Absicht zu entsprechen, notwendig einer Reform bedürftig war, anderseits die Stempelabgaben, einschliesslich der Erbschaftssteuer.

Es wurden nun auch von mehreren Seiten auf diesem Reichstage Vorschläge betreffs Einführung einer progressiven Erbschaftssteuer, sowie Anwendung des Prinzips der Steuerprogression innerhalb der Einkommens- und Vermögensbewilligung gemacht. Gegen letzteres Projekt verhielten sich die Kammern ablehnend, dagegen empfahlen sie in einem an die Regierung gerichteten Schreiben sowohl die Einführung einer progressiven Erbschaftssteuer, wie „eine kräftigere Anwendung und weitere Entwickelung gewisser Arten von Stempelabgaben", alles zu dem ausdrücklich hervorgehobenen Zweck, auf diese „der herrschenden Auffassung vielleicht weniger fremde Weise eine relativ höhere Besteuerung der grösseren Vermögen" zu erreichen.

Um Vorschläge in dieser Richtung auszuarbeiten, wurde kurz nachher eine Kommission eingesetzt, deren Gutachten im wesentlichen der diesbezüglichen sogleich zu besprechenden Regierungsvorlage v. J. 1894 zu Grunde gelegen hat.

Vorläufig wurde indessen eine Zulagebewilligung angenommen, welche von dem ausserordentlichen Reichstag (behufs der Staatsregulierung des folgenden Jahres) auf 30 Percent der allgemeinen

Bewilligung, von dem Reichstage von 1893 aber auf eben so viel wie diese selbst festgestellt wurde, jedoch mit der Ausnahme, dass Einkommen (aus Kapital und Arbeit) unter 800 Kr. nur die gewöhnliche Bewilligung, also keine Zulagebewilligung zahlen sollten. Von Seiten der Regierung war allerdings vorgeschlagen worden, dass der von einer Zulagebewilligung zu befreiende Einkommensbetrag etwas höher, nämlich auf 1200 Kr. festgesetzt werden sollte, sowie dass Einkommen von 1200—1800 Kr. nur die halbe Zulagebewilligung zahlen sollten; dies wurde jedoch von keiner der Kammern genehmigt. Da die somit festgestellte Einkommensgrenze eben mit dem Census für das Wahlrecht zur zweiten Kammer zusammenfällt, wurde aus leicht begreiflichen Gründen von liberaler Seite beantragt, dass der steuerfreie Betrag (in betreff der Zulagebewilligung) wenigstens die Einkommen bis zu 800 Kr. einschliesslich umfassen sollte, aber auch diese nicht gerade unbillige Forderung konnte bezeichnenderweise in keiner der Kammern durchgesetzt werden.

Es wurde während der Diskussion hierüber von einer der leitenden Persönlichkeiten der damaligen neuen (konservativen) Landmännerpartei geäussert, „dass ein jeder, welcher mit seiner Stimme" (nämlich indirekt, am Wahltage) „auf die Beschlüsse des Reichstags Einfluss übe, auch die Folgen davon im Steuerwege fühlen müsse," was allerdings an sich ein gar herrlicher Grundsatz ist, allein in diesem Zusammenhange sich etwas sonderbar ausnimmt, da wohl niemand sich damals der Täuschung hingab, dass der „Urtima"-Beschluss mit Hülfe der Stimmen der kleinen Steuerzahler gewonnen wäre; im Gegenteil erregte derselbe unter den breiten Schichten der Bevölkerung allgemeines Missvergnügen, welches sich in einer immer lebhafteren Agitation für das allgemeine Wahlrecht kund gab und welchem man vergebens mit der Bewilligung einer etwas erhöhten Ablöhnung der Wehrpflichtigen (50 Oere pro Tag ausser Kost — früher 20 Oere) vorzubeugen gehofft hatte.

Auf dem folgenden Reichstag i. J. 1894 (nach neuen Wahlen zur zweiten Kammer) erschien sodann die Regierungsvorlage, betreffend die erheischten Veränderungen der Stempel- und Erbschaftssteuer.

Beginnen wir mit der letzteren. Die einzige Erbschaftssteuer, welche seit 1884 [1]) bestand, war eine Stempelabgabe auf Inventuren,

1) Es war nämlich damals die in den älteren Bewilligungsverordnungen vorkommende eigentliche Erbteilsteuer (nur für entferntere Verwandte und Nicht-

welche, wenn Brusterben nachlebten, mit $^1/_2$ Percent der ganzen Erbmasse (nach Abzug der Schulden), sonst aber mit 0,6 Percent derselben berechnet wurde. Erbmassen unter 1000 Kr. waren jedoch überhaupt steuerfrei, und, falls der eine Ehegatte nachlebte, war nur die Hälfte des Vermögens der Abgabe unterworfen.

Durch den Reichstagsbeschluss von 1894 wurde nun hierin die Veränderung getroffen, dass die Erbschaftssteuer zwar immer in Stempelform aus dem gesamten Nachlasse des Verstorbenen erhoben, jedoch mit verschiedenen Sätzen je nach der mutmasslichen Grösse der verschiedenen Erbteile[2]) berechnet werden sollte, und zwar entsprechend folgendem Tarife:

1) Wenn der Ehegatte nachlebt, ist die Hälfte des nachgelassenen Vermögens steuerfrei.

2) Anteile, welche durch Erbschaft oder testamentarische Verordnung Brusterben oder durch testamentarische Verordnung Ehegatten oder Nachkommen eines Brusterben zufallen, sind, wenn unter 400 Kr., steuerfrei, wenn über 400, aber unter 2000 Kr. mit $^1/_2$ Percent Steuer, dann in zehn Stufen mit steigenden Steuer-

---

verwandte), welche hauptsächlich wegen mangelnder Oeffentlichkeit bei den Erbteilungen nur einen sehr geringen Betrag geliefert hatte, formell aufgehoben, dagegen die früher gleichmässig mit $^1/_2$ Percent der Erbmasse ausgehende Erbmassengebühr teilweise um eine Kleinigkeit erhöht worden. Siehe das Folgende im Text.

2) Die Erbteilung ist bis jetzt in Schweden meistens eine reine Privatsache geblieben und wird oft, besonders auf dem Lande, erst mehrere Jahre nach dem Sterbefall vorgenommen. Dieses Verhalten, welches man unberührt lassen wollte, hat selbstverständlich der Einführung einer rationellen Erbteilsteuer bedeutende Schwierigkeiten bereitet. Es wird daher auf testamentarische Verordnungen u. dergl. bei der Stempelbelegung nur dann Rücksicht genommen, wenn solche bei der gesetzlich vorgeschriebenen Einregistrierung der Erbmassen-Inventur aufgewiesen werden. Sonst werden die Erbteile nach den gesetzlichen Vorschriften über Intestaterbschaften berechnet, was allerdings zuweilen mit erheblichen Schwierigkeiten verknüpft sein kann.

Der gesetzliche Erbteil oder vielmehr Vermögensanteil des nachlebenden Ehegatten ist im allgemeinen die Hälfte des Gesamtvermögens. Es kann aber unter gewissen Umständen auch Sondereigentum des einen oder anderen Ehegatten bestehen, und zwar ist dies in betreff des (vor der Ehe erworbenen) festen Eigentums auf dem Lande gesetzlich immer der Fall.

Nach schwedischem Recht kann ein jeder, wenn er Brusterben nicht hat, über sein ganzes Eigentum (somit, wenn verheiratet, über seinen Anteil am Gesamtvermögen) testamentarisch frei verfügen, wenn aber Brusterben da sind, nur über die Hälfte desselben, während die andere Hälfte notwendig den Brusterben zufallen muss.

sätzen belegt, so dass Erbteile von 75 000 Kr. und darüber $1\frac{1}{2}$ Percent Steuer zahlen.

3) Anteile, welche durch Erbschaft oder Testament Eltern, Geschwistern (Halbgeschwistern) oder den Nachkommen letzterer zufallen, sind, wenn unter 200 Kr., steuerfrei, wenn über 200 Kr., aber unter 500 Kr., ebenfalls mit $\frac{1}{2}$ Percent Steuer, dann in nicht weniger als fünfundzwanzig Stufen mit steigenden Steuersätzen so belegt, dass Erbteile von 50 000 Kr. und darüber 3 Percent Steuer zahlen.

4) Anteile, welche durch Erbschaft oder Testament entfernteren Verwandten oder Nichtverwandten zufallen, sind, wenn unter 200 Kr., steuerfrei, wenn über 200, aber unter 500 Kr., gleichfalls mit $\frac{1}{2}$ Percent Steuer, sodann aber in zweiundzwanzig Stufen mit steigenden Steuersätzen belegt, und zwar so, dass Erbteile von 40 000 Kr. und darüber 6 Percent Steuer zahlen.

Daneben sind für Majorate und für Schenkungen unter Lebenden einigermassen entsprechende Bestimmungen gegeben, jedoch kommen für Schenkungen merkwürdigerweise nur zwei Steuersätze vor, nämlich für solche an Kinder und deren Nachkommen 0,6 Percent, sonst 1,6 Percent des Betrages. Die diesbezügliche, von der Kommission vorgeschlagene, schärfer gestufte Steuerskala wurde nicht angenommen.

Gegenüber den früher bestehenden Verhältnissen mögen diese Bestimmungen allerdings als ein Fortschritt bezeichnet werden. Wenn man aber die betreffenden Steuersätze mit den entsprechenden Sätzen anderer Länder vergleicht, so erscheinen sie jedenfalls sehr mässig. Der Gesamtbetrag der Erbschaftssteuer wurde auch von der Kommission auf nur $1\frac{1}{3}$ Millionen Kr. geschätzt, während dieselbe früher allerdings nur etwa $\frac{1}{3}$ Million Kr. eintrug. Da es gerade galt, die grösseren Vermögen zu treffen, hätte wohl die Steuerprogression etwas schärfer gewählt oder wenigstens ein Stück weiter fortgesetzt werden können, als wirklich geschehen ist. Andererseits nehmen sich eben unter der genannten Voraussetzung die untersten Stufen besonders innerhalb der ersten Gruppe, wenn sie auch gegen früher nicht verschärft sind, etwas sonderbar aus. Den Erbteil eines Brusterben besteuern zu wollen, sobald derselbe den Betrag von 400 Kr. erreicht, heisst wahrlich nicht „das grössere Vermögen", sondern die Armut mit der Steuer treffen.

Die Kommission hatte übrigens den steuerfreien Minimalbetrag auf nur 200 Kr. festsetzen wollen, was freilich noch absurder gewesen wäre und gegen die früheren Bestimmungen wohl sogar einen Rückschritt bezeichnet hätte.

Noch viel bedenklicher war jedoch der Regierungsvorschlag auf dem Gebiete der eigentlichen Stempelabgaben, welcher aber zum Glück vom Reichstage nur teilweise angenommen wurde. Die bisher erhobenen Stempelabgaben waren ausschliesslich Gebühren, d. h. sie trafen hauptsächlich nur öffentliche Handlungen; private Transaktionen dagegen nur, insofern dieselben, wie z. B. Uebertragungen von festem Eigentum u. s. w. der Natur der Sache nach die Beteiligung der Organe des Staates erforderlich machten. In dieser Hinsicht wurde nun durch die auf die Kommissionsarbeit gestützte Regierungsvorlage eine neue Bahn betreten, indem auch sonstige Privathandlungen wie Bankdepositionen, Ausfertigung von Obligationen, Handelswechseln und Anweisungen des Giroverkehrs, Einkassierungsaufträge und schliesslich sogar private Schuldzettel, wenn sie vom Inhaber als Unterpfand einer Anleihe verwendet werden, mit Stempel belegt werden sollten. Dagegen wurden Aktien nicht zur Belegung mit Stempel vorgeschlagen.

Ob nun durch diese neuen Abgaben wirklich der angegebene Zweck hätte erreicht werden können, vorzugsweise „das grössere Vermögen zu besteuern“ und dadurch indirekt eine Art „progressiver Einkommensteuer“ zu schaffen, erscheint sehr fraglich. Meiner Ansicht nach kann unter den erwähnten Handlungen höchstens der Verkehr mit Obligationen als wirkliche Kapitalplazierung gelten, und die Besteuerung derselben würde wohl hauptsächlich die betreffenden Kapitalbesitzer selbst treffen; die Steuereinnahmen unter diesem Titel wurden jedoch auf nur 60 000 Kr. berechnet.

Die sämtlichen übrigen sind offenbar nur verschiedene Formen des Darlehnsverkehrs, und in welcher Gestalt hier die Steuer immer auferlegt wird (ausser als direkte Einkommensbesteuerung), wird sie unfehlbar zum Teil, vielleicht zum grössten Teil nicht den Kapitalbesitz, sondern die Kapitalbenutzung, d. h. das Kreditbedürfnis treffen.

Dieses Urteil befestigt sich noch mehr, wenn man die vorgeschlagenen Stempelsätze selbst ins Auge fasst. Weit entfernt nämlich, dass (die Kommission und nach ihr) die Regierung für diese angeblich „progressiven“ Steuern etwa einigermassen progressive Sätze vorgeschlagen hätte, erscheinen letztere vielmehr fast durchgehend als umgekehrt progressiv. Für die meisten der erwähnten Urkunden, Depositenscheine, Wechsel u. s. w. wurde nämlich die Abgabe durchschnittlich auf $^1/_2$ pro Mille, für jeden Betrag unter 1000 Kr. aber auf 50 Oere ($^1/_2$ Krone) festgesetzt, für Anweisungen und Checks sogar überhaupt nur eine fixe Abgabe (von 10 Oeren) in Vorschlag gebracht. Eine wie bedeutende Belastung daraus für die kleineren Geldtransaktionen, die bei uns überwiegen, entspringen würde, ist leicht ersichtlich. Z. B. würden die überaus häufig vorkommenden kleinen-Dreimonatswechsel sämtlich, pro Jahr berechnet, eine Stempelabgabe von 2 Kr. zahlen müssen, was, je nach dem Betrage derselben, eine thatsächliche Zinserhöhung um ein Viertel, um die Hälfte, ja bis auf das Doppelte bedeuten würde. Aehnlich bei den kleinen Anweisungen, den bei uns auch für kleine Geldremittierungen viel gebrauchten sog. Postremiswechseln, welche sich häufig billiger und bequemer als die eigentlichen Postanweisungen stellen u. s. w.

Zum Glück hat der Reichstag in diesem Punkte etwas mehr im Sinne seiner früheren Aeusserungen gehandelt. Von den vorgeschlagenen Stempelobjekten wurden nebst den Obligationen (welche bei ihrer Emission mit etwa 0,3 Percent Stempel belegt werden sollen) überhaupt nur Depositenscheine und (eigentliche) Wechsel sowie damit vergleichbare Einkassierungsscheine angenommen, jedoch sind dabei Beträge unter 100 Kr. steuerfrei gelassen, solche von 200—300 Kr. mit nur 20 Oeren und solche von 300—500 Kr. mit nur 30 Oeren Stempel belegt worden.

Durch diese Veränderungen sank nun indessen der mutmassliche Ertrag der neuen Stempelabgaben, welcher von der Regierung auf etwa $1^1/_2$ Millionen Kr. berechnet war, auf nur etwa 800 000 Kr. herab, somit um beinahe die Hälfte, und die Gesamteinnahmen aus den neuen Erbschafts- und Stempelsteuern konnten statt auf $2^1/_2$ Millionen Kr. nur noch auf 1 800 000 Kr. berechnet werden. Da dieselben erst mit Anfang des Jahres 1895 zur Erhebung gekommen sind, kann über ihren wirklichen Ertrag noch nichts Bestimmtes gesagt werden.

Es war jedoch somit nur der kleinste Teil der erforderlichen Summe durch neue Steuergattungen gedeckt worden. Allerdings waren seit dem vorläufigen Abschluss des Eisenbahnbaues im nördlichen Teile des Landes einige Millionen Kronen jährlich für die übrigen Ausgaben verfügbar. Andererseits aber zeigten die Zolleinnahmen wegen stetiger Verminderung der Einnahmen aus den Zuckerzöllen keinen Aufschwung. Das Beibehalten der Zulagebewilligung war deshalb fortwährend eine Notwendigkeit. Dies war übrigens ganz in der Ordnung, da ja sonst das erwähnte Versprechen des ausserordentlichen Reichstags fast gänzlich unerfüllt geblieben wäre.

Schon jetzt machten sich jedoch unzweideutige Zeichen dafür geltend, dass das strenge Festhalten an diesem Versprechen vielen Elementen des Reichstags höchst unbequem war. Es wurden Anträge gestellt sowohl auf Erhöhung der Branntweinsteuer von 50 auf 60 Oere pro Liter, wie auch und vor allem auf Wiedererhöhung der vor zwei Jahren um die Hälfte verminderten Getreide- und sonstigen Lebensmittelzölle. Es bedurfte in der That der Einsetzung des ganzen Einflusses des jetzigen Ministerpräsidenten (E. G. Boström), um in der ersten Kammer die Annahme des letzteren Vorschlags vorläufig zu verhindern. Zur Erhöhung der Staatseinnahmen vom Zucker wurde nun endlich auf Vorschlag der Regierung die Rübenzuckerabgabe auf die Hälfte des Rohzuckerzolles festgesetzt, und es sollte dabei successive das gesetzlich zu berechnende Rendement der Rüben auf 9 Percent (statt nur $6^1/_4$ Percent) erhöht werden; ja es sprach sogar der Reichstag in einem Schreiben an die Regierung seinen Wunsch nach noch schärferen Massregeln in dieser Hinsicht aus.

Die Regierung hat jedoch, wie wir sehen werden, dieser Aufforderung bis jetzt nicht entsprochen; nach der neuesten Erhöhung der Getreidezölle, auf welche wir gleich zu sprechen kommen, erscheint es sogar fraglich, inwieweit eine solche Massregel, wenn auch m. E. an sich vollkommen berechtigt, mit dem System des „wohl abgewogenen Zollschutzes“ noch vereinbar wäre. Der halbe Zuckerzoll, etwa 7 oder 8 Millionen, ist wohl deshalb fortan für die Staatskasse als verloren zu betrachten.

Die Agitation wegen Wiedererhöhung der Getreidezölle, die auf dem Reichstage 1894 kaum noch zurückgedrängt werden konnte, breitete sich während des folgenden Sommers unter dem Einflusse der gedrückten Kornpreise noch weiter aus; es haben jetzt mehr sogar die halboffiziellen landwirtschaftlichen Gesellschaften (Hushållningssällskap) die Führung in dieser Bewegung übernommen. Seitens der Agrarier wurde die Regierung aufgefordert, von ihrem in der Verfassung noch bestehenden, aber seit Dezennien nicht mehr in Anwendung gekommenen Privileg, die Zölle auf „eingehendes und ausgehendes Getreide“ aus eigener Machtvollkommenheit zu erhöhen, sofort Gebrauch zu machen, ehe noch die heimische Kornernte auf den Markt gebracht wäre. Dieses Verlangen wurde damals nicht erfüllt, dagegen hat die Regierung im Januar 1895 kurz vor der Eröffnung der Reichstagssession wirklich eine sofortige Erhöhung des Getreide und Mehlzolles angeordnet, und zwar wurde der erstere (auf Weizen, Roggen, Gerste, Mais, Erbsen u. s. w.) auf 3 Kr. 15 Oere, der Mehlzoll auf nicht weniger als 6 Kr. 50 Oere festgesetzt, womit offenbar zugleich der Mühlenindustrie ein sehr beträchtlicher Zollschutz gegeben war, besonders in betreff des gröberen Roggenmehls, dessen Ausbeuteprozent bei der heutigen Entwickelung der Mühlentechnik sich bis auf 98 % belaufen soll.

Ob das Recht, einen derartigen Industrieschutz zu verleihen, wirklich aus dem erwähnten — an sich wohl etwas veralteten — Verfassungsparagraphen abgeleitet werden kann, ist vielfach in Frage gestellt worden. Sonst aber war die betreffende Massregel, rein politisch betrachtet, ein sehr geschickter Zug, indem sie einmal die agrarische Majorität des Reichstags noch fester um die Regierung zusammenschloss [1]) und andererseits die Regierung aus den sonst drohenden finanziellen Schwierigkeiten vorläufig befreite, welche durch das fast vollständige Versiegen der wichtigsten Einnahmequelle verursacht war, ohne dass die auf dem vorigen Reichstage beschlossene Erhöhung der Rübensteuer nur halbwegs einen Ersatz gebracht hatte. Der Ermahnung des Reichstags in betreff einer weiteren Erhöhung der letzteren Steuer hatte nämlich die Regierung, wie sie versicherte noch nicht nachkommen zu sollen geglaubt wegen des Unsicherheits- und Uebergangszustandes, in welchem die fragliche Industrie nach ihrer Ansicht sich heute befände und welcher eine Untersuchung über „das Vermögen derselben, eine erhöhte Besteuerung zu tragen“

---

1) Wie sehr die protektionistische Strömung nunmehr überhand genommen hat, mag daraus erkannt werden, dass die beiden Hälften der Landmännerpartei der zweiten Kammer, welche seit dem Anfang der Zollschutzagitation in den 80er Jahren auseinander gegangen waren, bei Beginn des diesjährigen Reichstags sich aufs neue vereinigt haben. Allerdings wollen dabei die auf ein freihändlerisches Programm gewählten ländlichen Repräsentanten (die „alte“ Landmännerpartei) ihre Handlungsfreiheit auf diesem Punkte gewahrt wissen, da sie jedoch mit den übrigen Freihändlern der Kammer (der Mehrzahl der Städte-Repräsentanten) politisch nicht mehr zusammenwirken, ist der erwähnte Schritt wohl als eine Kapitulation in der Zollfrage zu betrachten.

— sollte wohl heissen, einen Teil des jetzigen Zollschutzes entbehren zu können — „zur Zeit erschwere“.

Man hatte daher, um das Gleichgewicht des Budgets zu sichern, zu dem als „nicht sehr angenehm“ anerkannten Ausweg gegriffen, unter Bewilligung des ersehnten Schutzes der bedrückten Landwirtschaft und Mühlenindustrie gleichsam als Nebenprodukt, einige neue (nach Berechnung fünf) Millionen für den ebenfalls notleidenden Staatshaushalt zu gewinnen. Auch so ist dieses Gleichgewicht nur erreicht worden, indem sowohl die ganze Zulagebewilligung etwa 4,5 Millionen), wie der ganze Jahresgewinn der Reichsbank (etwa 2,6 Millionen Kr.) in Anspruch genommen wurden.

Vom Reichstage sind nun jene Zollsätze genehmigt worden, jedoch mit der Abänderung, dass der Zoll auf unvermahlenes Getreide sogar auf 3,70 Kr. pro 100 kg festgesetzt wurde. Der Zollschutz der Mühlenindustrie war hiermit etwas verringert worden, für die Brotkonsumenten dagegen bedeutete selbstverständlich jene Modifikation der von der Regierung vorläufig bestimmten Sätze keine Verbesserung, sondern eher das Gegenteil. Die Bestrebungen (der Mehrzahl) der städtischen Repräsentanten, sowie einiger aufrichtiger Freihändler unter den Mitgliedern der (früheren) „alten“ Landmännerpartei, wenigstens etwas mässigere Sätze auszuwirken, waren vergebens; die gemeinsame Abstimmung der Kammern hat überall die höheren Zollsätze durchgesetzt.

Und nicht genug damit. Eine Verdoppelung des Zolles auf Schweinefleisch, welcher i. J. 1892 gleichfalls auf die Hälfte des i. J. 1888 eingeführten Satzes (somit auf 10 statt 20 Oere pro kg) erniedrigt worden war, ja sogar die von den Gerbern langersehnte Erhöhung des Lederzolls, welche einen der unumgänglichsten Verbrauchsartikel eines jeden (und nicht am wenigsten der ärmsten Klassen) mit einer Steuer belastet hätte, die für einfachere Qualitäten auf 50 Percent oder mehr des Warenwerts steigen sollte, wurden beide vom Bewilligungsausschusse befürwortet und von der I. Kammer genehmigt, sind jedoch schliesslich, wiewohl mit knapper Majorität, in gemeinsamer Abstimmung der Kammern bis auf weiteres abgelehnt worden.

Der i. J. 1892 vielfach ausgesprochene Verdacht, dass die damals gestellten neuen Steuerforderungen den Agrariern und Industrie-Protektionisten schon deshalb sehr gelegen kämen, weil sie darin eine Bürgschaft für das Festhalten bezw. die Erhöhung der Lebensmittel- und sonstigen Zölle erblickten, hat sich somit in der That vollständig gerechtfertigt. Zu der Einigung der

Parteien, welche freilich die Majorität auch der II. Kammer in einen um so schärferen Gegensatz zu den unteren Schichten der Bevölkerung gebracht hat, hat aber auch eine andere Ursache mächtig beigetragen, die hier nicht übergangen werden kann, da sie auch in finanzieller Hinsicht von ausschlaggebender Bedeutung gewesen ist. Ich meine die innerhalb der Vertretung und der oberen Klassen leider weit verbreitete, kühle oder gar feindliche Stimmung gegen die Gleichstellungsansprüche Norwegens. Dieser Stimmung entsprechend wurde das bis jetzt bestehende, allerdings wohl revisionsbedürftige, sog. Zwischenreichsgesetz, welches gegenseitige Zollfreiheit bezw. Zollerleichterung für die Waren heimischer Provenienz der beiden Länder gestattet, in einer Form gekündigt, welche seine Erneuerung innerhalb der zweijährigen Kündigungsfrist sehr zweifelhaft macht. Es sind weiter die zur Verfügung der Regierung gestellten Kreditive für unvorhergesehene Zwecke bedeutend erhöht worden, und schliesslich wurde ein Antrag gestellt und von der I. Kammer genehmigt, nach welchem zur Beschleunigung der militärischen Organisation, besonders aber zur besseren Ausrüstung der Flotte eine Staatsanleihe von nicht weniger als etwa 60 Millionen Kr. aufgenommen werden sollte. Vorläufig ist jener Antrag in der gemeinsamen Abstimmung abgelehnt worden; wenn er aber auf dem folgenden Reichstag mit mehr Erfolg erneuert werden sollte — wofür leider die Anzeichen nicht ganz fehlen — so lassen allerdings die unausbleiblichen Konsequenzen solcher Massregeln nach verschiedenen Seiten hin eine fast unübersehbare Reihe finanzieller Verwickelungen erwarten.

Mögen wir über diesen, m. E. wenig erfreulichen Seiten der diesjährigen Reichstagsarbeit einen Fortschritt derselben nicht vergessen. Die seit mehr als 10 Jahren auf der Tagesordnung stehende, von zwei nacheinander eingesetzten Kommissionen vorbereitete Frage einer allgemeinen Invaliditätsversicherung der Arbeiter ist insofern ihrer Verwirklichung einen Schritt näher gerückt, als der Reichstag auf Vorschlag der Regierung für die Organisation einer solchen vorläufig eine Summe von 1 400 000 Kr. reserviert hat, allerdings ohne den vorgelegten Plan der Versicherung diesmal definitiv zu genehmigen.

Wegen der vorgenommenen, über die Regierungsvorlage hinaus sich erstreckenden Zollerhöhungen, sowie infolge vorläufiger Nichtgenehmigung einiger der militärischen Anschlagsforderungen wurde nun schliesslich der Reichstag in die Lage versetzt, die besonders bei der ersten Kammer sehr wenig beliebte Zulagebewilligung, auf nur 30 Percent der allgemeinen Bewilligung herabsetzen zu können; es ist dies auch geschehen, u. zw. ohne dass die Regierung ihre Erinnerungen vom vorigen Reichstag etwa erneuert hat [1]). So ist es gekommen, dass auch der jetzt festgestellte, für das Jahr 1896 geltende Staatshaushalt so gut wie ausschliesslich auf indirekten Steuern beruht, in einer Weise, die ebenfalls in der übrigen Welt fast ohne Seitenstück dasteht, da nämlich die Grundsteuern und das Einteilungswerk nach der für das Jahr 1896 vorgenommenen Abschreibung nur noch etwa 4 Millionen einbringen und mit der ordentlichen Bewilligung sowie der jetzt beschlossenen Zulagebewilligung zusammen kaum noch ein Sechstel der durch die Zölle, den Branntwein und den Zucker gelieferten Staatseinnahmen ausmachen werden.

Allein auch jene 4 Millionen werden in den nächsten acht Jahren verschwinden, und wenn auch die Reorganisation des Heeres schon i. J. 1897 (mit einer weiteren jährlichen Ausgabe von 300 000 Kr. über die im Budget für 1896 aufgeführten) „durchgeführt" sein sollte, so steht doch ausser Zweifel, dass die Ziffern des Verteidigungsbudgets, welche bereits in der diesjährigen (allerdings nicht voll genehmigten) Regierungsvorlage die sehr stattliche Summe von 38,6 Millionen Kr. erreichen und mit dem noch unvergüteten Reste der Einteilungslasten zusammen auf über 40 Mill. Kr. geschätzt werden können, auch in den folgenden Jahren eine aufwärtsgehende Bewegung zeigen werden, um so mehr, als die Seeverteidigung, welche auf dem Reichstage 1892 relativ vernachlässigt werden musste, mit einem gewissen Rechte auf eine gleichmässige Erweiterung hindrängen wird, wie dies teilweise in der jetzigen Budgetvorlage (und noch viel mehr in dem oben erwähnten bis jetzt gescheiterten Anleihe-Antrage) zum Vorschein gekommen ist.

Dazu werden natürlich auch die übrigen Haupttitel nicht völlig stationär bleiben können, zumal da einige Beamtenklassen wie z. B. gewisse Lehrerkategorien einer Gehaltsverbesserung überaus bedürftig sind.

---

1) Die von der Regierung vorgeschlagene, vom Reichsgage früher immer abgelehnte Befreiung der Einkommenkategorien unter 1800 Kr. von der Zulagebewilligung bezw. der Hälfte derselben, wurde dagegen jetzt endlich angenommen.

Schliesslich ist an die vorerwähnte Arbeiterversicherung zu erinnern, welche nach dem vorgelegten Plane der Regierung schon i. J. 1904, also zu dem Zeitpunkte, wo die Abschreibung der Grundsteuern etc. durchgeführt sein soll, einen jährlichen Zuschuss aus Staatsmitteln von etwa 3400 000 Kr. erfordern würde.

Um allen diesen neuen Steueranforderungen begegnen zu können, zeigt nun der Ministerpräsident, welcher während dieser Reichstagssession auch das Amt des Finanzministers übernommen hatte, in seinem dem Könige vorgelegten Finanzplane die folgenden neuen Steuergattungen auf, welche teilweise schon von der Steuerregulierungskommission (i. J. 1883) in Vorschlag gebracht waren.

In erste Linie wird dabei die schon lange geplante, aber noch nicht eingeführte Malz- oder Biersteuer gestellt. Das Bier, welches bei uns eigentümlicherweise noch keinerlei Besteuerung unterliegt (ausser einem wenig einträglichen Einfuhrzoll), würde — nach einem freilich noch nicht festgestellten System — mit einer Erzeugungssteuer belegt werden, deren Ertrag vom Finanzminister auf wenigstens 2,5 Millionen Kr. geschätzt wird.

„Um aber zu verhüten, dass die Besteuerung des Bieres einen erhöhten Konsum von Branntwein veranlassen möge", wird es nach der Meinung des Ministers „notwendig werden, eine gleichzeitige Erhöhung der Branntweinsteuer vorzunehmen, welche, wenn sie auf 10 Oere pro Liter festgesetzt wird" (wonach die Erzeugungssteuer des Branntweins 60 Oere pro Liter betragen würde), „nach der Berechnung einen Mehrertrag von 3 Millionen Kr. bringen würde."

Sonderbarerweise würde somit hier eine Nebensteuer, die eigentlich nur als Vorsichtsmassregel aufzufassen wäre, sich thatsächlich einträglicher erweisen als die Hauptsteuer selbst. Logischerweise hätte daher der Gedankengang wohl eher so ausgedrückt werden müssen: es ist eine nochmalige Erhöhung der Branntweinsteuer erwünscht, um der Staatskasse einige neue Millionen zu verschaffen; um aber zu verhindern, dass sich dabei der Konsum von Branntwein vermindert, müssen wir zugleich die lange aufgeschobene Biersteuer einführen. Freilich aber wäre in dieser Weise der Gesichtspunkt der „Nüchternkeit und Sittlichkeit", welcher ja bei der Branntweinbesteuerung immer der leitende sein muss, nicht so gut zum Ausdruck gekommen, wie dies in der glücklichen Formulierung des Ministers geschehen ist. Es ist übrigens nicht erwiesen, nicht einmal sehr wahrscheinlich, dass die geplante, ziemlich gelinde Besteuerung des Bieres, in Wirklichkeit zu einer Erhöhung des Branntweinkonsums führen würde, allein diese Unsicherheit wird vermutlich für die leitenden finanziellen Kreise ein Grund mehr sein, auf der gleichzeitigen Einführung beider Steuern zu bestehen, weil die obenerwähnte Rechtfertigung der Branntweinsteuererhöhung sonst vielleicht der statistischen Grundlage entbehren würde.

Drittens wird ein weiterer Ausbau der Stempelsteuer um etwa 800 000 Kr. angedeutet; in welcher Weise derselbe bewerkstelligt werden soll, wird freilich nicht gesagt und auch nicht leicht zu erraten sein, wenn nicht etwa die vom Reichstage i. J. 1894 mit nur zu gutem Grunde verworfenen Stempelsätze aufs neue in Vorschlag gebracht werden sollen.

Schliesslich wird die eventuelle Erhöhung der Rübenzuckeraccise sowie die der Zölle auf Kaffee und Tabak angedeutet, jedoch ohne Angabe des mutmasslichen Ertrages derselben.

Was letztere Zollerhöhung betrifft, so wäre allerdings eine solche auf die feineren Tabaksorten aus mehreren Rücksichten sehr berechtigt, würde aber selbstverständlich der Staatskasse keine besonders erheblichen Einnahmen verschaffen. Was dagegen die billigeren, allgemein gebrauchten Sorten betrifft, welche die Hauptmasse der Einfuhr sowie der geschützten heimischen Erzeugung bilden, so muss m. E. eine Steuer, welche bis mehrere Hundert Percent des Ursprungswerts der Waren ausmacht, als schon hinreichend hoch betrachtet werden.

Noch bedenklicher erscheint jedoch die in Aussicht gestellte Erhöhung des Kaffeezolls. Die Herabsetzung dieser Steuer i. J. 1888 bildete nebst dem Freilassen des Petroleums einen der wenigen Lichtpunkte des damals gegen den Willen der Bevölkerung, ja sogar der Majorität der Wahlberechtigten dem Lande aufgezwungenen Steuersystems. Anerkanntermassen sind der Kaffee und der Thee die wichtigsten und wirksamsten Ersatzmittel der spirituösen Getränke, ihre Bedeutung in dieser Hinsicht kann nach meinem Dafürhalten kaum hoch genug veranschlagt werden. Unter anderem spielen bei den geselligen Zusammenkünften der vielen unter den Arbeitern selbst gebildeten Vereine, welche bei uns mit so viel Eifer und Glück die Trunksucht zu bekämpfen suchen, jene unschuldigen Getränke und vor allem der Kaffee eine Hauptrolle.

Wenn man also der erfreulichen Verminderung des Alkoholkonsums, die in den letzten fünfzehn oder zwanzig Jahren statistisch nachweisbar ist, entgegenwirken will, dann allerdings möge man den Kaffee verteuern; wenn nicht, sollte m. E. jeder Schritt in dieser Richtung aufs sorgfältigste vermieden werden.

Der Minister schliesst seine Aufzählung neuer Steuerquellen mit dem Ausdruck der Hoffnung, dass es „keinen Grund zu zweifeln gebe, dass das Staatswesen den Anforderungen werde entsprechen können, welche aus den oben berührten Veranlassungen an dasselbe gestellt werden". Darüber mag nun die Zukunft entscheiden, allein statt des klingenden Wortes: „Staatswesen" wäre hier wahrlich das weniger feierliche Wort: „Arbeiterbeutel" besser am Platze gewesen, denn unter sämtlichen der erwähnten Einnahmetitel giebt es kaum einen, bei dem nicht in ganz unverhältnismässigem Umfange dieser die wahre Steuerquelle bilden würde. Bedenkt man nun ferner, dass unter den vom Minister angedeuteten neuen Ausgaben mehr als die Hälfte aus Steuerermässigungen der besitzenden Klassen herrühren, die doch nach dem Versprechen von 1892 lediglich durch solche Steuerarten ersetzt werden sollten, welche „vorzugsweise das grössere Vermögen treffen", so erhält man wahrlich von der Gesinnungstreue der heutigen Staatsleitung Schwedens eine nicht eben schmeichelhafte Vorstellung.

Gehen wir aber weiter. Die mehrerwähnte Zulagebewilligung, welche die Regierung allerdings für dieses Jahr aufrecht zu erhalten beabsichtigte, — mit welchem Nachdruck sollte sich allerdings in wenigen Monaten zeigen — ist jedenfalls nur als ein vorläufiges Arrangement zu betrachten. Da nun der Staatsminister auf dem vorigen Reichstag sich zum Vorkämpfer dieser schon damals seitens der I. Kammer angefochtenen Steuer gemacht hatte, und zwar unter Berufung auf das erwähnte Versprechen von 1892, so hätte man wohl vermuten sollen, dass er in seinem Finanzplan wenigstens auf die künftige Verschmelzung dieser Steuer mit der allgemeinen Bewilligung, somit auf eine bleibende Erhöhung der letzteren anspielen würde. Ueber diesen Punkt enthält jedoch der Finanzplan kein Sterbenswörtchen.

Dieses Schweigen des Ministerpräsidenten lässt sich aber vielleicht aus einer anderen Quelle hinreichend ausfüllen. Die obenerwähnte, vom Finanzministerium verordnete Kommission, welche schon die vom Reichstag behandelten Vorschläge zur neuen Erbschafts- und Stempelsteuer ausgearbeitet hatte, hat auch in etwas veränderter Zusammensetzung eine Revision der Bewilligungsverordnung vorgenommen, und es lag ihr diesbezügliches Gutachten schon seit dem Ende des vorigen Jahres (1894) fertig vor. Wie viel davon von der Regierung schliesslich acceptiert werden wird, ist allerdings nicht bekannt und kann infolge des seit dem Zusammentreten der Kommission stattgefundenen Finanzministerwechsels vielleicht fraglich sein; in der That ist zur Prüfung des Vorschlags schon eine neue Kommission eingesetzt worden. Da jedoch das Gutachten im grossen und ganzen wohl die Ansichten bedeutender Teile der beiden Kammern vertritt, zu deren mehr bemerkten Persönlichkeiten zwei der drei Kommissionsmitglieder gehören, so mag hier schliesslich eine kurze Besprechung desselben folgen.

Das Dokument nennt sich „Gutachten mit Vorschlägen zur Verordnung betreffend die Einkommensbewilligung;" man darf aber nicht glauben, dass hier etwa ein Vorschlag zur allgemeinen Einkommensteuer vorliege. Vielmehr wird im wesentlichen die alte Besteuerung des Grundeigentums im bestimmten Verhältnisse zum Taxwerte desselben beibehalten; es wird dabei nur die ganz formelle Aenderung vorgeschlagen, dass „Einkommen aus landwirtschaftlich benutztem Grundeigentum, einschliesslich desjenigen aus dem im betreffenden Betriebe investierten Kapital und der persönlichen Arbeit des Besitzers als 6 Percent des Taxwertes entsprechend geschätzt werden solle," Einkommen aus „sonstigem Grundeigentum"[1]) als 5 Percent des Taxwertes entsprechend", wonach von dem so berechneten Einkommen 1 Percent als Steuer dem Staate zu zahlen sei, was mit den jetzigen Sätzen der allgemeinen Bewilligung (ohne die Zulagebewilligung), nämlich 0,6 bezw. 0,5 pro Mille des Taxwertes genau übereinstimmt. Die einzige materielle Reform, welche in dieser Hinsicht vorgeschlagen wird, besteht darin, dass Privatforsten, insofern ihr Ertrag über den Hausbedarf des Eigners hinausreicht, nicht mehr als Grundeigentum taxiert werden sollen, sondern dass das Einkommen daraus besonders besteuert werden soll, was gegenüber dem jetzigen Verfahren allerdings einen Fortschritt bezeichnet, da, wie oben angedeutet wurde, jene wichtige Einnahmequelle bisher in vielen Fällen gänzlich unbesteuert geblieben war. Es rührt diese Eigentümlichkeit daraus her, dass das Abholzungsrecht schon vor Jahren von den betreffenden Waldeignern an die grossen Sägewerksgesellschaften auf längere Zeit (gewöhnlich 50 Jahre) überlassen worden ist. Der Eigner bezieht somit aus seinem Waldeigentum kein Einkommen mehr und kann deshalb dafür keine Einkommensteuer zahlen, die Sägewerke aber führen das abgetriebene Holz zum vollen Werte unter den Unkosten des Geschäfts, also steuerfrei auf,

---

1) Meistens Wohnhäuser und sonstige Gebäude in den Städten, Fabrikanlagen u. s. w. (ausnahmsweise auch grössere Wohnhäuser auf dem Lande), sodann Wasserfälle u. s. f.

was nach dem Wortlaute des Gesetzes nicht verhindert werden kann oder doch wenigstens bisher nicht verhindert worden ist.

Die Kommission giebt zu, dass die Ausdehnung der eigentlichen Einkommensbewilligung auch auf das wirkliche Einkommen aus Grundeigentum „eine unabweisbare Bedingung bilde", um den Zweck zu erreichen, welcher mit ihrer Revision der Bewilligungsverordnung erreicht werden sollte. Sie hat jedoch „das Gewicht der hier sich darbietenden Schwierigkeiten" (welche u. a. in der jetzigen Verknüpfung der Staats- und der Gemeindebewilligung liegen sollen) „anerkennen müssen", und sie glaubt obendrein, dass ein Versuch, jene Schwierigkeiten zu überwinden, „für die Gegenwart auf keine allgemeinere Zustimmung rechnen könne", was in der That sehr wahrscheinlich ist.

Es wird somit hier alles beim alten bleiben, jedoch mit einer oder vielmehr mit zwei überaus wichtigen Ausnahmen. Die Besteuerung des festen Eigentums ist in Schweden bis jezt immer eine Ertragssteuer gewesen. Von dem auf einen gewissen Perzentsatz des Eigentumswerts aufgeschätzten Ertrag desselben durften weder Schuldzinsen noch steuerfreie Beträge in Abzug kommen.

Dies wird nun nach dem Vorschlage der Kommission in betreff der Staatssteuer anders werden. Erstens sollen nämlich Schuldzinsen und zwar zu einem Höchstbetrag von 40 Perzent des (in der obigen Weise berechneten) Ertrages abgezogen werden können, und von dem so reduzierten Einkommen sollen noch dieselben Beträge steuerfrei sein, wie beim Einkommen aus Kapital und Arbeit – jedoch mit einer gleich zu besprechenden Einschränkung.

Wie hoch diese Steuerermässigung unter Umständen werden kann, wird das folgende Beispiel zeigen.

Ein Landwirt, dessen festes Eigentum auf 36 000 Kr. taxiert ist, hat nach der jeztigen Steuerordnung als allgemeine Bewilligung an den Staat (ausschl. der Zulagebewilligung) 21,60 Kr. zu zahlen. Das ist wahrlich nicht viel, besonders wenn man bedenkt, dass die teils schon aufgehobenen, teils in den nächsten Jahren wegfallenden Grundsteuern etc. durchschnittlich etwa achtmal so viel (oft aber noch bedeutend mehr) betrugen.

Nach den vorgeschlagenen Bestimmungen würde nun sein Brutto-Einkommen auf 6 Perzent des Taxwertes also auf 2160 Kr. veranschlagt werden. Davon hat er aber das Recht, äussersten Falles 40 Perzent, somit 864 Kr. abzuziehen. Es bleibt somit nur noch ein Betrag von 1296 Kr. als Reineinkommen übrig; da aber nach den Vorschlägen der Kommission von jedem Einkommen zwischen 1000 und 1300 Kr. 400 Kr. steuerfrei sind, so müsste der letztere Betrag noch in Abzug gebracht werden, und bei einer Steuer von 1 Perzent hätte somit der Besitzer an den Staat nicht ganz zehn Kr. (9,96 Kr.) zu zahlen. Und dies, wohl zu merken, für den Ertrag nicht nur des Grundstückes an sich, sondern zugleich des in Gerätschaften, Viehbestand u. s. w. investierten beweglichen Kapitals, welches, und sei es noch so erheblich, überhaupt nicht taxiert wird, sowie der persönlichen Arbeit des Eigners.

Allerdings ist für die letztere Art von Abzügen die einschränkende Bestimmung vorgeschlagen, dass das steuerbare Einkommen niemals unter

60 Perzent des (durch Abzug von Schuldzinsen verminderten) Einkommens betragen solle. Allein dies hat, wie man leicht findet, keine Anwendung auf (Rein-) Einkommen über 1000 Kr., sondern lediglich auf kleinere. Es ist somit hier noch die weitere Eigentümlichkeit zu beachten, dass die definitive Steuer zwar für Reineinkommen von 2200 Kr. bis auf 1000 Kr. herab degressiv ist, auf diesem Punkte aber die Degression plötzlich abbricht, sodass für noch kleinere Einkommen ein um so kleinerer steuerfreier Betrag abgezogen werden darf, je geringer das Einkommen ist.

Die allerkleinsten Besitzungen (kleine Arbeiterhäuser u. dergl.), deren berechneter Reinertrag nur 25 Kr. beträgt, sind allerdings zur Steuerfreiheit vorgeschlagen.

Ueber die Weisheit solcher Bestimmungen lohnt es sich wirklich nicht, viele Worte zu verlieren [1]).

Dass die kleineren und kleinsten landwirtschaftlichen Betriebe einer Steuererleichterung sehr bedürftig sind, steht ausser Zweifel. Die mittleren und grösseren Grundeigner dagegen haben wahrlich durch die Abschreibung der Grundlasten ein viel zu grossartiges Steuerpräsent erhalten, als dass sie noch in derselben Generation eine Abschreibung um 40 Perzent, eventuell um die Hälfte ihrer noch gebliebenen Staatssteuer beanspruchen können. Und ebenso überflüssig scheint es, die städtischen Hausbesitzer, die im allgemeinen wohl zu den allersteuerkräftigsten Gesellschaftsklassen gehören, mit irgend welcher Steuerermässigung zu bedenken. Für Häuser, welche in der Zukunft neu gebaut werden, könnte allerdings aus naheliegenden Gründen eine derartige Herabsetzung der Steuer am Platze sein, keineswegs aber für die schon bestehenden.

In betreff des Einkommens aus Kapital und Arbeit, oder wie es nach der Terminologie der Kommission nunmehr heissen würde, der Einkommensschedula: B) [2]) aus Kapital, C) aus Handel oder Gewerbe und D) sonstiges Einkommen von dauernder oder vorübergehender Natur — werden von der Kommission einige Veränderungen vorgeschlagen, welche, an und für sich nur gutgeheissen werden können.

Beginnen wir mit den Steuererleichterungen. Abzüge von Schuldzinsen waren früher nur bei dem Einkommen aus Kapital und Gewerbe zulässig, sie werden fortan auch bei allen sonstigen Einkommenszweigen erlaubt sein, jedoch hier immer nur zu einem Höchstbetrag von 20 Perzent des Einkommens, wobei allerdings daran erinnert werden muss, dass diese Abzüge nach der Absicht der Kommission auch bei der Gemeinde-

1) Möglicherweise — denn die Motivierung der Kommission ist gerade auf diesem Punkte äusserst dürftig — wurde hier daran gedacht, dass das wirkliche Einkommen, zumal der landwirtschaftlichen Betriebe einem um so höheren Perzentsatz des Taxwertes entsprechen muss, je kleiner dieser ist, da der Wert der persönlichen Arbeit des Eigners eine annähernd unveränderliche Grösse darstellt. Andererseits aber muss man bedenken, dass eben die kleineren und kleinsten Grundstücke, weil stark begehrt, im Verhältnisse zu ihrem Ertrag gewöhnlich relativ viel höher bezahlt werden wie die grösseren und grössten.

2) Die Schedula A) enthält das Einkommen aus festem Eigentum.

besteuerung berechnet werden dürfen, was bei dem Einkommen aus Grundeigentum nicht der Fall ist.

Das steuerfreie Minimum wird im allgemeinen mit 500 Kr. beibehalten (jedoch nunmehr einschliesslich, statt ausschliesslich des letzteren Betrags), die zu steuerfreien Abzügen berechtigten Einkommen, welche bis jetzt nur in zwei Kategorien geteilt waren (500—1200 und 1200—1800 Kr. mit 450 bezw. 300 Kr. Abzug), werden nunmehr in fünf Klassen unterschieden und zwar so, dass Einkommen von 500—1000 Kr. (einschl.) 500 Kr. Abzug erhalten, solche von 1000—1300 Kr. 400 Kr., von 1300—1600 Kr. 300 Kr., von 1600—1900 Kr. 200 Kr. und endlich Einkommen von 1900—2200 Kr. 100 Kr. Abzug.

Nach der jetzigen Bewilligungsverordnung können weiter die zulässigen Abzüge unter besonderen Umständen, wie bei grosser Familie, langwieriger Krankheit einer-, ungewöhnlich hoher Hausmiete andererseits um 200 Kr. erhöht werden. Die Kommission schlägt vor, dass jene beiden Ursachen jede für sich eine Erhöhung des steuerfreien Abzuges um höchstens 200 Kr. bewirken dürfen, jedoch so, dass diese Erhöhung unter keinen Umständen mehr als 300 Kr. betragen soll. —

Die hierdurch erzielten Steuernachlässe sind keineswegs erheblich [1]. Allerdings sollen dieselben auch bei der Gemeindebesteuerung berücksichtigt werden. Gegenüber dem Staat wird jedoch für die erwähnte Steuerkategorie die Summe der Mindereinnahmen, welche infolge Erhöhung der steuerfreien Abzüge (ausschliesslich der Schuldzinsen) eintreten würden, von der Kommission auf nur etwa 113 000 Kr. (nach der 1893er Bewilligung) berechnet, und der voraussichtliche Ausfall wegen der Abziehbarkeit von Schuldzinsen, welcher aus gleich zu besprechenden Gründen wohl hauptsächlich den höheren Steuerklassen zu Gute kommen würde, auf nur etwa 56 000 Kr. geschätzt, wogegen die Steuernachlässe, welche aus diesen beiden Ursachen den Besitzern von festem Eigentum gewährt werden würden, zusammen auf nicht weniger als 701 000 Kr. veranschlagt werden. Selbst wenn man die Steuerermässigung mit in Betracht ziehen wollte, welche nach der Absicht der Kommission der ersterwähnten Kategorie von Einkommen den Gemeindesteuern gegenüber zu teil werden soll, und welche durchschnittlich etwa 5mal so hoch geschätzt werden kann, so würde dann die gesamte Steuererleichterung (welche nebenbei bemerkt auf über 250 000 Steuerpflichtige sich verteilen würde), wahrscheinlich nur noch die Grösse der Steuernachlässe eben erreichen, welche von der Kommission solchen Steuerklassen zugedacht sind, von denen nach meinem Dafürhalten nur der allergeringste Teil überhaupt auf verminderte Besteuerung berechtigte Ansprüche erheben könnte. —

Dem Prinzipe der eigentlichen Steuerprogression oder vielmehr der höheren Besteuerung des fundierten Einkommens ist die Kommission nicht völlig aus dem Wege gegangen, sie will dasselbe aber vorläufig nur auf zwei Gebieten zur Anwendung bringen, indem einmal das sogenannte Einkommen aus Kapital (Schedula B) d. h. aus Obligationen oder ausge-

---

1) Eigentümlicherweise werden die Einkommensklassen von 1001—1200 Kr., sowie die von 1601—1800 Kr. sogar höher wie heute belastet.

liehenem Geld bei der Besteuerung um die Hälfte höher berechnet werden soll, und dann das heute unbesteuerte (nicht einmal von der Stempelsteuer betroffene) Aktieneinkommen (welches unter Schedula D, somit nicht als Kapitaleinkommen aufgeführt wird), zur besonderen Besteuerung neben dem Gesamtgewinn der Aktiengesellschaften vorgeschlagen wird.

Diese Bestimmungen sind m. E. nur zu billigen; wenn man aber fragt, warum die höhere Besteuerung des Kapitaleinkommens nur das bewegliche, aber gar nicht das feste Vermögen treffen soll, so hat die Kommission darauf keine andere Antwort zu geben, als dass einmal „auf gewissen Arten des festen Eigentums noch besondere Steuern ruhen" — was sich wohl hauptsächlich auf die Grundsteuern beziehen soll, deren totale Abschreibung doch schon in den nächsten acht oder neun Jahren vollzogen sein wird — und dass weiter „die von ihr für die Eigentumsbewilligung vorgeschlagenen Bestimmungen", also in erster Linie der für die Schuldzinsenabzüge bezeichnete Höchstbetrag, „wohl ziemlich allgemein dazu führen würden, dass das aufgeschätzte Einkommen aus Grundeigentum das wirkliche Einkommen noch übersteigt."

Dem sei nun, wie ihm wolle, jedenfalls ist hier daran zu erinnern, dass jene Abzüge jetzt überhaupt zum erstenmal eintreten würden, so dass sie für die gegenwärtige Generation der Grundeigner zweifellos ein Geschenk bilden würden. Es geht übrigens schon aus den Berechnungen der Kommission hervor, dass sich die betreffenden Hypotheken-Schulden doch in sehr vielen Fällen noch innerhalb der Grenze des zulässigen Schuldenabzugs befinden.

Wäre es denn unmöglich, das Gesetz so zu gestalten, dass wenigstens in diesen Fällen das Einkommen aus festem Eigentum derselben Steuererhöhung unterworfen würde wie nach dem Vorschlage der Kommission das Einkommen aus verliehenem Kapital? Oder ist es vielleicht berechtigt, das Einkommen aus beweglichem Vermögen, welches sehr oft die bescheidene Subsistenz erwerbsunfähiger Personen, Witwen und Waisen bildet, mit einer Steuererhöhung von 50 Perzent zu bedenken, während man zur selben Zeit die direkte Staatssteuer der Grossgrundbesitzer oder wohlhabenden Hauseigentümer um eventuell 40 Perzent erniedrigt? —

Ein wichtiges Zugeständnis an die Grundsätze der modernen Steuerpraxis enthält das Gutachten insofern, als die Einführung der obligatorischen Selbstdeklaration definitiv vorgeschlagen wird. [1]) Jedoch wird die Deklarationspflicht (ohne vorherige Anmahnung seitens der Einschätzungsbehörden) überhaupt auf solches Grundeigentum, dessen Taxwert bei der nächst vorangehenden Einschätzung mehr als 1000 Kr. betrug, sowie auf Einkommen von über 1500 Kr. bezw., für das ausschliessliche Kapitaleinkommen, 1000 Kr. beschränkt, und für Einkommen (aus anderen Quellen als Grundeigentum) unter 3000 Kr. darf die sonst obligatorische schriftliche Deklaration durch eine mündliche ersetzt werden.

1) Wie oben berichtet worden ist, war die Selbsteinschätzung am Anfang dieses Jahrhunderts vorgeschrieben, ist aber bald wieder in Wegfall gekommen.

Letztere Bestimmung scheint wohlerwogen; ob aber die Befreiung der kleineren Einkommen von der Deklarationspflicht den betr. Steuerpflichtigen nicht eher zum Nachteil als zum Nutzen gereichen würde, mag dahingestellt bleiben. In einigen Fällen wird dieser Umstand nicht unwahrscheinlich zu hohe Taxierungen herbeiführen, und besonders wird die Erlaubnis zum Abziehen von Schuldzinsen dadurch wohl für die niedrigeren Einkommensklassen ziemlich nutzlos werden. Jedoch ist m. E. die entgegengesetzte Konsequenz mehr zu befürchten. Besonders erscheint jene Freiheit in betreff der Eigner der allerkleinsten Besitzungen als eine sehr zweifelhafte Wohlthat, wenn man bedenkt, dass ein Taxwert von wenigstens 1000 Kr. gerade die Bedingung des Wahlrechts ist, und dass es bei den heutigen Preisen kaum noch selbständiges Grundeigentum geben wird, dessen wirklicher Wert nicht wenigstens 1000 Kr. beträgt. Auch für die sonstigen kleineren Einkommen werden diese Bestimmungen sehr oft durch zu niedrige Taxierung unberechtigterweise den Verlust des Wahlrechts herbeiführen.

Ueberhaupt muss die bei uns vielfach befolgte Steuerpraxis, die Härten oder vielmehr Absurditäten des Steuergesetzes durch zu niedrige Taxierung begleichen zu wollen, statt dieselben definitiv zu beseitigen, als eine durchaus verwerfliche bezeichnet werden. In vielen Fällen kann man an der Hand der statistischen Angaben über die Frequenz in den verschiedenen Steuerkategorien direkt nachweisen, wie alle drei Jahre, nämlich unmittelbar vor den Wahlen zur zweiten Kammer, die Steuerzahler des betreffenden Ortes massenweise unter den sog. politischen Strich, z. B. 800 Kr. Einkommen, geraten, um dann, wenn die Wahlen einmal vorüber sind, wiederum auf 800 Kr. oder mehr eingeschätzt zu werden, ein Verfahren, welches ich nicht näher zu charakterisieren brauche. In betreff der Methode der Steuereinschätzung (welche hauptsächlich durch lokale von den Steuerzahlern selbst erwählte Kommissionen geschieht) hat die Kommission sonst keine Veränderungen vorgeschlagen, was zu beklagen ist, da sich dieselbe — wie schon aus der angeführten Thatsache hervorgeht — bei uns auf einem ziemlich veralteten Standpunkte befindet und der Organe zu einer wirksamen Steuerkontrolle und Steuerinspektion nur zu sehr entbehrt.

Was den voraussichtlichen Ertrag der allgemeinen Bewilligung betrifft, wie er sich als Resultat der von der Kommission vorgeschlagenen Aenderungen ergiebt, so stimmt derselbe merkwürdigerweise mit dem jetzigen Ertrage derselben fast genau überein, indem nach der Berechnung der Kommission Steuernachlässe und Steuererhöhungen (einschl. derjenigen, welche infolge der Deklarationspflicht wahrscheinlich eintreten würden) sich nahezu das Gleichgewicht halten.

Es hat nämlich die Kommission, wie oben bemerkt worden ist, der Hauptsache nach den heute bestehenden Steuersatz von 1 Perzent des Einkommens prinzipiell unberührt gelassen.

Sie giebt allerdings selbst zu, dass es mit „der Eigenschaft der allgemeinen Bewilligung als einer die Staatsregulierung ergänzenden Steuer“ besser vereinbar gewesen wäre, den Steuersatz (etwa nach englischem Muster) beweglich zu machen, hält dem aber entgegen, dass diesem Zweck für heute besser genügt werden könne durch Beibehaltung „der jetzigen Anordnung einer Zulagebewilligung in dem Masse, als die allgemeine Bewilligung von einem Perzent des Einkommens für die Staatsregulierung sich unzureichend erweise“; die letztere Anordnung „biete auch, weil die Zulage von dem jetzt bestehenden Zusammenhange zwischen der allgemeinen Bewilligung und der Gemeindebesteuerung unabhängig ist, eher die Möglichkeit, die kleineren Einkommen zu schonen, indem die steuerfreien Abzüge bei der Zulagebewilligung reichlicher bemessen werden könnten und dürften“.

Irgendwelche diesbezüglichen Bestimmungen schlägt jedoch die Kommission selbst nicht vor, so dass man auch hier mit unbestimmten Vorspiegelungen abgefunden wird. Ueberdies aber scheint die Kommission hier das vielerwähnte 1892er Versprechen der Regierung und des Reichstags gänzlich vergessen zu haben, denn wenn der Ertrag der allgemeinen Bewilligung überhaupt nicht vergrössert werden und die Extra-Bewilligung ihrer Natur nach nur zufälligerweise in Frage kommen soll, im Falle dass die übrigen Staatseinnahmen nicht hinreichen, so kann man offenbar von einem bleibenden Ersatz der Grundsteuern u. s. w. nicht mehr reden, nicht von jenem Ersatz derselben, welcher „durch neue, hauptsächlich die vermögenden Klassen treffende Steuerarten“ zu Wege gebracht werden sollte.

Dass die Kommission noch weniger darauf bedacht war, in der Einkommensteuer etwa eine Kompensation der übrigen Ungleichmässigkeiten des herrschenden Steuersystems zu schaffen, versteht sich von selbst. In dieser Hinsicht ist ihr sogar ein Wort entschlüpft, welches vielleicht als das Glaubensbekenntnis unserer heutigen Finanzleitung zu betrachten ist. Sie bemerkt nämlich gelegentlich in Sachen der Gemeindebesteuerung, dass bei dieser „das Steuervermögen keineswegs in demselben Masse bestimmend sein darf, wie bei der Frage der direkten[1]) Steuern an den Staat“, eine Aeusserung, welche wohl dahin ausgelegt werden darf, dass nach ihrer Ansicht letzteres Gebiet überhaupt das einzige sei, auf dem

1) Von mir hervorgehoben.

eine striktere Berücksichtigung der relativen Steuerkraft vorzukommen braucht.

Ich meinerseits möchte jedoch ein Steuersystem nicht als gerecht bezeichnen, wenn es zu etwa einem Zehntel die Forderungen der Gleichmässigkeit leidlich erfüllt, zu neun Zehnteln aber vielleicht aus den schlimmsten Uebervorteilungen der ärmeren Klassen besteht. Dass nun letzteres in unserem Lande wenigstens bei Besteuerung für staatliche Zwecke wirklich der Fall ist, geht wohl aus den obigen Auseinandersetzungen hinreichend hervor. Ich werde aber unten durch einige Zusammenstellungen die Sache noch mehr ins Licht zu setzen suchen. Um aber dabei jede Einseitigkeit zu vermeiden, werde ich zuvörderst unsere bisher nur wenig berührten Gemeindesteuern in aller Kürze besprechen.

Nachtrag im Februar 1896.

Die zur Prüfung der oben erwähnten Vorschläge eingesetzte grössere Kommission hat ihr Gutachten am Ende des vorigen Jahres erstattet. Dasselbe verhält sich gegen die meisten der vorgeschlagenen Neuerungen, besonders in betreff der Eigentumsbesteuerung ablehnend, so dass gegenüber den jetzigen Bestimmungen nur einige, wenig belangreiche Veränderungen aufrecht erhalten werden, die jedoch an sich m. E. fast sämtlich als Verbesserungen betrachtet werden können. Die wichtigste derselben ist wohl die Einführung der Selbstdeklaration, welche nach der Ansicht der neuen Kommission sogar schon bei einem Einkommen von 1200 Kr. bezw. (bei Kapitaleinkommen) von 600 Kr. eintreten sollte.

Ob nun aber diese oder sonst irgendwelche Veränderung der Bewilligungsverordnung in der nächsten Zeit vom Reichstage angenommen oder überhaupt von der Regierung vorgeschlagen werden wird, ist sehr fraglich. Das Interesse für diese Sache scheint in den leitenden Kreisen fast erloschen zu sein, seitdem sich gezeigt hat, dass die befürchteten Lücken des Einnahme-Budgets durch die indirekten Steuern und besonders mit Hülfe der Erhöhung der Getreidezölle schon reichlich ausgefüllt sind.

So konnte die Regierung dem im Januar d. J. zusammengetretenen Reichstag mit der frohen Botschaft aufwarten, dass nicht nur der 1894er Staatshaushalt einen Ueberschuss von etwa 8 Mill. Kr. ergeben hätte, sondern dass derjenige des vergangenen Jahres, für welchen die Rechnungen allerdings noch nicht abgeschlossen seien, wahrscheinlich einen solchen von nicht weniger als 15 Millionen Kr. aufweisen werde.

Der erstgenannte Ueberschuss verteilt sich ziemlich gleichmässig auf die verschiedenen indirekten Steuereinnahmen (Zölle, Branntwein, Rübenzucker, auch Eisenbahnen). Derjenige des letzten Jahres fällt dagegen zu etwa zwei Drittel auf die Zölle allein und rührt in erster Linie aus der vorjährigen Erhöhung der Getreidezölle her, welche, als das betreffende Budget i. J. 1894 aufgestellt wurde, noch nicht beschlossen war, also auch nicht anticipiert werden konnte. Für das laufende Jahr sowie für die folgenden Jahre — so lange keine Herabsetzung dieser Zölle vorgenommen wird — sind jene erhöhten Einnahmen selbstverständlich im Budget grösstenteils schon berücksichtigt, weshalb ein so beträchtlicher Ueberschuss wie für 1895 voraussichtlich nicht bald wieder erreicht sein wird.

Jedenfalls ist die augenblickliche Finanzlage glänzend genug, um alle ausserordentlichen Massregeln für die Erhaltung des Gleichgewichts im Budget bis auf weiteres verschieben zu können. Die Regierung schlägt allerdings auch diesmal vor, eine Zulagebewilligung von derselben Höhe wie die Eigentums- und Einkommensteuer (nur mit den früher erwähnten etwas liberaler bemessenen steuerfreien Abzügen) auszuschreiben; nach den Erfahrungen vom vorigen Reichstag lässt sich aber wohl kaum erwarten, dass dieser Plan von den Kammern genehmigt werden wird.

Unter Einrechnung dieses Einnahmepostens sowie des Ueberschusses aus dem 1894er Staatshaushalt wird das Einnahmebudget, welches vom vorjährigen Reichstage für das gegenwärtige Jahr auf $100\frac{1}{2}$ Millionen Kr. berechnet wurde, (man bemerke, dass im Reichsetat der Ertrag der Staatseisenbahnen netto aufgeführt wird), von der Regierung für 1897 auf nicht weniger als 114,71 Millionen Kr. veranschlagt.

Ueber die Mehreinnahmen will die Regierung fast ausschliesslich für militäre Zwecke verfügen, und stellt auch für die nächsten Jahre erhebliche ausserordentliche Ausgaben dieser Art in Aussicht, behufs „kräftiger Behauptung jener Neutralität, welche das einzige Ziel unserer Politik“ sei.

Die Ausgaben unter den 4. und 5. Haupttiteln werden in dieser Weise zusammen auf 47 Millionen Kr. gebracht, somit beinahe auf die Hälfte der Staatsausgaben überhaupt (ausschliesslich der Verzinsung der Eisenbahnschuld), ja wenn die Ausgaben für Post,

Telegraph u. dgl. abgerechnet werden, thatsächlich auf weit mehr als die Hälfte.

Sonst enthält der vorgeschlagene Staatshaushaltsetat weder auf der Einkommen- noch auf der Ausgabenseite irgend welche bedeutende Neuerungen. Die Rübenzuckerproduzenten bleiben nach wie vor im ungestörten Besitz des halben Zuckerzolles, für eine eventuelle Arbeiterversicherung wird wie im vorigen Jahre die Aussetzung eines Betrages von 1,4 Millionen Kr. empfohlen, jedoch ohne bestimmte Vorschläge für die endgiltige Ordnung dieser Angelegenheit.

Ich lasse unten den Budgetvorschlag der Regierung folgen. Von verschiedenen Seiten des Reichstags sind die Anträge vom vorigen Jahre bezüglich einer Erhöhung des Zolles auf Schweinefleisch, sowie Aufnahme einer Anleihe zu Rüstungszwecken von über 60 Millionen Kr. erneuert worden. Eine kleine Minorität der zweiten Kammer will dagegen unter Berufung auf das oben erwähnte königliche Versprechen vom Jahre 1888 den ganzen diesjährigen Ueberschuss, etwa 8 Mill. Kr., für die künftige Arbeiterversicherung reserviert sehen, was unter den jetzigen Verhältnissen freilich eine ebenso aussichtslose wie an sich berechtigte Forderung ist.

Budgetvorschlag der Regierung für das Jahr 1897.

Ordentliche Einnahmen

	Mill. Kr.
Grundsteuer	1,90
Kirchenzehnte	0,25
Vakanzabgaben u. dergl. (aus dem Einteilungswerke)	0,85
Domänen	2,30
Forsten	3,00
Leuchtturm- und Bakenmittel	1,40
Telegraph und Telephon	1,41
Eisenbahnen (Nettoertrag)	8,50
Mantalspenningar (Kopfsteuer)	0,67
Diverse Einnahmen	0,38
zus.	20,66

Bewilligungen

Zölle	37,00
Rübenzucker- (Erzeugungs) Steuer	7,00
Branntwein- dto.	14,50
Summa:	58,50

	Uebertrag:	58,50
Post		8,58
Stempel		5,30
Bewilligungen für spezielle Rechte [1]		0,80
Eigentum- und Einkommensteuer		5,20
Zulagebewilligung		4,68
zus. 83,06		
	Summa: Mill. Kr.	103,71
Wozu kommt:		
Ueberschuss vom vorigen Jahre		8,30
Vom Gewinne der Reichsbank (J. 1895)		2,70
	Summa: Mill. Kr.	114,71

Ausgaben

vom Staatskontor ausgehend:

	Millionen Kr. Ordentl. Ausg.	Ausserordl. Ausg.	Summa
Erster Haupttitel	1,32	—	1,32
Zweiter „	3,82	0,03	3,85
Dritter „	0,61	—	0,61
Vierter „	26,03	7,07	33,10
Fünfter „	7,15	6,69	13,84
Sechster „ [2]	5,74	2,51	8,25
Siebenter „	18,00	0,51	18,51
Achter „	13,57	1,69	15,26
Neunter „	3,29	1,54	4,83
Ausserhalb der Haupttitel (Eisenbahnmaterial)	—	2,00	2,00
zus.	79,52	22,04	101,56

vom Reichsschuldkontor ausgehend:

Reichstags- und Revisionskosten nebst Ablöhnungen (vorschlagsw.)		0,72	
Zinsen und Amortisationnn der fund. Staatsschuld	13,36		
Nach Abzug eingehender Zinsen	2,84		
(vorschlagsw.)		10,52	11,24
Fonds für Arbeiterversicherung			1,40
Verstärkung des Kassafonds des Staates			0,50
		Summa: Mill. Kr.	114,71

1) Dieser Posten, hauptsächlich Abgaben der Privatbanken für das Recht der Zettelemission, dann solche fremder Kaufleute für die Handelsberechtigung in Schweden u. s. w., ist in den früheren Tabellen unter der „allgemeinen Kontribution" einbegriffen. Er betrug 1890 nur noch etwa 300 000 Kr., ist aber seitdem besonders infolge strengerer Besteuerung der Privatbanken (1 Perzent des Höchstbetrages ihrer Notenemission während des Jahres) um ½ Mill. Kr. gewachsen.

2) Ausschliesslich der Eisenbahnverwaltung.

V. Die Gemeindebesteuerung.

Es würde zu weit führen, die geschichtliche Entwickelung der schwedischen Gemeindesteuern auch nur skizzenhaft zu verfolgen. Es könnte dies auch übrigens nur in allgemeinen Zügen geschehen, da statistische Angaben auf diesem Gebiete bis in die 'allerletzten Jahre fast gänzlich fehlen.

Ich beschränke mich deshalb darauf, eine Darstellung der jetzt bestehenden Gemeindebesteuerung zu geben.

Die sämtlichen Ausgaben der Primär-Gemeinden sind i. J. 1890 mit etwa 66 Mill. Kr. aufgeführt, wovon etwa 26 Mill. Kr. auf das Land und 40 Mill. Kr.. auf die Städte entfallen. Da die Einwohnerzahl der sämtlichen Städte in diesem Jahre nur etwa 900 000 Personen betrug, gegen etwa 3 900 000 Personen auf dem Lande, so ist folglich die relative Höhe der Gemeindeausgaben in den Städten, auf die Kopfzahl der Einwohner berechnet, sechs bis siebenmal so hoch wie auf dem Lande. Jedoch ist dabei der sehr bedeutende Posten des Wegeunterhalts, welch letzterer noch i. J. 1890 fast ausschliesslich von den Besitzern des landwirtschaftlichen Grundeigentums und zwar durch Naturallieferungen bestritten wurde, unter die Gemeindeausgaben des Landes nicht eingerechnet. Diese Bürde wurde um das Jahr 1880 auf nicht weniger als etwa 7 Mill. Kr. aufgeschätzt, wodurch die Summe der ländlichen Gemeindeausgaben auf etwa 33 Mill. Kr. steigen würde.

Die Landgemeinden.

Die Ausgaben der Landgemeinden, welche zusammen den zuerst erwähnten Betrag von 26 Mill. Kr. erreichen, verteilen sich im wesentlichen auf drei Hauptgebiete: Kirchliche Zwecke, Volksschule und Armenwesen.

Die Ausgaben für kirchliche Zwecke beziffern sich für 1890 auf etwa 7,9 Mill. Kr., wovon die Besoldung der Geistlichkeit etwa 4,8 Mill., die der Kirchenbedienten nicht ganz eine Mill. in Anspruch nahm. Jedoch bezeichnet erstere Summe bei weitem nicht das ganze Gehaltseinkommen der Landgeistlichen, dieselben sind ausserdem Niessnutzer kleiner Landgüter, sog. Wohnstellen, deren Gesamtwert um d. J. 1880 auf etwa 42 Mill. Kr. taxiert wurde, oder auf etwa

2,2 Perzent des gesamten landwirtschaftlichen Grundeigentums im Lande.

Die Einkommen der Geistlichen bestanden in älterer Zeit (ausser dem Ertrag der Wohnstellen) hauptsächlich aus dem sog. Tertialzehnten, d. h. demjenigen Drittel des früheren Kirchenzehnten, welches bei der Reformation den Priestern gelassen wurde, aus personellen Abgaben oder Dienstbarkeiten der nicht grundbesitzenden Mitglieder des Kirchspiels, sowie schliesslich aus den sog. Jura stolae, d. h. gewissen Abgaben bei Sterbefällen, Hochzeiten, Taufen u. s. w. In neuester Zeit, nämlich seit 1862, sind allmählich durch Vereinbarungen, die auf 50 Jahre abgeschlossen sind, die Gehälter der Geistlichen auf bestimmte Beträge festgestellt worden, welche jedoch in den Landgemeinden meistens nicht in Geld fixiert sind, sondern nach 10jährigem Durchschnittspreise des Getreides bestimmt werden. Wegen der weichenden Getreidepreise der beiden letzten Jahrzehnte ist das Einkommen der Geistlichkeit auf dem Lande thatsächlich nicht unbedeutend zurückgegangen (die Gesamtsumme desselben betrug 1885 noch über 5 Mill. Kr. und war von der Steuerregulierungskommission für 1878 auf nicht weniger als 5 576 000 Kr. berechnet worden). Die übrigen Ausgaben für kirchliche Zwecke beziehen sich hauptsächlich auf den Bau und Unterhalt der Kirchen, sowie den der Pfarrhäuser, welcher letztere gleichfalls (ausser in Schonen, wo er dem Inhaber der geistlichen Wohnstelle selbst obliegt) wenigstens teilweise den Mitgliedern des Kirchspieles zur Last fällt.

Das Ausgabebudget der ländlichen Volksschulen belief sich i. J. 1890 auf etwa 8,4 Mill. Kr., wovon die Gehälter der Lehrer und Lehrerinnen etwa 5,8 Mill. absorbierten. Von den letzteren jedoch zahlte der Staat etwa 3,2 Mill. Kr., so dass die eigentlichen Ausgaben der Gemeinden für Schulzwecke sich, nebst dem übrigen, kleineren Teile der Lehrerbesoldungen, hauptsächlich auf den Bau und Unterhalt von Schulhäusern beschränkten. Die Gesamtausgaben für die ländliche Volksschule betrugen i. J. 1885 etwa 7,6 Mill. Kr., waren somit in den 5 Jahren bis 1890 um etwa 800 000 Kr. gestiegen. (I. J. 1893 betrugen jene Ausgaben sogar 9,7 Mill. Kr.)

Das landgemeindliche Armenwesen kostete i. J. 1890 nicht ganz 6,4 Mill. Kr. Die Zahl der unterstützten Armen war etwa 172 000 (davon etwa 38 Perzent Kinder), so dass die Durchschnittskosten eines Armen nur etwa 37,5 Kr. ausmachten. Die Kosten der vollen Versorgung eines Armen betrugen durchschnittlich 94

Kr. Auf die Kopfzahl der ländlichen Bevölkerung berechnet, belief sich die Zahl der Unterstützten auf 4,44 %, jedoch zeigen sich in dieser Hinsicht bedeutende Ungleichheiten zwischen den verschiedenen Landesteilen. In Gotland sowie in der Provinz Jemtland, wo das Grundeigentum ziemlich gleichmässig verteilt und der natürliche Bevölkerungszuwachs ein ziemlich geringer ist, lag der Perzentsatz der Unterstützten wenig über 2,5 %, in anderen Teilen des Landes stieg derselbe auf 5,5, ja sogar (Wermland) auf 6 % der Bevölkerung.

Die relative Zahl der Unterstützten ist auf dem Lande (wie auch in den Städten, wo dieselbe, wie wir bald sehen werden, viel grösser ist) in den letzten Dezennien fast stetig gewachsen. Im J. 1865 betrug dieselbe nur 3,3 Perzent der ländlichen Bevölkerung, sie ist somit in 25 Jahren um ein Drittel gestiegen. Diese Erscheinung hält noch immer an, steht aber offenbar in erster Linie mit der veränderten Verteilung der Altersklassen, welche durch die Auswanderung herbeigeführt wurde, im Zusammenhange, so dass sie nicht ohne weiteres als ein Zeichen gesteigerter Massenarmut aufgefasst werden darf.

Die Kosten des Armenwesens betrugen 1885 nur etwa 5,6 Mill. Kr. und sind folglich während eines Quinquenniums sowohl absolut (um etwa 700 000 Kr.,) wie auch, da die ländliche Bevölkerung während des betreffenden Zeitraums fast völlig stationär war, relativ gestiegen.

Die übrigen Ausgaben der Landgemeinden betrugen zusammen noch nicht 3 Mill. Kr., darunter etwa 800 000 Kr. für das Wegewesen, dessen Kosten, wie bemerkt, grösstenteils auf andere Weise bestritten werden, und etwa 650 000 für die Gesundheitspflege (Distriktsärzte, Hebammen, Tierärzte u. s. w.). Der Unterhalt der eigentlichen Krankenhäuser liegt hingegen den Provinzialvertretungen (Landsting) ob.

Zusammen betrugen, wie gesagt, die Ausgaben der Landgemeinden i. J. 1890 etwa 26 (genauer 25,7) Mill. Kr. gegen etwa 24 Mill. Kr. i. J. 1885. Die Zunahme derselben war somit eine ziemlich mässige.

Diesen Ausgaben standen als Einnahmen etwa 25,3 Mill. Kr. gegenüber, davon Zuschüsse aus der Staatskasse etwa 3,5 Mill. Kr., Branntweinverkaufsabgaben 800 000 Kr., Mieten, Renten u. dergl. 1,3 Mill., „sonstige Einnahmen" (wie aus Geschenken, Vermächtnissen, Verkauf von Waldprodukten u. a.) 2 Mill. Kr., zusammen also 7,5

Mill. Kr., so dass das eigentliche Steuererfordernis auf etwa $17^1/_2$ Mill. Kr. beschränkt blieb.

Von dieser Summe wurde der grösste Teil, nämlich etwa 10,2 Mill. Kr. nach „fyrk“ (Heller) erhoben, was heutzutage im allgemeinen einen der jeweiligen Staatsbewilligung proportionalen Zuschlag (centime additionel) bezeichnet. An einigen wenigen Ausgaben, wie Bau von Kirchen und Pfarrhäusern u. s. w., welche früher fast ausschliesslich vom landwirtschaftlichen Grundeigentum bestritten wurden, ist letzteres fortwährend in grösserem Verhältnisse beteiligt geblieben wie das übrige feste Eigentum oder das Einkommen aus Kapital und Arbeit.

Nach der Hufenzahl (Mantal), welche früher neben der persönlichen Steuer die allgemeinste Besteuerungsgrundlage war, werden nur noch etwa 400 000 Kr. erhoben. — Die „persönlichen Abgaben“ (Kopfsteuern) werden mit 660 000 Kr. aufgeführt, jedoch bezeichnet diese Summe lediglich die persönlichen Schulabgaben (50 Oere pro Mann und 25 Oere pro Frau als Maximum der Abgabe), dagegen weder die Abgaben für die Krankenpflege (gleich der vorigen), über welche von den Provinzialverwaltungen disponiert wird, noch die personellen Abgaben an die Geistlichkeit. Für etwa 5,4 Mill. Kr. wird die Erhebungsgrundlage in der öffentlichen Statistik nicht angegeben; es betreffen diese hauptsächlich die Besoldungen der Geistlichen (und Kirchenbedienten), welche in älteren Zeiten wesentlich in natura als Zehnten ausgingen und noch immer überwiegend dem landwirtschaftlichen Grundbesitz zur Last fallen. Ein nicht unbedeutender, leider in den statistischen Publikationen nicht spezifizierter Teil derselben wird jedoch in der Form personeller Abgaben erhoben; nach der erwähnten Berechnung für 1878 betrug derselbe nicht weniger als etwa 770 000 Kr.

Schliesslich wird noch ein Posten von etwas unter 1 Mill. Kr. als Naturallieferungen verzeichnet; auch dieser ist wie die nach der Hufenzahl erhobenen Beiträge in Abnahme begriffen.

Die Verschuldung der Landgemeinden ist bisher eine ziemlich unbedeutende, sie betrug nämlich i. J. 1890 nur 17 Mill. Kr.

Ueber die Ausgaben für Kirche und Schule, sowie (innerhalb der gesetzmässigen Grenze) über die Erhebungsgrundlage der für sie erforderlichen Mittel, wird auf sog. Kirchspielversammlungen (Kyrkostämma), unter Vorsitz des Geistlichen, über die übrigen Ausgaben aber auf sog. Gemeindeversammlungen (Kommunalstämma) mit frei erwähltem Vorsitzenden abgestimmt. Stimmberechtigt sind dabei nur diejenigen Gemeindemitglieder, welche „allgemeine Bewilligung“ zahlen, also entweder Grundeigentum besitzen oder wenigstens 500 Kr. Einkommen haben. Die Abstimmung erfolgt in beiden Fällen nach Stimmskala und zwar so, dass ein jeder ebenso viele Stimmen abgiebt, als er „Fyrk“ besitzt, somit im Verhältnis zu seiner allgemeinen Bewilligung ohne jegliche Begrenzung aufwärts.

Darüber, dass diese Verhältnisse den Anforderungen der Gerechtigkeit nicht entsprechen, können m. E. die Meinungen kaum geteilt sein. Wie wir gesehen haben, werden die Einnahmen der Gemeinden zum nicht unbedeutenden Teil durch Kopfsteuern oder auf indirektem Wege (Einnahmen aus dem Branntwein) gewonnen, oder endlich sie stammen aus nicht steuerartigen (wenigstens nicht gemeindesteuerartigen) Quellen, wie dem Ertrage des Gemeindevermögens oder den staatlichen Beiträgen her.

Schon von dieser Seite betrachtet, wird somit den höheren Steuerklassen ein viel grösserer, den niedrigeren (nicht zu sprechen von den untersten, jedes Stimmrechts beraubten Schichten) ein viel geringerer Anteil bei Handhabung der Gemeinde-Finanzen eingeräumt, wie dem Verhältnis ihrer bez. Beiträge entsprechen würde. Dazu kommt aber noch, dass den Gemeindeversammlungen die höchst wichtige politische Eigenschaft als Wahlkorporationen für die Provinzialvertretungen und daher mittelbar für die erste Kammer zusteht, so dass in letzterer, zum Ueberfluss noch durch den hohen Census der Wählbarkeit gepanzerten Versammlung der Einfluss der Grossgrundbesitzer u. s. w. durchaus überwiegend wird.

Jeder Versuch, die gemeindliche Stimmskala aufzuheben oder auch nur zu modifizieren, ist jedoch bisher an dem Widerstande eben der ersten Kammer gescheitert.

Das Selbstbestimmungsrecht der Gemeinde ist übrigens in mehrerlei Hinsicht begrenzt, einmal, indem die Verteilungsgrundlage der Gemeindesteuern im voraus bestimmt ist, — und zwar ist diese Grundlage, soweit für spezielle Zwecke nichts anderes verordnet ist, immer der Betrag der allgemeinen Bewilligung — und ferner indem in gewissen Fällen wie bei Schuldenaufnahme (für längere Zeit als 2 Jahre) u. dgl. die Beschlüsse der Prüfung der Regierungsbehörden unterworfen werden müssen.

Die Veränderungen, welche in letzterer Zeit auf dem Gebiete der Gemeindebesteuerung Platz gegriffen haben, sind durchgehend dahin gegangen, dass die Bürden, welche früher ausschliesslich oder ganz überwiegend auf dem landwirtschaftlichen Grundeigentum ruhten, wie der Bau von Kirchen, Pfarr- und Schulgebäuden, Armen- und Gerichtshäusern etc. teils in gleichem, teils in etwas geringerem Massstabe auch auf die übrigen Steuerobjekte verteilt worden sind.

Dies ist seit 1878 auch gegenüber der uralten, der Landwirtschaft obliegenden Last der Beförderung von Reisenden (gegen eine gesetzlich bestimmte, die Kosten aber nicht immer deckende Abgabe) eingetreten, welche Last übrigens infolge der Entwickelung des Eisenbahnnetzes, sowie durch die zweckmässigere Einrichtung der Fahrpoststationen, Erhöhung des Fahrlohns u. s. w. in den meisten Teilen des Landes im Verhältnis zu früher — wo sie vielfach zu den drückendsten Bürden der Landwirtschaft gerechnet werden konnte — auf eine Kleinigkeit zurückgegangen ist.

In derselben Weise ist die noch immer sehr bedeutende Last des Wegeunterhalts und des Brückenbaus seit 1891 erleichtert worden. Die betreffenden Lieferungen und Dienstbarkeiten werden freilich nach wie vor grösstenteils den betreffenden landwirtschaftlich benutzten Grundstücken obliegen, an den aufgeschätzten Kosten beteiligen sich jedoch nunmehr sowohl die übrigen Grundeigner auf dem Lande, wie (mit einigen Ausnahmen) die dort wohnenden Einkommensteuerpflichtigen, und zwar die erstere Kategorie nach Massgabe ihrer Bewilligung mit einem Viertel, die letztere mit einem Sechstel im Verhältnis zu den Landwirten; $^1/_{10}$ der Gesamtkosten wird vom Staate zugeschossen.

Endlich ist am diesjährigen Reichstage von hervorragender Stelle innerhalb der Landmännerpartei der Antrag gestellt worden, die Kirchenzehnten, oder deren in neuerer Zeit fixierte Aequivalent, gänzlich nachzulassen und die Besoldung der Geistlichkeit auf die Staatskasse zu werfen, wonach fast die letzte Spur einer besonderen Besteuerung des Grundeigentums verschwunden wäre.

Die Stadtgemeinden.

Im Gegensatz zum Lande, dessen Bevölkerung seit dem Ende der 70er Jahre eine kaum nennenswerte Vermehrung erfahren hat, zeigen die Städte während dieser Zeit einen lebhaften Aufschwung, so dass ihre Bevölkerung, welche noch i. J. 1870 wenig über $^1/_8$ und i. J. 1880 etwas über $^1/_7$ der Gesamtbevölkerung betrug, 1890 fast ein Fünftel derselben ausmachte. Erst in den allerletzten Jahren ist diese Bewegung wieder etwas langsamer geworden. Natürlich mehrte sich in entsprechendem Masse das Ausgabebudget der Stadtgemeinden; bei der Notwendigkeit, erhebliche Erweiterungen des Strassennetzes u. s. w. vorzunehmen, sind sogar die Ausgaben in noch stärkerem Verhältnisse gewachsen wie die städtische Bevölkerung selbst, und zwar wurde dabei ein erheblicher Teil der Ausgaben durch Aufnahme von Anleihen gedeckt.

Während somit die Ausgaben der Städte i. J. 1874, wo die statistische Bearbeitung der Gemeindefinanzen begann, nur 19,6 Millionen Kr. betrugen, sind sie i. J. 1885 auf 35,9 und i. J. 1890 auf 40,1 Mill. Kr. gestiegen. Die Schuldensumme der Stadtgemeinden belief sich an den betr. Zeitpunkten auf 45 bezw. 116 und 138 Mill. Kr. (i. J. 1893, 161 Mill. Kr.). Es kam dabei mehr wie die Hälfte sowohl der Ausgaben, wie der Schulden auf die beiden grössten Städte Stockholm und Gotenburg, deren Einwohnerzahl etwa $^2/_5$ der gesamten Stadtbevölkerung beträgt.

Die Ausgaben der Städte sind, wie man schon aus ihrem unvergleichbar höheren relativen Betrag schliessen kann, viel verschiedenartiger gestaltet als die der Landgemeinden. Einige derselben haben in der That in den Gemeindefinanzen des Landes kein Gegenstück. So bestreiten die Städte ihre eigene Justizverwaltung und Polizei, während die entsprechenden Funktionen auf dem Lande nunmehr hauptsächlich von staatlicherseits (sowie durch Sporteln) besoldeten Beamten ausgeübt werden. Die betreffenden Ausgaben betrugen i. J. 1890 für die Städte zusammen etwa 3 Mill. Kr., die eigentliche Stadtverwaltung kostete etwa 1 Mill. Kr.

Die Ausgaben für Gesundheits- und Krankenpflege, 1,7 Mill. Kr., sind gleichfalls viel höher wie bei den Landgemeinden, was damit zusammenhängt, dass in den vier grössten Städten (neben den beiden schon genannten noch Malmö und Norrköping), welche nicht zu den Provinzialverbänden gehören, die Krankenhäuser unter der Verwaltung der betr. Gemeinden selbst stehen und von diesen unterhalten werden.

Für die Volksschule gaben die Städte in dem betr. Jahre etwa 4,2 Mill. Kr. aus, für sonstige (höhere und technische) Lehranstalten etwa 1,1 Mill. Kr. Der Beitrag des Staates zur Besoldung der Volksschullehrer, welcher 760 000 Kr. betrug, ist hierin mit eingerechnet, dagegen nicht die Lehrergehälter der höheren Unterrichtsanstalten, welche fast ausschliesslich vom Staate gezahlt werden (der Bau und Unterhalt der betr. Gebäude liegt dagegen den betr. Stadtgemeinden ob).

Die Ausgaben für das Armenwesen beliefen sich auf gerade 4 Mill. Kr., somit auf einen relativ viel höheren Betrag wie die der Landgemeinden (6,3 Mill. Kr.). Das hängt nun teilweise mit den höheren Kosten des Lebensunterhalts in den Städten zusammen; die durchschnittlichen Kosten pro Unterstützten betrugen in den Städten 57,8 Kr., der durchschnittliche Wert der vollen Versorgung (nur Unterhalt) 133 Kr. (gegen 37,5 Kr. bezw. 94 Kr. auf dem Lande).

Die Hauptursache liegt jedoch in der bedeutend höheren relativen Zahl der unterstützten Armen in den Städten gegenüber dem Lande. Für letzteres betrug diese Zahl, wie oben erwähnt, im Jahre 1890 4,44 Perzent der ländlichen Bevölkerung, in den Städten dagegen im selben Jahre 7,6 Perzent der dortigen Bevölkerung. Auch diese Verhältniszahl ist übrigens in fast steter Zunahme begriffen. Im J. 1865 betrug sie nur 5,5 Perzent (1860 sogar nur 4,3 Perzent), 1892 hatte sie schon die bedeutende Höhe von 8,3 Perzent der Bevölkerung erreicht.[1])

Wie oben bemerkt wurde, hängt die steigende Perzentzahl der Unterstützten unzweifelhaft mit der veränderten Verteilung der Altersklassen zusammen. Um die starke Zunahme während der allerletzten Jahre in den Städten zu erklären, reicht jedoch dieser Grund nicht aus, vielmehr hat man darin ein Zeugnis für die Ueberfüllung der Städte mit den müssigen Arbeitskräften des platten Landes zu sehen, welche, sobald die für die Erweiterung der Städte erforderlichen Arbeiten vollendet sind, keine lohnende Beschäftigung mehr weder in den Städten, noch in ihrer Heimat finden können. —

Für kirchliche Zwecke zahlten die Städte i. J. 1890 etwa 2,2 Mill. Kr. und somit, pro Kopf berechnet, immer noch einen höheren Betrag wie die Landgemeinden (8,1 Mill. Kr.). Dies mag wunder nehmen, da die soziale Rolle der Kirche in den

1) Einige der grösseren Städte weisen eine noch viel höhere Perzentzahl auf, so Norrköping 11,32 %, Gotenburg 11,41% und Malmö sogar 13,43% (1892). Letztere Ziffer beruht jedoch auf der für Malmö eigentümlichen überaus grossen Zahl von gelegentlich Unterstützten, welche Kategorie in den Städten überhaupt zahlreicher vertreten ist wie auf dem Lande (i. J. 1890 in den Städten 26%, auf dem Lande 17% der sämtlichen Unterstützten).

Städten, und besonders in den grösseren, ohne Vergleich geringer ist wie auf dem Lande.

Demgegenüber ist aber daran zu erinnern, dass die Abgaben für kirchliche Zwecke in den meisten Städten teilweise eine bestimmte Quote der Staatsbewilligung ausmachen und teilweise als Kopfsteuern von sämtlichen erwachsenen Einwohnern erhoben werden.

Da nun die Bevölkerung der Städte in den letzten Jahrzehnten stark zugenommen hat, ist ein kirchliches Einkommen weit über das thatsächliche Bedürfnis hieraus erwachsen, welches teils zu prachtvoller Ausstattung der Kirchen verwendet worden ist, teils zu einem Einkommen der kirchlichen Funktionäre in den Städten geführt hat, das in keinem Verhältnisse steht zu dem oft überaus knappen Gehalt gewisser, sonst mit den Predigern wohl vergleichbaren Beamtenklassen, wie Lehrer an den höheren und niederen Schulen u. dergl.

Dazu haben die Geistlichen noch freie Wohnung in den Pfarrhäusern und beziehen meistens nicht unbedeutende, nach altem Gebrauch gegebene, wenn auch nicht mehr gesetzlich vorgeschriebene Entschädigungen für amtliche Verrichtungen u. s. w.

Die bedeutendsten Ausgabeposten der Städte liegen selbstverständlich auf dem Gebiete der Bau-Verwaltung (Gebäude, Strassen, Häfen u. s. w.) sowie der Beleuchtung, Bereinigung, Wasserversorgung[1]) und des Feuerlöschwesens. Diese Ausgaben werden für 1890 zusammen auf etwa 15,5 Mill. Kr. beziffert. (Die Strassenreinigung ist jedoch meist nicht Sache der Stadtverwaltungen, sondern liegt den Eignern der betr. Grundstücke ob und wird entweder von diesen direkt oder nach Uebereinkommen von besonderen Gesellschaften besorgt.)

Die relative Höhe dieser Kosten ist teilweise eine Folge der starken Erweiterung der Städte während der letzten Zeit. Sie wurden, wie oben bemerkt, zum Teil durch Anleihen bestritten. Infolgedessen beliefen sich die Ausgaben der Städte für Schuldzinsen i. J. 1890 auf etwa 4,9 Mill. Kr. (i. J. 1893, 5,9 Mill. Kr.), was bei der damaligen Schuldsumme von etwa 138 Mill. Kr. eine (nominelle) Verzinsung von nicht ganz 3,6 Perzent ergiebt.

---

1) Die Wasserleitungen (und meistens auch die Gaswerke) sind Eigentum der betr. Städte selbst.

Durch Zuziehung von noch etwa 2,4 Mill. Kr. für diverse Ausgaben wird die obenerwähnte Summe von ca. 40,2 Mill. Kr. erreicht.

Dem gegenüber standen auf der Seite der Einnahmen nur 35,9 Mill. Kr., so dass etwa 4,3 Mill. Kr. durch Borg gedeckt werden mussten.

Von diesen Einnahmen stammte nun der weitaus bedeutendste Teil aus anderen Quellen als (eigentlichen) Steuern. Mieten und Pachtgelder der den Städten gehörigen Grundstücke lieferten etwa 3,8 Mill. Kr., Zinsen von ausgeliehenen Fonds (welch' letztere etwa 46 Mill. Kr. betrugen) 1,3 Mill. Kr., Hafen-, Gas- und Wasserleitungsabgaben zusammen etwa 6,5 Mill. Kr., Arbeiten unterstützter Armen 300 000 Kr.; die gewerblichen Einnahmen zusammen beliefen sich auf rund 12 Mill. Kr.

An eigentlichen Staatsbeiträgen, hauptsächlich für Schulzwecke, bezogen die Städte etwa 900 000 Kr. Dazu kam der an gewisse Seestädte vom Staate gelieferte Ersatz für ihren früheren Anteil an den Zolleinnahmen (sog. Tolag, Zulage) mit etwa 2,3 Mill. Kr., zusammen aus der Staatskasse etwa 3,3 Mill. Kr.

Als „übrige", nicht spezifizierte Einnahmen der Städte wurden 4,3 Mill. aufgeführt. [1])

Die eigentlichen Steuereinnahmen der Städte machten im betreffenden Jahr nur etwa 16,5 Mill. Kr. aus. Unter diesen befanden sich etwa 3,9 Mill. Kr. aus dem Branntwein, nämlich der den Städten vorbehaltene Teil der Verkaufsabgaben, sowie des Gewinnes der monopolisierten Branntweingesellschaften.

Auf dem direkten Wege wurden dagegen nur etwa 12,6 Mill. Kr. erhoben, davon ca. 11,4 Mill. Kr. durch proportionalen Zuschlag (centime additionel) zur Bewilligungskrone. Da die staatliche Bewilligung der Stadtbewohner in diesem Jahre etwa 2,5 Mill. Kr. betrug, wurden somit durchschnittlich etwa 4,56 Kr. pro Bewilligungskrone für Gemeindezwecke aufgelegt. Es zeigen sich jedoch in dieser Hinsicht bedeutende Unterschiede zwischen den verschiedenen Städten, indem in einzelnen derselben kaum noch direkte Gemeindesteuern (ausser Kopfsteuern) überhaupt erhoben werden, in anderen

1) Einen Teil derselben, sowie der entsprechenden Einnahmen der Landgemeinden bilden Ersatzleistungen anderer Gemeinden für geleistete Vorschüsse, hauptsächlich auf dem Gebiete des Armenwesens. Jene Einnahmeposten sollten daher, um Doppelzählung zu vermeiden, eigentlich von den Kosten des Armenwesens abgezogen werden, wodurch der wirkliche Betrag des letzteren etwas kleiner ausfallen würde.

dagegen sogar eine bis 8mal so hohe Gemeinde- wie Staatssteuer vorkommt. Von den übrigen direkten Steuern, 1,2 Mill. Kr., werden nur etwa 200 000 Kr. als Kopfsteuer (Abgaben für die Krankenpflege) angegeben, auch der Rest derselben besteht jedoch zum grossen, leider nicht näher spezifizierten Teil, aus personellen Abgaben (für kirchliche und Schulzwecke).

Auch die Einnahmen und Ausgaben der Städte werden in zweierlei Weise festgestellt, nämlich die für kirchliche Zwecke und teilweise für die Schulen durch die Kirchspielversammlungen, von denen auf die kleineren Städte (zuweilen im Verein mit angrenzenden Landgemeinden) je eine, auf die grösseren Städte dagegen mehrere entfallen. Für alle übrigen Zwecke bilden die Städte immer jede für sich eine Gemeinde, über deren Angelegenheiten (ausser in den allerkleinsten Städten) durch eine Gemeindevertretung (Stadsfullmäktige) entschieden wird. Die Wahlen zu dieser Vertretung geschehen jedoch nicht wie die Reichstagswahlen mit gleichem Wahlrecht, sondern ein jeder hat so viele Stimmen als er Bewilligungskronen zahlt, mit der Begrenzung allerdings, dass niemand mehr als 100 Stimmen auf sich vereinigen darf. Auch in dieser Hinsicht ist eine Reform mehrmals, aber vergebens angestrebt worden.

Die Provinzialvertretungen (Landsting).

Schliesslich sind noch die Provinzialvertretungen und deren Finanzverwaltung zu erwähnen. Es ist dies eine ziemlich neue, erst am Anfang der 60er Jahre geschaffene Einrichtung, deren finanzielle Befugnisse neben der Verwaltung der Provinzial- („Lehens-“) Krankenhäuser und einiger Unterrichtsanstalten bis jetzt auf nur wenig umfassende Gebiete begrenzt wurden. Die Summe der Ausgaben sämtlicher „Landsting“ betrug 1890 nur etwa 3,2 Mill Kr., wovon auf die Krankenpflege 2,1 Mill. Kr., auf Unterrichtsanstalten (bes. Taubstummenanstalten sowie auch Volkshochschulen) etwa $^1/_2$ Mill. Kr., auf die Förderung der Landwirtschaft [1]) etwa 200 000 Kr., auf Eisenbahn- und Verkehrswesen nur etwa 90 000 Kr., auf sonstige Ausgaben einschliesslich Verwaltung, Zinsen u. s. w. etwa 300 000 Kr. kamen.

---

1) Für diesen Zweck sind jedoch zugleich die halb privaten, aber mit öffentlichen Mitteln unterstützten Haushaltungsgesellschaften (Hushållningssällskap) wirksam.

Von den Einnahmen der Landsting, welche i. J. 1890 etwa 3,1 Mill. Kr. betrugen, sind rund 460 000 Kr. durch direkte Abgaben der Kranken in den Krankenhäusern, etwa 190 000 Kr. aus Mieten, Pachtschillingen und „sonstigen" nicht steuerähnlichen Zahlungen hervorgegangen. Dann kommt die schon oben erwähnte wichtigste Einnahmequelle der Provinzialverwaltungen, ihr Anteil an den Verkaufs- und Ausschankabgaben vom Branntwein, der sich auf etwa 1,04 Mill. Kr. belief. Von den übrigen Einnahmen bildeten die mehrerwähnten persönlichen Abgaben (Kopfsteuer) für die Krankenpflege mit etwa 780 000 Kr. die grössere Hälfte, während nur etwa 610 000 Kr. proportional der Staatsbewilligung aufgelegt wurden. Es ist dies die sog. Landstingsteuer, welche auszuschreiben die Provinzialvertretungen das gesetzliche Recht besitzen, ein Recht, von welchem sie indessen bis jetzt nur in sehr mässigem Grade Gebrauch gemacht haben. Einige derselben haben sich sogar ganz ohne diese Steuer zu helfen gewusst, so dass ihre Finanzen ausschliesslich auf Kopfsteuer, Erlös vom Branntwein und „sonstigen Einnahmen" basirt sind.

Die Schulden der Landsting betrugen i. J. 1890 etwa 3,3 Mill. Kr.; doch stehen diesen etwa 11,2 Mill. Kr. in Grundeigentum, Forderungen und sonstigen Aktiven gegenüber.

Die finanzielle Bedeutung der Landsting ist somit noch ziemlich gering. Eine um so wichtigere Rolle spielen sie dagegen in politischer Beziehung, indem sie, wie mehrfach erwähnt wurde, die Wahlkorporationen für die Wahlen zur I. Kammer bilden. In den vier grössten Städten, welche nicht zu den Provinzialverbänden gehören, liegt jene Funktion in der Hand der Gemeindevertretung selbst.

VI. Schlussworte.

Die vorstehende Darstellung der schwedischen Gemeindesteuern hat, so kurz sie auch gefasst ist, wohl hinreichend gezeigt, dass dieselben — mit Ausnahme jedoch der Steuereinnahmen der „Landsting“ — in bedeutend höherem Grade als die Staatssteuern aus direkten, den Vermögensverhältnissen der Steuerpflichtigen einigermassen angepassten Abgaben bestehen. Dass aber, wie vielfach versichert worden ist, das System unserer Gemeindesteuern den ärmeren Volksklassen — deren Uebervorteilung durch die Staatssteuern wohl zu handgreiflich ist, um überhaupt geleugnet werden zu können — eine entsprechende Kompensation bereite, wäre schon deshalb anzuzweifeln, weil die Gemeindelasten meistens ohne jeden Zusammenhang mit der Gesamthöhe der Staatssteuern auferlegt worden sind, also jedenfalls ohne irgend welche Absicht, eine derartige Kompensation herbeizuführen — und umgekehrt. In der That aber entbehrt die erwähnte Behauptung jeder vernünftigen Grundlage. Von den direkten Gemeindesteuern wird die Einkommen- und Eigentumssteuer, wie wir gesehen haben, in Form eines Zuschlags zur entsprechenden Staatssteuer (der allgemeinen Bewilligung), welcher dieser proportional ist, erhoben und zeigt folglich eine ebenso mässige Progression oder vielmehr Degression wie letztere. Daneben bestehen aber für gemeindliche Zwecke noch ziemlich hohe personelle Abgaben, sowie besonders in den Städten sehr bedeutende indirekte Abgaben (vom Branntweinverkauf), welche ganz überwiegend die kleineren Steuerkräfte treffen. Bei denjenigen Steuerprästationen hingegen, welche in höherem Masse vom Besitze erhoben werden, wie z. B. auf dem Lande die Leistungen für den Wegeunterhalt u. s. w. ist dieses Verfahren gar zu augenscheinlich durch ein überwiegendes Sonderinteresse jener Steuerkategorien (der Grundbesitzer) gerechtfertigt, um hier in Betracht kommen zu können.

Es wird somit schon schwer genug sein, die schwed. Gemeindesteuern, an sich genommen, vom Standpunkte der Gerechtigkeit und Billigkeit aus zu verteidigen, von irgend einem überschiessenden Verdienst, welches die Ungerechtigkeiten bei den Staatssteuern wettmachen könnte, ist wahrlich nicht zu reden.

Jedenfalls aber empfiehlt es sich, um nicht zu einseitigen Schlüssen zu gelangen, zur Beurteilung des relativen Steuerdrucks immer Staats- und Gemeindesteuern zusammen in Betracht zu ziehen.

Eine derartige Untersuchung, in allgemeiner Weise unter Berücksichtigung des ganzen Landes vorzunehmen, würde meine Kräfte übersteigen, zumal es, wie oben angedeutet, an den nötigen Vorarbeiten auf diesem Gebiete fast gänzlich gebricht. Es mag genügen die diesbezüglichen Verhältnisse eines einzigen Ortes, wozu ich die Hauptstadt wähle, etwas näher zu prüfen.

Fragen wir hierzu zunächst nach den direkten Steuern, so schreibt, wie wir gesehen haben, die jetzige Bewilligungsverordnung vor, dass Einkommen unter 500 Kr. von direkten Steuern befreit sind; von Einkommen zwischen 500 und 1200 Kr. bleiben 450 Kr., und von solchen zwischen 1200 und 1800 Kr. 300 Kr. steuerfrei. Darüber hinaus ist bei besonders drückenden Verhältnissen oder ungewöhnlich hohen Hausmieten höchstens noch ein steuerfreier Abzug von 200 Kr. statthaft.

Für eine Stockholmer Arbeiterfamilie mit 900 Kr. (1013 M.) Einkommen würden somit bestenfalls 650 Kr. als steuerfrei in Abzug gebracht werden können. Im allgemeinen ist letzteres jedoch nicht geschehen, sondern der steuerfreie Abzug wurde bisher in den meisten Kirchspielen Stockholms (und gerade in den überwiegend von Arbeitern bewohnten, wo, nebenbei bemerkt, die Abgaben für Volksschule und Armenwesen am grössten sind) auf nur 600 Kr. bemessen.

Infolgedessen wird der Steuerzettel einer solchen Familie z. B. i. J. 1895, wo die vom 1893er Reichstag beschlossene Zulagebewilligung in Kraft getreten ist, etwa folgendermassen ausgesehen haben:

Personelle Abgaben an den Staat, die Gemeinde und das Kirchspiel (1,90 Kr. für den Mann und 0,95 Kr. für die Frau	2,85 Kr.
	Sa. 2,85 Kr.

Uebertrag:	2,85 Kr.
An den Staat: Allgemeine Bewilligung (1 Kr. für je 100 Kr. steuerpflichtigen Einkommens)	3,— „
Zulagebewilligung	3,— „
Gemeindesteuer (4 Kr. pro Bewilligungskrone)	12,— „
Für Volksschule und kirchliche Zwecke an Gemeinde und Kirchspiel (ca. 2 Kr. pro Bewilligungkrone)	6,— „
	Sa. 26,85 Kr.

Was etwa $9^0/_0$ des steuerpflichtigen und ca. $3^0/_0$ des ganzen Einkommens entspricht.

Dies mag nun an und für sich nicht übermässig viel erscheinen. Wenigstens hat im Verhältnisse hierzu eine vermögende, auf mehrere tausend Kr. Einkommen taxierte Familie, für welche allerdings die persönlichen Abgaben selbstverständlich keine Rolle spielen, welche aber andererseits auch keinen steuerfreien Abzug geniesst, einen mehr wie doppelt so hohen Perzentsatz an Steuer abzugeben, nämlich auch in den reicheren Kirchspielen (wo die Steuern etwas kleiner sind) ca. $7^1/_3$ Perzent[1]) des ganzen Einkommens. Allein das Verhältnis wird ein ganz anderes, wenn man auch die indirekten Steuern in Betracht zieht.

In einigen schwed. Zeitungen fand sich am Ende des Jahres 1894, somit ehe die auf dem letzten Reichstage beschlossene Erhöhung der Getreidezölle eingetreten war, eine Angabe (deren Quelle mir bekannt ist), über wie viel „eine vorsorgliche, aus Mann und Weib und zwei Kindern bestehende Arbeiterfamilie" mit einem Einkommen von etwa 900 Kr. während eines Jahres an besteuerten Lebensmitteln sowie an Kleidern und Schuhen verbraucht.

In ersterer Hinsicht wurde ein monatlicher Konsum von 53 kg (hauptsächlich Roggen-) Mehl, 4 kg Grütze, $7^1/_2$ kg Rindfleisch, $2^1/_2$ kg Schweinefleisch, $1^1/_2$ kg Butter, 2 kg Kaffee, 4 kg Zucker und 1 kg Sirup angegeben.

---

1) Nach der nunmehrigen Herabsetzung der Zulagebewilligung wird der Gesamtbetrag nur etwa $6^2/_3$ Perzent des Einkommens ausmachen.

So viel ich nach anderen mir zugänglichen Arbeiterbudgets (z. B. den von der Lorénschen Stiftung veröffentlichten) zu urteilen vermag, ist jener Konsum keineswegs als ein übertrieben hoher zu erachten. Möglich, dass der Konsum an Zucker etwas grösser war wie der unter ähnlichen Verhältnissen normale, ein Umstand, der ins Gewicht fallen würde, da Zucker eben zu den höchstbesteuerten Artikeln gehört. Andererseits aber ist wegen der relativen Kleinheit der Familie und des hohen Fleischkonsums derselben ihr Verbrauch an den (heute ebenfalls sehr hoch besteuerten) Artikeln Mehl und Grütze entschieden geringer wie wohl in den meisten schwedischen Arbeiterfamilien.

Unter der Voraussetzung, dass jene sämtlichen Artikel, deren Einkaufspreis pro Jahr zu 301 Kr. 80 Oere angegeben wird, um den *ganzen Zollsatz* verteuert sind — eine Voraussetzung, auf deren relative Berechtigung wir gleich zurückkommen werden — würde der auf sie fallende jährliche Steuerbetrag schon *damals* nicht weniger als 49,92 Kr. betragen haben; wenn aber die obenerwähnte Zollerhöhung auf Getreide und Grütze noch zugeschlagen wird, so entsteht eine weitere Steuer von 27,36 Kr., zusammen also 77,28 Kr.

Es sind hierbei mehrere, gleichfalls besteuerte Artikel, die auch in der Konsumtion des Arbeiters vorkommen, wie Erbsen, getrocknete Früchte, Gewürze und Seife nicht mit gerechnet, weshalb die obige Summe noch um einige Kronen erhöht werden sollte.

Die Zollsteuer auf die *Bekleidungsartikel* der Familie, deren Gesamtkosten während eines Jahres auf 111 Kr. 45 Oere berechnet sind, wird nach Ermittelung des Gewichtes jedes Kleidungsstückes bezw. der Materialien für die im Hause verfertigten Kleider veranschlagt auf zusammen 22,20 Kr.

Hierbei ist jedoch von gewissen Kleidungsstücken, wie Hüten, Oberkleidern u. s. w. ganz abgesehen worden, sowie auch kein Stück Hausgerät in Rechnung gestellt ist, so dass auch hier die berechnete Steuersumme — immer unter der obenerwähnten Voraussetzung — etwas zu niedrig wäre.

Die Branntweinsteuer wird vom Verfasser des erwähnten Zeitungsartikels unter Zugrundelegung des Branntweinpreises in den Verkaufs- (nicht Ausschank-) Stellen und dazu eines etwas niedrigeren, als des in Stockholm geltenden, berechnet auf 28,80 Kr.

Diese Ziffer ist um ein Drittel niedriger als diejenige, welche herauskommen würde, wenn z. B. die auf Stockholm fallende Branntweinsteuer an Staat und Gemeinde (einschl. des Gewinns vom Branntweinhandel) auf die erwachsene männliche Bevölkerung verteilt würde, und natürlich noch viel geringer wie die Besteuerung, welche denjenigen Arbeitern auferlegt wird, die ihren Schnaps in den Ausschankstellen nehmen (vgl. oben S. 283; da es sich jedoch hier gerade um einen verheirateten und in geordneten Verhältnissen lebenden Arbeiter handelt, wollen wir uns bei der genannten Ziffer bescheiden.

Die Tabaksteuer kann, wenn man bedenkt, dass dieselbe teilweise als Schutzzoll für die heimische Tabakerzeugung wirkt, für unseren Arbeiter vielleicht veranschlagt werden auf etwa 5 Kr.

Die Gesamtsumme aller dieser Verbrauchssteuern beläuft sich somit, niedrig berechnet, auf über 133 Kr. und ergiebt zusammen mit den obengenannten direkten Steuern, welche etwa 27 Kr. ausmachen, nicht weniger als 160 Kr. oder nahezu 18 Perzent des angenommenen ganzen Einkommens.

Allerdings ist nun unsere Voraussetzung, dass der ganze Zollbezw. Steuersatz immer den Konsumenten zur Last falle, anerkanntermassen nicht zutreffend. Die Ziffern sind einer Korrektion bedürftig — um wie viel, darüber könnte nur eine separate Behandlung jedes der betreffenden Zölle und Accisen annäherungsweise Aufschluss geben [1]).

Allein man kann in dieser Hinsicht — von den phantastischen Behauptungen der extremen Schutzzöllner etwa abgesehen — fast alle nur denkbaren Zugeständnisse machen, ohne dass deshalb die Ziffern aufhören, arge Missstände anzuzeigen. Denn wie hoch man den Beitrag einer vermögenden Person mit mehreren tausend Kronen Einkommen zu den indirekten Steuern — ihren Anteil an Stempel- und Erbsteuer einbegriffen — auch veranschlagen mag, niemals wird man für die Gesamtsumme ihrer Steuern nur entfernt einen dem obigen vergleichbaren Prozentsatz erreichen.

---

1) In dem Umstande, dass die zu tragende Steuersumme nicht entfernt der Gesamtheit voll und ganz zu Gute kommt, sondern teils nutzlos verschwendet wird (vgl. oben, Zur Lehre von der Steuerincidenz, Abschn. V), teils den besitzenden Klassen in der Form erhöhter Grundrente u. s. f. anheimfällt, liegt selbstverständlich keine Erleichterung der ärmeren Steuerzahler. Im Gegenteil, durch das letzterwähnte Moment wird der Vergleich notwendig noch mehr zu Ungunsten dieser ausfallen müssen.

Allerdings, wenn man (etwa mit Leroy-Beaulieu in seinen bekannten diesbezüglichen Auseinandersetzungen im Vorwort zur 3. Auflage seines Traité de la science des finances) den auf die Konsumtion der Dienstboten fallenden Teil der Verbrauchssteuern ohne weiteres auf die Rechnung des Haushaltungsvorstandes schreiben wollte, würde sich die Sache vielfach etwas anders stellen. Eine solche Rechnungsweise entbehrt jedoch, wie mir scheint, jeder Grundlage, insofern ja die Löhne der Dienstboten wesentlich in derselben Weise wie alle anderen Arbeiterlöhne, d. h. durch freie Konkurrenz geregelt werden. — Auf das allgemeine Problem der Steuerüberwälzung können wir selbstverständlich hier nicht zurückkommen.

M. e. W.: sogar wenn man die Gesamtsumme der Steuern an Staat und Gemeinde mit dem Betrag des ganzen Einkommens vergleichen wollte, scheint es mir — wenigstens so weit der hier untersuchte Fall sich zu allgemeinen Schlussfolgerungen eignet — dass der Vergleich notwendig zu Ungunsten der unteren Einkommensklassen ausfallen würde. Was aber dann, wenn man nach dem Vorgang[1] vieler berühmter Finanztheoretiker als Mass der Steuerkraft lediglich den „freien", nach Abzug des Lebensminimums verbleibenden Einkommensteil in Anrechnung bringen wollte? Nach Stockholmer Verhältnissen gerechnet, müsste man dann vom obigen Einkommen wenigstens 600 Kr. abziehen — wohlzumerken unter der gedachten Voraussetzung, dass dieser Einkommensbetrag sowohl durch direkte, wie durch indirekte Steuern ungeschmälert wäre. Für unsere Arbeiterfamilie blieben somit etwa 300 Kr. als ihr freies steuerbares Einkommen übrig; davon aber nehmen ihr Staat und Gemeinde (im Verein mit den durch die Schutzzölle begünstigten Klassen) nach der obigen Berechnung mehr wie die Hälfte, in Wirklichkeit vielleicht gegen die Hälfte im Steuerwege ab.

Und das wäre noch immer das Los einer bessersituierten Arbeiterfamilie. Die meisten Arbeiter aber kommen auch in den grösseren Städten thatsächlich nicht über den Betrag von 7—800 Kr. Einkommen hinaus. Von der Hauptmasse der landwirtschaftlichen Arbeiter, deren Löhne, einsschl. Wohnung, Heizung u. s. f. zum Teil in natura gezahlt zu werden pflegen, wird ein Gesamteinkommen (alles eingerechnet) von 500 Kr. nur gerade oder nicht einmal erreicht.

Hier stellt sich selbstverständlich die Sache noch schlimmer. Sogar wenn jene Klassen (wie dies bei den landwirtschaftlichen Ar-

1) So viel ich weiss, wurde derselbe zum erstenmal von Bentham empfohlen.

beitern gewöhnlich der Fall ist) von der eigentlichen Einkommensteuer (ausser den personellen Abgaben) gänzlich befreit sind, oder auch sich deren Zahlung zu entziehen vermögen — was in beiden Fällen mit dem Verlust des gemeindlichen und, wo es sonst vorhanden wäre, des politischen Stimmrechts verbunden ist — wird sich die auf sie fallende Steuerlast nur zu oft auf beinahe 100 Perzent des steuerbaren Einkommens beziffern.

Wie hoch sich nun unter der jetzt gemachten Annahme der gesamte Steuersatz der wohlhabenden Leute stellen würde, sowie ob für diese etwa nicht nur das bare physische, sondern vielmehr ein „standesgemässes" Lebensminimum vor dem Vergleich billigermassen in Abrechnung zu bringen wäre — davon kann m. E. in diesem Zusammenhange überhaupt abgesehen werden. Dass ihre Steuern von 50 oder 100 Perzent des steuerbaren Einkommens überaus weit entfernt bleiben — um so weiter, je höher das Einkommen ist, steht jedenfalls fest und genügt hier. Die voranstehende Entwickelung hatte nur die Absicht, die vielbeliebte Redensart von der „Verschonung der Arbeiter mit Steuern" ins rechte Licht zu setzen. Nichts liegt mir ferner, als etwa eine Rekonstruktion unseres Steuerwesens nach irgend welcher apriorischen Steuerverteilungsgrundlage vorzuschlagen. Jeder Versuch in dieser Richtung muss m. E., wie oben ausführlich entwickelt wurde, schon deshalb misslingen, weil er die eine Seite des finanziellen Phänomens, die Ausgabewirtschaft des Staats und der Gemeinden, gänzlich vernachlässigt.

Der ungleiche Druck der Besteuerung ist ja schliesslich eine unvermeidliche Konsequenz der allgemeinen sozialen Ungleichheit und kann erst mit dieser, wenn überhaupt, endgültig beseitigt werden. Eine Uebervorteilung ist, steuerpolitisch gesprochen, nur dann, aber auch immer dann vorhanden, sobald jemand eines Teiles seiner Unterhaltsmittel direkt oder indirekt beraubt wird, ohne dass er eines entsprechenden Ersatzes im Wege der öffentlichen Thätigkeit sicher ist.

Nicht in dem Umstande also, dass der Arbeiter eine grössere oder kleinere Quote seines Einkommens für öffentliche Zwecke abgeben muss, liegt das Mass des gegen ihn begangenen Unrechtes, sondern darin, dass er von jeder wirksamen Kontrolle über die Verwendung der öffentlichen Mittel, von jeder Entscheidung darüber, ob er in den verschiedenen Leistungen des Staates und der sonstigen Selbstverwaltungskörper immer die genügenden Valuten für seine dargebrachten Opfer erhält, ausgeschlossen ist.

Jene Kontrolle, jene Entscheidung ausüben zu dürfen, ist alles, was die besitzlosen Klassen dem Steuerwesen gegenüber m. E. fordern sollten und zu fordern brauchen; sie würden dabei eigentlich nicht mehr verlangen, als was bei uns dem Bauernstand, wenigstens neuen Steuern gegenüber, schon vor Jahrhunderten prinzipiell eingeräumt war, zu einer Zeit, wo er in ökonomischer Hinsicht über die jetzige Arbeiterbevölkerung kaum emporragte, an Bildung und geistiger Reife ihr aber entschieden nachstand.

Ich habe im geschichtlichen Teil meiner Darstellung zu zeigen versucht, wie jenes Recht der Bauern gleichsam der Keim war, aus dem sich ihre volle Gleichstellung mit den höheren Ständen allmählich entwickelt hat. Es scheint mir in voller Uebereinstimmung mit dieser Auffassung zu stehen, wenn ich eben im Selbstbesteuerungsrecht der jetzigen Arbeiterklasse das geeignete Mittel erblicke, um sie vor jeder weiteren Ueberbürdung mit Steuern zu schützen, sowie um jene allmähliche Verbesserung ihrer Lage zu erwirken, welche ihr jeder wünschen muss, der nicht geradezu an der Zukunft des Menschengeschlechts verzweifelt.

In meinen vorangehenden Erörterungen über die Steuerprinzipien glaube ich hinreichend gezeigt zu haben, dass ein solches Recht — ohne Verletzung irgend eines anderen berechtigten Interesses im Volke — jeder Klasse, also auch dieser, eingeräumt werden kann.

Berichtigungen und Zusätze.

S. 17 Z. 7 v. u. „Die frei gewordene Kaufkraft" etc. Von dem Teil dieser Kaufkraft, welche früher die Erzeugungskosten der betr. Monopolgüter deckte, wird hierbei abgesehen, weil ja demselben ein entsprechender Betrag von nunmehr beschäftigungslos gewordener Arbeit (und Kapital) entgegensteht.

S. 41 Z. 7 v. o. st. „Bruchteil wegnimmt" l. Bruchteil, ε, wegnimmt.

S. 154 Z. 12 v. o. Ein Viertel des Taxwerts" — nämlich der bebauten Grundstücke einschl. der Baulichkeiten.

S. 174 dritter Absatz. Der Anteil „der Armen" an den Zehnten war schon vor Gustav Wasa grossenteils seiner ursprünglichen Bestimmung entzogen.

S. 175, 179 u. a. Beim Vergleich der Kaufkraft des Goldes in verschiedenen Epochen wird natürlich der damalige Silberwert nicht mit dem heutigen, sondern mit dem beim Uebergange zum Goldfuss i. J. 1873 bestehenden verglichen, also Silber in Gold etwa im Verhältnisse $15\frac{1}{2} : 1$ umgerechnet.

Die Annahme, dass die Kaufkraft des Geldes am Schlusse des XVII. und Anfang des XVIII. Jahrhunderts 4—5mal so hoch war wie die jetzige, könnte sehr übertrieben erscheinen, wenn man, wie zuweilen geschieht, nur die Preise gewisser Stapelartikel, wie Getreide oder Eisen, mit den jetzigen vergleicht. Allein gerade diese Erzeugnisse sind gegenüber fast allen anderen Artikeln ausserordentlich im Preis gefallen. Der verhältnismässig sehr geringe Tauschwert der animalischen Nahrungsmittel geht aus den auf S. 174 angeführten Preisen hinreichend hervor, wobei allerdings daran zu erinnern ist, dass dieselben der ersteren Hälfte des XVII. Jahrhunderts angehören, wo der Daler Silbermünze noch $\frac{2}{3}$ Reichsthaler Specie entsprach, während er am Ende des Jahrhunderts nur $\frac{1}{2}$ R. Sp. (2 Kronen der jetzigen Münze) galt. Die Rohstoffe des Bau- und Brennholzes hatten wohl damals überhaupt keinen Wert. Sehr gering war auch der Arbeitslohn. Im Reichstagsbeschluss von 1652 wird der Ablösungswert eines Spanndienstes auf 8 der damaligen Oere, derjenige einer Handfrohnde auf 4 Oere = $\frac{1}{8}$ Daler S. M. = $\frac{1}{12}$ R. Sp. = 0,33 Kr. der jetzigen Münze bestimmt, was gerade $\frac{1}{6}$ des heutigen Durchschnittswertes eines männlichen Tagewerks auf dem Lande entspricht. In dem im Reichsarchiv befindlichen Reichsetat von 1696 habe ich die damaligen Ablöhnungen der auf der Stufe der Arbeiter stehenden Beamten, wie Zollbediensteten, garnisonierten Soldaten u. s. w. aufgesucht und bin zu dem Schlusse gelangt, dass sie, nach dem damaligen Metallwerte des Geldes gerechnet, kaum noch 1/6 der entsprechenden jetzigen Löhne ausmachten.

Die höheren Beamten von damals waren allerdings sehr gut besoldet und vollends die Reichsräte bezogen geradezu fürstliche Gehälter. Letztere wurden übrigens nicht aus dem Steuereinkommen des eigentlichen Schwedens bestritten, sondern es waren dafür regelmässig ausländische bes. die durch die Reduktion gewonnenen livländischen Renten angewiesen.

S. 186 Z. 3 v. o. u. f. Die Wechselkontore waren nicht einfach Geldwechselstellen, sondern es lag ihnen vor allem ob Remissen auf das Ausland zu einem festgestellten Maximalkurse zu verkaufen, wogegen ihnen u. a. die Einbeziehung der ausländischen Subsidienforderungen überantwortet wurde.

„ „ Z. 8 v. u. st. „einfach abgeschrieben" l. grösstenteils abgeschrieben.

S. 211 Z. 16 v. o. „definitiv in den sog. verstärkten Ausschüssen" — nämlich wenn 2 Stände gegen 2 standen. Standen dagegen 3 Stände gegen 1, so war die betr. Angelegenheit schon im Sinne der Majorität entschieden.

S. 216 dritter Absatz. Bei der Realisation von 1830 wurde überdies der Silbergehalt des Reichsthalers Specie um 3/4% erniedrigt, und somit denjenigen des Reichsthalers Hamburger B:co noch näher gebracht.

S. 253. „Eisenbahnen, neue Anlage". Für d. J. 1880, l. 9,15 (statt 9,25) Mill. Kr. Für d. Jahr 1890 wurde neben den angeführten 2,90 Mill. Kr., welche aus Staats- (Steuer-) mitteln bestritten wurden, noch 2,6 Mill. Kr. auf das Reichsschuldkontor angewiesen, d. h. durch Anleihe beschafft.

S. 254 Z. 11 v. o. „Eisenbahnanlagen durch Staatsanleihen bestritten". Neben den so eben bemerkten Korrekturen ist die Ziffer für 1870 durch 1,6 zu ersetzen, weil der Rest, 3,1 Mill. Kr., dieses Jahr (ausnahmsweise) aus Steuermitteln bestritten wurde.

S. 258 Z. 4 v. o. „etwa 10 Mill. Kr." Die im Reichshauptbuche angegebene Ziffer beträgt beinahe 11 Mill. Kr., der Unterschied beruht aber auf anticipierter Zinszahlung infolge der in diesem Jahre vorgenommenen Konversion älterer Anleihen.

S. 260 Z. 12 v. o. st. „ein Drittel" l. mehr wie e. D.

S. 261 Z. 1 v. o. st. Offiziere l. : Offziere und Unteroffiziere.

S. 284 erst. und zw. Absatz. Die Berechnung ist leider nicht ganz korrekt, indem einmal die Reinigungskosten wohl zu klein angegeben worden, dann übersehen wird, dass die Erzeugungssteuer vom Rohbranntwein à 50% Alkohol erhoben wird. Da aber die übrigen berechneten Ziffern hierdurch entsprechend verändert werden, dürfte das Endergebnis jedoch substantiell richtig sein.

S. 294 Z. 7 v. u. st. „Kirchenbeamten" l. Kirchenbedienten.

S. 330 Z. 5 v. u. st. „Er betrug in 1890 . . . 300 000 Kr." l. Er wurde im Reichsetat von 1890 auf nur 350 000 Kr. berechnet.